物流成本管理实务

主　编　谢合明
副主编　尹　良

科学出版社
北　京

内 容 简 介

本书以成本概念为基础、物流成本概念为中心，从物流成本管理的基本过程出发，通过物流成本的预测、决策、核算、分析、控制、预算以及绩效评价七个方面逐一展示物流成本管理的相关内容；以物流活动所涉及的基本功能为出发点，从运输成本、仓储成本、配送成本、包装成本、装卸搬运成本、流通加工成本、物流信息成本等角度讲解物流成本管理中具体的物流功能成本体系，无论从物流管理的角度还是物流成本的角度来看，都是一部内容和体系较为完整的教材。

本书的编写是根据教育部对物流管理与工程类专业的教学质量国家标准，满足工学结合、国内外物流管理理论和方法相衔接的要求，面向物流与非物流企业的物流实践，以培养应用型人才为目标。本书可作为物流管理、物流工程等相关专业本、专科学生的教学用书，也可作为物流管理、成本管理等相关领域的理论研究和物流管理实务操作的参考用书。

图书在版编目(CIP)数据

物流成本管理实务 / 谢合明主编. —北京：科学出版社，2018.10（2020.7 重印）
ISBN 978-7-03-058072-6

Ⅰ. ①物… Ⅱ. ①谢… Ⅲ. ①物流-成本管理 Ⅳ. ①F253.7

中国版本图书馆 CIP 数据核字（2018）第 133227 号

责任编辑：张 展 侯若男 / 责任校对：彭 映
责任印制：罗 科 / 封面设计：墨创文化

科学出版社出版
北京东黄城根北街16号
邮政编码：100717
http://www.sciencep.com

四川煤田地质制图印刷厂印刷
科学出版社发行 各地新华书店经销

*

2018 年 10 月第 一 版 开本：787×1092 1/16
2020 年 7 月第二次印刷 印张：21 1/2
字数：510 000

定价：89.00 元

编委会

前　言

随着我国物流经济全球化，人们对物流成本管理的意识大大增强，降低物流成本，提高对客户的物流服务水平已成为我国企业物流管理的首要任务。2016 年，我国社会物流费用总额占 GDP 的比重为 14.9%，这一比重远高于美国的 7%、英国的 9%，高于全球平均水平 5 个百分点左右。如何有效地降低物流成本，国家对此相当重视。2016 年 12 月在北京召开的中央经济工作会议明确指出要降低物流成本，同时，《物流业发展中长期规划(2014—2020)》发展重点的第一条就是“着力降低物流成本”，《商贸物流发展“十三五”规划》中多次提到降低物流成本，提高流通效率，18 部委于 2016 年联合发布《关于进一步鼓励开展多式联运工作的通知》，旨在降本增效。因此，降低物流成本，是我国理论与实务界的重要责任，加强对物流成本管理的研究显得尤为重要。现阶段，我国物流业又有了新的发展，特别是近几年网络经济的发展，电子商务对物流提出了新要求，我国物流业与世界物流业的合作与交流日益密切，我国物流业的发展已经走向国际化。在此环境下，物流成本管理理论与方法的研究也进入了一个新阶段。

本书作者多年从事物流管理理论和实践的研究，多年从事物流管理的教学实践，具备较为丰富的经验。本书的编写是根据教育部对物流管理与工程类专业的教学质量国家标准，满足工学结合、国内外物流管理理论和方法相衔接的要求，通俗易懂，面向物流与非物流企业的物流实践，以培养应用型人才为目标，贯彻“行动导向”的编写理念，在教材中安排了学习目标、学习重点、学习难点，穿插了大量的案例分析，每章后附有本章小结、思考与练习以及实训项目等。内容深入浅出，形式多样，便于提高学生的学习兴趣与学习效果。

本书以成本概念为基础，以物流成本概念为中心，从物流成本管理的基本过程出发，以物流成本的预测、决策、核算、分析、控制、预算以及绩效评价逐一展示物流成本管理的相关内容；以物流活动所涉及的基本功能为出发点，从运输成本、仓储成本、配送成本、包装成本、装卸搬运成本、流通加工成本、物流信息成本等角度讲解物流成本管理中具体的物流功能成本体系，使得整部教材无论是从物流管理的角度还是从物流成本的角度都不失为一部内容和体系都较为完整的教材。

全书共 12 章。参加本书撰写的人员是：谢合明(第 1 章)；王文凤、周玲(第 2 章)；王翊(第 3 章、第 12 章)；饶芳(第 4 章、第 9 章)；周凌(第 5 章、第 6 章)；尹良(第 7 章、第 8 章)；段华薇(第 10 章、第 11 章)。

本书由西华大学谢合明教授任主编，尹良副教授任副主编。全书结构由谢合明拟定，并由谢合明、尹良、周凌、饶芳进行统稿并审核。

本书是物流管理特色专业系列教材之一，可满足高等院校物流管理、物流工程专业以及经济管理类专业教学的需要，也可以作为物流管理、经济管理人员的工作参考书。

在本书的编写过程中，参阅和引用了国内外物流学科的相关论著、资料及案例等，同时也得到了西华大学物流管理与工程系全体教师的大力支持，在此，一并表示最诚挚的谢意！

限于编者的水平，本书难免会存在不足之处，恳请读者不吝赐教！

谢合明

2018 年 4 月 10 日

目　　录

第 1 章　物流成本管理框架

【学习目标】

通过本章的学习，学生要了解国内外物流成本管理的发展历程及意义；理解成本特别是物流成本的概念，明确物流成本的分类、构成、特征以及影响因素；熟练掌握物流成本管理的内容、原则、基本方法、经典理论和重要学说。

【学习重点】

物流成本的含义、构成和分类，物流成本管理的内容和原则。

【学习难点】

物流成本的特征、物流成本管理的基本方法及相关理论。

1.1　物流成本概述

1.1.1　物流成本的含义及构成

1. 物流成本的含义

1) 成本的概念

作为企业物流从业人员和物流管理人员，要想知道什么是物流成本，如何正确开展物流成本管理就必须先了解成本的概念及其作用。

事实上，成本在不同的领域具有不同的含义，了解成本的内涵应从不同学科、不同角度进行思考，如经济学上的成本概念和财务会计学上的成本概念就有较大的区别。

成本有广义和狭义之分。关于成本，马克思曾指出："按照资本主义方式生产的每一个商品 W 的价值，用公式来表示是 $W=C+V+M$。如果我们从这个产品价值中减去剩余价值 M，那么，在商品中剩下的，只是一个在生产要素上耗费掉的资本价值 $C+V$ 的等价物或补偿价值。""商品价值的这个部分，即补偿所消耗的生产资料价格和所使用的劳动力价格的部分，只是补偿商品使资本家自身耗费的东西，所以对资本家来说，这就是商品的成本价格。”马克思的这段话，第一，指出的只是产品成本的经济实质，并不是泛指一切成本；第二，从耗费角度指明了产品成本的经济实质是 $C+V$，由于 $C+V$ 的价值无法计量，人们所能计量和把握的成本，实际上是 $C+V$ 的价格即成本价格；第三，从补偿角度指明了成本补偿商品生产中使资本自身消耗的东西，实际上说明了成本对再生产的作用，也就是说产品成本是企业维持简单再生产的补偿尺度。由此可见，在一定的产品销售量和销售价格条件下，产品成本水平的高低，不但制约着企业的生存，而且决定着剩余价值 M 即利润的多少，从而制约着企业再生产扩大的可能性。马克思对于成本的考察，既看到耗费，又重视补偿，这是对成本性质完整的理解。在商品生产条件下，耗费和补偿是对立统一的。任何耗费总是个别生产者的事，而补偿则是社会的过程。耗费要求得到补偿和能否得到补偿是两个不同的事情。这就迫使商品生产者不得不重视成本，努力加强管理，力求以较少的耗费来寻求补偿，并获取最大限度的利润。

一般情况下，人们对成本的定义是：成本是企业为生产商品和提供劳务等所耗费在物化劳动、活劳动中的必要劳动价值的货币表现，是商品价值的重要组成部分。它具有以下几方面的含义：

(1) 成本是生产和销售一定种类与数量产品，以耗费资源用货币计量的经济价值。企业进行产品生产需要消耗生产资料和劳动力，这些消耗在成本中用货币计量，就表现为材料费用、折旧费用、工资费用等。企业的经营活动不仅包括生产，也包括销售活动，因此在销售活动中所发生的费用，也应计入成本。同时，为了管理生产所发生的费用，也应计入成本。同时，为了管理生产经营活动所发生的费用也具有形成成本的性质。

(2) 成本是为取得物质资源所需付出的经济价值。企业为进行生产经营活动，购置各种生产资料或采购商品而支付的价款和费用，就是购置成本或采购成本。随着生产经营活动的不断进行，这些成本就转化为生产成本和销售成本。

(3) 成本是为达到一定目的而付出或应付出资源的价值牺牲，它可用货币单位加以计量。

(4) 成本是为达到一种目的而放弃另一种目的所牺牲的经济价值。

中国成本协会“CCA2101：2008《成本管理体系术语》标准”对成本的定义为：为过程增值或结果有效已付出或应付出的资源代价。应付出的资源代价是指应该付出，但还未付出，而且迟早要付出的资源代价。资源代价是一个总合的概念。资源一般包括：人力、物力、财力和信息等资源。这里所说的成本是广义的成本而不是狭义的成本。

美国会计学会(American Accounting Association，AAA)所属的“成本与标准委员会”对成本的定义是：为了达到特定目的而发生或未发生的价值牺牲，它可用货币单位加以衡量。

我们之所以要关注成本，是因为成本在人们的经济生活中具有重要作用，主要体现在以下几个方面：

(1) 成本是补偿生产耗费的尺度。不言而喻，企业为了保证再生产的顺利进行，必须对生产耗费进行补偿。企业如何才能对其生产耗费进行补偿呢？其唯一形式就是通过企业的生产经营成果即销售收入来进行补偿，而成本就是衡量这一补偿数量多少的尺度。

(2) 成本是制订产品价格的基础。众所周知，价格是价值的具体表现形式，产品价格围绕产品价值上下波动。目前，我们还无法直接计算出产品的价格，而只能通过产品成本这个载体来实现。产品成本作为产品价值的重要组成部分，其数值大小反映产品价值量的大小。因此，产品成本是确定产品价格的重要依据。当然，产品的定价是一项复杂的系统工作，还应考虑诸多方面的因素，如：产品市场的供求关系、产品质量、售后服务、企业外部环境等。

(3) 成本是计算企业盈亏的依据。我们知道，利润等于销售收入减去销售成本后的余额。当余额大于零时为企业盈利，反之，则为企业亏损。因此，要想企业在市场上有一席之地，其产品成本的高低就显得非常重要。

(4) 成本是企业进行决策的依据。企业如何做正确的事是企业决策范畴内的事情。企业要想正确决策或做好决策的前提是清楚企业的内部条件和外部环境，其中企业产品在市场上的竞争能力是必须考虑的一个重要因素。我们知道，企业的竞争主要体现在市场竞争，而市场竞争力的强弱很大程度上体现在产品价格的竞争，产品价格的竞争主要表现在产品成本的竞争。在产品质量和服务水平不变的情况下，努力降低企业产品成本才能使企业在市场中立于不败之地。

(5) 成本是综合反映企业工作业绩的重要指标。

2) 物流成本的概念

首先，我们了解一下什么是物流？物流 (logistics) 由“物”和“流”两个基本要素组成，当两者以各自独立形态存在时，有其一般性的解释，而两者结合在一起就有了其限定性的含义。

物流的定义很多，迄今为止，国内外也没有哪位学者的定义是天衣无缝的，大多是各有各的侧重，同时，也各有各的片面性。下面是国内外关于物流定义具有代表性的清单。

(1) 美国和欧洲对物流的定义。美国市场营销协会，1935 年编写的《市场营销用语集》中，对物流下了这样的定义：“物流是市场营销活动中所伴随的物质资料，从产地到消费地的种种企业活动，包括服务过程。”1948 年，该协会对这个定义做了修改：“物流是物质资料从生产者到消费者或消费地流动过程中所决定的企业活动费用。”后来，该协会又一次将物流的定义修改为“所谓物流，就是物质资料从生产阶段移动到消费者或利用者手里，并对该移动过程进行管理”。

从美国市场营销协会对物流所下定义的三次变化来看，他们的物流概念是从销售角度出发的。1935 年的定义与 1948 年的定义，虽然范围没什么变化，但定义所强调的重点不在于物质资料的移动，而在于对这种移动的管理。

在美国，最有权威的物流定义是美国实物配送管理委员会 (National Council of Physical Distribution Management，NCPDM) 于 1963 年指出的：“所谓物流，就是把完成品从生产线的终点有效地移动到消费者手里的广泛的活动，有时也包括从原材料供给源到生产线始点的移动。”美国实物配送管理委员会同时还列举了物流活动的诸种要素，即货物运输、仓库保管、装卸、工业包装、库存管理、工厂和仓库选址、订货处理、市场预测和客户服务等。

美国实物配送管理委员会的物流定义范围比美国市场营销协会的物流定义范围有所扩大，不仅是指制品从生产厂的生产线起，经过批发、零售，最终到消费者手里，而且还包括原材料从生产厂到加工厂生产线的始点的移动。1985 年，美国实物配送管理委员会更名为美国物流管理协会(Council of Logistics Management，CLM)，与此同时，对物流定义做了调整和修改："所谓物流，就是为了满足顾客需要而对原材料、半成品、成品及其相关信息从产地到消费地有效率或有效益地移动和保管进行计划、实施、统管的过程。"这些活动包括但不局限于顾客服务、搬运及运输、仓库保管、工厂和仓库选址、库存管理、接受订货、流通信息、采购、装卸、零件供应并提供服务、废弃物回收处理、包装、退货业务、需求预测等。

1998 年，美国物流管理协会，又一次对物流做了如下的定义："物流是供应链流程的一部分，是为了满足客户需求而对商品、服务及相关信息从原产地到消费地的高效率、高效益地正向和反向流动及储存进行的计划、实施与控制过程。"

欧洲物流协会(European Logistics Association，ELA)1994 年公布的《欧洲物流术语》中，对物流定义为："物流是在一个系统内对人员及商品的运输、安排及与此相关的支持活动的计划、执行与控制，以达到特定的目的。"

(2)日本对物流的定义。日本通产省曾委托日本财团法人机械振兴会对全日本的物流现状进行了一次调查，该协会在调查报告书中对物流的定义做了这样的描述："所谓物的流通，就是把制品从生产者手里，物理性地转移到最终需要者手里所必要的诸种活动。具体讲，即包装、装卸、运输、通信等诸种活动。"

日本产业构造审议会对物流的定义是："所谓物的流通，是有形、无形的物质资料从供给者手里向需要者手里物理性地流动。"具体是指包装、装卸、运输、保管以及通信等诸种活动。这种物的流通与商流相比，是为创造物质资料的时间性、空间性价值做出贡献。

日本日通综合研究所 1981 年编写的《物流手册》认为："物流是物质资料从供给者向需要者的物理性移动，是创造时间性、场所性价值的经济活动。"从物流的范围来看，包括包装、装卸、保管、库存管理、流通加工、运输、配送等诸种活动。如果不经过这些过程，物就不能移动。

(3)我国对物流的定义。根据《中华人民共和国国家标准：物流术语(GB/T 18354—2006)》，所谓物流(logistics)，是指物品从供应地向接收地的实体流动过程。根据实际需要，将运输、储存、装卸、搬运、包装、流通加工、配送、信息处理等基本功能实施有机结合。

我们认为，物流是指在生产、销售、消费等相关活动中，作为价值和使用价值载体的实体的流动过程及其管理活动的总称。物流的这一定义，包括了以下基本特征：

第一，物流范围的广泛性。物流不仅涵盖生产领域，还包括销售和消费领域，不仅包括生产过程中的物流，销售过程中的物流，还包括了消费过程中的物流，不仅包括了正向物流，还包括了逆向物流如退换货、废品的处理等。运输、保管、包装、加工、库存、配送、信息等活动构成了物流的基本工作过程。

第二，物流的价值属性。物流是企业实现销售的基础，因此，其价值属性是显而易见的，不能包含价值活动的物流是企业应该摒弃的。

第三，物流的使用价值属性。这是消费者对产品的基本要求，失去了使用价值属性，便等于失去了消费者，物流也就失去了目标，价值实现也就无从谈起。

第四，物流的管理属性。对于企业来说，物流不仅仅是物质实体的流动，企业要在实体流动的过程中实施有效的管理活动，才能保证达到物流的基本目标。换言之，计划、组织、指挥、协调、控制等一系列管理活动不可或缺。

日本物流学术界认为，物流成本是公司内部所有花费在物流上的费用总和，而物流成本管理就是通过成本管理物流。如果不限于物流成本的范围，单说成本的话，那么，成本就是用金额评价某种活动的结果。成本可以进行计算，但不能从事管理等活动，能够成为管理对象的只有活动本身。成本处于管理手段的位置，也就是说，物流成本管理不是“管理物流成本”，而是“通过成本管理物流”。

欧美学者则认为，物流成本主要由三部分组成：一是库存费用；二是运输费用；三是管理费用。其中，库存费用是指花费在保存货物的费用，除了包括仓储、残损、人力费用及保险和税收费用以外，还包括库存占压资金的利息；运输费用包括公路运输、其他运输方式等费用；物流管理费用则是按照各国的历史情况确定一个固定比例，乘以库存费用和运输费用的总和得出的。

与成本的概念相仿，物流成本也有广义和狭义之分。狭义的物流成本仅指由于物品移动而产生的运输、包装、装卸等费用。广义的物流成本是指生产、流通、消费等全过程的物品实体与价值变化而发生的全部费用。具体包括：原材料采购、材料入库、库存、材料出库、生产半成品和成品、半成品或成品入库、产成品的库存、搬运、装卸、包装、运输以及在消费领域中发生的验收、分类、仓储、保管、配送、残次品回收等发生的所有费用。

我国在 2006 年颁布实施的国家标准《企业物流成本构成与计算(GB/T 20523—2006)》中指出：“物流成本是企业物流活动中所消耗的物化劳动和活劳动的货币表现，包括货物在运输、储存、包装、装卸搬运、流通加工、物流信息、物流管理等过程中所耗费的人力、物力和财力的总和以及与存货有关的流动资金占用成本、存货风险成本和存货保险成本。”该定义的物流成本包含以下两方面的内容：一方面是直接在物流环节产生的支付给劳动力的成本，耗费在机器设备上的成本以及支付给外部第三方的成本；另一方面包括在物流环节中因持有存货等而存在的潜在成本，如占有资金成本、保险费等。

2006 年国家发展和改革委员会、国家统计局和中国物流与采购联合会发布《社会物流统计核算与报表制度》，该制度分为基层调查表和核算表两部分。自 2006 年起将社会物流统计核算试行制度转为正式制度，由国家统计局批准颁布实施。

3) 物流成本管理的概念

综上所述，我们可以认为，物流成本管理的本质应是物流成本与物流服务紧密联系在一起，也就是说，物流服务水平与物流成本之间的关系将被提升到物流成本管理中的首要地位。

我国标准物流术语对物流成本所下的定义就属于狭义的物流成本概念。所谓广义的物流成本是指狭义的物流成本加客户服务成本。因此，比较合理完善的物流成本管理定义应该是：以提高客户物流服务水平或在一定的客户服务水平条件下，通过分析、计算和控制企业在物流活动中所耗费的各种物流费用，从而实现对物流服务的合理化或最优化管理。这个定义可以更好地揭示物流成本管理的本质。

2. 物流成本的构成

研究不同领域、不同环节物流成本的构成，既是物流成本核算的需要，也是物流成本分析与管理的需要。站在宏观角度研究物流成本，我们称之为社会物流费用，而站在微观角度研究物流成本，我们称之为企业物流成本。物流成本的构成包括社会物流费用和企业物流成本两部分。

1) 社会物流费用的构成

社会物流费用指国民经济各方面用于社会物流活动的各项费用支出。包括支付给运输、储存、装卸搬运、包装、流通加工、配送、信息处理等各个物流环节的费用；应承担的物品在物流期间发生的损耗费用；社会物流活动中因资金占用而应承担的利息支出；社会物流活动中发生的管理费用等。社会物流费用划分为运输费用、保管费用、管理费用。

(1) 运输费用。该费用是指在社会物流活动中，国民经济各方面由于物品运输而支付的全部费用。包括支付给物品承运方的运费(即承运方的货运收入)；支付给装卸、搬运、保管、代理等辅助服务提供方的费用(即辅助服务提供方的货运业务收入)；支付给运输管理与投资部门的，由货主方承担的各种交通建设基金、过路费、过桥费、过闸费等运输附加费用。

运输费用的基本计算公式如下：

$$YT = YF + ZX + FJ \tag{1.1}$$

式中，YT 为运输费用；YF 为运费；ZX 为装卸、搬运等辅助费用；FJ 为运输附加费用。

具体计算时，根据铁路运输、道路运输、水上运输、航空运输和管道运输不同的运输方式及对应的业务核算办法分别计算。

(2) 保管费用。该费用是指社会物流活动中，物品从最初的资源供应方(生产环节、海关)向最终消费用户的流动过程中，所发生的除运输费用和管理费用之外的全部费用。包括：物流过程中因流动资金的占用而需承担的利息费用；仓储保管方面的费用；流通中配送、加工、包装、信息及相关服务方面的费用；物流过程中发生的保险费用和物品损耗费用等。

保管费用的基本计算公式如下：

$$BG = LX + CH + BX + SH + XF + PS + LJ + BZ + QB \tag{1.2}$$

式中，BG 为保管费用；LX 为利息费用；CH 为仓储费用；BX 为保险费用；SH 为货物损耗费用；XF 为信息及相关服务费用；PS 为配送费用；LJ 为流通加工费用；BZ 为包装费用；QB 为其他保管费用。

(3) 管理费用。该费用是指社会物流活动中，物品供需双方的管理部门，因组织和管理各项物流活动所发生的费用。主要包括物流管理人员的报酬、办公费用、教育培训、劳动保险、车船使用等各种属于管理费用科目的费用。

管理费用的基本计算公式如下：

$$GF = SW \times SV \tag{1.3}$$

式中，GF 为管理费用；SW 为社会物流总额；SV 为社会物流平均管理费用率(是指报告期内，各物品最初供给部门完成全部物品后从供给地流向最终需求地的社会物流活动中，管理费用额占各部门物流总额比例的综合平均数)。

表 1.1 和表 1.2 给出了 2006～2010 年我国与美国社会物流成本构成差别。

表 1.1　2006～2010 年我国社会物流费用构成　　(单位：亿元)

年份	运输费用		保管费用		管理费用		社会物流费用
	数额	比例/%	数额	比例/%	数额	比例/%	
2006	21 018	54.71	12 331	32.10	5 066	13.19	38 415
2007	24 708	54.42	14 943	32.91	5 755	12.67	45 406
2008	31 436	55.40	18 560	32.71	6 745	11.89	56 741
2009	33 628	55.28	19 955	32.81	7 244	11.91	60 827
2010	38 321	53.99	24 044	33.87	8 619	12.14	70 984

表 1.2　2006～2010 年美国社会物流费用构成　　(单位：亿美元)

年份	运输费用		保管费用		管理费用		社会物流费用
	数额	比例/%	数额	比例/%	数额	比例/%	
2006	8 090	61.99	4 460	34.18	500	3.83	13 050
2007	8 560	61.27	4 870	34.86	540	3.87	13 970
2008	8 720	64.78	4 220	31.36	520	3.86	13 460
2009	6 930	63.06	3 620	32.94	440	4.00	10 990
2010	7 660	63.36	3 960	32.75	470	3.89	12 090

表 1.1 表明，2006～2010 年，我国社会物流成本构成中，运输费用占的比例最大，平均占总费用的 54.76%，低于美国的 62.89%；保管费用平均占总费用的 32.88%，接近美国的 33.23%；管理费用平均占总费用的 12.36%，远远高于美国的 3.89%。如表 1.2 所示，2006～2010 年，美国的运输费用在其社会物流费用中的比例最大，超过 60%，基本维持在 63%左

右；保管费用呈下降态势，平均占社会物流费用的比例为33.23%，仅次于运输费用。由此可见，美国现代物流发展的突出成绩集中体现在降低库存以及加速资金周转方面。

2) 企业物流成本的构成

(1) 按成本支付形态划分，物流成本由内部物流成本和委托物流成本构成。内部物流成本是指企业物流过程中所发生的材料费、人工费、物流设备折旧费、维护费、管理费用、其他费用等。其中，材料费是指物流原材料费、工具器具费等；人工费是指企业为实现实物流动过程的顺畅及维持其正常运行过程中所需要投入的人力资源支出，即人力成本；物流设备折旧费不仅包括企业为保证正常实物流动过程所投入的运输工具、仓库、存储设备及其管理信息系统的设备折旧费，还包括企业物流系统适应企业经营的变化或由于企业经营模式变化所引起的物流系统更新改造等追加投资成本的折旧费；维持费用是指企业为了维持物流系统所发生的相关日常开支；管理费用是指企业物流系统管理过程中所发生的管理费用支出；其他费用是指企业物流系统的构建、运行、管理等活动过程中发生的相关的其他费用支出，如：资金成本、设计费用等。

(2) 按企业成本项目划分，物流成本由物流功能成本和存货相关成本构成。其中，物流功能成本包括物流活动过程中所发生的运输成本、仓储成本、包装成本、装卸搬运成本、流通加工成本、物流信息成本、物流管理成本。存货相关成本包括企业在物流活动过程中所发生的与存货相关的资金占用成本、物品损耗成本、保险和税收成本。

(3) 按企业成本发生的范围划分，物流成本由供应物流成本、企业内物流成本、销售物流成本、回收物流成本以及废弃物物流成本构成。

1.1.2　物流成本的分类及特征

1. 物流成本的分类

物流成本分类的方法较多，既可以按成本内容、用途分类，也可以按成本性质、功能分类，还可以按支付形态、成本习性、是否可控等分类。按照其不同的性质、特点进行适当的分类，是深入研究物流成本的前提，也是针对不同环节物流成本采取适当控制与优化措施的基础。

1) 按照物流成本的范围类别划分

按照物流成本的范围类别可以划分为供应环节的物流成本、企业内物流成本、销售环节的物流成本、退货环节的物流成本和废弃物物流成本。供应环节的物流成本是指发生在企业原材料采购过程中的物流费用，如材料采购过程中的运输费用；企业内物流成本是物品在企业生产环节流转所发生的物流费用，如中间产品的搬运，不同生产单位间产品的运输等；销售环节的物流成本是指将产品运送到消费者或中间商过程中所发生的物流费用，如送货过程中发生的成本支出；退货环节的物流成本是指产品销售退回、产品召回、返修品等过程中发生的成本费用支出；废弃物物流成本是指将经济活动中失去原有使用价值的物品，根据实际需要进行收集、分类、加工、包装、搬运、储存等，并分送到专门处理场所的物流活动过程中所发生的物流费用。

2) 按照物流成本的功能划分

按照物流成本的功能可以划分为运输费、保管费、包装费、流通加工费、信息处理费和物流管理费。运输费是指企业利用汽车、船舶、飞机、铁路等运输工具，从某地到另一地，为了转移货物所需要的成本，包括运输装卸费。保管费是指在仓库、物流中心等设施内，为了在一定时间保存货物所需要的成本，包括保管装卸费。包装费是指为了物理性地保护商品所需要的成本，不包括商业包装费。流通加工费是指在流通阶段作为物流的一个环节进行加工所需要的成本，除去作为生产和商流的一部分被考虑的加工费。信息处理费是指为了处理、传达与货物相关的信息所需要的成本，除去涉及生产、销售及该公司业务的部分。物流管理费是在该公司以及现场的物流部门中由人工费和营运费构成的费用。

3) 按照物流成本的支付形态划分

按照物流成本的支付形态可以划分为对内支付的物流成本和对外支付的物流成本。对内支付的物流成本是指支付给企业本身的物流费用，对外支付的物流成本是指支付给其他企业的物流费用。

4) 按照物流成本习性划分

物流成本习性是指物流成本总额与物流业务量之间的依存关系。这种依存关系是具有一定规律性的。按照物流成本习性可以分为物流固定成本、物流变动成本和物流混合成本。物流固定成本是指在一定范围内，物流成本不会随着物流业务量的变化而变化的那部分成本，如已经发生的设备投资和折旧、仓库的维护费用、人员支出等。物流变动成本是指物流成本随着物流业务量变动而成正比例变动的那部分成本，如物流过程中所发生的运输成本、保险费用、保管费用等。物流混合成本是指介于上述两者之间的物流成本。

5) 按照物流成本的发生特性划分

按照物流成本的发生特性可以划分为隐性物流成本和显性物流成本。隐性物流成本是指与企业其他成本密切相关，一般被归于其他成本类别的物流成本，如企业生产过程中中间产品的搬运过程，一般着重考虑的是效率问题，而不是直接分析其所发生的成本；显性物流成本是指能够独立予以区分，是直接归属于实物流动过程的成本，这部分成本虽未直接单独核算，但已引起管理者的足够重视，如虽然部分原材料的运输成本可以直接分配到材料成本之中，而不是单独予以计算和计量，但企业还是会单独考虑其影响。

6)按照物流成本是否可控来划分

按照物流成本的可控性可以划分为可控物流成本和不可控物流成本。可控物流成本是指企业可以直接采取措施加以控制其发生的那部分物流成本，如经济订货量决策可以适当控制存货的资金占用量，不同运输方式的选择可以适当控制单位物流成本等；不可控物流成本是指企业无法施加影响以减少或增加其发生的那部分物流成本，如不同运输方式下的单位运输成本以及由外部因素引起的附加成本等。

7)按照物流成本发生的层次性划分

按照物流成本发生的层次性可以划分为宏观物流成本、中观物流成本和微观物流成本。宏观物流成本是指从国民经济总量的角度出发，分析国内物流活动的总开支水平。常见的指标是物流成本与 GDP 的比值，该比值越小，说明其物流业发展越好。中观物流成本是采用标准管理的理念，研究某个行业、产品，甚至是某项服务的“平均物流成本”数据，从而建立分行业或分产品的物流成本参考标准。微观物流成本是指发生在企业内部的为实现物流服务功能而支付的各种物流成本费用。影响微观物流成本的因素包括物流结构、客户服务水平和物流规模等三个方面。当然，无论从什么样的角度对物流成本进行研究，其最值得关注的特征主要有两点。第一，界定和核算的复杂性。由于物流活动涉及面广、关联性强，导致很多成本项目都无法准确掌握，同时，企业现行的会计核算制度是按照劳动力和产品来分摊成本的，因此在企业的损益表中并没有物流成本的直接记录，这不仅影响到物流成本核算的准确性，也制约了物流成本在不同企业之间的可比性。第二，物流成本之间存在二律背反现象，一种物流功能的成本削减可能会使另一种物流功能的成本增加，所以，研究企业物流成本时应着眼于供应链管理的整体而不是某个局部的功能要素。

2. 物流成本的特征

就我国目前企业物流的实践来看，企业物流成本管理难度很大，其主要原因表现在以下四点。

1)物流成本计算要素难以确定

这主要表现在：①计算范围较广。从供应链的角度来看，物流包括原材料物流、企业内部物流、销售物流、配送物流等，涉及的环节及单位很多，应用范围很广，在计算物流成本时难免有所遗漏，很难做到准确。②以不同的对象计算的物流成本结果相差较大。物流涉及的过程较多，在以物流过程计算物流成本时，哪些物流过程应该作为物流成本的计算对象，哪些物流过程不应该作为物流成本的计算对象，难以确定。比如，只将运输和保管费用计入物流成本和将运输、保管、装卸、信息等各个物流过程计入物流成本以及将整个物流过程间的协调费用全部计入物流成本，其计算结果相差太大。③计算的内容难以归集。企业向外部支付的运输费、保管费、装卸费等费用一般都会计入物流成本，而且也比较容易计入物流成本。但是，企业内部发生的物流费用，如与物流有关的人工费、设施建设费、物流设备折旧费、维修费等是与企业所发生的所有人工费、设施建设费、设备折旧费、维修费混在一起的，企业在实际操作计算时无统一规范，难以实现。

2）一些物流费用与非物流费用很难界定

有些企业的物流部门对于一些物流成本无法掌握和控制。例如，物流成本中过量服务所发生的费用与标准服务所发生的费用是混合在一起的。很多企业将促销费用列在物流成本中；对于保管费用中的过量进货、过量生产等在库维持费用、紧急送达等产生的费用，一般也纳入物流成本中，这无疑增加物流成本计算与管理的难度。

3）物流成本核算难度较大

由于现行的财务会计制度和会计核算方法对物流成本没有分列记账，物流费用在我国企业会计制度中没有单独的会计科目。一般采用的方法是将企业所有成本都列在不同的成本费用项目中，如将其分散到“原材料”“管理费用”“销售费用”“财务费用”等会计账户进行混合核算，所以不能掌握物流费用的实际情况。

按照现行会计制度规定，购买原材料所支付的物流费用是计入“原材料”科目中的，自运运输费用和自用保管费用是计入“营业费用”科目中的，另外，与物流有关的利息是计入“财务费用”科目中的。传统的会计核算体系不仅不能提供物流成本分摊数据，而且把这些由“原材料”“主营业务成本”“营业费用”“财务费用”等科目核算的有关物流费用划分出来，并单独加以汇总计算，在操作上存在很大的难度，操作成本也会大大提高。因此，探索建立科学合理的独立的物流成本核算体系，还有较长的路要走，也是理论与实务界急需解决的物流成本管理方面非常重要的一个问题。

4）物流成本计算方法较多，难以统一

不同企业的物流成本项目不同，在如何统一物流成本计算方法方面尚没有形成统一的标准。目前，在企业层面，计算物流成本的方法主要有：按支付形态类别计算物流成本、按物流功能类别计算物流成本、按物流范围类别计算物流成本、按物流作业计算物流成本等四种物流成本核算方法。物流成本核算是根据企业确定的成本计算对象，采用相应的成本计算方法，按照规定的成本项目，通过一系列物流费用的汇集与分配，从而计算出各物流环节成本计算对象的实际总成本和单位成本。物流成本核算的目的是要促进企业加强物流管理，提高管理水平，创新物流技术，提高物流效益。

综上，我们可归纳总结企业物流成本的主要特征是：系统性、分散性、战略性、独特性。

（1）系统性。我们知道，对于生产制造企业而言，产品生产成本的归集与计算，一般来说，在产品的生产环节即可完成，而企业物流成本产生于企业物流活动的各个环节，企业的物流活动具有整体系统性，贯穿企业物流活动的始终。并且，企业物流系统中的各子系统的物流成本往往会出现此消彼长的现象，某一子系统物流成本的降低并不一定能保证系统总的物流成本的降低，不能单独站在各子系统的立场上来管理物流成本，而应该从整个系统的角度进行企业物流成本管理，通过对系统运行的协调和配合，才能达到整个系统物流成本最优。

(2) 分散性。通常情况下，物流成本的产生并不单纯集中在某个或某几个职能部门，而是涉及企业全部物流活动的范畴。一方面，由于企业物流成本的产生与企业物流活动密切相关，而物流活动的范围涉及企业众多职能部门甚至是整个企业，因此，使得企业物流成本的形态呈现出比较分散的态势。另一方面，在传统的财务会计处理中，对于非物流企业，往往将涉及物流活动所发生的支出作为企业的期间费用处理，掩盖了企业物流活动所发生的成本之间的相互关系及其实质，也造成了人们对物流成本的认识偏差，对物流成本的确认产生了凌乱散的感觉。

(3) 战略性。物流成本的大小，往往与企业所实施的竞争战略有关。比如，销售环节所发生的物流成本规模往往与企业为客户提供的物流服务水平密切相关。为客户提供的物流服务水平是由企业的营销战略所决定。物流成本管理的目的不是单纯地追求物流成本绝对值的降低，而是要通过寻求物流服务与成本间的最佳平衡点，使企业物流活动达到相对的合理化。

(4) 独特性。由于每个企业在经营理念、产品结构、资源结构、业务发展方向等方面存在一定的差异，因此，每个企业所具备的竞争能力是不一致的。具体到企业的物流服务能力方面，由于企业的地理位置、业务流程、人员能力、资产结构等许多方面存在差异，这决定了企业的物流能力不具模仿性。根据一般的物流管理理论，物流能力的高低决定物流成本的构成，因此，即便是两个企业的物流成本总额相等，其总成本的具体构成也必然存在差异。

通过以上对企业物流成本特点的探讨，我们应该清楚，在对企业物流成本进行管理的过程中，不应该采取传统的、以职能部门为单位进行划分和管理的模式，而是应该通过对物流活动的整体系统化管理，协调各个环节的“二律背反”关系，从而达到对企业物流成本的有效管理。

1.1.3　影响物流成本的因素

影响物流成本的因素有很多，既可以从宏观角度、中观角度也可以从微观角度进行考虑。如果仅从微观角度即从企业角度考虑物流成本的影响因素，可以归纳为以下四个方面。

1) 竞争性因素

市场经济本身就充满竞争，是一种竞争性经济。企业之间的竞争表现为企业市场的竞争。企业市场竞争除了企业产品价格、质量、性能外，还有一个最重要的关键因素，那就是优质高效的客户服务。客户服务水平又直接决定企业物流成本的高低，因此，企业之间的竞争最终又体现在企业物流成本的高低上。影响物流成本的竞争性因素主要有以下几个方面：

(1) 订货周期。企业高效的物流系统必然可以缩短企业的订货周期，降低客户的库存，从而降低客户的库存成本，提高企业的客户服务水平，提升企业的竞争力。

(2) 库存管理水平。为了保证企业生产的正常运行不至于因为缺货而导致停产，企业必须备有一定的安全库存量，也称存货。企业库存管理水平的高低直接决定了企业仓储总成本的大小。因此，企业库存管理的目的就是在保证企业正常生产的前提下使得企业仓储总成本最小。

(3) 运输及装卸作业效率。企业采用不同的运输及装卸工具和方式，导致企业的物流成本是不同的。企业采用何种运输及装卸工具和方式应根据企业的具体情况综合考虑。如果企业采用更为方便快捷的运输装卸工具，虽然设备方面的投入成本增加，但它可以缩短时间，提高企业的物流服务水平，同时还可以降低库存成本，因此，需要进行成本分析予以综合考虑。

2) 产品因素

产品的特性不同也会影响企业的物流成本。主要表现为以下几点：

(1) 产品价值。通常情况下，产品价值的高低会直接影响企业物流成本。随着产品价值的增加，每一项物流活动的成本都会增加。一般来讲，产品的价值越大，对其所需使用的运输装卸工具的要求就越高，其运输或搬运成本也就越高，包装成本和仓储成本也随着产品价值的增加而增加。

(2) 产品密度。产品密度越大，相同运输单位所装的货物就越多，其运输成本也就越低。同理，仓库中一定的空间内存放的货物自然也就会越多，单位库存成本就越低。

(3) 产品质量。产品质量的高低决定了企业产品的残次品率。生产高质量的产品可以杜绝因次品、废品等的回收、退货而发生的各种物流成本。因此，产品质量的高低对企业物流成本有一定影响。

(4) 产品易损性。产品或物品的易损性对物流成本的影响是显而易见的。易损性的产品对物流各环节如运输、包装、装卸、仓储等都提出了更高的要求。

(5) 产品的性质及形状。产品的性质及特殊形状会对物流运输及装卸工具提出特殊的要求，从而增加企业物流成本。如超长超宽物品的搬运、农产品运输过程中的保鲜等，这些特殊要求必然会增加特殊耗费，自然就增加了物流成本。

3) 空间因素

顾名思义，空间因素是指物流系统中企业制造中心或仓库相对于目标市场或供应点的位置因素。制造中心或仓库距离目标市场太远，自然会增加运输及包装等成本；如果在目标市场建立或租用仓库，则会增加库存成本。因此，空间因素对物流成本水平的高低具有重要影响。

4) 其他因素

除上述因素外，影响企业物流成本的因素还包括企业物流管理成本开支大小，也即管理因素，资金利用率，货物的保管制度，物流管理合理化程度，企业物流决策，企业外部物流环境的变化等。

通过以上分析，我们发现，加强物流成本管理必须明确相应的服务水平，从而保持物流成本和客户服务之间的一种均衡关系。对物流服务和物流成本进行决策时，可以价值工程理论为指导，考虑以下四种变化：

(1) 保持物流服务水平不变，尽量降低物流成本。在不改变物流服务水平的前提下，改进物流系统来降低物流成本，提高物流价值。

(2) 提高物流服务水平，增加物流成本。这是许多企业提升物流价值的普遍做法。这种方法意味着物流成本中既有随着物流服务水平的提高而上升的部分，也有不受其影响和下降的部分。如果我们能在后一部分中实现的物流成本降低高于因物流服务水平提高而增加的物流成本部分，那么，企业的物流价值也是提高的。

(3) 保持物流成本不变，提高服务水平。这是一种积极的物流成本政策，是一种追求效益的方法，也是一种有效利用物流成本性能的方法。

(4) 用较低的物流成本，实现较高的物流服务。这是一种增加效益、具有战略意义的方法。企业只有合理运用自身的资源，才能获得这样的成果。

我们把以上四种变化用价值工程的公式表示如下：

$$V = \frac{F}{C} \tag{1.4}$$

式中，V 为物流价值系数，F 为物流服务水平；C 为物流成本。

物流价值提升途径：

①F 不变，C 降低，则 V 升高，②F 与 C 同时升高，且 F 升高的幅度大于 C 升高的幅度，则 V 升高；③F 升高，C 不变，则 V 升高；④F 升高，C 下降，则 V 升高。

1.2 物流成本管理概述

1.2.1 物流成本管理的产生与发展

1. 物流成本管理的产生

人们对物流活动及物流管理的认识最初起源于美国。第二次世界大战期间，美国及其盟军需要在横跨欧洲、美洲、大西洋等广大空间内对军队进行大量的调动，对军用物品装备的运输、供应、配置与调运、补给与养护等进行及时的保障供给，满足战争的需要。针对此情况，美国军方研究采用了一系列的技术、方法，使得成本最低、时间最短且安全可靠，由此形成了美国军方后勤管理(logistics management)的完整思想、技术和方法体系，即通过对物资采购、运输、仓储、分发等活动进行统筹安排，以期实现速度更快、服务更好、费用更低的军队、辎重和给养过程的移动保障。可以说，物流管理起源于军事后勤，它是伴随着美国军方后勤管理的产生而产生的。

2. 物流成本管理的发展

物流成本管理的发展是伴随着物流的演变与发展而发展的。目前，全球物流成本管理的发展是参差不齐的。在此，首先介绍物流的演变与发展，然后再介绍美国、日本以及我国在物流成本管理方面发展的历程。

1) 物流的演变与发展

对物流活动和物流管理的认识起源于美国。美国在物流管理，尤其是物流成本管理方面的研究和实践比较先进并具有代表性，已成为其他国家学习和仿效的榜样。物流(logistics)一词源于古希腊语(logistike 或 logistes)，后来演变成拉丁语(logista)和法语(logistique)，最后又落脚于英语(logistics)。物流的起源最早可追溯到 1844 年。法国技术人员 J. Depuit 曾在自己的著书中强调重视供货管理功能，保持仓库保管与运输两者之间成本的均衡；此外，J. C. Johnson 等在其著作中谈到，1905 年美国陆军少校 C. D. Baker 曾把物流称为：关于军队移动与供给的战争科学之一；R. H. Ballu 还在其著作中介绍：1912 年、1922 年相继有人从不同角度谈及了物流的重要性。但以上这些只能说明这一时期萌生了物流意识，对物流的概念和定义的认识仅属于初期阶段。

行业团体最早给物流(physical distribution，PD)下定义的是美国市场营销协会(American Marketing Association，AMA)，时间为 1935 年，“物流是销售活动中所伴随的物质资料从产地到消费地的种种企业活动，包括服务过程”。美国另一个权威行业团体——美国实物配送管理委员会(NCPDM)对物流(PD)至少下了三次定义。1997 年，美国企业派物流的代表，著名的物流公司 Exel Logistics(英运物流)对物流(logistics)下了这样的定义：“物流是与计划和执行供应链中商品及物料的搬运、储存及运输相关的所有活动，包括废弃物品及旧货的回收利用。”

除了物流定义的演变以外，从各国的行业团体英文名称的变化也可以看出物流的发展变化轨迹。美国物流管理协会从 1963 年成立到 1985 年更名，一直使用 PD 作为自己的名称，简称 NCPDM，1985 年下半年将原来使用的英文 PD 改为 logistics，简称 CLM。加拿大物流管理协会从 1967 年到 1992 年更名之前，一直使用 PD 作为自己的名称，1992 年更名时，把 PD 改为 logistics，该组织在 2002 年又改称为“加拿大供应链与物流管理协会”。日本的两大物流团体，日本物流管理协会和日本物的流通协会从 1970 年成立到 1992 年合并，也一直使用 PD 表示自己的团体名称，1992 年合并，成立了日本物流系统协会(Japan Institute of Logistics System，JILS)，其英文名称也由 PD 改为 logistics。

在物流的英文用词上，国外发生了上述变化，我国对这个问题的理解上也有一些误解和困惑。实际上，PD 即 physical distribution，应译为物流，而 logistics 不应译为物流，应译为“后勤”或者“兵站”。但由于一些历史原因和现实物流发展的需要，为了减少麻烦或者因为约定俗成，我们不得不把 logistics 也叫作“物流”。从第二次世界大战前开始到 20 世纪 80 年代中期，美国、加拿大、日本等国家的物流团体一直使用 PD 表示物流，而没有使用 logistics，英国物流管理协会（Institute of Physical Distribution Management，IPDM）在 1986 年以前也使用 PD，1987 年才改用 logistics，协会简称变为（Institute of Logistics Distribution Management，ILDM）。世界各国统一使用 logistics 表达物流是在 20 世纪 90 年代以后。近几年，供应链（supply chain）理论兴起，把物流囊括其中，国外一些物流团体开始将供应链加在自己的组织名称中。

物流（PD）开始被企业认识，只因为其有助于销售，企业重视物流的目的是保证销售活动的顺利进行，当时的物流处于附属地位。后来发现物流不仅对销售有用处，还能降低企业的生产成本，是“第三利润的源泉”，于是人们便把物流独立出来，加强管理，并把物流的侧重点从单一的促进销售，转到企业减少浪费、节约费用、增加利润上来。接着通过加大物流投入和注重物流管理，不仅节省了成本，增加了利润，还保证了服务质量，增强了企业竞争力，于是人们又把物流的重点移至“用户”。到了 20 世纪 80 年代后半期，企业进而认识到物流（PD）无论是范围还是重点都已不能适应时代的发展和企业新的经营环境，不得不把军队的后勤保障系统，即 logistics（物流）引入到企业经营中来，由此，企业重视物流的侧重点也随之转变。把物流的地位由降低企业成本，提高服务水平，上升为企业生存发展的关键环节，把重视物流看作为企业经营发展战略中最重要的组成部分，一切工作中的重中之重。然而 20 世纪 90 年代后半期以后，人们又开始感觉到，物流的作用在新经济环境中，应该继续发展扩大，要把物流与供应链管理联系在一起，这样才能进一步释放物流的能量，企业才能在经济全球化中施展威力。20 世纪 90 年代以后的世界经济，基本进入了第三产业时代，满足商品数量早已不成问题，而如何将生产出来的商品及时销售给消费者，尽快回收成本是主要矛盾，能解决这一主要矛盾的重要手段之一就是现代化物流。后来人们又发现，仅有现代化物流还不够，必须要有现代信息技术、资金后盾和商业机会作支撑，只有把物流、商流、资金流、信息流有机地组合，使供应商、制造商、分销商、零售商乃至用户有机地组合，形成一个最佳、最优化的系统，即由多个环节组成一个有效供应的“链”，才更有效、更保险。

2）美国物流成本管理的发展

军事上对于物资供应而言，主要注重的是物资本身的质量以及物资供应过程的及时性与可达性，而物流管理过程中的成本问题却极少得到重视。第二次世界大战后，西方发达国家的各大公司效益大幅度下滑，企业间竞争加剧，靠提高产品价格来维系公司利润，保证公司的正常运转已成为一条不归路，唯一可行的方法就是裁员和进一步降低产品成本。因此，物流成本管理便应运而生，成为一种降低成本、提高服务水平的手段。

物流成本管理的发展取决于物流的发展，而物流的发展则取决于社会经济和生产力的发展水平，也取决于科学技术的发展水平。由于全球经济的不断发展，企业外部环境发生的巨大变化，促使企业寻找改善企业物流系统的途径、方法与措施，同时也敦促政府部门修改相关的物流管理政策，从而推动了物流成本管理的发展。应该说，物流成本管理是随着物流管理的发展而兴起的成本管理的新领域，其发展同成本管理的发展一样，同样经历了一个从事后管理到事中管理再到事前管理的过程。

美国属于典型的自由经济体制，鼓励自由竞争，主要使用财政和货币政策来调控市场，不制定国家经济计划和系统的产业政策。美国对物流成本的管理主要是通过美国会计师协会下属的管理会计实务委员会所颁布的一系列“管理会计公告”来进行的。该公告包括物流成本管理涉及的内容，即物流成本范畴的界定、物流成本的计算、物流作业成本的计算、物流管理的业绩计量以及物流信息在物流成本管理中的运用等。美国物流成本管理已经与目前兴起的供应链管理紧密结合，形成了一套先进的物流成本管理体系。就美国物流成本管理的发展而言，大致分为以下几个阶段：

(1) 物流成本认识阶段。物流成本管理在物流管理中占据着关键与核心地位，物流成本问题也是物流管理初期人们普遍关心的主要问题。正是由于在物流领域里存在着广阔的降低成本的空间，物流问题才引起企业经营管理者的重视。可以这么说，企业的物流管理是从对物流的成本管理开始的。在这个阶段，人们对于物流成本的认识仅是停留在概念层面上，并未对物流成本实施全面、科学的管理。

(2) 物流项目成本管理阶段。在对物流成本认识的基础上，人们发展到了可以根据不同的部门、不同的领域、不同的产品等出现的特定物流问题，组织专门人员予以解决，至此，出现了物流管理组织。该阶段存在的不足主要是在对于物流成本管理的组织化程度以及对物流成本的持久把握上做得不系统、不完善。

(3) 物流成本管理预算制度阶段。随着物流管理组织的出现，人们对物流成本管理有了一个系统的认识，把管理会计中的预算管理制度引入到物流成本管理中来，形成了较为完善的物流成本管理预算制度。也就是说，通过标准物流成本对物流进行预算编制，确认预算与实际的差异，通过比较和分析差异产生的原因，达到控制物流成本的目的。该阶段的主要不足是物流成本的预算准确程度不够，差异分析缺乏全面性与科学性，对物流成本的把握多局限在运费和对外支出的费用上，企业内部物流过程中产生的物流成本没有考虑。

(4) 物流业绩评价制度确立阶段。这一阶段是物流成本管理的进一步发展，也是管理会计中业绩评价方法在物流成本管理中的具体应用。在这一阶段，形成了较为完善的物流业绩评价制度，通过企业相关部门准确评价企业物流管理部门对企业业绩的贡献。对企业物流管理部门的评价永远离不开物流成本这个要素，降低物流成本是企业物流管理部门永恒的主题。

3) 日本物流成本管理的发展

日本作为当今世界的物流强国之一，其近代物流业始于 1965 年日本内阁会议上通过的《中期经济计划》，该计划把物流现代化作为日本的国策。日本对物流的研究由重视功能转向重视成本，进而转向重视服务。日本和美国虽然实行的都是市场经济体制，但日本政府采用严格的规章制度使企业遵守市场规则，通过行政指导说服企业服从政府的意图，日本是由政府制定企业物流成本核算标准而后强制执行的。在日本物流成本管理方面影响较大的物流成本核算类国家标准是：1977 年制定的《物流成本计算统一标准》，1992 年公布的《物流成本计算活用指南》，1996 年发布的《简单易懂的物流成本计算指南》，2000 年修订的《物流成本计算指南——不同行业》等。在日本，对于物流成本管理发展阶段有不同的说法，有三阶段、四阶段和五阶段等。

日本神奈川大学的唐泽丰教授认为，现在日本企业的物流成本管理处于第三个阶段，还未达到第四阶段。这四个阶段分别是：

(1) 明确物流成本阶段。明确企业物流成本构成与计算方法，定量掌握物流成本总额，通过计算物流成本与销售收入的比率进行物流成本管理。该阶段是物流成本管理的前提和基础。

(2) 建立预算管理制度阶段。在明确物流成本的基础上，通过建立预算制度，定期编制物流成本预算，并且，比较预算与实际执行的差异，分析差异产生的原因，为进一步改进物流成本管理工作提供参考依据。

(3) 设定物流成本基准值或标准值阶段。在长时间的时间跨度和丰富的成本数据累积的基础上，通过科学合理的方法，设定物流成本基准值或标准值，使物流成本预算的编制和物流成本管理有一个客观真实的标准。

(4) 建立物流成本管理会计制度阶段。将物流成本计算与管理纳入财务会计与财务管理的范畴，实现物流成本管理与财务会计管理的一体化，使物流成本管理会计化。

日本著名物流研究专家菊池康也教授将物流成本管理的发展归纳为五个阶段。他认为，现在日本企业的物流成本管理大多处于第三阶段，还没有达到第四、五阶段，物流部门的职能还落后于销售和生产部门的职能。这五个阶段分别是：

(1) 了解物流成本的实际状况阶段。通过对物流成本实际状况的了解，明确物流活动过程中哪些成本归集为物流成本，从而提高对物流活动及物流成本重要性的认识。

(2) 物流成本核算阶段。在明确物流成本构成内容的基础上，通过一定的方法来计算物流成本，了解物流成本数额及其占总收入和总成本的比重，了解物流活动中存在的问题，为物流成本管理工作提供数据支撑。

(3) 物流成本管理阶段。在准确掌握物流成本数据的基础上，引入物流成本标准管理和预算管理机制，制订物流标准成本，编制物流成本预算，并通过实际成本支出与标准成本和预算成本的比较，分析成本差异产生的环节和原因，为进一步控制物流成本支出、降低物流成本提供科学依据。

(4) 物流收益评估阶段。在建立健全物流成本管理制度，控制物流成本支出的基础上，着手进行物流对企业贡献度的评估工作，科学评价物流对企业效益的贡献度，进一步明确物流在企业经营管理中的地位和重要性。

(5) 物流盈亏分析阶段。对物流收益与支出进行比较，在此基础上进行物流盈亏分析，并通过建立数学模型进一步分析物流系统应如何优化和改革，从而提高物流净收益及企业总利润水平。

4）我国物流成本管理的发展

虽然物流及物流成本管理的各环节很早就客观地存在于我国经济的各领域中，但无论是物流的概念还是物流成本管理体系等，对我们来说，都属于舶来品。我国物流成本管理起步较晚。1979 年，中国物资经济学会派代表团参加了在日本举行的第三届国际物流会议，第一次把“物流”这一概念从日本引入到国内。

20 世纪 80 年代初，我国流通领域还带有非常浓厚的计划经济色彩，作为生产资料流通的主要承担者——国有物资部门开始从宏观角度研究物流。而此时的商业系统还无暇顾及物流领域，这使当时的商业系统对物流的研究远远落后于对物资系统的研究。此时，我国物流管理的发展基本上处在概念引进和初级理论的研究阶段，未能引起各方面的重视。对物流成本的认识也只是停留在概念层面上，更谈不上物流成本管理。

20 世纪 90 年代初，由于激烈的竞争，业态的多样化导致流通利润下降，商业系统才开始重视物流，特别是开始重视连锁经营与配送关系的研究，使商业系统对物流的研究迈向了新的高度。1991 年，我国物资流通学会承担的“工业企业物流合理化研究”课题组，对全国电子、石化、有色金属等八个行业的物流现状做了一次表格调查，发现企业现有统计报表中按物流概念统计的数据极少，大量数据需要通过估算得出，有些数据甚至无法获取。这次活动引起我国企业对物流的重视，物流成本开始进入初步研究和试验性阶段，但仅限于个别企业及政府管理部门，并没有引起全社会对物流成本的关注。

20 世纪 90 年代后期，随着我国经济体制的改革，企业产权关系的明确，生产及流通企业开始认识到物流的重要性。有些企业内部开始设立专门的物流部门，也出现了不同形式、不同规模的物流企业，纷纷参照国外的先进经验和技术来加强物流管理，理论与实务界积极组织专门人员研究降低物流成本的理论和方法，物流成本管理开始迈向组织化、系统化、科学化。

21 世纪后，我国的物流业又有了新的飞速发展，特别是近几年网络经济的发展，电子商务对物流提出了新要求，我国物流业与世界物流业的合作与交流日益密切，我国物流业的发展已经走向国际化。在此环境下，物流成本管理理论与方法的研究也进入了一个新阶段，学术界发表了许多科学的、严谨务实的关于物流成本管理的专著及论文，企业界开始引入管理会计的理论和方法到物流成本管理中来，如物流成本预算制度、物流成本核算制度、物流成本管理的业绩评价等。

目前，国内对企业物流成本管理方面的研究主要集中在：一是物流成本的含义、构成及核算研究；二是物流成本理论及方法研究；三是物流成本控制及降低物流成本研究；四是物流成本与经济增长的关系研究等。

国外对物流成本管理的研究已取得了较为丰硕的成果，尤其是美国和日本在这方面的研究更为深入，但在宏观及中观方面的研究不多，主要集中在企业微观层面上：一是企业物流成本核算方面的研究；二是企业物流成本控制方面的研究。

从国内外对物流成本管理的研究来看，从物流成本形成与控制机理的角度来研究物流成本管理的理论与方法、从整体层面对于物流成本的分析、成本模型及其相关理论框架构建的系统性的理论阐释以及物流政策变化的仿真模拟及其结果评价等方面做得还很不够，有待深入地探索。对于我国物流成本管理研究的现状，总的来说，就是理论研究的多，实际应用的少，宏观层面的多，微观层面的少。

1.2.2　物流成本管理的原则及意义

1. 物流成本管理的原则

企业物流成本管理原则是指人们对物流成本管理活动共同的理性认识，它是联系理论与实际的纽带。物流成本管理原则一方面可以为解决新的物流成本管理问题提供指引；另一方面，原则的应用与企业物流成本管理活动的环境密切相关，不一定在任何情况下都绝对正确。物流成本管理的基本原则可概括为以下十条：

(1) 经济性原则。这条原则是指因推行物流成本管理而发生的成本，不应超过因缺少管理而丧失的收益。任何物流活动都要讲求经济效果，也都需付出一定的代价，但这种代价不能太大，不应超过建立这项管理所能节约的成本。

(2) 系统性原则。实施物流成本的系统管理可有效地克服物流成本的“此消彼长”现象。因为系统管理是对物流活动的全过程进行统一管理，充分协调各部门、各环节的成本费用，以总成本降低为主要目的，最大限度地降低物流成本。实施全面成本管理可加快物流合理化过程。物流成本的系统管理认为物流作业的质量、成本和时间经过协调，可以达到长期消减成本的目的。

(3) 全员参与原则。任何物流活动都会发生成本，都应在物流成本管理的范围之内。任何物流成本都是人参与物流作业的成本，只能由参与或者有权干预这些活动的人来管理。所以，每个职工都应负有成本责任。

(4) 因地制宜原则。因地制宜原则是指成本管理系统必须个别设计，适合特定企业、部门、岗位和成本项目的实际情况，不可照搬别人的做法。具体说来，要适合特定企业的特点，要适合特定部门的要求，要适合职务与岗位的责任要求，要适合成本项目的特点。

(5) 比较优势原则。比较优势原则是指专长能创造价值。在物流成本管理活动中，比较优势原则的应用主要体现在企业物流业务是自营还是外包决策上。如果物流业务不是企业的优势，企业自营物流业务成本高，则应根据比较优势原则，将物流业务外包出去，集中精力从事自己擅长的生产经营活动。

(6) 双方交易原则。该原则是指每一项交易都至少存在两个及以上的交易主体，并且交易主体方都各自按照最符合其经济利益的要求进行交易。双方交易原则要求企业在物流的成本管理活动中，尤其是在与供应商和客户交易过程中，不能“以自我为中心”，在谋求降低自身物流成本的同时，要关注供应链上其他交易主体的利益，努力实现物流成本管理绩效的多赢。

(7) 信号传递原则。该原则是指人们的行动可以传递信息，并且比企业的声明更有说服力。信号传递原则在物流成本管理中的应用主要体现在以下两个层面：一是企业在选择物流合作伙伴、外包物流活动时，可以根据合作伙伴的行为来判断可能提供的物流服务水平；二是企业在物流成本管理活动中，不仅要考虑管理本身所采取的举措，还要考虑该行动可能给其他利益相关者，如银行、客户、供应商等，传递的信号。

(8) 引导原则。该原则是指寻找一个值得信赖的榜样作为自身行为的引导。引导原则不会帮你找到最好方案，但却可以使你避免采取最差的行动。引导原则在物流成本管理中的一个重要应用就是“免费跟庄”。当行业或同类企业推行了先进的物流成本管理模式或举措时，其他企业通过模仿即可迅速提升管理水平，节约成本。

(9) 自利行为原则。该原则是指企业在决策时，以利益最大化为导向，在其他条件相同时，会选择对其最有利的方案。也就是我们常说的鱼和熊掌不能兼得。自利行为原则在物流成本管理中的应用主要体现在物流机会成本概念上。采用一个物流方案而必然要放弃另一个物流方案时，被放弃的物流方案的收益就是被采用物流方案的物流机会成本。

(10) 净增效益原则。该原则是指企业决策建立在净增效益的基础上，一项决策的价值取决于它和替代方案相比所增加的净收益。在物流成本管理中的应用领域之一就是差额分析法，另一个应用就是在物流沉没成本概念上。

企业在物流成本管理活动中，一方面要科学地利用差额分析法，提高物流成本管理和决策效率；另一方面，在做出物流活动自营或外包决策时，要考虑到沉没成本的概念，剔除沉没成本的影响，做出科学决策。

2. 物流成本管理的意义

我们知道，加强和改善物流管理，能够很好地降低企业资源消耗、提高生产效率、增进企业经营效果、降低成本费用等。物流成本管理是物流管理的核心内容，实行物流成本管理对国家和企业都具有非常重要的现实和长远意义。

1) 实行物流成本管理的宏观意义

对于一个国家或地区来说，物流活动所发生的成本费用并不是一个小数目，它在 GDP 中占有相当的份额。

2016 年，我国全社会物流费用占 GDP 的比重为 14.9%，2015 年社会物流费用占 GDP 的比重为 16%，2014 年为 16.6%，2013 年为 16.9%，2012 年为 18%，但相比于美、日、德等发达国家，我国的物流成本依然高出一倍多。例如，美国 2016 年物流成本约为当年 GDP 的 7%。这意味着，全社会创造同样规模的 GDP 和企业创造同样规模的产出，我国付出的物流费用代价更高，同时也说明我国物流成本下降的空间很大。对于我国来说，每下降 1 个百分点意味着节约 7 千多亿元的物流成本费用。

从宏观的角度来讲，进行物流成本管理的意义主要体现在：①提高经济运行质量和总体竞争力。物流成本管理水平的高低，将直接影响物流成本水平，进而影响产品质量和服务。对于我国工商企业而言，通过利用高质量的现代物流系统，降低物流成本，改进物流管理，提高企业及其产品参与国际市场活动的竞争力。如果全行业的物流效率普遍提高，物流平均成本降到一个新水平，那么，该行业在国际上的竞争力就会大大增强。②节省大量社会财富、增加国家资金积累。实行物流成本管理，降低物流成本，可以降低物品在运输、装卸、仓储等环节的损耗，对于全社会而言，意味着创造同等数量的财富，在物流领域消耗的物化劳动和活劳动得到节约。物流成本的节约，不但为社会节约大量的物质财富，同时也可增加生产领域的投入，从而创造出更多的物质财富，增加企业上缴国家的税费，增加国家的资金积累。③有利于稳定物价。全行业物流成本的普遍下降，将会对产品和服务的价格产生影响，导致物价相对下降，减轻消费者的经济负担，这有利于保持消费物价的稳定，提高国民的相对购买力，提高经济运行整体效率。④有利于物流系统的合理化和优化。物流成本管理是把物流的各个功能作为一个系统来构造、分析、组织和管理，而物流系统的效率与费用分析就是对物流系统的构造、分析、组织和管理的过程优化，即物流成本低是以实现一定的物流服务为基础进行的。物流成本控制必须改善、协调和优化物流的各个功能、各个环节，才能达到降低物流成本、使物流系统逐步走向合理化、提高服务水平的目的。⑤加速产业结构的调整，支撑新型工业化。区域经济是一种聚集经济，是人流、商流、资金流、信息流等各种生产要素聚集在一起的规模化生产。加强物流管理，促进现代物流业的发展，可以改变区域经济的增长方式，促进新产业业态的形成，还可以促进以城市为中心的区域市场的形成和发展。

2) 实行物流成本管理的微观意义

从微观角度上来说，实行物流成本管理具有以下两方面意义：①降低成本，提高利润。由于物流成本在企业产品成本中所占比例较大，降低物流成本意味着扩大了企业的利润空间，提高了企业利润水平。②增强企业的竞争优势。企业评价物流活动的共同尺度是通过物流成本来进行的。物流成本的降低，首先意味着增强了企业的价格竞争力，而价格竞争是企业市场竞争的主要手段之一；其次，增强了企业产品在时间和质量上的竞争力。通过物流成本管理，可以改善物流流程，削减不必要的物流环节，减少低效率作业，提高响应速度和服务质量，减少企业流动资金的占用，加快资金周转速度。因此，降低企业物流成本是提高企业竞争实力的一个重要手段。

总之，加强物流成本管理，降低物流成本，从微观上看，可以提高企业的物流管理水平，加强企业的经营管理，促进经济效益的提高，增强竞争力；从宏观角度看，降低物流成本对提高国民经济的整体运行质量和竞争力，促进产业结构的调整，支撑新型工业化，发展国民经济，提高人民生活水平，都具有重要意义。

1.2.3　物流成本管理的内容

物流成本管理，简而言之，就是通过成本去管理物流，即管理的对象是物流而不是成本。物流成本管理可以说是以成本为手段的物流管理方法。它主要包括物流成本预测与决策、物流成本预算与控制、物流成本核算与分析评价等内容，具体来说有以下七方面的内容。

1) 物流成本预测

物流成本预测，是指根据企业与物流成本有关的数据及企业的具体情况，依据物流成本与各种技术经济因素的依存关系，结合发展前景及采取的各种措施，运用一定的科学技术方法，对企业未来的物流成本水平及其变化趋势做出科学的推测和估计。

物流成本预测是物流成本决策、预算和控制的基础，对提高物流成本管理的科学性和预见性有较好的保障作用。

2) 物流成本决策

物流成本决策是在物流成本预测、分析的基础上，结合其他相关资料，运用定性与定量的方法，选择最满意成本方案的过程。具体来说，就是以物流成本分析和预测的结果等为基础建立适当目标，拟定几种可以达到该目标的方案，根据成本效益评价从这几个方案中选出最满意方案的过程。

3) 物流成本核算

物流成本核算是根据企业确定的物流成本计算对象，采用相应的成本计算方法，按照规定的成本项目，通过一系列物流费用的汇集与分配，从而计算出各物流环节成本计算对象的实际总成本和单位成本。物流成本核算的目的是要促进企业加强物流管理，提高管理水平，创新物流技术，提高物流效益。

物流成本核算是物流成本费用支出以及控制过程中必不可少的环节。通过物流成本核算，可以如实地反映生产经营过程中有关物流活动的实际耗费，并为物流成本管理过程中的各环节提供真实可靠的数据。

4) 物流成本分析

物流成本分析是在成本核算及其他有关资料的基础上，运用一定的方法，揭示一定时期内物流成本水平的变动及影响因素，进一步查明影响物流成本变动各因素的影响程度。物流成本分析的主要目的是在实现既定的客户服务水平的条件下降低企业的物流成本，提高企业的竞争能力。通过物流成本分析，提出相应的改进意见及建议，使相关责任部门采取必要措施，以便有效地控制物流成本。

5) 物流成本预算

物流成本预算是根据物流成本决策所确定的方案、计划期的物流任务、降低物流成本的要求以及有关资料，通过一定的程序，运用一定的方法，以货币形式规定预算期物流各环节的耗费水平和成本水平，并提出保证成本预算顺利实现所采取的措施。

通过物流成本预算，可以在物流成本各环节上给企业提出明确目标，推动企业强化物流成本意识、加强物流成本责任意识、控制物流环节费用，保证实现企业物流目标成本。

6) 物流成本控制

物流成本控制是指企业根据预定的物流目标成本，采用特定的理论、方法、制度等对物流各环节发生的费用进行有效的计划和管理，对企业物流活动过程中形成的各种耗费进行约束和调节，发现偏差、纠正偏差，实现甚至超过预定的物流目标成本，促使物流成本不断降低。

物流成本的控制过程实际上就是依据物流成本计划，制定各项物流的消耗定额、物流标准成本等，在实际执行过程中不断反馈其执行情况，将实际结果与执行标准进行对比分析，及时采取措施纠正偏差。

7) 物流成本绩效评价

物流成本绩效评价是物流企业绩效评价的重要内容，其实质是对物流成本的效益进行分析，通过对物流财务指标的分析，力求比较全面地反映物流成本效益水平，为物流成本管理和决策提供依据。

企业经营的目标是效益最大化，因此必须对企业物流经营的各个方面进行详细的了解和掌握，及时发现问题，挖掘潜力，为企业持续降低成本和不断提高效益奠定坚实的基础。物流成本绩效评价是以物流活动分权管理为基础，将企业物流过程划分为各种不同形式的责任中心，对每个责任中心明确其权力、责任及其绩效计量和评价方式，建立起一种以责任为中心、为主体，责、权、利相统一的机制，通过信息的积累、加工、反馈，从而形成的物流系统内部的一种严密控制系统。

上述物流成本管理的七大内容是相互依存、相互配合的一个有机整体。物流成本预测是物流成本决策的前提；物流成本预算是物流成本决策所确定目标的具体化；物流成本控制是对物流成本预算的实施进行监督，以保证目标的实现；物流成本核算是对物流成本形成过程与结果的记录与反映；物流成本分析即是对物流目标成本是否实现的检验，也是对其差异成因的追踪与确认；物流成本绩效评价既是将一定时期内的物流成本与其相应成效进行综合比较，也是对物流成本管理活动成果做出总体性的结论。

1.2.4　物流成本管理的基本方法

物流成本管理是一门跨专业的综合学科，涉及的学科诸多，如管理学、会计学、运筹学、统计学、预测决策学、行为科学、经济学等，有统计学方法、运筹学方法、预测决策学方法、会计学方法、管理学方法、经济学方法、数学方法等，说法不一。这里，根据物流成本管理实践，梳理成以下四种常用的基本方法。

1) 比较分析法

比较分析法主要包括三大方面的方法：①横向比较法。如把企业的供应物流、企业内物流、销售物流、退货物流和废弃物物流等物流费用分别计算出来，然后进行横向比较，查找原因，改进方法，以便降低物流成本。②纵向比较法。将企业历年的各项物流费用与当年的各项物流费用进行比较，分析原因，对症下药，制定措施，降低物流成本。③差额比较法。根据企业当年实际支出的物流费用，对照年初预算数或标准成本或标准定额，计算其差异。如果超支了，分析超支的原因，发现企业物流成本管理中存在的问题和薄弱环节，提出解决办法。

2) 模型优化法

模型优化法就是把相关的数学模型运用到物流成本管理中来，通过对物流过程进行优化管理，达到降低物流成本的一种管理方法。如：线性规划和非线性规划法、经济批量法、模拟技术法、图论法等。

3) 综合评价法

综合评价法即通过对物流成本综合效益的研究分析，发现问题，解决问题，从而加强物流成本管理的方法。

4) 物流作业成本法

物流作业成本法就是利用作业成本法的基本原理对企业物流成本进行计算和控制的方法。物流作业成本法，简称物流 ABC 法，是以特定物流活动成本为核算对象，通过成本动因来确认和计算作业量，进而以作业量为基础分配间接费用的物流成本管理方法。物流作业成本法是以作业为中心，通过对作业成本的确认和计量，对所有作业活动进行跟踪、动态反映，为尽可能消除“不增值作业”，改进“可增值作业”，及时提供有用的信息，促使损失、浪费减少到最低限度，提高决策、计划、控制的科学性和有效性，促进企业管理水平的提高。

1.3 物流成本管理的相关理论及重要学说

1.3.1 “黑大陆”学说

“黑大陆”意指人类尚未认识和了解的领域。之所以称为“黑大陆”，是由于在企业的会计报表中，我们所看到的物流成本数据仅仅是企业物流成本中很小的一部分，还有相当大的部分未能揭示出来，其重要性未能充分引起重视。

1962 年，世界著名管理学家彼得·德鲁克在《财富》杂志上发表了题为《经济的黑色大陆》一文，他将物流比作“一块未开垦的处女地”，强调应高度重视流通以及流通过程中的物流管理。彼得·德鲁克曾经指出“流通是经济领域里的黑暗大陆”。虽然泛指的是流通，但是由于流通领域中物流活动的模糊性特别突出，是流通领域中人们认识不清的领域，所以“黑大陆”学说主要是针对物流而言的。

物流“黑大陆”学说意味着企业物流领域还有很多未知的东西，需要我们不断地去实践和探索。“黑大陆”学说从宏观方面指明了物流管理的发展方向，但是，在微观方面的具体实施和实践缺乏可操作性。

1.3.2　物流成本冰山理论

关于物流费用，有一种提法就叫“物流冰山”。其含义是说，人们对物流费用的总体内容掌握不够，所提起的物流费用仅是露出海面的冰山一角，而藏在海水下面的冰山主体却看不见。该学说是日本早稻田大学西泽修教授提出来的。他在研究物流成本时发现，现行的财务会计制度和会计核算方法都不能掌握物流费用的实际情况，因而人们对物流费用的了解是一片空白，甚至有很大的虚假性，他把这种情况比作“物流冰山”。西泽修教授用物流成本具体分析了彼得·德鲁克的“黑大陆”学说。事实证明，物流领域的方方面面对我们而言还是不清楚的，在“黑大陆”和“冰山”的水下部分正是物流尚待开发的领域，也是物流的潜力所在。根据物流冰山理论，要把隐藏在水面下的物流成本全部核算出来是不可能的。传统的会计核算体系不仅不能提供足够的物流成本分摊数据，而且也没有这个必要。

“物流成本冰山”学说之所以成立，有三个方面的原因：一是物流成本的计算范围太广。包括原材料物流，工厂内物流，从工厂到仓库和配送中心的物流，从配送中心到商店的物流等。这么广的范围，涉及的单位非常多，牵涉的面也很宽，很容易漏掉其中的某一部分，计算哪部分，不计算哪部分，物流费用的大小相去甚远。二是运输、保管、包装、装卸以及信息等各物流环节，以哪几种环节作为物流成本的计算对象问题。如果只计算运输和保管费用，不计算其他费用，与运输、保管、装卸、包装以及信息等费用全部计算，两者的费用结果差别相当大。三是选择哪几种费用列入物流成本中的问题。比如，向外部支付的运输费、保管费、装卸费等费用一般都容易列入物流成本，可是本企业内部发生的物流费用，如与物流相关的人工费、折旧费、维修费、电费、燃料费等是否也列入物流成本之中？此类问题都与物流成本的大小直接相关。因此我们说物流成本犹如一座海里的冰山，露出水面的仅是冰山的一角。

“物流成本冰山”学说的不足之处在于：物流成本的核算要素难以确定，存在制度性缺陷，实际操作难度大，核算方法难以统一。

1.3.3 “效益背反”理论

“效益背反”又称“二律背反”。“效益背反”理论指出：物流的若干功能要素之间存在着损益矛盾，即某一功能要素的优化和利益发生的同时，必然会存在另一个或几个功能要素的利益损失，反之也如此。

物流领域的“效益背反”主要包括：物流成本与物流服务水平之间的“效益背反”和物流系统中物流各功能之间的“效益背反”。

1) 物流成本与物流服务水平之间的“效益背反”

一般来讲，提高物流服务水平，物流成本即上升，两者之间存在着“效益背反”关系。而且，物流服务水平和物流成本之间并非呈线性关系，即投入相同的物流成本并非可以得到相同的物流服务增长。

2) 物流系统中物流各功能之间的“效益背反”

现代企业物流是由运输、仓储、包装、装卸及配送等物流活动所组成，在构成物流系统的各个环节(活动)之间，存在着“效益背反”现象，即：要想较多地达到某个方面的目的，必然会使另外某一方面的目的受到一定的损失，也就是说，一方成本降低而另一方成本增加。这就是物流系统中物流各功能之间的“效益背反”。

“效益背反”理论强调了物流成本的整体概念，要求整个物流系统优化，调整各要素之间的矛盾，把它们有机地结合起来，使物流总成本最小。

该理论的物流系统是中间层次的系统，因此，具有可分性。这个系统比较复杂，要素之间具有极强的“效益背反”现象，在处理稍有不慎时，就会出现顾此失彼，使系统总体发生变化，严重时，甚至会造成整个系统瘫痪。

1.3.4 “第三个利润源”学说

日本西泽修教授在 1970 年撰写的《流通费用》一书中指出：利用劳动对象和劳动者提高生产效率创造利润分别是企业的第一利润源和第二利润源，在企业第一和第二利润源可利用空间越来越小的情况下，物流成为企业增加利润的“第三利润源”。很显然，“第三利润源”揭示了现代物流的本质，使物流能在战略和管理上统筹企业生产经营的全过程，并推动物流现代化发展。这就是所谓的“第三利润源”学说。

对第三利润源理论的最初认识是基于以下四个前提条件：第一，物流是可以完全从流通中分化出来的，自成一个独立运行的、有自身目标及管理的系统，因而能对其进行独立的整体判断；第二，物流和其他独立的经营活动一样，它不是整体的成本构成因素，而是单独盈利因素，可以单独成为“利润中心”；第三，从物流服务角度来说，通过有效的物流服务，可以给接受物流服务的生产企业创造更好的盈利机会，成为生产企业的“第三利润源”；第四，通过有效的物流活动，可以优化社会经济系统和整个国民经济的运行，降低整个社会的运行成本，提高国民经济总效益。

这三个利润源着重开发生产力的三个不同要素。第一个利润源的挖掘对象是生产力中的劳动对象；第二个利润源的挖掘对象是生产力中的劳动者；第三个利润源的主要挖掘对象则是生产力中劳动工具的潜力，同时注重劳动对象和劳动者的潜力，因而更具全面性。

一般而言，美国对物流主体的认识可以概括为“服务中心”型，而欧洲可以概括为“成本中心”型，显然，这两个中心之间的差异是很大的。

第三利润源的理论，反映了日本对物流的理论认识和实践活动与欧洲、美国的差异。该理论挖掘了生产力中的劳动工具的潜力并兼顾其微观经济利益，但其理论的全面性还不够。

1.3.5 其他物流成本学说

在物流理论学说中，除了上述影响较大的物流理论外，还存在着一些影响比较广泛的物流成本学说，具体来说有如下几种学说：

(1) 物流成本中心学说。物流在整个企业战略中，只对企业营销活动的成本发生影响。物流是企业成本的重要产生点，是“降低成本的宝库”，因而解决物流的问题，并不只要搞合理化、现代化，不只为了支持保障其他活动，重要的是通过物流管理和物流的一系列活动降低成本。所以，成本中心既是指主要成本的产生点，又是指降低成本的关注点，物流是“降低成本的宝库”。

(2) 物流利润中心学说。物流利润中心学说的含义是：物流可以为企业提供大量直接和间接的利润，是形成企业经营利润的主要活动。对国民经济而言，物流也是国民经济中创利的主要活动。物流的这一作用被看成是企业的“第三利润源”。

(3) 物流服务中心学说。该学说代表了欧美一些学者对物流的认识。这种观点认为，物流活动最大的作用，并不在于为企业节约了消耗、降低了成本或增加了利润，而是在于提高企业对用户的服务水平进而提高了企业的竞争能力。因此，他们在使用描述物流的词汇上选择了后勤一词，特别强调其服务保障的职能。通过物流的服务保障，企业以其整体能力来压缩成本、增加利润。

(4) 物流系统学说。物流具有系统性。美国著名物流学家詹姆斯·约翰逊及唐纳德·伍德等所著的《现代物流工程管理》一书中指出“为使市场经济达到使企业和客户在适当的时候，花费最小的成本费用，获得他们所需要的产品和服务这一目标，一个有效的物流系统是关键。”物流利润的大部分会间接转移到企业整体效益的提高上，不能仅从物流费用的节省来简单地衡量物流利润。物流产生利润实际上是物流成本、物流利润的一种重新划分。它至少包括这样三个部分：第一，物流时间的节省；第二，物流费用的降低；第三，用户满意度的提高。物流时间的节省，即物料、半成品、产成品在物流各环节停留时间的减少，物流速度提高，所产生的效益主要表现为生产周期缩短，物资和资金流转速度加快，资金占用减少；物流费用的降低当然可以直接体现出物流利润的增加；用户满意度的提高有利于产品形象和企业形象的优化，吸引更多的消费者，巩固和增加市场利润来源。

(5) 物流战略学说。物流具有战略性，它是既能提供成本优势又能提供价值优势的管理领域之一。高效、合理的物流管理，既能够降低企业经营成本，又能为客户提供优质的服务，既能为企业创造成本优势，又能使企业获得价值优势，属于企业战略管理范畴。

以上不同理论学说，分别从不同角度对物流成本管理等进行了定义或归纳，其中“黑大陆”学说、物流成本冰山学说、“第三利润源”学说等属于比较早期的物流成本管理理论，反映了在社会普遍对物流领域认识模糊、物流观念落后的情况下，理论学界对物流成本管理重要性的觉悟和倡导，开启了深入认识和系统研究物流成本的大门，极大鼓舞了人们研究物流成本管理的热情，对当时和今天的物流成本管理理论界和实务界都产生了深远的影响。“效益背反”理论总结了物流系统的一个典型特征，为物流合理化、总成本管理等奠定了理论基础。物流成本中心学说、物流利润中心学说分别从物流对企业成本、企业利润及国民经济的影响角度强调了物流成本管理的重要作用。物流服务中心学说、物流系统学说分别从物流的服务保障功能和物流系统功能角度阐明了物流创造利润、提高企业竞争力的内涵。物流战略学说是当前非常流行的物流学说，它汲取了前述主要理论和企业战略管理理论的精髓，既体现了物流作为“第三利润源”的战略重要性，又强调从物流成本、物流服务等多方面进行物流管理。

1.4　企业物流成本管理类型的比较

1.4.1　物流企业物流成本管理

物流企业是指从事物流活动，实行自主经营、自负盈亏、独立核算并且具有法人资格的一种经济组织。该类企业至少必须从事运输或仓储一种经营业务，并能按照客户需求提供物流策划和咨询、电子数据交换、订单处理、运输、企业内物料运输及管理、采购和进货管理、流通加工、供应链管理、信息系统和服务等全过程综合化的物流管理和服务。

目前，物流企业的业务运作模式可以分为两类：第一，按业务组织管理模式进行分类；第二，按物流服务提供主体进行分类。前者包括项目物流、产品物流与其他物流三种形式，后者包括自营业务与外包业务两种模式。

项目物流是许多物流企业的业务发展重点，可细分为企业型项目物流和工程型项目物流。企业型项目物流是把一个企业客户的所有物流业务看作一个独立项目来运作，工程型项目物流是指将一个工程项目的所有物流业务作为一个独立的项目来运作。项目物流的基本运作方式是：把一个客户企业的所有物流业务或一个工程项目的所有物流业务作为一个独立的项目来组织和管理；对每个独立的项目物流组建项目物流管理团队，在组织管理上一般采取矩阵型组织结构，项目管理团队由各部门抽调或指定人员构成；每个项目单独核算和考核。

产品物流是指物流企业在细分市场的基础上，以某个产品为基础来运作和管理物流业务。如目前各物流企业正在积极拓展的农产品保鲜物流、汽车物流、家电物流、展品物流等，都是围绕一类产品来提供和组织物流业务，为客户提供高附加值服务。产品物流与项目物流的组织管理模式类似，也是对各产品物流项目进行独立核算。

其他物流业务是指为非固定的、非经常性的用户提供的物流业务，其运作模式以订单为基础，独立核算。从现阶段来看，这一业务模式仍是许多物流企业的主要收入来源。

物流企业在获得客户订单后，一般会根据企业自身的资源和社会资源情况选择自营或外包操作模式。自营模式是指物流企业利用自身的资源来完成客户委托的物流业务的物流运作模式；外包模式是指物流企业将承揽的物流业务的全部或物流业务的某一个或几个环节委托给其他物流企业来实施的物流运作模式。

我们可以把物流企业划分为运输型、仓储型和综合型物流企业；也可把物流企业划分为自理型物流企业和代理型物流企业。代理型物流企业还可以根据委托代理的业务范围进行细分。

物流企业提供的劳务产品与一般工商企业提供的实体产品相比较，至少存在以下四个特性：一是无形性，没有构成产品实体的原材料。二是生产和销售甚至消费环节是有机统一的。三是提供劳务产品过程的复杂性。物流企业通常是以投标的形式在市场中寻找客户，与客户签订合同前的承揽物流业务的过程较为复杂；由于物流劳务产品涉及运输、仓储、装卸、配送、包装等多个业务环节，这就对物流企业的物流资源的整合能力提出较高的要求，是一项极为复杂的系统工程。四是物流企业劳务产品的个性化特征。物流企业承接的物流业务订单的内容是千差万别的，物流企业需要以一种积极主动的方式为客户设计物流业务方案，从而导致物流劳务产品显著的个性化差异特征，即使是同一份物流业务订单，物流企业考虑自身的物流资源整合能力也能够设计出多个物流业务方案。

根据物流企业所提供的物流劳务产品的特性，可以认为物流企业的物流成本是指物流企业在履行客户物流业务合同或订单的过程中所发生的应归属于某一业务合同或订单的耗费。更确切地说，物流企业的物流成本应为物流业务成本的概念，即物流企业在经营物流业务的过程中所发生的耗费。

我们可以把物流企业的职能部门划分为物流业务的管理职能部门和物流业务的作业职能部门。

物流业务的管理职能部门主要负责物流业务的承揽工作和客户服务工作，前者主要包括物流业务的询价、物流方案的设计、物流方案的投标、物流业务的合同签订等，后者主要包括与客户关系的维护、处理客户的投诉等。物流业务管理职能部门所负责的物流业务的承揽工作实质上就是物流业务的前期开发工作会发生相应的耗费，如办公场所相关费用、人员薪金相关费用、物流方案设计费用、承揽过程的业务费等。物流企业的物流业务管理职能部门可被视为物流市场营销部，其发生的费用与制造企业的营销费用属性相同。

物流业务的作业职能部门主要是物流中心和下属分支机构，主要负责物流业务合同签订后的各个物流业务环节的具体运作，如货物的二次分拨、仓储、干线运输、装卸、配送运输等。根据目前物流企业的业务运作现状，物流业务的作业职能部门无论是物流中心还是下属分支机构发生的机构费用、人员费用等都是因承做物流业务而发生的，所以应将其计入物流业务的成本。如果只服务于某一物流业务，则发生的机构和人员相关费用应作为直接费用计入该项物流业务的成本。如果服务于不同的物流业务，其发生的相关费用在制造业，被界定为制造费用，通过一定的方法计入被生产的产品成本中；在交通运输业，被界定为营运间接费用，通过一定的方法计入不同的运输业务成本中。考虑到物流企业与交通运输企业的相关性，可以把这一类费用归属为营运间接费用，通过选择合适的分配标准分配计入不同的物流业务成本。

物流企业与非物流企业的物流成本概念的特征有如下三点：

(1) 物流企业物流成本与非物流企业物流业务的外包息息相关。如果没有非物流企业(如制造企业、销售企业)的物流业务外包行为，物流企业就失去了其生存的土壤。没有非物流企业的业务外包行为，就没有物流企业，更谈不上物流企业物流成本。从企业会计主体角度出发，物流劳务的供需双方物流企业与非物流企业的物流成本从性质上说有本质差异。对于某一特定的物流劳务来说，物流劳务需求方的物流成本是物流劳务供给方的物流收入。为此，区分物流劳务供应方和需求方两个会计主体来讨论物流成本是很有必要的。

(2) 物流劳务的供需双方的物流成本在具体内容构成上关系密切。由于物流企业所提供的物流劳务是根据非物流企业的物流业务需求确定的，非物流企业如果自行运作运输、仓储、装卸等物流业务所发生的耗费同样是物流企业所需发生的耗费。所以，无论是物流企业还是非物流企业其物流成本的内容构成大体相似。但是，两者还是存在差异的。毕竟，非物流企业和物流企业的商业盈利模式有本质上的差异，这就决定了它们在企业组织架构的设计、业务运作方式的设计等方面的不同，进而导致同样的物流业务如果由非物流企业自行运作和外包给物流企业运作其业务成本内容构成上存在一定的差异。

(3) 物流劳务的供需双方的物流成本在数量上关系密切。一般来说，非物流企业考虑将其物流业务外包时会对自行运作物流业务的成本与外包物流业务的成本进行比较。如果不考虑其他因素，理性的非物流企业通常会在外包业务成本小于自营业务成本时才考虑外包。从物流企业的角度考虑，同样在不考虑其他因素的情形下，其理性决策应为其所获取的物流业务收入大于其提供物流劳务过程中所发生的费用。

1.4.2　生产企业物流成本管理

生产制造企业是指从事生产经营性活动或工业性劳务活动，实行自主经营、自负盈亏、独立核算并且具有法人资格的一种经济组织。

从物流成本管理和物流成本统计的角度看，生产制造企业包括从事农业、工业、建筑业等活动的企业。该类企业的主要目的是提供能够满足市场和消费者需要的产品或服务，以此获取利润。为了进行生产经营活动，企业必须进行有关生产要素的购进、储存、生产、搬运以及产品的销售等；同时，为了保证产品质量，提高优质服务，企业还要进行商品的返修和废品的回收等。因此，生产制造企业的物流成本贯穿于供应、生产、销售、回收和废弃物物流全过程，是一种“大而全”的物流成本管理。从产业链上看，生产制造企业是物流业发展的原动力。

1.4.3　商品企业物流成本管理

商品流通企业是指从事商品购销活动，实行自主经营、自负盈亏、独立核算并且具有法人资格的一种经济组织。在商品流通过程中，从事商品批发、商品零售或者批发零售兼营的企业，都称为商品流通企业。

与生产制造企业相比，商品流通企业的经营活动主要是组织商品的购销来获取利润，其业务活动相对简单，以购、存、销活动为主，不涉及复杂的生产过程，物品实体也较为单一，多为产成品。从产业链上看，商品流通企业是连接生产制造企业和最终客户的纽带，因此，商品流通企业的物流可以看成是生产制造企业物流的延伸；从物流范围上看，商品流通企业包括供应、销售、回收和废弃物物流，不包括生产物流，因此，商品流通企业物流又可以看成是生产制造企业物流的一部分。

【本章小结】

物流成本管理是物流管理的核心内容。本章以成本概念为基础，以物流成本概念为中心，着重介绍了物流的演变与发展；物流成本管理的原则、内容、方法以及美国、日本、我国物流成本管理的发展历程；物流成本的分类、构成、特征以及影响因素。同时还介绍了物流成本管理重要的经典理论和学说，并对不同企业形式下的企业物流成本管理进行了比较。

【思考与练习题】

(1) 如何正确理解物流成本？你更倾向于从哪个角度去认识物流成本？
(2) 如何对企业物流成本进行分类？物流成本的构成内容及特征是什么？
(3) 物流成本管理的实质是什么？
(4) 如何理解物流成本管理的经典理论和重要学说？
(5) 不同国家或地区的社会物流费用占 GDP 的比重有没有可比性？为什么？

【案例分析】

安利之削平物流成本——用 IT 突破高成本困局

高成本时代来临!不断上涨的石油和原材料价格，已经导致许多航空和交通运输企业亏损严重，其他行业也不太乐观；企业的物流成本变得更加昂贵；高人力成本让很多外资企业另觅去处，一些劳动密集型企业濒临倒闭……降低运营成本，甚至已到了事关生死的地步。那么，优秀的 IT 手段在其中如何发挥作用？

安利是一家非常善于通过减少中间环节压缩成本、增加利润空间的直销企业，它喜欢尝试不同的新工具和新技术来降低企业的运营成本。譬如安利为它在中国的 30 多家分公司、200 家店铺和工厂安装了思科 IP 电话，最终实现零成本通信。再拿对直销企业很重要的物流来说，这个成本仅占安利全部经营成本的 4.6%，远远低于行业水平。

安利在降低物流成本上到底有什么秘诀呢？通过分析我们发现，安利采取的策略主要有三条：把非核心业务外包；仓库半租半建；核心业务大手笔投入。

1. 非核心业务外包

中国从 1998 年开始严厉打击非法传销，这促使安利等很多直销企业走上转型之路。安利转型后采取了“店铺销售+雇佣推销员”的方式，分布在全国各地的店铺承担着下订单、顾客数据收集、业绩查阅、物流与资金流周转等任务。而这种业务模式尤其对仓储物流的要求非常高。

安利物流储运系统的主要功能是：将安利工厂生产的产品及向其他供应商采购的印刷品等，先运送到广州储运中心，然后运抵各地的区域仓库暂时储存，再根据需求转运至设在各省市的店铺，并通过家居送货或店铺等销售渠道推向市场。

但与其他公司不同的是，安利储运部同时还兼管全国几百家店铺的营运、送货及电话订货等服务。因此，物流系统的完善与效率直接影响着整个市场的运作。但由于国内第三方物流供应商的专业程度普遍不高，所以，安利决定采用符合现状的“自有团队+第三方物流供应商”的运作模式。

核心业务如库存控制等由安利统筹管理，实施信息资源最大范围的共享，使价值链发挥最大的效益。而非核心业务，则通过外包形式完成。如以广州为中心的珠三角地区主要由安利的车队运输，其他绝大部分的货物运输都是由第三方物流公司来承担。另外，全国几乎所有的仓库均为外租第三方物流公司的仓库，而核心业务，如库存设计、调配指令及储运中心的主体设施与运作，则由安利团队统筹管理。

目前已有多家第三方物流公司承担安利的配送业务，安利会派人定期监督和进行市场调查，以评估服务供货商是否提供有竞争力的价格，并符合公司要求的服务标准。这样，既能整合第三方物流的资源优势，与其建立坚固的合作伙伴关系，同时又通过对企业供应链的核心环节——管理系统、设施和团队的掌控，保持安利的自身优势。

2. 仓库半租半建

在美国，安利仓库的自动化程度相当高，但在中国，很多现代化的物流设备并没有被采用。这是因为美国土地和人工成本非常高，而中国这方面的成本却比较低。两相权衡，安利弃高就低。

安利2003年启用的物流中心占地面积40 000m^2，建筑面积16 000m^2。这样大的物流中心如果全部自建的话，仅土地和库房等基础设施方面的投资就需要数千万元。因此，安利采取了和另一物业发展商合作的模式，合作方提供土地和库房，安利租用仓库并负责内部的设施投入。

如此一来，安利只用1年时间和1 500万元的投入，就拥有了面积充足、设备先进的新物流中心。而国内不少企业，在建自己的物流中心时将主要精力都放在了基建上，不仅占用了企业大量的周转资金，而且费时费力，效果并不见得很好。在国内其他城市，安利也尽量采用租借第三方物流公司仓库的方式。

3. 核心业务系统大投入

安利在核心业务系统上从来不吝惜投入。安利单在信息管理系统上就投资了9 000多万元，其中主要的部分就是物流和库存管理系统。这个系统使安利的物流配送运作效率得到了很大提升，成本也因此大大降低。

安利物流系统能将全球各个分公司的存货数据联系在一起，各分公司与美国总部直接联机，详细储存每项产品的生产日期、销售数量、库存状态、有效日期、存放位置、销售价值、成本等数据。有关数据通过数据专线与各批发中心直接联机，使总部及仓库能及时了解各地区、各地店铺的销售和存货状况，并按各店铺的实际情况及时安排补货。在仓库库存不足时，公司的库存及生产系统亦会实时安排生产，并预定补给计划，以避免个别产品出现断货情况。

自1998年开始转型后，安利就大手笔投入对信息化进行改造，每年投入都超过1 000

万元。这种大手笔投入既体现了安利的雄厚实力，也是立足其长远的目标。安利 IT 系统完全能够支持每星期 100 万订单的业务量和每年 300 亿元的销售规模，覆盖了整个物流供应链的各个环节，为物流系统的稳健运行提供了源源不断的动力。

资料来源：中国物流与采购网。

(1) 请用物流成本管理解释：如何理解安利公司追加核心业务系统投入，提高物流信息成本，与公司最终削减物流成本之间的关系？

(2) 安利公司非核心业务外包符合物流成本管理的哪些原则？

(3) 安利公司中国仓库半租半建的做法给我国企业在物流设施的建设上有何启迪？

【实训设计】

调查并计算近三年贵校所在城市社会物流费用占 GDP 的比重，并比较分析其变化趋势。

第 2 章　物流成本预测与决策

【学习目标】

通过本章的学习，学生要了解物流成本预测与决策的概念和基本步骤；掌握物流成本预测的定性和定量预测分析法；掌握物流成本决策分类与决策方法。

【学习重点】

物流成本预测与决策的基本方法。

【学习难点】

物流成本预测与决策的基本方法。

2.1　物流成本预测概述

预测，是指运用一定的方法和规律对未来的事情进行推测和判定。事物的发展具有不确定性，在一定的时间和空间范围内是否发生、如何演变、有何影响，可以通过事物之间的联系及其发展趋势进行预测，针对未来可能出现的各种情况，提出多种备选方案，提升发展的战略高度。

成本预测，是指运用一定的科学技术方法，综合考虑各方面因素，对某一成本对象的未来变化趋势进行科学的测定。由于市场经济竞争激烈，生产日益现代化和大规模化，企业进行成本预测具有十分重要的现实意义。成本预测是确定目标成本和选择最优途径的重要手段，精确的成本预测有助于经营管理者掌握未来的成本水平以及变动趋势，提高决策的准确性，提高企业竞争力。

2.1.1　物流成本预测的概念

物流成本预测是在对所掌握的物流成本历史资料进行分析的基础上，根据物流成本与各种技术经济因素的相互依存关系以及企业的具体发展情况，运用一定的技术方法，对未来的物流成本水平及其变化趋势做出科学的定量描述和逻辑推断。

物流成本之所以能预测，是因为事物的发展变化总呈现出一定的规律或表现出一定的特征；这些规律或特征就是预测的理论依据，即预测原理，主要包括惯性原理、类推原理、相关原理、概率原理等。在进行物流成本预测时，根据预测原理为不同的对象选择不同的预测模型进行预测。

成本预测是物流成本管理工作的首要环节，是成本决策、成本计划和成本控制的基础工作，可以提高物流成本管理的科学性和预见性。在物流成本管理的许多环节都存在物流预测问题，如仓储环节的库存预测、流通环节的加工预测、运输环节的货物周转量预测等。

2.1.2　物流成本预测的步骤和方法

1. 物流成本预测的步骤

成本预测是一项细致且复杂的工作，为保证预测结果的客观性，必须有计划、有步骤地进行。企业在进行物流成本预测时，通常分为以下几个具体步骤：

(1) 设定预测目标。进行物流成本预测首先要解决的问题是预测目标，它是预测工作的出发点。一般应该根据企业不同时期的总体目标来设计和选择，避免脱离企业实际。然后根据预测的具体对象和内容，确定预测的范围，并规定时间期限及数量单位等。

(2) 搜集整理资料。物流成本指标是一项综合性指标，涉及企业的生产组织、经营管理等各方面，必须尽可能全面地搜集相关资料。搜集的信息是否准确、真实，对预测结果有着至关重要的影响，因此要对搜集的资料进行审查、加工、鉴别，达到去粗取精、去伪存真的目的。

(3) 建立预测模型。对已搜集到的相关资料进行分析研究，同时根据预测目标和各种预测方法的适用条件及性能，运用一定的数学方法加工处理，建立科学的预测模型，借以揭示有关变量之间的规律性联系。预测模型是否选用得当，将直接影响预测结果的精确度和可靠性。

(4) 评价与修正预测结果。分析评价就是对预测结果的准确性和可靠性进行验证，资料的质量、预测人员的分析判断能力、预测方法本身的局限性等因素的影响，使得以历史资料为基础建立的预测模型可能与未来的实际状况有一定的偏差。因此，必须采用适当的科学方法对预测精确度的影响因素进行分析，研究这些因素的影响程度和范围，进而估计预测误差的大小，评价预测结果。误差是不可避免的，若预测误差超出了允许范围，就要找出产生误差的原因，以便及时对预测模型加以修正，得到最终的预测结果。

2. 物流成本预测的方法

预测分析的基本方法大体上可以分为定性预测分析法和定量预测分析法两大类。

1) 定性预测分析法

定性预测分析法亦称“非数量分析法”，它是一种主观性的预测方法，参与预测的有关人员主要依据自己的实践经验和专业知识，通过主观的分析判断，来预测物流成本变化趋势。常见的定性预测分析法主要有以下几种：

(1) 集合意见法。集合意见法是指将企业相关人员，诸如经营管理人员、经销负责人、员工等召集起来，根据其自身的实践经验和分析能力，对计划期成本进行预估，再将各类人员的预测方案进行分类整理，采用平均数等方法做出综合判断，最终取得预测结果的方法。

这种方法快捷、实用，适用于短期预测。但是由于不同人员对待成本预测问题的态度各异，所做出的估计、判断易受他人影响，主观因素较多。

(2) 头脑风暴法。头脑风暴法提倡“开动脑筋、相互启发、集思广益”，尊重与会者想法，所以在企业界受到普遍重视。头脑风暴法又称专家会议法，邀请有关专家以开讨论会的形式，对物流成本预测对象的未来趋势、发展前景做出判断，在专家们判断分析的基础上归纳、推算，形成一个成本预测值。

采用头脑风暴法时，禁止批评、评论，会议气氛应该是活跃、和谐的；敞开思想、畅所欲言，想法多多益善；独立思考，鼓励巧妙地利用、改善他人设想，互相启发和激励。

(3) 德尔菲法。运用集体讨论法时，人们一般更重视职位高的人的意见或看法，职位较低的人的意见往往被忽视，且易受权威影响而改变自己的看法，从而影响预测结论的正确性。针对这种情况，美国的兰德公司于20世纪50年代首创了德尔菲法。所谓德尔菲法，就是采用背对背方式，隐去参与预测的专家身份，使每位专家的重要性都相同，然后通过函询调查的方式向专家征求意见，再把各专家的判断汇集在一起，并采用匿名方式反馈给各位专家，请他们参考别人意见修正自己原来的判断。如此反复三轮以上，最后集各家之所长，对成本的预测值做出综合判断。

德尔菲法的优点是参与预测的专家能充分表达自己的观点，不受权威影响，可以参考他人观点，避免片面性，提高预测质量。缺点是轮番函询需花费较长时间。

2) 定量预测分析法

定量预测分析法也称“数量分析法”，在充分掌握与预测对象有关的各要素定量资料的基础上，应用现代数学方法(包括运筹学、概率论和微积分等)和各种现代计算工具对与预测对象有关的各种经济信息进行科学的加工处理，并建立预测分析的数学模型，最终对计算结果做出结论。

定量预测的方法有很多，主要介绍以下四种。

(1) 算术平均法。算术平均法是用物流企业在过去若干时间实际物流成本的算数平均值对计划期成本水平进行预测的方法。其计算公式如下：

$$\text{计划期物流成本预测数}=\text{过去各期物流成本总和}\div\text{期数} \tag{2.1}$$

【例 2-1】某物流运输公司 2016 年 1～6 月的运输成本情况如表 2.1 所示，要求结合资料预测 2016 年 7 月的运输成本。

表 2.1　运输成本表　　(单位：万元)

月份	1	2	3	4	5	6	合计
运输成本	375	385	380	382	370	388	2 280

则 7 月份的预计运输成本=2 280÷6=380(万元)

算术平均法的计算简便易行，却忽略了不同时期的成本水平变化对预测值的影响，把成本差异平均化了，因此只适用于物流成本比较稳定的情形。

(2)趋势平均法。趋势平均法是建立在移动平均值计算基础之上的物流成本预测方法，是假定未来时期的成本是相接近时期成本的直接继续，与较远时期的成本关系较小。

移动平均值的计算是对原时间序列按一定的时间跨度逐项移动，计算一系列的时间序列平均值，形成一个新的时间序列，以消除短期的、偶然的因素引起的变动，显现出长期趋势。在移动平均值的计算中包括的过去观察值的实际个数，必须从一开始就明确规定，每出现一个新的观察值，就要从移动平均值中减去一个最早的观察值，再加上一个最新的观察值，计算移动平均值。因而，移动平均值从数列中所取的数据点数一直不变，只是包括最新的观察值。趋势平均法预测公式为

某期预测值=最后一期移动平均数+推后期数×最后一期趋势移动平均数　　(2.2)

【例 2-2】某物流配送中心 2016 年 1～12 月的实际物流成本如表 2.2 所示，试利用趋势平均法预测该配送中心 2017 年第一季度各月的物流成本(设移动周期数为 5)。

表 2.2　某配送中心 2016 年各月的实际物流成本　　(单位：万元)

月份	实际物流成本	5 期移动平均数	变动趋势	5 期趋势移动平均数
1	72.0	—	—	—
2	80.0	—	—	—
3	80.0	77.0	—	—
4	82.0	79.0	2.0	—
5	71.0	81.0	2.0	—
6	82.0	82.0	1.0	2.2
7	90.0	85.0	3.0	2.0
8	85.0	88.0	3.0	1.4
9	97.0	89.0	1.0	—
10	86.0	88.2	−0.8	—
11	87.0	—	—	—
12	86.0	—	—	—

由于最后一期移动平均数的时间为 10 月份，因此预测 2017 年第一季度距 2016 年 10 月份的间隔时间分别为 3 个月、4 个月、5 个月，则

2017 年 1 月份的预测成本=88.2+3×1.4=92.4（万元）

2017 年 2 月份的预测成本=88.2+4×1.4=93.8（万元）

2017 年 3 月份的预测成本=88.2+5×1.4=95.2（万元）

趋势平均法计算简单，采用其计算若干期的平均数和趋势平均数时，前后各个时期所用的是同一个权数，即认为各期数据对未来的预测值具有同等的影响，预测精度较低，只适用于数据变化趋势明显的近期预测。为了弥补这一缺陷，可以采用指数平滑法进行预测。

(3) 指数平滑法。指数平滑法是布朗（R. G. Brown）提出的，布朗认为时间序列的态势具有稳定性或规则性，所以时间序列可被合理地顺势推延。指数平滑法是一种特殊的加权移动平均预测法，它给过去的观测值不一样的权重，赋予近期数据更大的权重。

指数平滑法的基本公式是

$$S_t = \alpha y_{t-1} + (1-\alpha)S_{t-1} \tag{2.3}$$

式中，S_t 为时间 t 的平滑值；y_{t-1} 为时间 $t-1$ 的实际值；S_{t-1} 为时间 $t-1$ 的预测值；α 为平滑系数（取值范围为 $0<\alpha<1$）。

平滑系数的取值至关重要，平滑系数决定了平滑水平以及对预测值与实际结果之间差异的响应速度。平滑系数 α 越接近于 1，远期实际值对本期平滑值影响程度的下降越迅速；平滑系数 α 越接近于 0，远期实际值对本期平滑值影响程度的下降越缓慢。由此，当时间数列相对平稳时，可取较大的 α；当时间数列波动较大时，应取较小的 α，以不忽略远期实际值的影响。α 的取值通常为 0.3～0.7。

【例 2-3】 物流公司 2016 年 7～12 月的实际物流成本如表 2.3 所示，设 $\alpha=0.4$，2016 年 7 月的预测值是 115 万元，用指数平滑法计算 2017 年 1 月的预测值。

表 2.3　2016 年 7～12 月的实际物流成本　　（单位：万元）

月份	7	8	9	10	11	12
实际物流成本	116	120	130	122	132	134

由于

$$S_8 = \alpha y_7 + (1-\alpha)S_7 = 0.4\times116 + (1-0.4)\times115 = 115.40\ (\text{万元})$$

$$S_9 = 0.4\times120 + (1-0.4)\times115.40 = 117.24\ (\text{万元})$$

$$S_{10} = 0.4\times130 + (1-0.4)\times117.24 = 122.34\ (\text{万元})$$

$$S_{11} = 0.4\times122 + (1-0.4)\times122.34 = 122.20\ (\text{万元})$$

$$S_{12} = 0.4\times132 + (1-0.4)\times122.20 = 126.12\ (\text{万元})$$

则 2017 年 1 月的预测值为

$$0.4\times134 + (1-0.4)\times126.12 = 129.27(\text{万元})$$

通过上述方法计算分析更符合客观实际，但 α 的取值具有较大的主观因素。

指数平滑法适用于不仅实际值对预测值有影响，而且上一期预测值对下一期预测值也有影响的情况。

(4) 回归分析法。回归分析法是一种比较精确的成本预测方法。从量的方面来说，事物变化的因果关系可以用一组变量来描述，因为因果关系可以表述为变量之间的依存关系，即自变量与因变量的关系。回归分析法是在掌握大量观察数据的基础上，利用数理统计方法建立自变量与因变量之间的回归关系函数表达式。运用变量之间这种客观存在的因果关系，可以使人们对未来状况的预测更加准确。

回归分析预测法包括多种类型，这里重点介绍一元线性回归预测法。

首先，进行相关关系分析。即分析预测的变量间是否线性相关以及其相关程度，若没有相关关系，则不能利用回归预测模型进行预测。在一元线性回归预测当中，判别 x 与 y 之间是否存在线性关系及其相关程度的方法主要有“散点图法”与“相关系数法”。所谓散点图法，就是将有关数据制成散点图，然后根据其分布情况判断 x 与 y 之间是否存在线性关系；所谓相关系数法，就是通过计算相关系数 r 来判别 x 与 y 之间的相关程度。相关系数的计算公式为

$$r=\frac{\sum x_i y_i - n\overline{x}\overline{y}}{\sqrt{\left[\sum x_i^2 - n(\overline{x})^2\right]\left[\sum y_i^2 - n(\overline{y})^2\right]}} \tag{2.4}$$

式中，$\overline{x}=\frac{1}{n}\sum_{i=1}^{n}x_i$；$\overline{y}=\frac{1}{n}\sum_{i=1}^{n}y_i$。

$r\in[-1,1]$，$r=0$ 时，x、y 不相关；$|r|\to 1$ 时，相关程度高。

x 与 y 的关系：$0<|r|\leqslant 0.3$ 为微弱；$0.3<|r|\leqslant 0.5$ 为低度；$0.5<|r|\leqslant 0.8$ 为显著；$|r|>0.8$ 为高度。一般认为，r 的绝对值若大于 0.7，则 x 与 y 有较高的相关程度。

其次，在确认因变量与自变量之间存在线性关系之后，便可建立直线回归方程：$y=a+bx$。其中，y 为因变量，x 为自变量，a 、b 为回归系数。根据最小二乘法原理，可求得 a 、b ：

$$b=\frac{\sum x_i y_i - \overline{x}\sum y_i}{\sum x_i^2 - \overline{x}\sum x_i} \tag{2.5}$$

$$a=\overline{y}-b\overline{x} \tag{2.6}$$

式中，$\overline{x}=\frac{1}{n}\sum_{i=1}^{n}x_i$；$\overline{y}=\frac{1}{n}\sum_{i=1}^{n}y_i$。

【例 2-4】某物流公司 1～12 月份一项物流业务的成本资料，如表 2.4 所示。

表 2.4 物流业务成本资料

月份	物流业务量/h	物流成本/万元	月份	物流业务量/h	物流成本/万元
1	99	43	7	246	110
2	110	53	8	274	131
3	132	66	9	281	170
4	161	70	10	344	169
5	193	84	11	372	197
6	194	93	12	349	178

试预测当物流业务量达到 500h 时，该企业物流业务的成本是多少？

第一步，将物流业务量设为自变量 x，物流成本设为因变量 y，根据已知数据制成散点图，如图 2.1 所示。

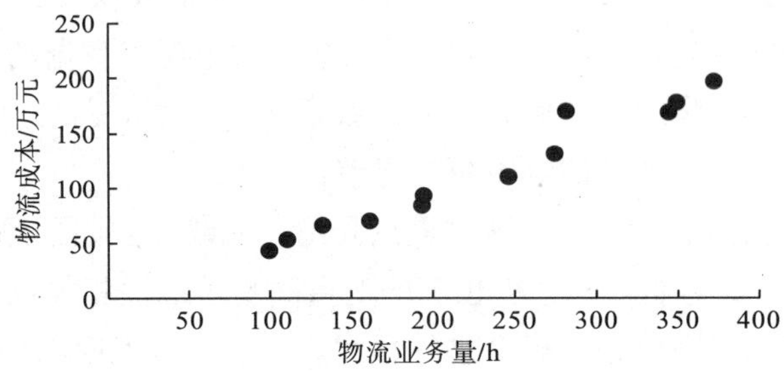

图 2.1　物流业务量与物流成本的关系散点图

从散点图可以看出，物流业务量与物流成本接近于线性，是一种正相关关系。

第二步，利用相关系数 r 检验 x 与 y 之间的相关程度。根据表 2.4 计算可得

$$\sum x_i = 2\ 755\text{，}\quad \sum y_i = 1\ 364\text{，}\quad \bar{x} = \frac{1}{n}\sum x_i = 229.58\text{，}\quad \bar{y} = \frac{1}{n}\sum y_i = 113.67$$

$$\sum x_i y_i = 358\ 589\text{，}\quad \sum x_i^2 = 733\ 205\text{，}\quad \sum y_i^2 = 186\ 834$$

所以，r=0.97，说明两个变量之间高度相关。

第三步，确定预测模型，选择线性回归模型：$y = a + bx$。其中 b=0.45，$a = \bar{y} - b\bar{x} = 10.36$，即回归模型为：$y$=10.36+0.45$x$。因此，当物流业务量为 500h时，由回归方程计算得

$$y=10.36+0.45\times500=235.36\text{（万元）}$$

即当物流业务量达到 500h 时，该企业的物流成本预测值为 235.36 万元。

2.2　物流成本决策概述

2.2.1　物流成本决策的含义

物流成本决策是为了实现既定的目标，在物流成本分析和预测所得的相关数据结论的基础上，运用定性与定量的方法，拟定几种可以达到目标的可行方案，根据成本—效益方法对各个可行方案进行横向比较，从中挑选出最优方案的过程。

物流成本决策不仅是企业物流成本管理的核心，也是企业生产经营决策中的重要组成部分。由于物流成本决策考虑的是企业未来物流活动中的资金耗费与所获得的效益关系问题，即资金耗费的经济合理性问题，因而物流成本决策的综合性较强，对其他生产经营决策起指导和约束作用。

2.2.2 物流成本决策的基本程序

1) 界定问题、识别机会，确定决策目标

决策目标是决策分析的出发点和归结点。确定决策目标就是弄清一项决策目前要解决什么问题，以便为决策分析提供一个方向和依据。确定决策目标一般要注意处理好以下几点：

(1) 目标具体化。确定的目标不能过于笼统抽象，以免被误解。

(2) 目标定量化。尽可能地用定量指标表达决策目标。

(3) 明确约束条件。凡属有条件目标者，应充分揭示其约束条件。

(4) 目标系统化。对于多目标决策，应首先分清主次，区别对待。

2) 提出备选方案

在明确提出目标的前提下，应充分考虑现实与可能，设计各种可能实现的决策方案、具有可行性的备选方案。

物流成本决策目标确定之后，应尽可能全面地搜集与进行该项物流成本决策相关的所有成本资料及其他资料，特别是有关预期收入和预期成本的数据，作为今后决策的依据。对于搜集的资料应认真分析鉴别，采取去粗取精、去伪存真的做法，对于偶然事件的影响应予以剔除，必要时还要进行加工延伸。然后根据对这些资料的分析研究，预测今后物流成本可能发生的变化趋势，也就是说在物流成本预测的基础上，应充分考虑现实与可能，设计各种具有可行性的备选方案。所谓“可行性”是指技术上可行，经济上合理。

3) 评估备选方案，做出决策

这个步骤就是把各个备选方案的可计量资料先分别归类、系统排列，选择适当的专门方法，建立数学模型，对各方案预期收入和预期成本进行计算、比较和分析，再根据经济效益对备选方案做出初步的判断和评价，确定哪个方案较优。这是整个决策分析过程的关键阶段。

根据获取的所有信息，考察全部事实，在综合比较各个方案所有优缺点的基础上，全面权衡利弊得失，按照一定原则、要求确定最终择优的标准及有关方法，筛选出最优的方案。

4) 选择实施战略

制定保证方案实施的策略；确保与方案有关的各种指令能被所有人员充分了解；将决策目标分解，落实到单位或个人；建立工作报告制度，了解方案进展，并及时做出调整。

5) 监督与评估

职能部门对各层次、各岗位的方案执行情况进行检查和监督，并将信息反馈给决策者；决策者根据反馈信息对偏差部分及时采取有效措施；对目标无法实现的应重新确定目标，拟定可行方案，并进行评估、选择和实施。

2.2.3　物流成本决策的分类

根据决策学理论，物流成本决策可归纳为以下四种类型。

1) 战略决策与战术决策

战略决策是关系到全局性、方向性和根本性的决策，其产生的影响深远，在较长时间内会对企业物流成本产生影响。例如，企业运输、配送线路的规划，仓库、配送中心的选址，仓库采取租赁还是自建等问题，就属于战略决策。战术决策是为了保证战略决策的实施，对一些带有局限性、暂时性或者其他执行性质问题所做的决策。例如运输决策、库存决策等就是战术决策。

2) 规范性决策和非规范性决策

规范性决策是在管理工作中经常遇到的一些重复性问题，这些问题凭借现有的规章制度就可以解决。例如物流成本的预算与控制决策就属于规范性决策。非规范性决策是指偶然发生的或初次发生的非例行活动所做出的决策，这类决策往往依赖于决策者的经验和判断能力。

3) 单目标决策和多目标决策

决策目标仅有一个，就称之为单目标决策；决策目标不止一个，就称之为多目标决策。

4) 确定性决策、风险性决策和不确定性决策

确定性决策方法的特点是只有一种选择，决策没有风险，只要满足数学模型的前提条件，数学模型就会给出特定的结果，例如企业常用到的量本利分析就属于确定性物流成本决策。风险性决策是指决策所遇到的未来事件的各种自然状态的发生具有不确定性，但可以测出各种自然状态出现的概率的决策，风险性决策方法可以采用期望值决策法和决策树法。不确定性决策是指在对决策问题的未来不能确定的情况下，通过对决策问题变化的各种因素的分析，估计有几种可能发生的自然状态，计算其损益值，按一定原则进行选择的方法。

2.2.4　物流成本决策的一般方法

1. 以物流总成本最低为依据的决策方法

以物流总成本最低为依据的决策方法是指在物流系统所要提供的客户服务水平既定的前提下，对各类物流成本进行权衡，将能够实现物流成本之和最小的方案作为最佳方案。

通过物流成本分析，企业可以发现哪些物流成本过高及存在的问题，并可以采取相应的手段与措施来降低成本。但是，由于物流成本与物流服务之间、各类物流成本之间存在着背反关系，一类物流成本的下降往往以物流服务水平下降或其他几类物流成本上升为代价，因此进行物流成本决策时，绝对不能只是关注某一类物流成本，而要在物流成本预测的基础上，充分考虑并分析物流成本与物流服务之间的关系，以及各类物流成本之间的背反关系，将各类物流成本结合在一起加以考虑，以物流总成本最低作为方案取舍的标准。

同样，当企业为了适应市场需要，要在物流运作方面进行某些改变时，由于各类物流成本之间存在的背反关系，也应当以物流总成本最低来作为方案取舍的标准。

1) 物流成本与物流服务水平的关系

物流成本是在一定的物流服务水平之下的物流费用支出。物流服务水平越高，支出的物流费用自然也就越高。物流成本管理的任务是在保证所规定的对客户的物流服务标准的前提下，使物流成本最小化。

个性化的物流需求，需要高水平的物流服务作为基础。随着消费需求的多样化、个性化和高度化，以及由此导致的企业生产运作方式的变化，对物流服务的质量提出了越来越高的要求。订货周期在缩短，物流的批量在减小，物流作业频率在上升，物流成本也会随之加大。此外，消费者对于物流服务本身的需求量也在增多，这也会导致物流成本的上升。

物流成本与服务水平的效益背反(物流成本与服务水平的关系)为：①一般说来，提高物流服务水平，物流成本会上升，它们之间存在着效益背反。②物流服务与物流成本之间并非呈现线性的关系，也就是说，投入相同的成本并非可以得到相同的物流服务的增长。一般而言，当物流服务处于低水平阶段时追加成本的效果较佳。

2) 对物流服务和物流成本进行决策时应考虑的因素

(1) 保持物流水平不变，尽量降低物流成本。不改变物流服务水平，通过改进物流系统来降低物流成本，这种尽量降低成本来维持一定服务水平的方法称为追求效益法。

(2) 提高物流服务水平，不惜增加物流成本。这是许多企业提高物流服务水平的做法，是企业面对特定顾客或其特定商品面临竞争时所采取的具有竞争意义的做法。

(3) 保持成本不变，提高服务水平。这是一种积极的物流成本对策，是一种追求效益的方法，也是一种有效利用物流成本性能的方法。

(4) 用较低的物流成本，实现较高的物流服务水平。这是一种增加销售、增加效益、具有战略意义的方法。只有要求企业合理运用自身的资源，才能获得这样的成果。

企业采取哪种物流成本策略，往往不是凭感觉而定的，而是通盘考虑各方面因素的结果。这些因素包括商品战略和地区销售战略、流通战略和竞争对手、物流成本、物流系统所处的环境以及物流系统负责人所采用的方针等。

3) 各物流成本之间的效益背反关系

物流的各项活动处于这样一个相互矛盾的系统中，想要较多地达到某个方面的目的，必然会使另一方面的目的受到一定的损失，这便是物流各功能活动的效益背反。

(1) 库存持有成本与批量成本之间的关系。库存持有成本与批量成本随采购次数或采购批量的变化而呈反方向变化。起初随着采购批量的增加，批量成本的下降比库存持有成本的增加要快，即批量成本的边际节约额比库存持有成本的边际增加额要多，使得总成本下降。当采购批量增加到某一点时，批量成本的边际节约额与库存持有成本的边际增加额相等，这时总成本最小。此后，随着采购批量的不断增加，批量成本的边际节约额比库存持有成本的边际增加额要小，总成本便会不断增加。总之，随着采购规模的增加，库存持有成本会增加，而批量成本会降低，总成本呈 U 形，其关系如图 2.2 所示。

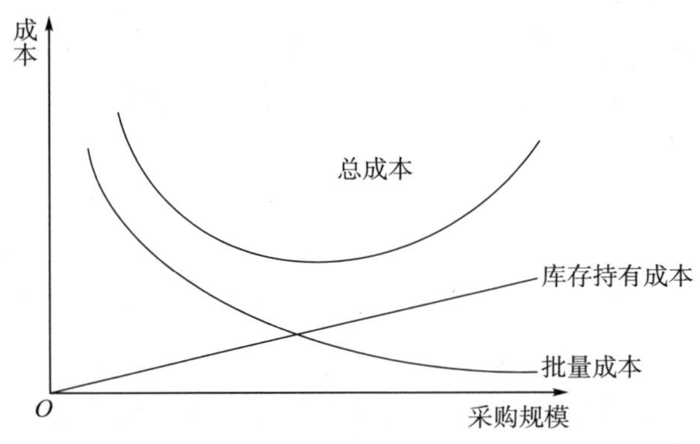

图 2.2　库存持有成本与批量成本之间的关系

(2) 运输成本与和仓储活动有关的成本（库存持有成本与仓储成本）之间的关系。企业对运输作业的要求是：运费最低、运输时间最短、运输速度最快。对仓储作业的要求是：使仓库的建设和运营成本最低、降低库存水平、加快库存周转。

从运输和仓储作业本身来看，这些要求都是最希望达到的目标。但是，站在物流角度来看，任何一个企业，其仓储系统和运输系统不可能同时达到上述要求，即运输成本与和仓储活动有关的成本（库存持有成本与仓储成本）不可能同时达到最低。

从实际运作情况来看，仓储和运输作业是互相影响的，它们的目标甚至是矛盾的。以一个企业为例，假设某种产品全年的销售量是固定的，那么从生产地运往销售地的年总发货量也是固定的。如果要使运输成本最低，就要使每次的发运量达到经济规模。如果用火车发运，能够装满所有车皮的发运规模才是经济规模，用其他发运工具也是如此。也就是说，只有通过整车发运才能达到发运的经济规模，才能不浪费运力，并能最大限度地提高运输工具的使用效率，减少运输次数，最后的结果是运输成本最低。如果想使与仓库有关的成本最低，仓库里的存货应越少越好，最好是没有仓库，或者实现“零存货”，这就必须做到随要随送，但会因此增加运输的次数，降低每次发运的批量，相当于将一次整车运输变成多次零担运输。整车的运价低于零担运价，零担凑整需要更多的集结时间，待运期较长，最后的结果是要完成全年的发运量，实现即时运送，全年的总运输成本会比整车发运时大幅度增加，这就是它们相互矛盾的地方。

随着每批发运产品数量的增加，运输总成本不断降低，和仓储活动有关的成本(库存持有成本与仓储成本)会逐渐上升，对应的数量对运输来讲不是最经济的。对仓储来讲，也不是最经济的，但此时的总成本达到了最小值，这是整个物流系统的最佳方案。若仅考虑运输或仅考虑仓储活动是不可能得出这个方案的。

(3)包装成本与其他物流成本的关系。包装成本与其他物流成本之间的关系取决于包装与其他物流作业活动之间的关系。

其一，包装与运输的关系。运输的主要功能是使产品产生空间位置转移，具有流动性。产品运输的基本要求是安全、迅速、准确、方便。包装直接关系着运输过程中产品的安全、运输载体容积利用的充分程度。所以，不同的运输方式对包装有不同的要求。包装的设计必须考虑产品特性、运输方式、运输工具、运输距离等因素，只有这样，才能提高运输效率，并避免产品损失。

其二，包装与装卸搬运的关系。装卸是产品运输和仓储过程中必不可少的作业环节，产品的装上卸下及水平移动都会受到包装的影响。因此，包装的设计要适应装卸工作中的装上卸下和搬运的需要，以提高装卸搬运效率，防止产品损坏。

其三，包装与仓储活动的关系。仓储可以解决产品流通过程中时间上要求不一致的矛盾。它是维持并扩大社会再生产必不可少的条件。可以说，没有仓储就没有流通。产品的任何存储方式都与包装有着密切的关系。例如，在潮湿的环境下，需要对产品进行防潮、防湿包装；户外堆放，需要采用“茧式封存包装”。其他各类仓储活动也都与包装关系密切：库存货品盘存控制依赖人工或自动化识别系统的准确性，而识别系统与产品包装密切相关；分拣的速度、准确性和效率都要受包装识别、形状和操作简便程度的影响。

由上述包装与其他物流活动的相互关系可见，包装成本与其他各类物流成本呈背反关系。高质量的包装会使包装成本升高，但是会使其他物流成本下降。这种下降来源于两个方面：一方面，好的包装可以提高其他物流作业的效率，降低对这些作业的要求；另一方面，好的包装可以降低这些物流作业中可能出现的损耗。同样，降低包装成本，也会使其他物流成本提升。因此，在进行物流成本决策时，必须对包装成本和其他物流成本进行权衡，以寻求总成本最低的物流运作方案。

(4)订单处理和信息系统成本与其他物流成本的关系。订单处理和信息系统成本与其他物流成本呈背反关系，以建立先进的计算机订单系统为例，建立先进的订单处理系统会使订单处理及信息系统成本大幅度攀升，但该系统能够节省大量的时间，从而使其他物流成本降低。

首先，由该系统带来的订单通信、订单输入和订单处理时间的减少，可以使企业的销售预测和生产计划部门更早地获得销售信息；同样，主管仓储、运输和库存管理等物流活动的经理也可以提前得到相关信息，信息流的提前可以提高仓库分配订单的效率，让物流经理有更充裕的时间计划仓库作业，从而降低仓储成本。

其次，订单通信、订单输入时间的大幅度减少可以提高订货周期的稳定性，对降低安全库存水平有重要的作用，因此有助于降低库存持有成本。

最后，计划时间的增加往往导致运输时间的缩短和运输货品能准时送达，减少误点，有利于运输成本的降低。

所有这些都表明，在设计物流系统时，要综合考虑各方面因素的影响，使整个物流系统达到最优，任何片面强调某种物流功能的企业都将会蒙受不必要的损失。由此可见，物流系统就是以成本为核心，按最低成本的要求，使整个物流系统化：它强调的是调整各要素之间的矛盾，把它们有机地结合起来，使成本最小，以追求和实现部门的最佳效益。

2. 运用差量分析法进行物流成本决策

运用差量分析法进行物流成本决策的思路是：在物流成本决策时，分别计算不同备选方案下物流总成本的数值，并将总成本最低的方案作为最终的方案。差量分析法还有一种变形，就是当企业想要实施某一方案时，可以计算实施该方案后，有哪些物流成本会下降，下降的数值是多少，有哪些物流成本会上升，上升的数值是多少，如果上升的成本数值低于下降的成本数值，则该方案可取。

1) 根据物流总成本进行仓库租赁决策

【例 2-5】某企业的生产地点设于甲地，其产品的消费者分散于较为广泛的地理区域，企业将产品直接送往各个零售网点。由于零售店没有充足的仓储空间，因此企业必须进行多频次、小批量供货。根据统计，企业平均每年要运输 2 010 次，每次运输量平均为 200 件，每件产品的平均运输成本为 9.8 元。现企业希望通过建立中转仓库来降低运输成本。经过考察，企业在乙地找到了一个可以租赁的仓库。该仓库年租金为 700 元/m^2，如果企业租赁 1 000m^2 仓库，便可以先将产品以 8 000 件/次的批量从甲地运往乙地，每件产品的运输成本为 2.9 元。产品进入租赁的中转仓库后，企业再根据零售店的要求将产品配送到各零售网点，每次运送 200 件，1 年平均运送 2 010 次，每件产品平均运输成本为 2 元。乙地仓库的仓储作业成本为 450 000 元/年，装卸作业和库存持有成本为 250 000 元/年，问该企业是否应该在乙地租赁仓库。

在没有租赁中转仓库，实行工厂至零售网点直接运输时，企业一年的运输成本为

$$9.8\times200\times2\,010=3\,939\,600\text{（元）}$$

当企业在乙地租赁了中转仓库，采取从工厂到中转仓库，再至零售网点的配送方式后，企业一年的运输成本为

$$200\times2\,010\times(2.9+2)=1\,969\,800\text{（元）}$$

由此可见，通过建立中转仓库实行集运，在保持原有客户服务水平的前提下，运输成本节约

$$3\,939\,600-1\,969\,800=1\,969\,800\text{（元）}$$

在乙地租赁中转仓库，使企业的运输成本节约了 1 969 800 元。可是因为租赁仓库导致了企业仓储成本、装卸搬运成本和库存持有成本的增加。

租赁中转仓库后，企业的仓储成本增加

$$700\times1\,000+450\,000=1\,150\,000\text{（元）}$$

库存持有成本增加 250 000 元。

由此，由于租赁仓库共增加物流成本

$$1\,150\,000+250\,000=1\,400\,000\text{（元）}$$

由此可知，在乙地租赁中转仓库后，运输成本的节约足以弥补仓储成本、装卸搬运成本和库存持有成本的增加，导致企业物流总成本节约

$$1\,969\,800-1\,400\,000=569\,800\text{（元）}$$

因此，该企业应该在乙地租赁中转仓库。

2）根据物流总成本对建设订单处理及信息系统进行决策

利用计算机与网络技术，建设先进订单处理系统与物流信息系统，可以降低订单的处理成本、运输成本、仓储成本、库存持有成本及其他物流成本，对于提高企业物流系统的运作效率，改善企业物流管理水平有着重大意义。但是，与手工系统相比，建设先进的订单处理及信息系统的固定成本相对较高（包括系统的开发成本和启动成本等），并且这一高昂的固定成本投资代价是在系统建设初期一次性投入的。因此，并不是每一个企业都适合投资建设这样的系统，即便是适合建设的企业，也要根据自己的实际情况，确定建设的规模和等级。为了确保投资的合理性，企业应在进行信息系统投资建设之前，进行成本决策。

企业对建设订单处理及信息系统进行决策时，可以采用净现值评价的方法，即将在系统使用年限内，建设运行该系统所带来的现金流量折现。需要说明的是，现金流入是指由于使用新系统而产生的成本节约，具体来说包括由于新系统带来的订单处理成本、运输成本、仓储成本和库存持有成本的节约。将成本节约的现值与初始投资成本进行比较，如成本节约的现值大于初始投资值，则信息系统建设是可行的；否则不应该进行信息系统建设。

经验表明，当企业处理的订单数量十分巨大时，建设先进的订单处理系统往往可以起到降低企业物流总成本的作用。但是，当企业需要处理的订单数目较少时，建设先进的订

单处理系统反而会增加企业物流总成本。

3. 运用经济订货批量模型进行物流成本决策

经济订货批量(economic order quantity，EQG)模型是指通过物流成本权衡，以物流总成本最小为依据，进行物流成本决策的经典数量模型。它来源于运筹学中的存储论，用于进行存储决策。

对于企业而言，为了保证生产(销售)的正常进行，必须要有一定量的库存。由于企业生产(销售)时要从仓库中取出库存并将其消耗掉，因此，随着生产(销售)的不断进行，库存将会不断减少。为了保证生产(销售)能够不断地继续下去，企业到一定时间必须进行订货(生产)，对库存进行补充。因此，企业就面临着这样的决策问题：每次订货的数量应当为多少(确定订货批量)？究竟在什么时候进行订货(确定再订货点)？对于企业而言，为了降低库存持有成本，应当将存货数量控制在一个较低水平，也就是降低再订货点与每次订货数量，但是这样又会降低客户服务水平，带来客户服务成本的提升，同时小批量订货也会带来采购成本的攀升。因此，企业必须通过经济订货批量(EOQ)模型对各物流成本进行权衡，选取物流总成本最低的方案作为最佳方案。当然，经济订货批量模型也可以用于物流包装和流通加工作业中的最佳批量的确定。

经济订货批量模型大体上可分为两类：一类是确定性模型，即模型中的数据皆为确定的数值；另一类是随机性模型，即模型中含有随机变量，而不是确定的数值。这里仅介绍确定性 EOQ 模型。

1) 简单的确定型 EOQ 模型

简单的确定型 EOQ 模型基本假设如下：

(1) 已知确定的需求量，且整个周期内的需求是均衡的；

(2) 供货周期固定并已知；

(3) 集中到货，而不是陆续入库；

(4) 不允许缺货，并能够满足所有需求；

(5) 购买价格或运输费率、生产成本等是固定的，与订货(生产)的数量、时间无关；

(6) 没有在途库存；

(7) 只有一项产品库存或虽有多种产品库存，但各不相关；

(8) 资金使用不受限制。

在以上假设的前提下，简单的确定型 EOQ 模型只考虑与仓储活动和订货(生产)相关的成本。由于随着订货(生产)批量的增加，与仓储活动相关的成本也呈增加的趋势，如果只考虑与仓储活动相关的成本，则订货(生产)批量应越小越好；但随着订货(生产)批量的增加，与订货(生产)相关的成本会逐渐降低，如果只考虑与订货(生产)相关的成本，则订货(生产)批量应越大越好。因此，企业应综合权衡两种成本，使总成本达到最小的订货(生产）批量即为最佳订货批量。

根据上述假设，企业年总成本公式为

$$\mathrm{TAC}=\frac{1}{2}QVW+\frac{RA}{Q} \tag{2.7}$$

式中，R 为单位时间（如每年）的需求量（件）；Q 为订货（生产）批量（件）；A 为每次订货的成本；V 为每件产品的价值（元/件）；W 为每件产品每年与仓储相关的成本占产品价值的百分比（%）；TAC 为年总成本（元）。

式（2.7）中，由于每一个订货周期开始的库存总量为 Q，需求是已知且均衡的，且库存产品以相同速率减少，那么持有库存的平均值是初始总量 Q 的一半。为了获得使总成本达到最小的 Q，即经济订货批量，对 TAC 函数求一阶导数微分

$$\frac{\mathrm{dTAC}}{\mathrm{d}Q}=\frac{VW}{2}-\frac{AR}{Q^2}$$

令

$$\frac{\mathrm{dTAC}}{\mathrm{d}Q}=0$$

即可得出

$$Q^2=\frac{2RA}{VW}$$

即经济订货批量计算公式为

$$Q=\sqrt{\frac{2RA}{VW}} \tag{2.8}$$

【例 2-6】某企业全年需用材料 3 000t，每次订货成本为 500 元，每吨材料的年储存成本为 15 元，请问该企业的经济订货批量为多少？最佳订货次数为多少？

解：

$$Q=\sqrt{\frac{2RA}{VW}}=\sqrt{\frac{2\times3\,000\times500}{15}}\approx447.21\mathrm{t}$$

$$最佳订货次数=\frac{3\,000}{447.21}\approx6.71（次）$$

再订货点是订货或发出生产指令的时点。在最简单的确定型 EOQ 模型下，如果订货提前时间已知，则可以通过订货提前时间与日需求量的乘积来确定再订货点。假设订货间隔期或提前期为 30 天，已知每天的需求量是 15 个单位，那么再订货点为

$$15\times30=450（单位）$$

即当库存下降到 450 个单位时，应发出订单或生产指令。

2）非瞬时供应 EOQ 模型

在现实中，货物往往不能像简单的确定型 EOQ 模型中假设的那样，所订货物在某一个时刻全部到达入库，多数情况下是在一次订货之后陆陆续续到达入库。同样，当补充来源于企业的自产产品时，也会出现这种情况。这时就需要对简单的确定型 EOQ 模

型进行调整。

如果企业平均每天耗用 d 件产品，而该产品每天入库 P 件。则在进货期内，库存每天以 $P-d$ 件的速度增加；在进货结束后，每天以 d 件的速度减少。企业每次订购 Q 件，那么每批货物全部入库需要 Q/P 天；在进货期内，耗用掉的产品数为 $d\times(Q/P)$ 件，那么最高库存量为 $Q-d\times(Q/P)$，平均库存量也相应地为 $[Q-d\times(Q/P)]/2$。

由此，对简单的 EOQ 模型进行变形，可得总成本函数为

$$\mathrm{TAC}=\frac{1}{2}(Q-\frac{Q}{P}\times d)VW+\frac{R}{Q}\times A \tag{2.9}$$

非瞬时供应条件下，经济订货批量表达式为

$$Q=\sqrt{\frac{2RA}{VW}}\times\sqrt{\frac{P}{P-d}} \tag{2.10}$$

3) 存在批量折扣的确定型 EOQ 模型

在实际工作中，大批量的订货可以获得一定的价格折扣，以及更加低廉的运输费率，同样大批量的生产，也会因规模效应而给企业带来产品生产成本的下降。因此在实际工作中往往需要对简单的确定型模型进行调整，以便将这些因素纳入最终决策范围之内。

当存在批量折扣时，可以通过以下方法对简单的确定型 EOQ 模型进行调整。

(1) 计算不同价格或成本水平下的 EOQ；

(2) 将未达到某价格或成本水平所要求的最低订货批量的 EOQ 剔除；

(3) 计算各未被剔除的 EOQ 的年总成本，注意此时的年总成本包含产品的买价或成本；

(4) 针对所有的折扣临界批量，依据折扣价格（成本），计算年总成本；

(5) 将所有总成本进行比较，以总成本最小的订货批量作为最终方案。

4. 运用本量利分析法进行物流成本决策

本量利分析（cost-volume-profit，CVP）是成本—业务量—利润关系分析的简称，以数学模型和几何图形的方式揭示出固定成本、变动成本、营业量、单价、营业额、利润等变量之间的内在规律，从而为预测和决策规划提供必要的财务信息。

本量利分析的基本模型可以用公式表示为

$$P_f=px-(a+bx)=(p-b)x-a \tag{2.11}$$

其中，a 为固定成本；b 为单位变动成本；x 为营业量；p 为单价；px 为营业额；P_f 为营业利润。当处于盈亏平衡时，$P_f=0$。因此，可以求出盈亏平衡时的营业量为 $x_0=\frac{a}{p-b}$，营业额为 $Y_0=px_0$。

营业利润=营业收入−变动成本总额−固定成本总额
=单价×业务量−单位变动成本×业务量−固定成本总额
=(单价−单位变动成本)×业务量−固定成本总额　(2.12)

=单位边际贡献×业务量-固定成本总额

=边际贡献总额-固定成本总额

利润+固定成本总额=边际贡献总额

=营业收入-变动成本总额　　　　(2.13)

=(单价-单位变动成本)×业务量

(利润本总额+固定成本总额)÷业务量=单位边际贡献=单价-单位变动成本　　　　(2.14)

(利润本总额+固定成本总额)÷营业收入=边际贡献率

=(单价-单位变动成本)÷单价

=1-变动成本率　　　　(2.15)

若考虑所得税，则用式(2.16)替代以上各式中的利润即可，即

利润=净利润÷(1-所得税税率)　　　　(2.16)

边际贡献是指营业收入与相应变动成本总额之间的差额，又称贡献边际、贡献毛利、边际利润，它除了主要以总额表示外，还有单位边际贡献和边际贡献率两种形式。单位边际贡献是某种产品或服务的单价减去单位变动成本后的数额，亦可用边际贡献总额除以相关业务量求得；边际贡献率是指边际贡献总额占营业收入总额的百分比，又等于单位边际贡献占单价的百分比。

在公式(2.12)～公式(2.15)中，“单价-单位变动成本”就是产品或服务的单位边际贡献，而“(单价-单位变动成本)×业务量”就是边际贡献总额。从而可以看出，各种产品或物流服务所提供的边际贡献，虽然不是物流的营业净利润，但它与物流营业净利润的形成有密切关系。因为边际贡献首先用于补偿物流系统的固定成本，边际贡献弥补固定成本后的余额即是企业或物流系统的利润。本量利分析如图 2.3 所示。

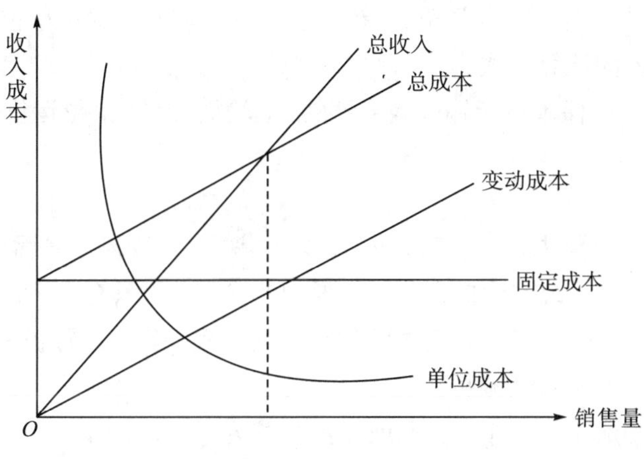

图 2.3　本量利分析图

本量利分析包括盈亏平衡分析和盈利条件的本量利分析。从图 2.3 可以看出，只有当物流系统所实现的边际贡献大于固定成本时才能实现利润，否则物流系统将会出现亏损，而当边际贡献恰好等于固定成本总额时，物流系统不盈不亏。所谓盈亏平衡点又称为保本点，是指企业或物流系统的经营规模(业务量)刚好使利润等于零，即出现不盈不亏的状况。盈亏平衡分析即根据成本、营业收入、利润等因素之间的函数关系，预测企业或物流系统在怎样的情况下可以达到不盈不亏的状态。而盈利条件下的本量利分析主要考虑在特定利润要求下应该达到的业务量，以及在一定业务量情况下企业或物流系统的利润以及安全边际情况。

1)保本点分析

保本点是指使物流达到保本状态的业务量的总称，即在该业务量水平上，该项物流业务收入与变动成本之差刚好与固定成本相等。

保本点有两种表现形式：保本点业务量和保本点营业收入。它们都是达到收支平衡，实现保本的物流业务量指标。保本点的确定就是计算保本点业务量和保本点营业收入的过程。下面以汽车运输企业的运输业务为例来说明物流服务的本量利分析方法。

汽车运输企业的运输收入同运输成本的数量关系有三种情况：运输收入＞运输成本；运输收入＜运输成本；运输收入=运输成本。

在这三种情况中，只有运输收入同运输成本相等时企业才处于不盈不亏状态，即盈亏平衡状态。因此盈亏平衡点就是企业汽车运输收入和汽车运输成本相等的点，在这一点以上就是盈利，在这一点以下就是亏损。

运输量越大，企业所实现的盈利就越多或亏损越少。运输企业保本点运输周转量的计算公式为

保本点运输周转量=固定成本总额÷[单位运价×(1-营业税率)-单位变动成本]　(2.17)

保本点运输收入的计算公式为

保本点运输收入=保本点运输周转量×单位运价　(2.18)

2)保利点分析

保利点分析是比较特殊的本量利分析，它以利润为零、物流系统盈亏平衡为前提条件。从现实的角度看，物流系统不但要保本，还要盈利。因此，只有在考虑到盈利存在的条件下才能充分揭示成本、业务量和利润之间的正常的关系。除了进行盈亏平衡分析之外，还可以进行盈利条件下的本量利分析。

在既定的单价和成本水平下，企业或物流系统为了实现一定的目标利润，需要达到一定的业务量或营业收入，这可以称为实现目标利润的业务量或营业收入，也可称为保利点业务量或营业收入。保利点业务量和保利点营业收入的计算公式为

保利点业务量=(固定成本总额+目标利润)÷(单位价格-单位变动成本)　(2.19)

保利点营业收入=(固定成本总额+目标利润)÷边际贡献率

如果考虑所得税因素，需要确定实现目标净利润条件下的业务量和营业收入，则公式(2.19)可以演变为

保利点业务量=[固定成本总额+目标利润÷(1−所得税税率)]
÷(单位价格−单位变动成本) (2.20)

保利点营业收入=固定成本总额+目标利润÷(1−所得税税率)]÷边际贡献率

5. 价值工程分析法

1) 价值分析的基本原理

物流企业在市场开拓过程中，向目标企业推荐自己的物流产品时，高水平的服务与客户对物流成本控制的期待之间如何权衡取舍，一直是困扰物流企业的难题。价值分析则可为物流企业的产品设计定型决策提供量化分析数据。

价值分析也称价值工程、功能成本分析，是把一个产品(项目)看作一个系统，以提高产品(项目)价值为目标，从系统功能和成本方面进行综合定量分析。其目的是通过定量分析，正确处理产品功能(项目的功能模块)与产品(项目)成本之间的关系，选择达到产品系统整体优化的途径。价值分析是在产品功能分析的基础上对产品进行设计，力图以最低的总成本来实现产品的必要功能，从而达到提高产品价值的目的。功能与成本的关系从理论上可表示为

价值=功能÷成本 (2.21)

公式(2.21)中的功能是指一种新产品、零件或一项服务所具有的用途(或使用价值)，成本是指产品的生产成本与使用成本之和，价值是功能与成本的比值。与通常的价值概念并不相同，它表明以某种代价(成本耗费)取得某种使用价值是否合理、是否值得、是否必要。

2) 提高价值的途径

公式(2.21)表明，功能成本分析的目的在于提高产品(或零件、服务项目)的价值，即以相对低的寿命周期成本确保实现必要的功能。从该表达式也可以得出以下提高价值的途径：

(1) 在产品功能不变的前提下降低成本。

(2) 在成本不变的前提下提高产品的功能。

(3) 在产品成本略有增加的同时，显著增加产品的功能。

(4) 在不影响产品主要功能的前提下，适当降低一些次要功能，或消除不必要的功能，从而使成本显著降低。

(5) 运用科技手段或改变产品结构，采用新工艺、新材料等措施，既提高功能，又降低成本。

3) 功能分析的步骤

功能评价系数是反映某零件功能重要程度的一个指标。根据价值工程原理，某零件的成本高低应与该零件的功能重要程度相匹配。或者说，某零件的功能评价系数数值比其他零件高，则应配以较高的成本。同样的道理，假如某零件的成本较高，但其功能在产品中相对较低，则说明这个零件的成本分析偏高，应予以改进。

功能的高低好差，通常是一个定性的概念，如何对此进行量化评价，是一项较难的工作。这里介绍的功能评价系数计算式所采用的量化方法，就是将组成某单位产品的各个零部件逐一地进行比较，进而确定其相对的重要程度，即汇总求出各零件的功能分数，并据此计算出各零件的功能评价系数。

为使其评价客观、合理，在实际工作中可由几个相关的专业人员(如产品设计人员、材料定额人员、采购人员等)分别进行评价，然后用平均分数来表示零件的功能分数。

价值工程实施的步骤如下：

(1) 功能分析：功能定义、功能分类、功能排序、功能评价。

(2) 制定产品改进方案。

(3) 进行方案的评价和选择。

(4) 组织方案的实施。

(5) 对方案实施结果进行检查与评价。

上述步骤中功能分析是核心，以下重点介绍功能分析。

(1) 价值系数的计算

$$V = \frac{F}{C} \tag{2.22}$$

式中，V 为价值系数；F 为功能评价值，为实现某一功能的最低成本；C 为功能的现实成本。

利用价值系数进行功能评价如下：$V>1$，表明用较少的费用实现了规定的功能，零件(功能模块)价值大；$V=1$，表明实现功能所花的费用与必要的成本相适应；$V<1$，表明功能的实际成本比其必需的成本大。

(2) 功能评价系数的计算

功能评价系数=某种零件(模块)的功能分数÷全部零件的功能分数　(2.23)

(3) 成本系数的计算

成本系数=某种零件(功能模块)成本÷总成本　(2.24)

4) 物流产品(项目)功能分析案例

假设某物流企业向客户推出的一项物流产品包含有 A、B、V、D、E 五个功能项目，当前成本分别是 150 元、270 元、250 元、240 元和 90 元。现需对这项物流产品进行整体价值优化，目标成本是 700 元，则可按下列步骤展开价值分析：功能分析→功能排序→功能评分。

将该项物流产品的诸项功能分别进行重要性(对客户需要而言)相互比较，重要性高得1 分，否则得分为 0，如表 2.5 所示。

表 2.5　物流服务产品功能评分表

功能服务成本	A	B	C	D	E	得分合计	功能评价系数
A	—	1	1	0	1	3	0.3
B	0	—	1	0	1	2	0.2
C	0	0	—	0	1	1	0.1
D	1	1	1	—	1	4	0.4
E	0	0	0	0	—	0	0
合计	—	—	—	—	—	10	1

价值评价系数计算如表 2.6 所示。

表 2.6　价值评价系数计算表

物流服务	功能评价系数	目前成本	成本系数	价值系数	按功能评价系数分配的目标成本	应降低成本指标
	a	*b*	*c*=*b*/1000	*d*=*a*/*c*	*e*=*a*×700	*f*=*b*−*e*
A	0.3	150	0.15	2	210	−60
B	0.2	270	0.27	0.74	140	130
C	0.1	250	0.25	0.4	70	180
D	0.4	240	0.24	1.67	280	−40
E	0	90	0.09	0	0	90
合计	—	1 000	1	—	700	

分析结论：要实现目标成本，应降低当前总成本 300 元，其中，重点可关注 B、C、E 功能的成本调整，必要时可将 C、E 的功能从产品设计中删除。

【本章小结】

本章主要介绍了物流成本预测和决策的基本概念以及基本步骤，重点讲述了物流成本预测和决策的各种方法，尤其是定量分析法。通过本章学习，应对物流成本预测和决策的内容有一个基本的认识和了解；掌握物流成本预测中的趋势平均法、指数平滑法、回归分析法，掌握物流成本决策中的物流总成本最低法、差量分析法、经济订货批量模型、本量利分析法、价值工程分析法。

【思考与练习题】

(1) 物流成本预测与决策的含义是什么？物流成本预测与决策的意义有哪些？

(2) 简述物流成本预测与决策的基本步骤。

(3) 物流成本预测与决策的方法分为哪几类？具体包括哪些方法？

(4) 某物流中心 2016 年 1～10 月份的实际物流运作成本依次为 50 万元、52 万元、48 万元、49 万元、42 万元、43 万元、47 万元、51 万元、52.4 万元、50.6 万元。该年 1 月份的成本预测值为 49 万元，设平滑系数为 0.5。应用指数平滑法预测该物流中心 2016 年 11 月份的物流运作成本。

(5) 某运输公司依据历史数据分析，确定单位变动成本为 150 元/(千吨·公里)，固定成本总额为 20 万元，所得税为 3%，下月预计货物周转量为 5 000 千吨·公里，单位运价为 200 元/(千吨·公里)。请分析：在该单位运价下的运营业务量是否可以盈利？盈亏为多少？为确保下月净盈利 30 000 元，在成本和单价不变的情况下，业务量要达到多少？如果预测下月业务量只有 3 600 千吨·公里，则单位运价至少为多少才能保本？若业务量为 5 500 千吨·公里，企业的经营安全性如何？

【案例分析】

中国石油化工集团公司物流供应链管理预测与决策

中国石油化工集团公司(Sinopec Group 以下简称中国石化)是 1998 年 7 月国家在原中国石油化工总公司基础上重组成立的特大型石油石化企业集团，是国家投资设立的国有公司、国家授权投资的机构和国家控股公司。公司对其全资企业、控股企业、参股企业的有关国有资产行使资产受益、重大决策和选择管理者等出资人的权力，对国有资产依法进行经营、管理和监督，并相应承担保值增值的责任。

1. 管理诉求

中国石油化工集团公司希望实现公司在全国范围内的数据集中式管理，通过构建集中式决策支持平台，支持全国范围的业务决策多级扩展，使得公司内部的资源可以充分共享，总部可以更加关注诸如资源流向、调运计划、运力资源等有限关键资源，物流部可以实现对区域内的生产企业仓库、配送中心以及网点库的物流资源实行集中管理，最终达到总部可以全面控制供应链各环节的管理要求。另外，公司也希望建立以订单处理、业务协同为核心的管理机制，通过加强对物流业务协同的核心经营管理，实现外部单一物流订单向内部多个作业执行指令的转变，当订单处理结束指令下达以后，各协同机构都可以看到与某订单有关的作业指令单，及时安排本责任范围内的操作，同时实现对物流全过程的业务监控，对运输配送的订单和调拨订单进行全程跟踪，将订单执行过程中的业务异常情况实时反馈至调度中心，调度中心根据实际情况进行相应决策，并对业务进行及时调整。

2. 项目实施

中国石化作为中国石油化工行业的老大，其信息化发展一直走在行业的最前沿，它的 ERP 系统项目是由世界知名公司 SAP 完成的。选中上海博科资讯股份有限公司也正是看重博科公司强大的技术实力以及丰富的行业经验和完善的项目管理实施能力，尤其是在物流供应链软件方面拥有众多成功的实施案例。中国石化对此次物流系统项目的要求极其严格，要求项目完成的时间仅有 3 个月。博科项目小组面对中国石化庞大的营销网络和复杂的物流调度决策体系，刻苦工作、废寝忘食，顺利完成项目调研和现场开发，中国石化物流调度决策支持信息系统项目于 2007 年 2 月 14 日成功上线，目前已在全国全面推广使用。

3. 应用效果

此次物流供应链管理决策支持项目上线后，中国石化建立起了更加完备的现代化物流体系，通过现代化信息技术，企业优化了资源流向，保证了化工产品安全高效的运送，完全达到了项目建设初期提出的系统目标。从应用效果的层面看，该系统支撑了中国石化全国业务近千亿化工产品的销售和物流配送，支撑了中国石化全国各地数个信息点的同时在线操作，实现了中国石化全国各分公司信息的充分共享，系统为中国石化整个供应链的各环节提供了多个业务功能，通过系统的实际应用，中国石化已节约了大量的巨额交通运输费用，平均每笔业务的交货周期也缩短了数天。

4. 物流新模式的拓展

由于中国石化物流供应链管理决策支持系统的成功上线，中国石化集团从 2007 年起采用三种物流模式，这三种物流模式分别为用户到石化厂自行提货，用户到网点(区域代理商)提货，销售分公司直接将货送到用户手中。三种模式执行三种不同的价格，到石化厂自行提货享受厂价，网点提货为区域价，送货上门模式采用送货价。此举旨在降低物流成本，提高配送效率，增强对用户的服务水平。三种物流模式对中国石化而言，可谓开了先河，更是一种变革。这种变革，得益于中国石化对于物流调度决策支持管理水平的提升。

(1) 中国石油化工集团公司物流供应链管理预测与决策的依据是什么？

(2) 如果让你来决策，你会有什么样的想法？

【实训设计】

就近选择一个物流企业，通过走访，写一篇有关物流成本预测或决策的调研报告。

第3章　物流成本核算与分析

【学习目标】

通过本章的学习，学生要了解物流成本核算的原则、特点和基本步骤；了解物流成本分析的原则、内容和方法；深入了解物流成本核算的方法；掌握物流核算对象的三个基本构成要素；掌握作业成本法的计算步骤，能进行物流成本的归集和分配；深入掌握物流标准成本的制定及差异分析。

【学习重点】

基于作业成本法的物流成本归集和分配；物流成本的差异分析。

【学习难点】

作业成本法的运用；标准成本法的运用。

3.1　物流成本核算概述

物流成本核算是根据企业确定的成本计算对象，采用相应的成本计算方法，按照规定的成本项目，通过一系列物流费用的汇集与分配，从而计算出各物流环节成本计算对象的实际总成本和单位成本。在企业损益表中所能看到的物流成本在整个销售额中只占极少的比重。只有对物流成本进行全面的计算，分解出混在有关成本费用中的物流成本，才能对物流成本进行全面、有效的管理。

3.1.1　物流成本核算的目的和意义

物流成本的核算并不是企业财务会计制度的规定，而属于管理会计的范畴，为企业内部加强管理服务。因此，一个企业要开展物流成本的核算，必须结合自身实际确定核算的目的。比如，对物流各个环节、相关责任部门或者各个区域进行绩效考核和成本控制等。物流成本核算的基本目的是要促进企业加强物流管理，提高管理水平，创新物流技术，提高物流效益。具体来说，物流成本核算的目的可以体现在以下几个方面：

(1) 计量主体的物流成本大小，提高主体的物流认知。长期以来，人们不重视物流的根本原因是没有对其进行详细的核算，因为原有的财务会计框架不能看清物流成本的全貌。例如，在制造业中采购原材料发生的运杂费是原材料入库成本的一部分，而我们往往忽视了它也是物流成本的一部分。从当前的账户和会计报表中，人们很难甚至根本无法看清物流耗费的实际状况。因此对企业物流成本进行全面、细致的核算，描绘企业物流成本的全貌就成为实现上述目的的基础工作。

(2) 发现物流运作和物流管理中存在的问题，促进物流运作和管理水平的提高。通过对某一具体物流活动的成本计算，弄清物流活动中存在的问题，为物流运营决策提供依据。管理的重点在于经营，经营的重点在于科学的决策，而决策的重点在于充分、真实、完整的信息。只有信息充分，才能根据实际情况对企业的现状和存在的问题进行分析并提出备选方案；也只有信息充分，才能对备选方案进行比较，寻找投入产出比最高的方案。

(3) 计算物流中心责任成本，进行绩效考核。企业进行内部责任成本核算，并制定产品或服务的内部转移价格，其目的就是为了进行绩效考核，提高各部门的成本意识和服务意识。对物流相关部门进行考核，就需要企业物流成本、利润等相关数据。

(4) 为企业改善物流系统、更新物流设施设备提供决策依据。企业物流成本是全面反映企业物流活动的综合性评价指标，物流成本的高低是企业物流管理水平的综合反映。企业物流运营管理水平的高低，物流装备和设施利用率的高低，燃料、动力单位消耗的大小，产品配送、仓储布置是否合理，企业的选址及厂区规划设置是否合理都会在物流成本中反映出来。

明确物流成本核算的目的是十分重要的。可以说，它是明确成本核算对象、确定物流成本核算内容及选择物流成本核算方法的基础。当然，物流成本核算目的的确定也要结合企业业务流程、组织结构的设置及管理方式和管理要求的实际情况进行分析。

3.1.2　物流成本核算的特点和原则

1. 物流成本核算的特点

1) 计算要素不易确定

(1) 物流成本的计算范围大。从供应链的角度来看，物流包括原材料物流、工厂内部物流、从工厂到仓库和配送中心的物流、从配送中心到商店的物流等，涉及的单位很多，应用范围很广，空间跨度大，在计算物流成本时难免有所遗漏，很难做到准确。

(2) 以不同的对象计算物流成本的结果相差很大。按照国家标准规定的物流的定义，物流涉及的过程较多，在以物流的过程为对象计算物流成本时，哪些过程应该作为成本的计算对象，哪些过程不应该作为成本的计算对象，难以确定。如果只将运输和保管费用计入物流成本和将运输、保管、装卸、信息等各个物流过程以及各物流过程间的协调费用全部计入物流成本进行计算，两者的计算结果相差极大。

(3) 物流成本的计算内容难以归集。向外部支付的运输费、保管费、装卸费等各企业一般都会计入物流成本，而且也比较容易计入物流成本，但是企业内部发生的物流费用，如与物流有关的人工费、设施建设费、设备购置费及折旧费、维修费等混于企业所发生的所有人工费、设施建设费、设备购置费以及折旧费、维修费等费用中，是否也计入物流成本，怎样取舍，企业在实际操作计算时，无统一规范，难以实现。

(4) 一些非物流费用与物流费用很难清楚界定。有些企业的物流部门对于一些物流成本无法掌握和控制。例如，物流成本中过量服务所发生的费用与标准服务所发生的费用是混合在一起的；一些企业将促销费用列在物流成本中；对于保管费用中的过量进货、过量生产等在库维持费用，紧急送达等产生的费用，一般也是纳入物流成本的，这无疑增加了物流成本的计算与管理的难度。

2) 按照现行会计核算制度计算物流成本难度很大

由于现行的财务会计制度和会计核算方法对物流成本没有分列记账，物流费用在企业财务会计中没有单独的科目，一般采用的方法是将企业所有的成本都列在不同的成本费用项目中，如将其分散到"材料采购""管理费用""营业费用""财务费用"等账户中进行混合核算，所以不能掌握物流费用的实际情况。按照现行的会计核算制度，购买原材料所支付的物流费用是计算在原材料成本中的，工厂生产的产品从工厂运到商业部门的物流成本是计算在主营业务成本中的，自运运输费用和自用保管费是计入营业费用中的，另外与物流有关的利息是计入财务费用中的。传统的会计体系不仅不能提供足够的物流成本分摊数据，而且如果把这些由"原材料""主营业务成本""营业费用""财务费用"等科目核算的与物流有关的费用划分出来，并单独加以汇总计算，在操作上存在很大的难度，操作成本也会很高。

3) 核算方法难以统一

我国对物流成本计算的范围和具体计算方法还没有形成统一的规范，不同企业的物流成本项目不同，在如何统一物流成本计算项目方面尚无统一的标准。各企业对物流成本的计算和控制是分散进行的，也就是说各企业根据自己不同的理解和认识计算和控制本企业的物流成本，企业间无法就物流成本进行比较分析，也无法得出科学的行业平均物流成本值。但一些发达国家已经开始按照统一标准对物流成本进行核算。例如，日本物流成本核算是依据 1997 年日本运输省制定的《物流成本计算统一标准》，按物流范围、支付形式和功能等三种划分方式进行分类核算；美国则是按库存费用、运输费用和管理费用三类进行归类核算。

2. 物流成本核算的原则

(1) 合法性原则。合法性原则指计入成本的支出都必须符合国家法律、法令、制度等关于成本支出范围和标准的规定，不符合规定的支出不能计入成本。所谓成本费用开支范围，是指哪些支出可计入成本，哪些支出不可计入成本；所谓成本开支标准，是指可计入成本范围的支出的数据限制。

成本会计制度是成本会计工作的规范，是会计法规和制度的重要组成部分。企业应遵循国家有关法律、法规、规章，如《中华人民共和国会计法》《企业财务通则》《企业会计准则》《企业会计制度》等有关规定，并适应企业生产经营的特点和管理的要求，制定企业内部成本会计制度，作为企业进行成本会计工作具体和直接的依据。

(2) 可靠性原则。可靠性原则包括真实性和可核实性。真实性就是所提供的成本信息与客观的经济事项相一致，未人为地提高、降低成本。可核实性指成本核算资料按一定的原则由不同的会计人员加以核算，都能得到相同的结果。

(3) 相关性原则。相关性原则包括成本信息的有用性和及时性。有用性是指成本核算要为管理当局提供有用的信息，为成本管理、预测、决策服务。及时性是强调信息取得的时间性。及时的信息反馈，可及时地采取措施，改进工作，否则提供的成本核算信息往往会成为无用的资料。

(4) 分期核算的原则。企业为了取得一定期间所发生的物流成本，必须将川流不息的生产经营活动按一定阶段(如月、季、年)划分为各个时期，分别计算各期的物流成本。成本核算的分期，必须与会计年度的分月、分季、分年相一致，这样便于利润的计算。

(5) 权责发生制原则。权责发生制原则是指成本核算应以权责发生制原则为基础，对于应由本期成本负担的支出，不论其是否已经在本期支付，都要计入本期物流成本；不应由本期物流成本负担的支出，即使是在本期支付，也不应计入本期物流成本。凡应当由本期负担而尚未支出的费用，作为预提费用计入本期成本、费用；凡已支出，应当由本期和以后各期负担的物流费用，应当作为待摊费用，分期摊入物流成本、费用。

遵循权责发生制原则，是为了划分支出发生时间及支出受益时间的界限，以便正确处理各项待摊费用和预提费用，进而为正确划分各期物流成本的界限提供保证，以准确地提供各项物流成本信息。

(6) 按实际成本计价的原则。企业在生产经营过程中所发生的各项费用，应当以实际发生数计入成本、费用。生产经营所耗用的原材料、燃料、动力要按实际耗用数量和实际单价计算成本。已经完工的服务成本的计算要按实际发生的成本计算。虽然“原材料”“燃料”“产成品”等的账户可按计划成本(或定额成本、标准成本)记账，但计算物流成本时，应加、减成本差异，以调整到实际成本。

(7) 一致性原则。企业应当根据本企业的生产经营特点和管理要求，确定适合本企业的物流成本核算对象、物流成本项目和物流成本计算方法。物流成本核算对象、物流成本项目和物流成本计算方法一经确定，不得随意变更。如需变更，应当根据管理权限，经股东大会或董事会，或经理(厂长)会议或类似机构批准，并在会计报表附注中予以说明。

(8) 重要性原则。重要性原则是指在物流成本核算过程中，应基于管理要求，区分主次，那些对物流成本有重大影响的项目应作为管理重点，力求精确；而对于那些不太重要的琐碎项目，则可以从简处理。

3.1.3 物流成本核算的对象

物流成本核算的过程，就是按照一定的成本核算对象分配、归集物流费用的过程。正确确定物流成本核算的对象是进行物流成本核算的基础。成本核算对象的选取方法不同，得出的物流成本结果也就不同，从而也就导致了不同的成本评价对象与评价结果。

成本核算对象是指成本核算过程中为归集、分配各项费用而确定的、以一定时期和空间范围为条件而存在的成本核算实体，是归集、分配费用的对象，即费用的承担者。成本核算对象不是由人们主观随意规定的，不同的生产经营类型从客观上决定了不同的成本核算对象。企业可以根据自身生产经营的特点和管理要求的不同，选择不同的成本核算对象来归集、分配物流费用。确定成本核算对象是设置成本明细账、分配物流费用和核算物流成本的前提。成本核算对象一经确定就不能随意变更，所有的原始记录都必须按照确定的成本核算对象填写清楚，以便于归集和分配耗费。确定物流成本核算对象需要从物流成本核算对象的基本构成要素进行分析。

1. 物流成本核算对象的三个基本构成要素

(1) 物流成本核算期是指汇集生产经营费用、计算生产经营成本的时间范围。物流活动是连续不断地进行的，难以对某一项物流经营活动确定经营期和单独计算成本，必须截取其中的一段时间作为汇集物流经营费用、计算物流成本的时间范围。这个时间范围就是物流成本核算期。一般以月份为计算期，也可以以季、年为计算期，对于一些特别的物流活动也可以用经营周期作为成本核算期，应当视具体情况而定。

(2) 物流成本核算空间是指成本费用发生并能组织企业成本核算的地点或区域。企业的物流成本核算空间的划分一般是指物流功能范围和物流活动范围，是物流成本核算的具体内容，即应取哪些成本费用项目来进行物流成本核算。根据物流成本分析与控制的需要，从物流活动范围的角度看，供应物流费、企业内部物流费、销售物流费、回收物流费和废弃物物流费中的哪些应纳入物流成本核算范围；从物流功能范围的角度看，在运输、装卸、搬运、仓储、包装、流通加工、配送等物流功能中，应选取哪些功能作为物流成本核算对象。

(3) 物流成本承担实体是其发生并应合理承担各项费用的特定经营成果的体现。物流成本的承担实体应根据具体情况，可以是某一类作业、某一客户、某一物流责任中心等，主要承担实体是各种不同类型的物流活动或物流作业。

2. 物流成本核算具体对象

根据对物流成本核算对象三个基本构成要素的分析，再确定成本核算的对象。一般而言，企业物流成本核算对象存在以下几种情况：

(1) 形态别物流成本核算是指以物流费用的支付形态为成本计算对象所进行的物流成本核算。具体包括三个方面的计算：首先是企业内部物流费计算，汇总和归集企业自身进行各项物流活动所发生的物流费用。它是相对于委托物流费计算而言的。企业内部物流费计算又可分为材料费、人工费、水电费、维护费、物流信息和其他费用计算等。其次是委托物流费计算，汇总和归集企业委托外单位进行运输、保管、装卸、包装、流通加工等物流活动所支付的各项费用。最后是外企业支付物流费计算，包括供应外企业支付物流费计算和销售外企业支付物流费计算。比如，商品购进采用送货制时包含在购买价格中的运费和商品销售采用提货制时因顾客自己取货而从销售价格中扣除的运费。

形态别物流成本核算是企业物流成本核算的基础。通过形态别物流成本核算，可以为制定标准物流成本、编制物流成本预算以及进行物流相关决策提供资料。例如，企业物流活动是否委托外单位进行，企业应该采用何种交货方式采购物料或销售产品等。

(2) 功能别物流成本核算是指以物流活动的功能为成本计算对象所进行的成本核算。它是对企业一定时期的物流费用按其发生用途不同进行分类和归类，包括运输费、保管费、装卸费、包装费、流通加工费、物流管理费计算等。

通过功能别物流成本核算，可以了解物流成本的功能别构成，便于更好地协调各物流环节的关系。功能成本可利用各功能的成本计算表进行计算，并在此基础上进一步汇总各功能成本计算表的资料，编制整个企业的物流成本汇总表。以物流功能为成本核算对象可以核算得到的物流成本汇总信息，如表 3.1 所示。

表 3.1　以物流功能为成本核算对象的物流成本汇总信息

		运输	保管	装卸	包装	流通加工	物流信息	物流管理	合计
企业内部物流成本	材料费								
	人工费								
	维修费								
	水电费								
	……								
	其他								
小计									
委托物流费									
合计									

(3) 客户别物流成本核算。企业为提高管理效率，往往需要对重点客户对象实施特别管理，这样就需要客户别物流成本核算。这种核算方式对于加强客户服务管理、制定有竞争力且有营利性的收费价格是很有必要的。特别是对于物流服务企业来说，在为大客户提供物流服务时，应认真分别核算对各个大客户提供服务时所发生的实际成本。这有利于物流企业制定物流服务收费价格，或者为不同客户确定差别性的物流服务水平等提供决策依据。按客户进行物流成本核算可以得到的物流成本信息如表 3.2 所示。

表 3.2　以服务客户为成本核算对象的物流成本汇总表

		A 客户	B 客户	……	N 客户	P 中、小客户	Q 中、小客户	物流管理	合计
企业内部物流成本	材料费								
	人工费								
	维修费								
	水电费								
	……								
	其他								
小计									
委托物流费									
合计									

从表 3.2 中可以看到，对于大客户，可以独立设置账户核算其成本，以便进行有效的管理。如果物流企业服务的对象还包括许多中、小客户，则可以把这些客户进行分类(比如按照同类产品归类，或者按照同等服务水平要求归类)，统一核算物流成本。然后按照归类的属性再将成本分摊给这些客户，以便有效地进行每个客户的成本与收费价格管理，也有利于进行有效的物流服务水平管理。

(4) 范围别物流成本核算是指以物流活动的范围为成本计算对象所进行的物流成本核算，具体包括供应物流费、生产物流费、销售物流费、退货物流费和废弃物物流费计算等。通过范围别物流成本核算，便于发现不同过程物流活动中存在的问题，分清有关部门对此应负的责任并为不同过程物流活动的协调和控制提供依据。在进行范围别物流成本核算时，凡是发生在某一物流过程中的物流费用都必须计入该过程的物流成本，以便据此考核其负责部门的工作业绩。例如，凡是在物料供应过程中发生的物流费用都应计入供应物流费。范围别物流成本可利用物流范围的物流费用汇总表进行核算，并可在此基础上进一步编制企业物流成本汇总表。

(5) 产品物流成本核算是指货主企业在进行物流成本核算时，以每种产品作为核算对象，计算为组织该产品的生产和销售所花费的物流成本。据此可进一步了解各产品的物流成本开支情况，以便进行重点管理。以产品为物流成本核算对象的成本汇总表可以与表 3.1、表 3.2 类似。

(6) 部门别物流成本核算是以企业中的仓库、运输队、装配车间等部门为对象进行核算。这种核算对加强责任中心管理，开展责任成本管理方法以及对于部门的绩效考核是十分有利的。

(7) 地域别物流成本核算是计算各个地区组织供应和销售所花费的物流成本，据此可进一步了解各地区的物流成本开支情况。对于销售或物流网络分布很广泛的物流企业或者产品分销企业来说，这种以地区为物流成本核算对象的成本核算就显得更加重要，它是进行物流成本日常控制各地区负责人绩效考核以及其他物流系统化决策的有效依据。以地区为成本核算对象的物流成本汇总信息如表 3.3 所示。从表中可以看出，管理者不仅可以获得每个地区的物流总成本，还可以得到物流成本按照物流功能(运输费、保管费、装卸费、包装费、流通加工费、物流信息费等)的构成情况。实际上，企业也可以按照每个地区物流成本的成本项目构成进行物流成本的归集。

表 3.3　以地区为成本核算对象的物流成本汇总表

		东北	华北	东南	西北	华南	西南	华东	合计
企业内部物流成本	运输费								
	保管费								
	装卸费								
	包装费								
	流通加工费								
	物流信息费								
	……								
	其他								
小计									
委托物流费									
合计									

(8)过程别物流成本核算是以供应、生产、销售、退货等过程为对象进行计算。它的主要任务是从材料采购费及企业管理费中分离出供应物流成本，如材料采购账户中的外地运输费、企业管理费中的市内运杂费、原材料仓库的折旧修理费、保管人员的工资等；从基本生产车间和辅助生产车间的生产成本、制造费用以及企业管理费等账户中分离出生产物流成本，如人工费部分按物流人员比例或物流工时比例确定计入，折旧费、大修费按物流固定资产占用资金比例确定计入等；从销售费用中分离出销售物流成本，如销售过程中发生的运输、包装、装卸、保管、流通加工等费用和委托物流费等。这样就可以得出物流成本的总额，使企业经营者一目了然地了解全范围(领域)物流成本的全貌，并据此进行比较分析。

3.1.4　物流成本核算的程序及方法

1. 物流成本核算的程序

物流成本核算的一般程序是指对企业在生产经营过程中发生的各项物流费用，按照成本核算的要求，逐步进行归集和分配，最后计算出各项期间费用、物流总成本和各种成本对象的物流成本的基本过程。根据前述的物流成本核算特点、原则和对象，可将物流成本核算的一般程序归纳如下。

1）审核原始记录

成本核算是以有关的原始记录为依据，如据以计算材料费用的领料单或领料登记表，计算工资费用的考勤记录和业务量记录等。为了保证成本核算的真实、正确和合法，成本核算人员必须严格审核有关的原始记录。审核其内容是否填写齐全，数字计算是否正确，签章是否齐全，费用应不应该开支，所耗费用的种类和用途是否符合规定，用量是否超过定额或计划等。只有经过审核无误后的原始记录才能作为成本计算的依据。审核原始记录要对企业发生的各项支出进行严格的审核和控制，并按照国家的有关规定确定其是否计入物流成本，以及应计入生产成本还是期间费用。也就是说，要在对各项支出的合理性、合法性进行严格审核、控制的基础上，对不符合制度和规定的费用以及各种浪费、损失等加以制止或追究经济责任。

2）确定物流成本核算对象和成本项目

成本核算的过程，就是按照一定的成本核算对象分配、归集物流费用的过程。如前所述，成本核算对象是物流费用的承担者，企业可以根据自身生产经营的特点和管理要求的不同，选择不同的成本核算对象来归集、分配物流费用。确定成本核算对象，是设置成本明细账、分配物流费用和计算物流成本的前提。不同的成本核算对象，也是区分不同成本核算方法的主要标志。

为了正确反映成本的构成，必须合理地规定成本项目。成本项目要根据具体情况与需要设置，既要有利于加强成本管理，又要便于正确核算物流成本。企业一般应设置直接材料、燃料及动力、直接人工和间接费用等成本项目。在实际工作中，为了使成本项目更好地适应企业的生产经营特点和管理要求，企业可以对上述成本项目进行适当的调整。在规定或者调整成本项目时，应考虑以下几个问题：

(1) 各项费用在管理上有无单独反映、控制和考核的需要。

(2) 各项费用在物流成本中所占比重的大小。

(3) 某种费用专设成本项目所增加的核算工作量的大小；对于管理上需要单独反映、控制和考核的费用，以及在物流成本中所占比重比较大的费用，应专设成本项目；否则，为了简化成本核算工作，不必专设成本项目。

3）确定物流成本核算期

如前所述，物流成本核算期是指汇集费用、计算成本的时间范围，可以用年、月、周、日经营周期作为成本核算期。根据权责发生制原则，一般以月份作为物流成本核算期，但对于一些经营周期比较短的特殊物流活动，也可将经营周期作为成本核算期。

4) 进行成本的归集和分配

成本归集和分配是指根据成本核算期、按成本计算对象和成本项目归集计算物流费用，计算出按成本项目反映的各种成本对象的成本。

(1) 设置和登记成本明细账。确立了物流成本核算对象之后，会计科目的设置是物流成本核算的关键。可以针对企业的不同情况，在现有核算科目的基础上以增加总账、明细账科目的形式来确定企业物流成本核算的科目。确定了企业物流成本核算的会计科目之后，要按照企业物流成本核算的需要和特点设计会计凭证和账簿。根据物流成本的构成及其具体内容，在进行物流成本核算时，可以设置“物流成本”总账科目，该科目的借方表示物流过程中发生的各种费用支出，贷方表示经分配转入或直接转入有关科目的物流成本，期末一般无余额。为了反映物流成本的构成，便于进行物流成本的分析，可根据不同核算对象在“物流成本”下设置功能别、范围别等不同的二级科目。比如在“物流成本”科目下设置“供应物流成本”“生产物流成本”“销售物流成本”“管理物流成本”“回收与废弃物流成本”五个二级科目，其下还可分别设置“材料费”“工资福利费”“水电费”“运输费”“折旧费”“管理费”“其他费用”等若干个明细科目；也可以在“物流成本”一级科目下设置“运输成本”“库存成本”“包装成本”“物流信息处理成本”四个二级科目，其下可分别设置“职工薪酬”“低值易耗品”“折旧费用”“管理费用”“其他费用”等若干个明细科目。

(2) 成本归集与分配。从一定意义上讲，物流成本计算就是成本归集和成本分配两大工作。首先是成本归集，然后是成本分配，两者是密切联系、交错进行的。物流成本的归集，是指对企业生产经营过程中所发生的各种物流费用，按一定的对象，如各种产品、作业、各个车间或部门，所进行的成本数据的收集或汇总。收集某类成本的聚集环节，称为成本归集点。对于直接材料、直接人工，应按成本核算对象进行归集。而对于间接费用，则应按发生地点或用途进行归集，然后再计入成本对象的成本。物流成本的日常核算，首先是将物流过程中发生的各种费用支出，归集于“物流成本”账户中。但应注意，有些物流费用在供应、生产、销售及企业管理部门四阶段都有发生，应区别情况分别记入相应的二级账户及明细账户中。

在有多个物流成本核算对象的情况下，为求得各成本计算对象的成本，对不能直接计入成本核算对象的费用，在按照费用发生的地点和用途归集后，按一定分配标准进行分配。成本的分配，是指将归集的间接成本分配给成本对象的过程，也叫间接成本的分摊或分派。成本分配要使用某种参数作为成本分配基础。成本分配基础是指能联系成本对象和成本的参数。可供选择的分配基础有许多，如人工工时、机器台时、占用面积、直接人工工资、订货次数、采购价值、品种数、直接材料成本、直接材料数量等。

2. 物流成本核算的方法

1) 物流成本核算的会计模式

会计核算模式的物流成本核算是要通过凭证、账户、报表的完整体系，对物流成本进行连续、系统、全面式地记录、计算、报告的一种核算方法。这种核算方法又可分为两种具体形式。

(1) 独立的物流成本核算模式。独立的物流成本核算模式也叫双轨制，它要求把物流成本核算与财务会计核算体系截然分开，单独建立起物流成本管理会计记录簿。具体做法是：对于每项物流业务，均由车间成本员或者基层核算员根据原始凭证编制物流成本记账凭证，一式两份，一份连同原始凭证转交财务科，据以登记财务会计账户，另一份留基层成本员据以登记物流成本管理会计记录簿。双轨制核算模式的流程可以用图 3.1 表示。

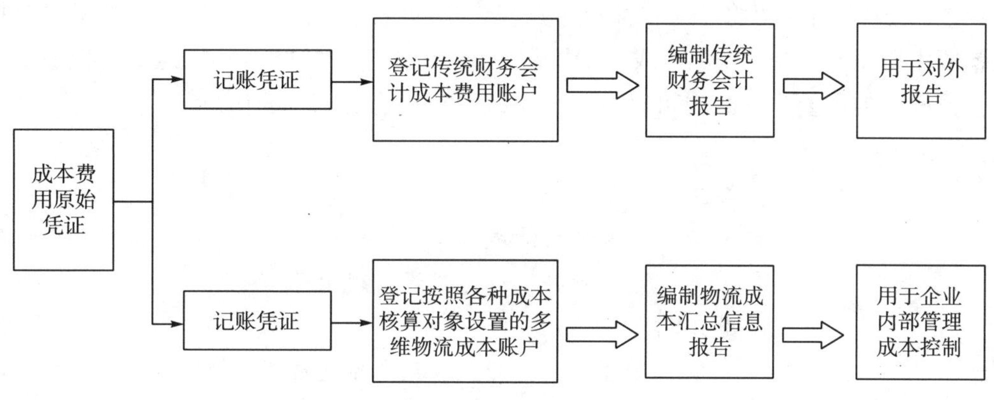

图 3.1　双轨制核算模式流程

这种计算模式的优点包括：①提供的成本信息比较系统、全面、连续、准确、真实；②两套计算体系分别按不同要求进行，向不同的信息要求者提供各自需要的信息现行成本计算的干扰不大。但这个计算模式的工作量较大，在目前会计人员数量不多、素质有限的情况下容易引起人员的不满。另外，基层核算员财务核算知识的缺乏，也会影响物流成本核算的准确性。

(2) 结合财务会计体系的物流成本核算模式。结合财务会计体系的物流成本核算模式也叫单轨制。它是建立一套能提供多种成本信息的核算体系，在统一的成本核算体系中反映产品成本、变动成本、物流成本等信息，将物流成本核算与企业财务会计和成本核算结合起来进行，即在产品成本计算的基础上增设一个“物流成本”科目，并按物流领域、物流功能别等设置二级、三级明细账。当费用发生时，借记“物流成本”及有关明细账。月末按照会计制度规定，根据各项费用的性质再还原分配到有关的成本科目中去。这种模式的核算流程可以用图 3.2 表示。

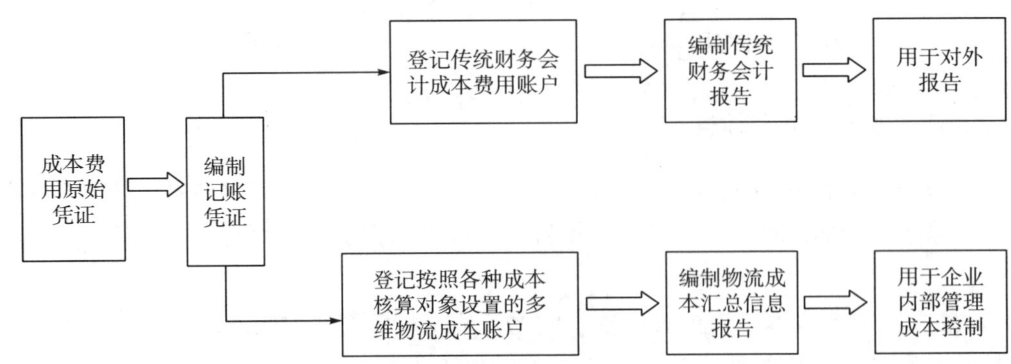

图 3.2　单轨制核算模式流程

使用这种模式时，在会计处理上，当各项费用发生时，与物流成本无关部分，直接计入相关的成本费用账户，而与物流成本相关的部分记入相应设置的物流成本账户。成本费用账户中，会计期末，再将各个物流成本账户归集的物流成本余额按照一定的标准分摊到相应的成本费用账户中，以保证成本费用账户余额的完整性和真实性。这既可以保证传统财务会计核算的需要，同时也可以从账户系统中获得物流成本的信息。

发生时，

借：×××物流成本

　　贷：材料、应付工资、现金等

期末时，

借：管理费用、营业费用或制造费用、生产成本等

　　贷：×××物流成本

这种计算模式的优点是：所提供的成本信息比较全面、系统、连续；由于与产品成本计算相结合，从一套账表中提供两类不同的信息，可以减少一定的工作量。当然，这种方法也存在明显的缺点，为了实现资料数据的共享，需要对现有的产品成本计算体系进行较大的甚至彻底的调整；为了保证产品成本计算的真实性和正确性，需要划分现实物流成本、观念物流成本(加物流利息)的界限，划分是否应该计入产品成本的界限，如果人员素质不高则较困难；责任成本、质量成本等管理成本都要与产品成本相结合，再将物流成本也与之结合，其难度更大。

2) 物流成本核算的统计模式

统计核算模式是不要求设置完整的凭证、账户和报表体系，通过对现行成本核算资料的分析，从而分解出其中的物流成本，并将未包括在内的物流成本进行计算的一种核算方法。在损益表里记载的支付运费，只是对外支付的物流成本而已。企业内部运输费和仓库费，分散、混入其关联科目，所以如果不进行估算，就不能把握物流成本的全貌。为此，

我们可以从财务会计的相关数据中推算物流成本。

(1) 通过材料采购、管理费用账户的分析，抽出供应物流成本部分，如材料采购账户中的外地运输费、管理费用账户中材料的市内运杂费、原材料仓库的折旧修理费、库管人员的工资等。并按照功能类别或者支付形态类别进行统计核算。

(2) 从生产成本、制造费用、辅助生产、管理费用等账户中抽出生产物流成本，并按照功能类别、形态类别进行分类核算，如人工费部分按照物流人员的数量，工作人员占全部人员或者工作量的比例确定物流作业成本。

(3) 从销售费用中抽出销售物流成本部分，具体包括销售过程中发生的运输、包装、装卸、保管、流通加工等费用。

(4) 企业对外支付的物流成本部分。根据企业实际订货情况确定每次订货的装卸费、运输成本、专门为此次订货支付的包装费用等。有时，企业还需要为外购货物支付仓储费。

(5) 物流利息的确定，可以按照企业物流作业占用资金总额乘以同期银行存款利率上浮一定的百分比或者企业内部收益率来计算。其实就是计算物流活动占用资金的机会成本。

(6) 从管理费用中抽出专门从事物流管理的人员耗费，同时推算企业管理人员用于物流管理的时间占其全部工作时间的比例。由于客户退货成本及相应物流成本都计入管理费用，也应该在计算物流成本时，将退货物流成本剥离出来。

(7) 废弃物物流成本较小时，可以将其并入其他物流成本一并计算。计算物流成本时的总的原则是，单独作为物流作业所消耗的费用直接计入物流成本，间接为物流作业消耗的费用，以及为物流作业和非物流作业同时消耗的费用，应按照从事物流作业人员比例、物流工作量比例、物流作业所占资金比例等确定。

由于统计计算不需要对物流成本做全面、系统和连续的反映，所以运用起来比较简单、灵活和方便。但是由于不能对物流成本进行连续、系统和全面的追踪反映，所以得到的信息的精确程度受到很大影响，而且易流于形式，使人认为，物流成本管理是权宜之计，容易削弱物流管理的意识。另外，在期末一次性地进行物流成本的归类统计，花费的时间也较多，对于财务会计人员来说一次性工作较大。如果在日常会计处理过程中没有做相应的基础工作，按不同物流成本核算对象进行成本归集时，有时也无法确定某项成本的具体归属。

3) 物流成本核算的会计模式与统计模式相结合

物流成本核算的目的是更好地进行物流成本的管理，因此企业可以按照物流成本管理的不同要求和目的设置相应的成本计算项目，并根据成本计算项目所需的数据设置成本费用科目的明细科目。但是，过细的会计科目设置会给企业会计工作增加很多负担，这是不经济的。因此，企业在设置会计科目前应考虑物流成本核算可能给企业带来的收益，以及增加物流成本核算科目将会增加的会计操作成本。在这种前提下，统计与会计相结合的方式是企业进行物流成本核算的一个不错的选择。

这种方法的实质是将物流成本的一部分通过统计方式予以计算，另一部分则通过会计核算予以反映。这种方法虽然也要设置一些物流成本账户，但它不像会计方式那么全面、系统，而且这些物流成本账户不纳入现行财务会计成本核算的账户体系中，是一种账外计算，具有辅助账户记录的性质。会计方法和统计方法相结合的物流成本核算具体做法如下：

(1) 设置物流成本辅助账户。按照物流领域设置供应、生产、销售和回收废弃物物流成本明细账户，在各明细账户下按照物流功能设置运输费、保管费、装卸费、包装费、流通加工工资以及物流信息费和物流管理费等三级账户，并按照费用支付形式设置人工费、材料费、办公费、水电费、维修费等专栏。实际上，账户的设置不是一定的，可以根据企业自身的要求来确定。

(2) 登记相关的物流成本辅助账户。对现行成本核算体系中已经反映但分散于各科目之中的物流成本，如计入管理费用中的对外支付的材料市内运杂费、物流相关固定资产折旧、本企业运输车队的费用、仓库保管人员的工资、产成品和原材料的盘亏损失、停工待料损失，计入制造费用的物流人员工资及福利费、物流相关固定资产的折旧、维修费、保险费、在产品盘亏或毁损等，在按照会计制度的要求编制凭证、登记账簿、进行正常成本核算的同时，据此凭证登记相关的物流成本辅助账户，进行账外的物流成本核算。例如，企业以银行存款支付购进材料的贷款和运费共计 80 000 元，其中货款 60 000 元，运费 20 000 元，则企业可以用如下会计分录进行处理：

借：材料采购　　80 000
(×××物流成本　　20 000)
　　贷：银行存款　　80 000

其中，材料采购账户和银行存款账户正常登记，而括号中的物流成本账户则登记有关的物流成本总账、明细账和三级账户。

(3) 对现行成本计算中没有包括但应该计入物流成本的费用，根据有关统计资料进行计算，并单独设置台账反映。各项费用的计算方法与统计核算方式的计算方法相同。物流相关的资金利息费用按企业物流资产占有额乘以一定的机会成本率得到，而外企业代垫的物流成本按照本企业的采购数量(或销售数量)乘以单位物流费率计算确定。

(4) 月末，根据物流成本辅助账户所提供的成本信息，加上物流成本台账的信息，合计编制各种类型的物流成本报告。

3.1.5　作业成本法在物流成本核算中的应用

1. 作业成本法的产生和发展

作业成本法(activity-based costing，ABC)的产生，最早可以追溯到 20 世纪杰出的会计大师、美国的埃里克·科勒(Eric Kohler)教授。科勒教授在 1952 年编著的《会计师词典》中，首次提出了作业、作业账户、作业会计等概念。1971 年，乔治·斯托布斯(George Staubus)教授在《作业成本计算和投入产出会计》中对作业、成本、作业会计、作业投入产出系统等概念做了全面系统的讨论，引起了足够的重视。20 世纪 80 年代后期，随着 MRP、CAD、CAM、MIS 的广泛应用，以及 MRP2、FMS 和 CIMS 的兴起，美国实业界普遍感到产品成本与现实脱节，成本扭曲普遍存在，且扭曲程度令人吃惊。美国芝加哥大学的青年学者库伯和哈佛大学教授卡普兰注意到这种情况，在对美国公司进行调查研究之后，重提了斯托布斯的思想，提出了以作业为基础的成本计算。目前，作业成本法在各国企业管理实践中得以广泛应用，应用的领域包括制造业、商业批发、零售业、金融、保险机构、医疗卫生、会计师事务所、咨询类社会中介机构及物流产业。

2. 作业成本法的基本含义和相关的核心概念

1) 资源的两层分解

基于作业的成本计算是将组织的各种直接或间接资源分配到作业活动上的一种成本分析工具。通常在 ABC 的使用中，涉及资源两层分解，第一阶段是将各种资源分解到业务流程中的活动，从而核算各活动环节所耗费的资源；第二阶段再将活动成本分摊到各产品、服务、顾客或部门，进而计算这些类别是如何消费活动资源，为企业优化业务和市场，合理管理作业流程奠定基础，如图 3.3 所示。

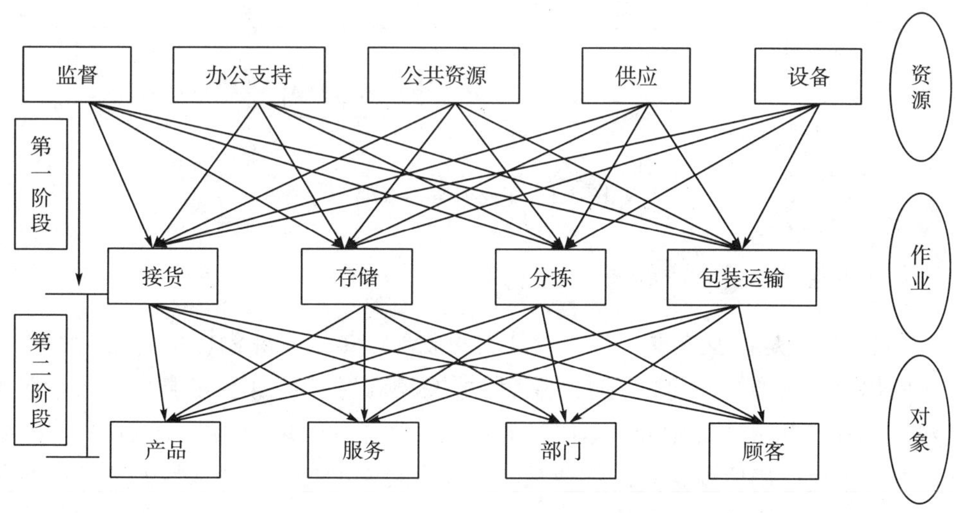

图 3.3 ABC 两层资源分解

作业成本法在间接费用的分配上比传统的方法更准确，它直溯支出之源，而不是按是否与生产有直接的关系来归集分配成本。其基本逻辑是，各种资源的耗费驱动成本的发生，因而各种产品成本的多少应取决于对各种活动的消耗量，并以此来核算成本，基于此的成本管理具有更大的准确性。

2) 作业成本法的二维观念

作业成本法具有二维观念，一是“成本分配观”，它可以概括为：资源——作业成本对象；二是“过程观”，它可以概括为：经营过程分析——作业持续改进，如图 3.4 所示。成本分配观以“成本对象引起作业需求，而作业需求进而引起资源需求”为基本依据，将资源首先分配到作业，再由作业分配到成本对象；过程观提供的是“何种因素引起作业以及作业完成效果如何”的信息，企业可以利用这些信息不断优化经营过程，从而实现持续改善。在二维观念的指导下，作业成本法在企业物流成本管理中的应用主要体现在两个方面：一方面，将作业成本法引入物流领域，结合物流作业的特征进行作业成本计算；另一方面，利用作业成本计算信息分析、改善作业过程，进行物流作业成本管理。

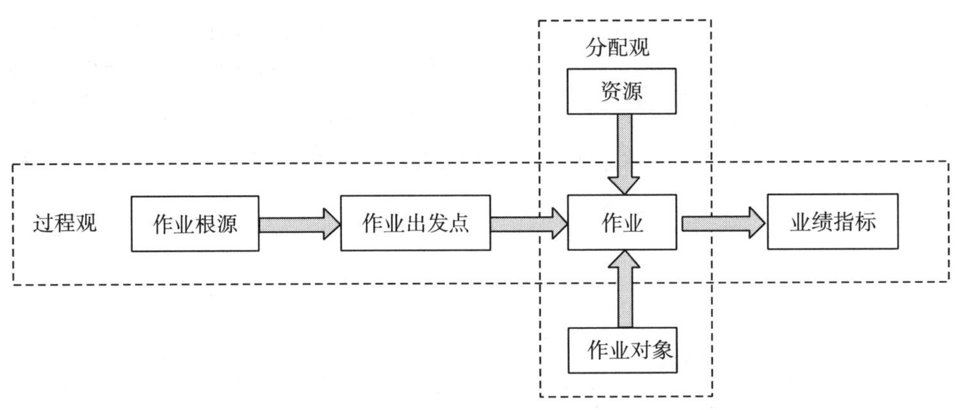

图 3.4　作业成本二维观

3) 作业成本法的相关核心概念

(1) 作业。作业是作业成本计算中最基本的概念，是指企业为提供一定量的产品或劳务所发生的以资源为重要特征的各项业务活动的总称。它是汇集资源耗费的第一对象，是连接资源耗费和产品成本的中介。库伯和卡普兰认为作业可以分为四个层次：单位水准作业，针对每个单位产出所要执行的作业活动，作业的成本与产出量成比例变动；批别水准作业，针对每批产品生产时，所需要从事的作业活动，如对每批产品的机器准备、订单处理、原料处理、检验及生产规划等，这种作业的成本与产品批数成比例变动，是该批产品所有单位产品的固定(或共同)成本，与该批的产量多少无关；产品水准作业，支持各种产品的生产而从事的作业活动，这种作业的目的是服务于各项产品的生产与销售，例如，对一种产品编制材料清单、数控规划、处理工程变更、测试线路等，这种作业的成本与单位数和批数无关，但与生产产品的品种成比例变动；维持水准作业，为维持工厂生产而从事的作业活动，它是为支持厂务一般性制造过程的作业活动，如暖气、照明及厂房折旧等，这种作业的成本，为全部生产产品的共同成本。

(2) 资源。资源是指作业所消耗的各种成本资源，是成本的原始本源。作业需要消耗人力、物力等资源，如包装作业需要占用和消耗一定的人员、材料、工具和机器等资源。当一项资源只服务于一种作业时，成本计算简单，但当一项资源服务于多种作业时，就必须通过成本动因把资源的消耗恰当地分配到相应的作业。

(3) 成本动因。成本动因是导致成本发生的各种因素，是决定成本发生额与作业消耗源之间的内在数量关系的根本因素，如直接人工小时、机器小时、货物挪动次数、订购次数等。在作业成本计算中，成本动因就是资源成本的分配标准。成本动因依其在资源流动中所处的位置划分为资源动因和作业动因两种。

资源动因是作业成本计算的第一阶段动因。按作业成本法的规则，作业量决定资源的耗用量，资源耗用量的多少与作业量有直接关系，与最终的产品量没有直接关系，资源的耗用量与作业量的这种关系称为资源动因。资源动因是资源被各种作业消耗的方式和原因，它反映某项作业对资源的耗用情况，是将资源成本分配到作业中的基础。例如人工费用主要与从事各项作业的人数相关，就可以按照人数向各作业中心(作业成本库)分配人工费用，从事各项作业的人数，就是一个资源动因。

作业动因是作业成本计算的第二阶段动因。其可认为是各项作业被最终产品或劳务消耗的方式和原因，它反映产品消耗作业的情况。比如订单处理这项作业，其作业成本与其产品订单所得的处理份数有关，订单处理份数就是一个作业动因，就可以按订单处理份数向产品分配订单处理作业的成本。

(4) 作业中心与作业成本库。作业中心是成本归集和分配的基本单位，它由一项作业或一组性质相似的作业所组成。一个作业中心就是生产流程的一个组成部分。根据管理上的要求，企业可以设置若干个不同的作业中心，其设立方式与成本责任单位相似。但作业中心的设立是以同性质作业为原则，是相同的成本动因引起的作业的集合。例如，为保证产品质量，对 A 产品所花费的质量监督成本与对 B 产品所花费的质量监督成本虽然不同，但它们都是由监督时所消耗的时间引起的，因而性质上是相同的，可以归集到一个作业成本中心。由于作业消耗资源，因此伴随着作业的发生，作业中心也就成为一个资源成本库，也称为作业成本库。

3. 作业成本法在物流成本核算中的运用

物流活动存在大量而复杂的跨部门、跨地区的作业，作业环节多，涉及面广，使得物流活动所耗费的物流费用具有共同耗费的性质。传统的成本核算方法缺乏成本动因的分析，在物流费用的确认、分类、分析和控制上存在许多缺陷，在管理上易造成所谓的“物流成本冰山说”。物流作业成本计算是采用作业成本法的思想，将物流间接成本和辅助资源更准确地分配到物流作业，再分配到最终成本计算对象的一种方法。它能准确反映物流成本的实际情况，非常适合物流成本的核算。

一般来说，物流作业成本计算需要以下几个步骤：取得物流成本信息，建立资源成本库；分析和确定作业，建立作业成本库；确定资源动因，分配资源成本至作业成本库；确定作业动因，分配作业成本至成本计算对象；计算该成本计算对象的物流成本。

1) 取得物流成本信息，建立资源库

一般来说，企业物流成本项目并未从产品成本中分离出来，而是包含在产品成本内。如果一个企业的会计科目分类足够细，会计科目的子科目应当可以足够辨识成本费用属于哪个单位，物流成本项目可从会计记录中直接取得或经成本分离、推算等方式取得。例如，产品输送及仓储保管成本在一般企业中可以按照下列方式剥离出来。

(1) 直接人工，包括仓储行政、入库、拣货、包装、贴标等。

(2) 仓储厂房费用，包括仓储空间的租金或折旧、货架、仓储设备折旧等。

(3) 装卸设备，按照使用年限计提折旧。

(4) 车辆相关成本，包括自有车辆折旧、租用车辆租金、车船使用税等。

(5) 其他材料费，包括包装材料、标签等。

当企业在其会计记录中确实无法理清各项细目时，则需合理估算以下物流成本项目。

(1) 直接人工。它是物流成本的一大要素，因此应首先确认执行物流(仓管、配送)功能的相关人员，按照人数计算，也就是说，如果某员工只花费其工作时间的 1/3 执行仓管功能，另外 2/3 的时间执行其他非物流功能，则将该员工工资的 1/3 计作物流成本。至于直接人工除了工资外的其他部分包括保险费、退休金、年终奖金、绩效奖金及其他福利等，可将每月工资按照企业的福利政策进行估算，如将工资乘以一定系数。

(2) 仓储厂房费用。仓储空间若是租用，则可按照租金计算，若是自建，则可按照机会成本概念，即因为自用而不能外租损失的市场可取得租金收益作为费用。货架等的投资则可依照使用年限或租赁期间计提折旧。

(3) 装卸设备。装卸设备的成本费用按照使用年限计提折旧。

(4) 车辆相关成本。如为外车运输，直接以所付运费计算；如为自有车辆运输，则按照其使用年限计算每年折旧；其他如燃料费用、车船使用税等按照实际成本计算。

(5) 其他材料费。其他材料费如包装材料、胶带、标签等可以按照实际成本计算，也可以每件产品平均成本乘以产品总数推算。

2) 分析和确定物流作业

作业的选定当然要根据流程的每一个细部作业来决定。对物流作业的定义要求在对企业生产工艺流程和物流过程进行深入了解和分解的情况下进行，把企业物流运营的全过程划分为一定数量的作业。定义物流作业需要借助作业流程图法。具体做法是把为完成特定业务所要求的各种作业步骤画成一张张系统的流程图，根据每一个细部作业来选定物流作

业。在确定作业时，作业既不能分得过细又不能过于综合，必须把握好作业合并和分解的平衡。作业合并是指把所有性质相同的业务集合起来组成一个具有特定功能的作业的分析过程。以特定功能对作业进行合并，目的在于将单个的、细小的作业组合成可以作为成本计算对象的作业。比如检验发票作业和付款作业就可以整合为会计这一大作业来管理。作业分解是指把一个较大作业分解成为具有不同功能的作业的过程，它与作业合并过程相反，比如运输作业可分解为调度作业、运行作业、到达作业等；获取原材料作业可以分解为购货、验货和收货作业等。该过程的作用就是深入活动内部，分析组成特定活动的作业，分析各个作业的成本动因，选择更合理的成本动因分配作业成本。物流作业经分析、确认后，要为每一项作业设立一个作业成本库，然后以资源动因为标准将各项资源耗费分配至各作业成本库。

物流部门在进行物流作业(或作业中心)划分时，其主要作业包括下述项目：

(1)采购作业。采购作业又包括供应商管理、向供应商订货、货物验收以及货物入库等作业。供应商管理包括采购合约签订、订货、进货、验收、付款等作业，向供应商订货主要包括存货控制、计算机人工操作以及订单处理等；验收作业包括开箱、清点等；入库作业包括搬运、堆码、标签、登记台账等。

(2)销售订单处理。订单若以电子订货系统(EOS)传来，则无须输入工作；以传真方式，必须有专人做输入工作。若通过网络传到仓库现场的电脑，则不需要打印拣货单；若未与仓库现场联网，则须有人按批次打印拣货单，交给仓库现场人员拣货。在销售订单处理作业上，也要花人力在接电话时确认、回答客户咨询等工作上。

(3)拣货作业。拣货方式若为半自动化拣货，则不必人为判断商品，只看编号，人工动作主要为搬运货物及电动拖板车的行进。

(4)补货作业。补货作业步骤常有以下几个：人工从事割箱工作；人工从事补货工作，一箱一箱补货；由专人操作堆高机从事堆高机补货工作。

(5)配送作业。配送作业的基本工作流程与步骤包括：接受订单后由电脑系统依货量、路线、重量因素做配车工作，再由人工依需要调整；电脑打印派车单，配送人员根据派车单到现场拉货并与各门市购货品项核对；拉货上车；配送运输；卸货，这是配送人员最辛苦的工作，有些商家要求直接卸在店内，有些则要求卸货上架；点收。

(6)退货作业。采购进货时验收不符则当场退货。储存在仓库的损坏商品，则依合同退货给厂商。客户退回商品时由司机运回放置在仓库内，由专人将商品整理分类，有些商品要报废，有些要置新上架，有些可以退回给厂商。

3)确定资源动因，分配资源成本至作业成本库

企业经营所耗费各种资源的活动相对要比作业简单。确定物流资源动因应按资源被消耗的情况而定，主要有以下几种情况：

(1)如果某一项资源能直观地确定被最终的成本计算对象(产品或物流服务)所消耗，如材料消耗，那么资源动因就按传统的方法确定，比如消耗量等。

(2) 如果某项资源被某项作业所消耗，这种资源具有专属性，如特定的固定资产折旧被特定的作业所消耗，特定的人工费用被特定的作业所消耗，以及运输人员的工资费用、燃料被运输作业所消耗等。这种情况下资源动因按作业消耗资源的关系确定，比如按所使用的设备的价值、人数、消耗量等作为资源动因。

(3) 如果某项资源被多项作业所消耗，如各作业中心发生的信息费、办公费等，按多收益、多分摊的原则确定资源动因。

物流作业资源动因确定之后，各资源库价值要根据资源动因一项一项分配到各作业中去，将每个作业成本库中转入的各项资源价值相加就形成了作业成本库价值。每个成本库可以归集人工、材料、机器设备折旧、管理性费用等，如设备调整人员的工资、福利，调整所用的物料、工具的损耗等。一般来讲，各物流作业对资源的耗费关系如下：

(1) 采购作业资源。包括采购人员成本、采购处理成本、采购设备折旧及维护。

(2) 验收作业资源。包括验收人员成本、设备工具折旧、货架、托盘。

(3) 销售订单处理使用资源。包括销售订单处理人力、电脑设备信息处理、通信费用。

(4) 拣货使用资源。包括拣货人员成本、拣货准备成本、拣货设备折旧、拣货设备维修成本。

(5) 补货使用资源。包括补货人员成本、电动板车折旧、堆高机折旧、货架折旧、输送带折旧、自动分流设备折旧、物流箱、活动托盘、储存托盘。

(6) 配送作业使用资源。包括配送车辆折旧、配送人员工资、油料、过路费、维修费等。

(7) 仓储作业使用资源。包括工具折旧、厂房租金、厂房管理人员成本、设备折旧、保养。

4) 确定作业动因，分配作业成本至成本计算对象

由于物流作业的复杂性，作业成本动因的确定远比资源动因复杂。选择作业成本动因，即选择驱动成本发生的因素，是指每个物流成本对象(成本核算对象)消耗各作业中心成本的动因，或者说是期末将每个作业中心成本总额分配给成本核算对象的依据。一项作业的成本动因往往不止一个，应选择与实耗资源相关程度较高且易于量化的成本动因作为分配作业成本、计算物流成本的依据。成本计量要考虑成本动因材料是否易于获得；成本动因和消耗资源之间相关程度越高，现有的成本被歪曲的可能性就会越小。成本动因相关程度的确定可运用经验法和数量法，经验法是利用各相关的作业经理，依据其经验，对一项作业中可能的动因做出评估，确定权效；数量法是指用回归分析比较各成本动因与成本间的相关程度。

常见的物流作业成本动因主要有直接人工工时、托盘数量、订单数量、货物的价值等。这些成本动因也需要在日常的工作中加以统计计量。各项作业可能耗用的资源通过系统的记录方法，可以清楚地了解到各项作业的成本。表 3.4 列举了一些常见的物流作业成本动因。

作业成本动因确定后，需确定作业成本动因分配率。将作业分配到最终的成本计算对象上。作业成本动因分配率的确定可采用如下计算方法。

作业成本动因分配率=作业中心发生的作业成本÷该作业中心作业量　　(3.1)

表 3.4　物流作业成本动因实例

作业	累计成本	可能的成本动因
采购处理	采购人员成本、采购处理成本、采购设备折旧及维护	采购次数
进货检收	进货验收人员成本、验收设备折旧及维护	托盘数
进货入库作业	进货人员成本、堆高机设备折旧	托盘数
仓储作业	仓库管理成本、仓库租金、折旧费用、维护费用	体积、所占空间
存货盘点	盘点人员成本、盘点设备折旧及维护	盘点耗用时间
客户订单处理	接受订单人员成本、订单处理成本	订单数
拣货准备	拣货人员成本、拣货准备成本	订单数
拣货	拣货人员成本	拣货次数
合流	处理合流人工成本、合流设备成本	每一订单跨区数
配送	车辆调配、油料、车辆维护折旧、配送人员成本	出货托盘数
拉货上车	拉货上车人工成本、辅助设备折旧	订单量
人工补货	割箱人员成本、搬运人员成本、设备折旧维护	补货箱数

成本计算对象应分摊的作业成本=该对象耗用的该项作业的成本动因数
×成本动因分配率　　(3.2)

某成本计算对象的物流作业成本=该成本计算对象应分配的各项作业成本之和　(3.3)

作业成本动因分配率确定之后，采用两阶段或多阶段作业成本计算方法分配作业成本至成本计算对象，计算某成本计算对象的物流成本。

【例 3-1】某公司 2017 年 3 月采购 1 000 个单位甲、3 000 个单位乙两种原材料，库存中尚存有甲材料 4 545 个单位、乙材料 455 个单位。该月为采购甲、乙两种原材料所消耗的服务资源总费用为 44 565 元，其中人工费 10 500 元、电费 3 835 元、折旧费 24 030 元、办公费 5 200 元、存货占用资金利息费 1 000 元。现要求采用物流作业成本法核算该公司甲、乙两种原材料的物流作业成本。

(1) 确认和计量企业本月历提供的各类资源耗费，将资源耗费价值归集到各资源库中去。本月该企业所提供的各类资源价值情况见表 3.5。

表 3.5　公司提供的各种资源耗费表　　(单位：元)

资源项目	人工费用	电费	折旧费	办公费	占用资金利息费
资源价值	10 500	3 835	24 030	5 200	1 000

(2) 确定作业，建立作业成本库。对该公司采购业务流程进行分析，确定采购的物流

作业包括购货、收货、验货、存储、票款处理、一般管理共六项作业。

(3) 确定资源动因，分配资源成本至作业成本库中。公司采购资源包括人工费、电费、折旧费、办公费、存货占用资金利息费等，其资源动因如表 3.6 所示。

表 3.6　资源项目及资源动因

资源项目	人工费用	电费	折旧费	办公费	占用资金利息费
资源动因	员工人数	耗电度数	设备价值	作业量	存货价值

根据表 3.6 所示的资源动因及各作业实际数据资料，利用一定的分摊系数可对相应资源按作业进行分配。汇总计算各作业的作业成本，形成作业成本库，如表 3.7 所示。

表 3.7　各资源向各作业分配形成的各作业成本库　（单位：元）

作业项目	购货	收货	验货	存储	票款处理	一般管理	合计
人工费用	2 200	1 600	2 400	700	1 600	2 000	10 500
电费	200	1 100	1 200	1 000	175	160	3 835
折旧费	2 430	3 460	6 890	8 650	800	1 800	24 030
办公费	1 000	300	1 400	1 200	400	900	5 200
利息费	—	—	—	1 000	—	—	1 000
作业成本合计	5 830	6 460	11 890	12 550	2 975	4 860	44 565

(4) 确定作业动因，分配作业成本至成本核算对象。对公司各项采购作业进行成本动因分析，确认作业成本动因，如表 3.8 所示；依据成本动因数量确定作业成本动因分配率，如表 3.9 所示；将各项作业成本，按作业成本动因及动因分配率分配到甲、乙两种原材料上，计算两种原材料的物流作业成本，如表 3.10 所示。

表 3.8　各项作业成本动因

作业项目	购货	收货	验货	存储	票款处理	一般管理
作业成本动因	购货单	货单数量	货单数量	存货单	计算机时数	原材料数量

表 3.9　各项作业成本动因分配率

作业项目	购货	收货	验货	存储	票款处理	一般管理	合计
作业成本/元	5 830	6 460	11 890	12 550	2 975	4 860	44 565
提供的作业量/元	116	170	13 000	18 000	340	18 000	—
作业成本动因分配率	50.26	38	0.915	0.7	8.75	0.27	—

表 3.10　甲、乙两种材料的物流成本计算

作业	作业成本/元	作业分配率	甲材料(14 545 单位)		乙材料(3 455 单位)	
			消耗动因数/单位	金额/元	消耗动因数/单位	金额/元
购货	5 830	50.26	24	1 206	92	4 624
收货	6 460	38	150	5 700	20	760
验货	11 890	0.915	10 000	9 150	3 000	2 745
存储	12 550	0.7	14 545	10 181	3 455	2 419
票款处理	2 975	8.75	40	350	300	2 625
一般管理	4 860	0.27	14 545	3 927	3 455	933
作业成本合计	44 565	—	—	30 514	—	14 106
单位原材料物流作业成本	—	—	—	2.1	—	4.08

3.2　物流成本分析概述

3.2.1　物流成本分析的含义和目的

分析是人们认识客观事物本质特征及其发展规律的一种逻辑思维方法。物流成本分析就是利用物流成本核算结果及其他有关资料，分析物流成本水平与构成的变动情况，研究影响物流成本升降的各种因素及其变动原因，寻找降低物流成本的途径。

企业物流成本是反映企业物流经营管理工作质量和劳动耗费水平的综合指标。企业在物流过程中原材料、能源耗用的多少，劳动生产率的高低，产品质量的优劣，物流技术状况，设备和资金利用效果及生产组织管理水平等，都会直接或间接地反映到企业物流成本中来。因而，加强物流成本分析，有利于揭示企业物流过程中存在的问题，总结经验，改善管理工作。

通过物流成本分析，可以查明影响成本升降的原因，不断挖掘企业内部降低物流成本的潜力，以节约求增产，为社会提供更多更好的产品，为企业积累更多资金，同时也为降低产品价格，增强企业竞争力创造条件。

物流成本分析并不只是对过去成本管理工作的回顾、总结与评价，更重要的是通过对过去企业物流资金耗费活动规律的了解，正确评价企业物流成本计划的执行结果，揭示物流成本升降变动的原因，为编制物流成本预算和成本决策提供重要依据，达到对未来成本管理工作做展望和指导的目的。

3.2.2 物流成本分析的内容和原则

1. 物流成本分析的内容

1) 物流成本构成分析

物流成本构成分析主要是通过对各物流成本项目与成本总体的比例及其变化来描述企业物流成本结构特征。通常进行物流成本项目结构分析、物流范围成本结构分析以及物流成本支付形态结构分析。这些分析结果对于把握在某时点上的物流成本结构特征是非常有用的。

2) 物流成本增减变动趋势分析

物流成本增减变动分析主要是通过总成本及其各分项成本在不同时期的对比来反映成本的增减变化及其趋势特征。通常进行物流成本项目增减变动分析、物流范围成本增减变动分析以及物流成本支付形态增减变动分析。物流成本趋势分析是按照物流成本计算对象的三个维度，逐一对每个维度的具体项目选取连续数期的数据进行比较，以观察其发展趋势，为企业未来物流管理决策和制订物流成本计划提供依据。

3) 物流成本变动因素分析

在对上述分析结果进行深入分析时，采用因素分析可以对变化做出解释。例如，在对存货占用自有资金所发生的资金占用成本进行分析时，若以企业内部收益率来计算该项成本，则影响该成本变动的因素有两个：一是存货平均余额，二是企业内部收益率，而存货平均余额又受上期余额、本期采购、本期发出以及本期所提取的存货跌价准备金等多个因素的影响；企业内部收益率的大小又受未来现金流入量、未来现金流出量以及有关贴现率等因素的影响，只有分别分析各个因素的变动及其影响程度，才能在此基础上查明资金占用成本的变动原因。

2. 物流成本分析的原则

1) 物流成本分析必须与技术经济指标的变动相结合

技术经济指标是反映企业物流技术经济状况，与企业物流技术、工业特点密切相关的一系列指标。企业各项技术经济指标的完成情况，直接或间接地影响到物流成本的高低。因而，只有结合技术经济指标的变动对物流成本进行分析，才能使物流成本分析深入到技术领域，从根本上搜寻影响物流成本波动的具体原因，寻求降低物流成本的途径。同时，通过物流成本的技术经济分析，也可以从资金耗费效果上促进企业各部门更好地完成各项技术经济指标，有利于从经济的角度改善物流技术。

2) 物流成本分析必须与经济责任制相结合

在企业内部建立健全完善的经济责任制，把物流成本分析工作与物流各部门经济效果、工作质量的考核、评比和奖惩结合起来，是物流成本分析工作深入持久的必要保证。在完善的经济责任制下，企业应根据各物流部门的特点和责任范围，开展功能成本分析、构成成本分析和总成本分析，把物流成本分析根植于广泛深入的调查研究之中。尤其是物流过程的成本分析，应根据企业物流情况，适当选择一定专题作为分析的主要内容，缩短分析时间。

3.2.3　物流成本分析的方法

企业物流成本状况及其变动，既有质的特征，又有量的界限。同时，企业成本分析也包括定性与定量两个方面。因此，企业物流成本分析可以分为定性分析和定量分析两种方法。对物流成本变动性质的分析，称为定性分析，目的在于揭示影响资金耗费各因素的性质、内在联系及其变动趋势。对物流成本变动数量的分析，称为定量分析，目的在于确定物流成本指标变动幅度及各因素对其影响程度。定性分析是定量分析的基础，定量分析是定性分析的深化。仅有定量分析结果而无定性分析说明，或者仅有定性的说明而无定量分析资料作依据，都不可能发挥成本分析应有的作用。因而，定性分析与定量分析是相辅相成、互相补充的。物流成本定量分析方法主要有比较分析法、比率分析法和因素分析法。

1. 比较分析法

比较分析法是通过实际数据与特定的各种标准进行比较，从数量上确定差异，并进行分析未来变动趋势的一种分析方法。主要包括以下三种比较内容。

1) 比较数据

比较数据包括绝对数比较和相对数比较两种。绝对数比较是将企业物流成本报表中两个或两个以上的绝对数进行比较，反映其数量差额。例如，某企业上年度仓储成本为 30 万元，物流管理成本为 15 万元，本年度仓储成本为 35 万元，物流成本为 10 万元，则从绝对数看，企业本年度仓储成本比上年度增加了 5 万元，物流管理成本比上年度下降了 5 万元。

相对数比较是对物流成本有关数据的相对数进行比较。例如，某企业上年度仓储成本占物流总成本的百分比为 15%，本年度仓储成本占物流总成本的百分比为 13%。上年度与本年度相比，仓储成本占物流总成本的百分比下降了 2%。

一般来说，绝对数比较只反映差异金额，并没有表明变动程度，而相对数比较则可以进一步表明变动程度。在实际分析过程中，绝对数比较和相对数比较可以结合应用，以便通过比较做出更充分的判断和更合理的评价。

2) 比较标准

在物流成本分析评价中，常用的评价标准有预算标准、历史标准和社会标准。

(1) 预算标准，本期实际与预算比较。

(2) 历史标准，本期实际与上期同期实际或历史最高水平比较。

(3) 社会标准，本期实际与行业先进水平比较。

在上述比较中，可以是绝对数比较，也可以是相对数比较，通过比较揭示差异，分析差异发生的原因，进而可以客观、公正地对物流成本进行分析评价。

3) 比较方法

比较方法有横向比较法和纵向比较法。横向比较法，是指同一时期对不同企业各项评价指标的差异进行分析的方法。同一时期横向比较的结果编制成动态数列，进行动态分析。纵向比较法，是指将企业本期的各项评价指标同以前不同时期的各项评价指标进行对比，从而揭示其变动趋势的分析方法。

2. 比率分析法

比率分析法是把两个相互联系的项目加以计算，得出其比率，以此反映物流成本变动情况的一种分析方法。常见的物流比率包括：物流作业利润率、物流作业成本利润率、物流流动资产周转率等。

在物流成本分析评价中，通过比率分析，利用一个或几个比率就可以揭示企业物流成本水平。但揭示范围有一定的局限性，在实际运用比率分析法时，应注意以下几点：

(1) 对比项目的相关性。计算比率的分子与分母必须具有相关性，否则就不具有可比性。

(2) 对比口径的一致性。计算比率在时间、范围等方面要保持口径一致。

(3) 衡量标准的科学性。要选择科学合理的对照标准与之对比，才能做出正确的判断和评价。

3. 因素分析法

因素分析法是根据物流成本变动的各个影响因素，分析其因素之间的关系，从数量上分别确定各因素变动对指标影响程度的一种方法。通过因素分析，可知道哪些因素是影响分析指标的不利因素，从而帮助物流成本管理者抓住主要矛盾，有利于改善企业经营管理。因素分析法是物流成本分析评价的一个重要方法，常用的因素分析法有连环替代法和差额计算法。

1) 连环替代法

连环替代法是指确定影响物流成本分析指标的因素，并按照一定的替换顺序逐个因素替代，计算出各因素对物流成本相关指标影响程度的一种计算方法。

【例 3-2】某企业 2017 年度、2016 年度存货占用资金所发生的机会成本、存货平均余额和企业内部收益率资料如表 3.11 所示。

表 3.11　某企业物流成本构成简表

项目	2017 年度	2016 年度	差异
机会成本/万元	1.5	1.375	0.125
存货平均余额/万元	30	25	5
内部收益率/%	5	5.5	−0.5

从表 3.11 可以看出，2017 年度与 2016 年度的机会成本的差异数为 0.125 万元。机会成本的计算公式为

存货占有资金的机会成本=存货平均余额×内部收益率　(3.4)

则

2016 年度存货占有资金的机会成本=2016 年度存货平均余额×2016 年度内部收益率
=25×5.5%
=1.375(万元)

第一次替代：以 2017 年度存货平均余额替代，则有

存货占有资金的机会成本=30×5.5%=1.65(万元)

第二次替代：以 2017 年度内部收益率替代，则有

存贷占有资金的机会成本=30×5%=1.5(万元)

根据上述计算结果，可以计算出存货平均余额和内部收益率两个因素变动对 2017 年度和 2016 年度存货占有资金的机会成本差异的影响。

存货平均余额对差异的影响=1.65−1.375=0.275(万元)

内部收益率对差异的影响=1.5−1.65=−0.15(万元)

各因素的影响总数=0.275−0.15=0.125(万元)

根据计算结果可以做出如下评价：2017 年度存货占有资金的机会风险比 2016 年度增加 0.125 万元，其主要原因是 2017 年度存货平均余额比 2016 年度增加 5 万元，从而使机会成本增加 0.275 万元；2017 年度内部收益率比 2016 年度降低了 0.5%，从而使 2017 年度的机会成本比 2016 年度减少 0.15 万元。因此，今后主要控制存货平均余额。

2) 差额计算法

差额计算法是连环替代法的一种简化形式，这种方法首先计算各个因素影响的差异，然后汇总各个因素对物流成本指标差异数的影响。

【例 3-3】以上例资料为例，首先计算各因素的差异。

存货平均余额差异=30−25=5(万元)

内部收益率差异=5%−5.5%=−0.5%

然后，计算各因素变动对存货占有资金所发生机会成本的影响值。

存货平均余额变动的影响值=5×5.5%=0.275（万元）

内部收益率变动的影响值=-0.5%×30=-0.15（万元）

最后，汇总各个因素的影响值。

存货占有资金的机会成本的影响值=0.275-0.15=0.125（万元）

因素分析法既可全面地分析各因素对某一物流成本指标的影响，又可以单独地分析某个因素对某一物流成本指标的影响，在物流成本分析中被广泛运用。但在采用因素分析法时，应注意以下几个问题：

(1) 因素分解的关联性。构成物流成本分析指标的各因素确实存在着客观的因果关系，才能说明物流成本指标的变动是由哪些因素变化所导致的结果。

(2) 因素替代的顺序性。计算每一个因素变动的影响值，都是在前一次计算的基础上进行，并采用连环比较的方法确定因素变化的影响结果，只有保持这种连环性，才能使各因素影响之和等于分析指标变动的总差异值。

(3) 计算结果的近似性。在分析计算各个因素的影响值时，假设影响因素是在某一因素变化而其他因素不变的情况下得出的，并且因替代顺序不同而有差异，因此计算结果具有近似性。

综合以上所述的三种物流成本分析的基本方法，在实际运用时要根据分析目的和对象的不同来适当选用。由于每一种分析方法都各有特点，因此选用这些分析方法时应结合实际，独立评价企业的物流成本状况，灵活运用信息资料进行比较、分析。同时，关注企业物流成本管理信息，包括企业所处行业政策的变化，企业内部经营管理中的一些改革举措等。应当结合企业的实际情况，以定量指标为基础，做出深入细致的分析，才能客观评价企业物流成本的真实状况，了解物流成本升降的真实原因，才能做出降低物流成本的合理措施。

3.3　物流成本的差异分析

企业日常的成本控制是通过计算实际成本与标准成本之间的成本差异，并对产生的原因进行因素分析和采取相应的措施来实现的。因此，企业物流成本差异是企业物流的实际成本与标准成本之差。物流标准成本是指经过调查分析和运用技术测定等数学方法制定的、在有效经营的条件下物流活动开展进行时应当发生的成本，是一种预定的目标成本。以此为基础，把物流成本的实际发生额区分为物流标准成本和物流成本差异两部分。物流成本差异是因实际成本脱离预定“目标”而向人们发出的一种“信号”，以此为线索进行研究，具体掌握差异形成的原因和责任，并据此采取相应的措施及时消除物流活动中各种不正常的、低效能的因素，进而避免各种“不利”差异的重新出现，达到对物流成本进行有效控制的目的。

企业实施物流成本差异分析时，一般包括以下几个步骤：

(1) 制定单位物流作业的标准成本；
(2) 根据实际作业量和成本标准计算物流作业的标准成本；
(3) 汇总计算物流作业的实际成本；
(4) 计算标准成本和实际成本的差异；
(5) 分析成本差异发生的原因；
(6) 向成本负责人和单位管理者提供成本控制报告。

3.3.1　标准成本的概述

标准成本法是在泰勒的生产过程标准化思想影响下，于20世纪20年代在美国产生的，是泰勒科学思想在成本管理中的具体体现。刚开始时它只是一种比较简单的统计分析方法，经过不断地发展和完善，成为在理论上较为完善、在实际中行之有效的成本控制系统之一，现在已经普遍地为企业所采用。标准成本法并不单纯是一种成本计算方法，而是一种将成本计算和成本控制相结合，是一个包括制定标准成本、计算和分析成本差异、处理成本差异三个环节的完整系统。

标准成本是通过精确的调查、分析与技术测定而制定的，用来评价实际成本、衡量工作效率的一种预计成本。在标准成本中，基本上排除了不应该发生的“浪费”，因此被认为是一种“应该成本”。标准成本要体现企业的目标和要求，主要用于衡量企业经营过程中的工作效率和控制成本。

1. 标准成本的分类

1) 理想标准成本和正常标准成本

标准成本按其制定所根据的生产技术和经营管理水平，分为理想标准成本和正常标准成本。

理想标准成本是以现有生产经营条件处于最佳状态为基础确定的最低水平的成本。它通常是根据理论上的生产要素耗用量，最理想的生产要素价格和可能实现的最高生产经营能力利用程度来制定的。采用这种标准成本不允许有任何的失误、浪费和损失存在。由于这种标准成本未考虑客观存在的实际情况，提出的要求过高，很难实现，故实际工作中很少采用。它的主要用途是提供一个完美的工作目标，揭示实际成本下降的潜力。

正常标准成本是根据正常的耗用水平、正常的价格和正常的生产经营能力利用程度制定的标准成本。在制定这种标准成本时，把生产经营活动中一般难以避免的损耗和低效率等情况也计算在内，使之切合计划期的实际情况，成为切实可行的控制成本。这种标准成本的实现既非易事，也非高不可攀，而是经过努力可以达到的。

在标准成本法中，广泛使用正常标准成本。它具有以下特点：它是用科学方法排除了各种偶然性和意外情况，又保留了目前条件下难以避免的损失，代表正常情况下的消耗水平，具有现实性；它是应该发生的成本，可以作为评价业绩的尺度，成为督促职工去努力争取的目标，具有激励性，它可以在工艺技术水平和管理有效性水平变化不大时持续使用，不需要经常修订，具有稳定性。

2）现行标准成本和基本标准成本

标准成本按其适用期，分为现行标准成本和基本标准成本。现行标准成本指根据其适用期应该发生的价格、效率和生产经营能力利用程度等预计的标准成本。现行标准成本是在现有生产技术条件下进行有效经营的基础上，根据下一期最可能发生的生产要素的消耗量、预计价格和预计生产经营能力利用程度制定出来的标准成本。这种标准成本可以包括管理当局认为短期还不能完全避免的某些不应有的低效、失误和超量消耗。因其切实可行，这种标准成本最适用于在经济形式变化多端的情况下使用。

基本标准成本是指一经制定，只要生产的基本条件无重大变化，就不予变动的一种标准成本。这种标准成本一经制定，长期保持不变，它可以使各个时期的实际成本以同一标准进行比较，以反映成本的变化。但由于基本标准成本不按各期实际修订，不宜用来直接评价工作效率和成本控制的有效性，因此，在实际工作中，基本标准成本很少被人们采用。

2. 物流标准成本的制定

物流标准成本的制定，是企业实施物流标准成本控制的第一步，也是计算标准成本差异、进行成本分析和提供成本控制报告的基础和先决条件。制定物流标准成本主要有直接人工的标准成本、直接材料的标准成本、物流间接费用的标准成本三个方面的内容。在制定时，无论哪一个成本项目，都需要分别确定其用量标准和价格标准，两者相乘后得出成本标准。其中用量标准包括单位物流作业材料耗用量、单位物流作业直接人工工时等，主要由生产技术部门主持制定；价格标准包括原材料单价、小时工资率、小时间接费用分配率等，由会计部门和其他有关部门共同研究确定。下面主要讨论正常状态下的正常标准成本的制定。

1）物流直接人工标准成本的制定

物流直接人工标准成本应根据物流直接人工的用量标准和物流直接人工的工资率标准确定，其计算公式为

$$物流直接人工标准成本=标准工资率\times工时标准 \tag{3.5}$$

在制定物流直接人工标准成本时，如果是计件工资，标准工资率就是计件工资单价；如果是计时工资，标准工资率是单位工时工资，可由标准工资总额除以标准总工时得到。工时标准需要根据现有物流运作技术条件，测算提供某项物流服务所需的时间，包括调整设备时间、直接服务操作时间、工间休息时间等。表 3.12 是物流流通加工中心对某项服务的直接人工标准成本的确定过程。

表 3.12　物流流通加工中心的直接人工标准成本计算表

标准	计量单位	第一流通加工组	第二流通加工组
月标准工资额①	元	84 240	65 520
工人人数②	人	50	35
月工时=20.5×8③	时	164	164
出勤率④	%	95	95
月人均可用工时⑤=③×④	时/人	156	156
月标准总工时⑥	时	7 800	5 460
小时工资率⑦=①÷⑥	元/时	10.8	12
单位服务工时标准⑧	时	0.5	0.4
直接人工标准成本⑨=⑦×⑧	元	5.4	4.8
汇总直接人工标准成本	元	10.2	

2) 物流直接材料标准成本的制定

物流直接材料标准成本应根据物流直接材料的用量标准和物流直接材料的价格标准确定，其计算公式为

$$物流直接材料标准成本=价格标准\times用量标准 \tag{3.6}$$

其中，用量标准即标准耗用量，是用统计方法、工业工程法和其他技术方法确定的，包括理想耗用和正常损失两部分；价格标准是预计下一年度实际需要支付的进料单位成本，包括发票价格、运费、检验费和正常损耗等成本。

【例 3-4】某企业在运输 A 产品途中对 A 产品进行了物流包装，用到了甲、乙两种材料，甲、乙材料用量的有关资料及标准成本计算结果如表 3.13 所示。

表 3.13　物流直接材料标准成本计算表

项目	甲材料	乙材料
价格标准/(元/ kg)	10	60
用量标准/kg	10.5	5.5
成本标准(价格标准×用量标准)	105	330
直接材料标准成本	435	

3) 物流间接费用标准成本制定

物流间接费用标准成本分为变动物流间接费用标准成本和固定物流间接费用标准成本。

(1) 变动物流间接费用标准成本。变动物流间接费用标准成本可根据变动物流作业数量标准和变动物流作业价格标准确定。物流作业数量标准可采用单位物流作业直接人工工时标准、机械设备工时标准或其他标准，但需与变动物流间接费用之间存在较好的线性关系。价格标准即每小时变动物流间接费用的标准分配率，可根据变动物流间接费用预算除

以数量标准总额得到。在采用单位物流作业直接人工工时标准时，变动物流间接费用标准成本的计算公式如式(3.7)所示。

变动物流间接费用标准成本=单位物流作业直接人工标准工时
×每小时变动物流间接费用标准分配率　(3.7)

(2)固定物流间接费用标准成本。固定物流间接费用标准成本可根据固定物流作业数量标准和固定物流作业价格标准确定。物流作业数量和价格标准的确定与变动物流间接费用相同，如式(3.8)、式(3.9)所示。

固定物流间接费用标准成本=单位物流作业直接人工标准工时
×每小时固定物流间接费用标准分配率　(3.8)

每小时固定物流间接费用标准分配率=固定物流间接费用预算总额
÷物流作业直接人工标准总工时　(3.9)

将以上确定的物流直接材料、物流作业直接人工和物流间接费用的标准成本按物流作业加以汇总就可确定有关物流作业全部的标准成本。

【例 3-5】某物流公司在 2017 年 6 月正常运营能力为 9 000 直接人工小时，直接人工工资总额为 45 000 元，营运间接费用总额为 20 700 元。其中变动间接费用为 7 200 元，某项单位物流服务的直接人工标准工时为 10h，直接材料的标准消耗定额为 10kg，标准单价为 12 元/kg，请计算该项物流服务的标准成本。

解：首先计算工资率及间接费用标准分配率。

标准工资分配率=直接人工工资总额÷直接人工标准工时总额
=45 000÷9 000
=5(元/h)

每小时变动物流服务费用标准分配率=变动物流服务总费用÷直接物流人工标准总工时
=7 200÷9 000
=0.8(元/h)

每小时固定物流服务费用标准分配率=固定物流服务总费用÷直接物流人工标准总工时
=(20 700−7 200)÷9 000
=1.5(元/h)

结果整理为表 3.14。

表 3.14　某项物流服务标准成本

成本项目	数量标准	价格标准	单位标准成本/元
直接材料	10kg	12 元/kg	120
直接人工	10h	5 元/h	50
变动间接费用	10h	0.8 元/h	8
固定间接费用	10h	1.5 元/h	15
合计			193

3.3.2　物流成本差异分析的计算与分析

物流标准成本差异，是指企业物流实际成本与标准成本之差。实际成本超过标准成本的差异叫作不利差异，也称逆差或超支；实际成本低于标准成本的差异叫作有利差异，也称节约或顺差。物流成本差异的内容如图 3.5 所示。

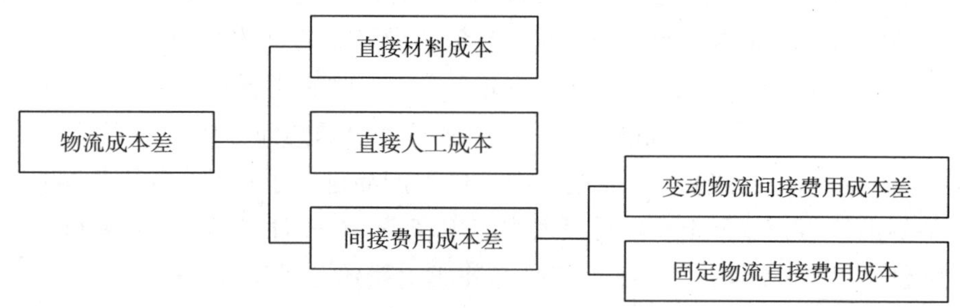

图 3.5　物流成本差异构成

其中，物流直接材料成本差异、物流直接人工成本差异、变动物流间接费用成本差异为变动成本差异，固定物流间接费用为固定成本差异。

成本差异计算的公式为

$$\begin{aligned}\text{成本差异}&=\text{实际成本}-\text{标准成本}\\&=\text{实际数量}\times\text{实际价格}-\text{标准数量}\times\text{标准价格}\\&=\text{实际数量}\times\text{实际价格}-\text{实际数量}\times\text{标准价格}\\&\quad+\text{实际数量}\times\text{标准价格}-\text{标准数量}\times\text{标准价格}\\&=(\text{实际价格}-\text{标准价格})\times\text{实际数量}\\&\quad+(\text{实际数量}-\text{标准数量})\times\text{标准价格}\\&=\text{价格差异}+\text{数量差异}\end{aligned}\tag{3.10}$$

因此，

$$\text{数量差异}=(\text{实际数量}-\text{标准数量})\times\text{标准价格}\tag{3.11}$$

$$\text{价格差异}=(\text{实际价格}-\text{标准价格})\times\text{实际数量}\tag{3.12}$$

这种分析方法也就是差额计算分析法。各因素替换时排序的原则是：如果既有实物数量因素又有价值数量因素，先计算实物数量因素变动的影响，后计算价值数量因素变动的影响。

1. 物流直接材料成本差异计算与分析

物流直接材料成本差异是物流直接材料实际成本与标准成本之间的差额，其形成原因为：一是价格脱离标准，二是用量脱离标准。前者按实际用量计算，称为价格差异；后者按标准价格计算，称为用量差异。其计算公式如式(3.13)、式(3.14)所示：

物流直接材料价格差异=材料实际用量×(材料实际价格-材料标准价格)　(3.13)

物流直接材料用量差异=(材料实际用量-材料标准用量)×材料标准价格　(3.14)

计算出价格差异和用量差异后，应对此进行分析。一般地，材料价格差异是在采购过程中形成的，不应由耗用材料的操作部门负责，而应由采购部门做出解释。采购部门未能按标准价格进货的原因很多，如物价上涨、违反合同被罚款、采用了不必要的快速运输方式等，企业应针对各种原因确定合理的责任归属。而材料用量差异是在材料耗用过程中形成的，反映操作部门的成本控制业绩。材料数量差异形成的具体原因有很多，如操作失误造成废品和废料增加、机器不适用造成用料增加等。有时多用料也不一定是操作部门的责任，如购入的材料质量低劣、规格不符等，故应具体问题具体分析，合理确定责任归属。

【例 3-6】某企业在运输 A 产品过程中，对 A 产品进行了包装，其中材料耗用定额为 5kg，A 材料标准价格为 2 元/kg，本月投入生产甲产品 1 000 件，实际消耗 A 材料 5 500 kg，A 材料实际价格为 2.1 元/kg。试对 A 产品包装成本差异进行分析。

解：

直接材料成本差异=5 500×2.1-1 000×5×2=11 550-10 000=1 550(元)

直接材料数量差异=(5 500-1 000×5)×2=1 000(元)

直接材料价格差异=(2.1-2)×5 500=550(元)

由此可知，直接材料成本差异为 1 550 元，直接材料数量差异为 1 000 元，直接材料价格差异为 550 元。实际发生的物流成本高出标准成本 1 550 元。由于用量增加致使物流成本增加了 1 000 元，材料价格上升导致物流成本增加了 550 元。在今后的工作中，应控制材料的耗费，降低原材料的采购价格；由生产部门找出材料耗费高的原因，并找出降低成本的途径；而原材料的采购价格，由采购部门找出实际采购价格高的原因，同样也要找出降低成本的途径。

2. 物流直接人工成本差异计算与分析

物流直接人工成本差异是指物流直接人工实际成本与标准成本之间的差额，它也可以分为“价差”和“量差”两部分。价差是指实际工资率脱离标准工资率的差额，按实际工时计算确定，又称工资率差异；量差是指实际工时脱离标准工时的差额，按标准工资率计算确定，又称人工效率差异。其计算公式如式(3.15)、式(3.16)所示：

物流直接人工工资率差异=实际工时×(实际工资率-标准工资率)　(3.15)

物流直接人工效率差异=(实际工时-标准工时)×标准工资率　(3.16)

计算出工资率差异和人工效率差异之后，应对此进行分析。一般地，工资率差异形成的原因包括直接操作工人升级或降级使用、奖励制度未产生实效、工资率调整、出勤率变化等因素，应归属于人事劳动部门管理，其差异的具体原因会涉及操作部门或其他部门。而直接人工效率差异形成的原因则包括工作环境不良、劳动情绪不佳、作业计划安排不当、作业量太少无法发挥批量优势等因素，应主要由操作部门负责，但在实践中还需要具体问题具体分析。

【例 3-7】某物流企业 2017 年 11 月对 B 产品进行加工，本期包装量为 150 件，实际耗用工时为 4 500h，平均每件 30h，平均每小时工资率为 20 元，标准工资率为 19.2 元/小时，单位产品耗用工时标准为 32h。请对该物流企业 B 产品进行成本差异分析。

解：

直接人工成本差异=4 500×20−150×32×19.2=90 000−92 160=−2 160(元)

直接人工效率差异=(4 500−150×32)×19.2=−5 760(元)

直接人工工资率差异=(20−19.2)×4 500=3 600(元)

由此可知，直接人工成本差异为−2 160 元，直接人工效率差异为−5 760 元，直接人工工资率差异为 3 600 元。通过计算可知，实际成本的支出低于标准成本 2 160 元，由于人工效率提高使实际成本比标准成本减少了 5 760 元，由于工资上升使成本增加了 3 600 元，今后的成本控制重点应是工资率。

3. 物流间接费用成本差异计算与分析

物流间接费用成本差异，可分为变动物流间接费用成本差异和固定物流间接费用成本差异。

1) 变动物流间接费用成本差异计算与分析

变动物流间接费用成本差异是指实际变动物流间接费用与标准变动物流间接费用之间的差额，它也可分解为“价差”和“量差”两部分。价差是指变动物流间接费用的实际小时分配率脱离标准，按实际计算的差额，它反映耗费水平的高低，故称为变动物流间接费用耗费差异；量差是指实际工时脱离标准工时，按标准小时费用率计算确定的差额，它反映工作效率变化引起的费用节约或超支，故称为变动物流间接费用效率差异。其计算公式为

变动物流间接费用效率差异=(实际工时−标准工时)
×变动物流间接费用标准分配率　(3.17)

变动物流间接费用耗费差异=(变动物流间接费用实际分配率
−变动物流间接费用标准分配率)×实际工时　(3.18)

引起变动物流间接费用效率差异的原因与引起物流直接人工效率差异的原因基本相同。变动物流间接费用耗费差异的形成往往是因为变动物流间接费用开支额或工时耗费发生变化，责任一般在物流操作部门。

【例 3-8】某项物流服务费用的标准成本为：工时耗时 3h，每小时变动服务费用分配率为 5 元。本月实际提供 500 次服务，实际使用工时 1 400h，实际发生变动物流服务费用 7 700 元。试分析变动物流服务费用的耗费差异和效率差异。

解：

$$实际工时=1\ 400\div500=2.8\text{(h)}$$

$$实际服务费用分配率=7\ 700\div1\ 400=5.5\text{(元)}$$

$$变动物流服务费用耗费差异=(5.5-5)\times2.8\times500=700\text{(元)}$$

$$变动物流服务费用效率差异=(2.8-3)\times5\times500=-500\text{(元)}$$

$$变动物流服务费用总差异=700-500=200\text{(元)}$$

通过计算可知，实际物流费用比标准成本高出 200 元，其中由于服务时间增加致使成本提高了 700 元，由于服务效率提高使成本降低了 500 元。因此，在今后的工作中应加大对服务时间的控制。

2) 固定物流间接费用成本差异分析

固定物流间接费用与变动物流间接费用不同，它主要是与企业运营能力和日常的维护、管理有关，与业务量没有直接关系。固定物流间接费用通常通过预算确定其数额。在实行标准成本法后，固定物流间接费用差异会存在实际发生额与其预算数额的差异，实际发生额与标准成本之间的差异。根据考虑的因素不同，常有以下两种分析方法。

(1) 二因素分析法。将固定物流间接费用差异分为耗费差异和能量差异，如式(3.19)、式(3.20)所示：

固定物流间接费用耗费差异=固定物流间接费用实际数-固定物流间接费用预算数　(3.19)

固定物流间接费用能量差异=固定物流间接费用预算数-固定物流间接费用标准成本
=(运营能量工时-实际产量标准工时)
×固定物流间接费用标准分配率　(3.20)

(2) 三因素分析法。将物流间接费用的成本差异分为耗费差异、效率差异和闲置能量差异三部分。耗费差异的计算与二因素分析法相同，不同的是将二因素分析法中的“能量差异”进一步分解为两部分：一部分是实际工时未达到标准能量而形成的闲置能量差异；另一部分是实际工时脱离标准工时而形成的效率差异。

耗费差异=固定物流间接费用实际数-固定物流间接费用预算数　(3.21)

闲置能量差异=(运营能量工时-实际工时)×固定物流间接费用标准分配率　(3.22)

效率差异=(实际工时-实际能量标准工时)×固定物流间接费用标准分配率　(3.23)

【例 3-9】某物流企业 2017 年 12 月实际提供了某项商品 800 件的物流服务，预算运营能量工时为 2 600 工时，实际耗用直接人工 1 400 工时，其一件商品的物流服务的标准工时为 0.4 工时。实际发生固定物流间接费用为 4 450 元。本月固定物流间接费用预算总额为 4 480 元，固定物流间接费用标准分配率为 1.16 元/工时。分析该物流企业物流服务的固定物流间接费用差异。

解：首先采用二因素分析法。

固定物流间接费用耗费差异=固定物流间接费用实际数-固定物流间接费用预算数
=4 450-4 480

=-30(元)

固定物流间接费用能量差异=固定物流间接费用预算数-固定物流间接费用标准成本

=(运营能量工时-实际产量标准工时)

×物流间接费用标准分配率

=(2 600-800×0.4)×1.16

=2 644.8(元)

通过计算可知，固定物流间接费用总差异为 2 614.8 元，其中固定物流间接费用耗费差异为-30 元，固定物流间接费用能量差异为 2 644.8 元。

然后采用三因素分析法。

固定物流间接费用耗费差异=固定物流间接费用实际数-固定物流间接费用预算数

=4 450-4 480

=-30(元)

闲置能量差异=(运营能量工时-实际工时)×固定物流间接费用标准分配率

=(2 600-1 400)×1.16

=1 392(元)

效率差异=(实际工时-实际能量标准工时)×固定物流间接费用标准分配率

=(1 400-800×0.4)×1.16

=1 252.8(元)

通过计算可知，固定物流间接费用总差异为 2 614.8 元，其中固定物流间接费用耗费差异为-30 元，固定物流间接费用闲置能量差异为 1 392 元，固定物流间接费用效率差异为 1 252.8 元。

【本章小结】

企业开展物流成本核算，首先必须结合自身实际确定核算的目的与对象，可以选取包括形态别、功能别、客户别和范围别等物流成本核算对象；明确物流成本的核算对象后，就要按照这个核算对象设置相应的物流成本账户，然后设置相应的账簿，选择合适的成本核算方法，按步骤进行物流成本的核算。物流成本核算可以采用会计核算方法、统计方法或会计与统计相结合的混合方法。其中会计方法的物流成本核算相对复杂，但得到的成本信息更为准确；统计方法则相反。

作业成本法是物流成本核算和管理的一种新方法，其基本思想是：在资源和产品之间引入中介作业，先按作业活动归集发生的间接费用，然后，根据决定或影响作业活动发生的因素，将其分配给不同产品。

物流成本分析是利用物流成本核算结果及其他有关资料，分析物流成本水平与构成的变动情况，研究影响物流成本升降的各种因素及其变动原因，寻找降低物流成本的途径。

成本分析可以分为：比较分析、比率分析和因素分析。

差异分析是通过计算实际成本与标准成本之间的成本差异，并对产生的原因进行因素分析和采取相应的措施来实现的。实际成本与标准成本的总差异可以分为数量差异和价格差异。其中，数量差异=(实际数量-标准数量)×标准价格，价格差异=(实际价格-标准价格)×实际数量。

【思考与练习题】

(1)物流成本核算目的和意义是什么？
(2)物流成本核算的程序是什么？
(3)物流作业成本法的步骤是什么？
(4)物流成本分析的原则有哪些？
(5)物流成本差异如何分析？

【案例分析】

某物流中心2017年8月共发生如下经济业务：为大喜公司配送货物取得收入20万元；为多乐购物中心配送货物取得收入30万元；为开福批发公司配送货物取得收入50万元。

全月发生包装材料费18万元，电话及网络通信费10万元，设备折旧费25万元(其中运输车辆折旧费20万元，搬运设备折旧费5万元)。发生各项工资、福利费32万元，其中驾驶人员工资及福利费8万元，搬运工人工资及福利费9万元，保管人员工资及福利费3万元，管理人员工资及福利费12万元。请按收入比例计算为多乐购物中心配送货物发生的物流包装成本、配送成本、保管成本、搬运成本、信息成本和物流管理成本及物流总成本。

【实训设计】

选择你熟悉的企业。首先，获取该企业当月有关成本费用的明细资料并逐项分析哪些与物流成本相关，对物流成本有关费用内容进行汇总；其次，进行物流成本资料分析及物流成本计算，根据会计明细账、记账凭证、原始凭证及其他相关资料，对物流成本有关费用逐项分拆，并设立物流成本辅助账户，按不同的维度计算物流成本；最后，按企业物流成本表汇总计算物流成本。

第4章　物流成本预算与控制

【学习目标】

通过本章的学习，学生要了解物流成本预算和控制的基本原理、方法；掌握物流成本的弹性预算、零基预算和滚动预算编制方法，掌握物流成本控制的目标成本控制法、标准成本控制法等。

【学习重点】

物流成本预算编制的方法；物流目标成本控制法；物流标准成本控制法。

【学习难点】

物流成本预算编制的方法；物流目标成本控制法；物流标准成本控制法。

4.1　物流成本预算

4.1.1　物流成本预算概述

1. 物流成本预算的概念及特点

预算是通过对企业内外部环境的分析，在科学的生产经营预测与决策基础上，用价值和实物等多种形态反映企业未来一定时期的投资、生产经营及财务成果等一系列的计划和规划。从企业预算的内容范围来看，主要包括经营预算、资本预算和财务预算等。企业成本预算作为经营预算的重要内容，是指企业根据预算期的特殊生产和经营情况所编制的预定成本。它属于一种预计或未来成本，确定预算成本应以企业预算期内的销售和生产预算为基础，编制产品生产和经营的直接材料预算、直接人工预算和制造费用预算。物流成本预算通常是指根据物流成本决策所确定的方案、预算期的物流任务、降低物流成本的要求以及有关资料，通过一定的合理程序，运用科学系统的方法，以货币形式或其他数量形式反映企业未来一定期间的物流成本水平，并提出保证成本预算顺利实现所采取的措施的经营管理活动。物流成本预算包括预算编制和预算控制两项职能。

物流成本预算是企业成本管理的重要环节之一，其目的在于挖掘企业内部潜力，降低物流成本耗费，保证企业物流目标成本的实现。与传统预算不同，物流成本预算是基于活动的管理(activity-based management，ABM)，它不仅是预算活动本身，也是在活动信息和评估商业流程中增值活动内容的基础上，制定具有前瞻性的战略和运作决策的过程。它不仅关注顾客增值的过程和活动，同时也关注组织内部因采取有效管理而产生的效果。传统的预算方法强调数据的确认和主要趋势与变量的解释，工作大多由企业管理者来进行，财务分析人员主要扮演信息员的角色，具体活动相关人员极少参与。而基于活动的预算则要求职能管理者和流程管理者进行协商，需要财务分析人员及活动相关人员整合财务及非财务测度方法和信息，并提供可预见的、体现财务绩效和活动业绩的指标体系，预算协商流程运用这些信息和指标体系，以最终决定实施什么活动、供应什么资源、需要多大的资金及可能会产出多大的效益。因此，物流成本预算涉及的内容很多，一方面要求了解所有物流和经营人员的意见，另一方面需要形成科学合理的管理机制，尤其是能够迅速传达信息和回馈信息的内部报告制度。总之，物流成本预算是一种战略性的经营管理行为，基于企业经营管理战略和具体的物流管理方针，又进一步推动了企业物流管理和战略的发展。

2. 物流成本预算的作用

物流成本预算作为物流系统成本计算的数量反映，是控制物流活动的重要依据和考核物流活动的绩效标准，作为计划本身与计划实施、控制的中间环节，物流成本预算对企业经营管理具有重要的意义。其主要作用如下。

1) 预测未来成本，有助于企业物流目标成本明确化、具体化

物流成本预算是物流成本计划的基础和起点，是根据对未来期间的物流成本进行预测而编制的。在确定物流成本预算之前，需要收集整理历史数据，并通过全面调查，运用适当的统计和数学方法，预测物流活动各个环节可能发生的各项成本。物流成本预算管理过程就是要了解、掌握并总结物流成本的现状，并依据未来期间的经营管理计划对未来物流成本做出科学合理的预测，这就意味着企业在这个过程中要充分掌握预测未来成本的主动性，有助于企业准确、具体地预测未来成本，有助于企业明确物流目标成本。此外，企业物流目标成本是企业物流管理目标甚至是整体经营目标的具体表现，物流成本预算就是具体化的物流目标成本。通过编制物流成本预算，企业的物流管理目标可以分解细化为各部门的具体目标，有助于各部门及全体职工了解本部门的经济活动或企业物流管理目标之间的关系，明确各部门企业经营活动尤其是物流管理活动的目标和应努力的具体方向，使企业物流目标成本具体化。

2) 协调物流活动，有助于企业实施物流成本控制

企业物流管理目标必须通过层层分解，细化为物流管理活动相关部门、人员及经营环节的具体目标，才能得以落实和实现；同时，物流管理相关部门、人员及相关经营环节的

具体目标只有与企业物流管理总体目标保持一致，才有可能促进企业物流管理总体目标的最终实现。物流成本预算，可以将物流各部门和人员及经营相关环节的具体目标与物流管理整体目标有机地结合起来，明确两者之间的关系，综合考虑、统筹规划，协调物流管理工作的各个环节，妥善解决各部门、各环节甚至相关工作人员之间的矛盾和冲突，促使各环节、各部门和各人员在统一目标下精诚合作。同时，物流成本预算编制是控制物流经营活动的重要依据，成本预算一旦确定并进入实施阶段之后，企业就要按物流成本预算的要求控制物流活动，并及时计量、对比、分析，提供实际执行结果与预算标准之间的差异，并在此基础上分析差异原因，采取有效措施，保证物流成本预算目标的顺利实现，有助于企业有效控制物流成本。

3) 提供评估依据，有助于企业开展物流业绩评价

物流成本预算是经过客观分析、合理预测确定的，既是物流管理活动过程的指导，又是物流管理活动及相关人员业绩的评价依据，是评估物流工作完成情况的重要尺度。对物流部门及其主管的成本控制绩效，一般都是用成本预算作为衡量、评估的标准，一旦发现成本差异就应适当采取有效措施进行控制，使之按照预算目标要求的方向发展，最终符合预算。物流成本预算在确定各部门、各环节和各人员行动目标的同时，进一步明确他们所应承担的经济责任，通过实际数与预算数的比较分析，检查评价各部门、人员和各环节的经济责任及计划任务完成情况，简单地将本期实际数与往年实际数进行对比。将物流成本实际执行结果与物流成本预算进行对比分析更加科学，更具有实际操作性和实用性，因为成本控制超过上年或历史先进水平，只能说明成本控制水平较以往有所进步，并不能说明这种进步有利于企业的经验或达到了应有的程度。物流成本管理的要求并不是物流成本越低越好，而是要求达到均衡的、合理的最优经济水平。因此，物流成本预算不仅为企业提供评估依据，还可以使企业物流业绩评价具有客观性和可操作性。

4.1.2 物流成本预算编制

物流成本预算管理是物流成本管理的基本内容和重要环节，通过物流成本预算，企业可以揭示物流成本产生的原因及变化趋势，对影响企业物流成本的各因素进行综合分析，找出企业物流管理运作中存在的问题，为企业管理优化提供决策依据，并作为企业物流相关部门绩效考核评价的主要依据。物流成本预算既是物流成本管理目标的细化，又是物流成本控制及优化的重要前提。物流成本预算编制是在物流成本预测的基础上，根据企业物流成本管理目标及核算体系内容编制的，是物流成本管理重要的一环，对物流成本管理的成功实施至关重要。

1. 物流成本预算的编制内容

物流成本管理的实施，需要将实际发生的成本与预算成本进行比较分析，并在此基础上实施成本控制，评价部门的工作业绩。因此，基于可比性的要求，预算成本要与实际成本有比较，通常要求物流成本预算的编制内容要与物流成本计算对象一致。物流成本项目、物流范围、物流成本支付形态以及物流成本控制的重点是物流成本对象选取的主要依据。实践中，企业物流成本计算对象一般选取物流成本项目、物流范围、物流成本支付形态，还可以根据管理需要选取客户、产品、部门和营业网点等作为物流成本计算对象。因此，物流成本预算编制也应尽量与物流成本计算对象保持一致，在编制时尽量依据成本计算对象的有关内容进行编制。

1) 按成本项目编制的物流成本内容

按物流成本项目编制物流成本预算，有助于企业规划计划期内各物流成本项目物流成本支出的具体数额，并作为企业基于物流成本项目角度降低物流成本的依据。不同行业其物流成本项目存在一定的差异，以传统制造业为例，按照物流成本项目编制物流成本预算的内容主要包括了物流功能成本预算和存货相关成本预算。其中，物流功能成本预算主要包括仓储成本预算、运输成本预算、包装成本预算、装卸搬运成本预算、流通加工成本预算、物流信息成本预算及物流管理成本预算；存货相关成本预算包括企业在物流活动过程中发生的与存货相关的流动资本占用成本预算、风险成本预算和保险成本预算。

(1) 物流功能成本。在编制物流功能成本预算时，首先应进行成本项目支付形态分析，根据其是否与业务量成比例增减，将各成本项目耗费划分为变动成本和固定成本。编制成本项目的变动成本预算时，常用上年度该成本项目变动成本总额除以总的业务量，计算出上年度的变动成本率；并在此基础上考虑计划期内可能会发生的变化，适当调整变动成本率，再以调整后的变动成本率乘以计划期预计业务量，就可得到计划期该成本项目的变动成本数额。对于成本项目的固定成本预算，则主要根据上年度成本项目的固定成本，并在考虑计划期内可能变化的因素的基础上编制计划期成本项目固定成本预算。

(2) 外包业务成本。上面所介绍的成本项目的变动和固定成本预算编制，主要指企业自营物流业务发生的物流成本。对于外包业务，企业通常依据业务量大小向受托企业一次性支付费用。因此，业务外包所支付的物流成本基本属于变动成本费用，这部分物流成本预算的编制相对比较简单，直接用预计业务量乘以预计的耗费单价即可。对于外包业务一般不存在固定物流成本预算编制的问题。

(3) 与存货有关的流动资金占用成本、风险成本和保险成本。与存货相关的流动资金占用成本、风险成本和保险成本的物流成本预算编制相对比较简单。流动资金占用成本主要包括存货占用银行贷款所需支付的利息(显性成本)和存货占用自有资金所带来的机会成本(隐性成本)。显性成本的预算，可根据融资计划，预测出全年平均银行贷款额度，再乘以预算的贷款利率，即可编制出存货占用银行贷款所需支付的利息成本；机会成本预算编制则需要企业根据计划期产品购销计划，较精确地预测出全年平均存货额度，再乘以行业平均收益率或银行贷款利率等市场收益率水平，即可编制出存货占用自有资金所发生的机会成本预算。编制存货相关的风险成本和保险成本预算，企业可以将上一年度风险成本和保险成本实际发生的成本支出依据计划期内有关因素可能发生的变动做出适当调整，并用调整后的数据作为计划期的成本预算；也可以根据计划期产品购销计划，预测出全年平均存货余额，再乘以预计的存货风险率和保险费率，编制存货风险成本预算和存货保险成本预算。

2）按物流范围编制的物流成本内容

按物流范围编制物流成本预算，主要是规划企业在计划期内各物流范围物流成本支出的具体数额，并为从物流范围角度降低物流成本、提高物流成本管理效益提供依据。仍然以制造业为例，从物流范围角度出发，编制物流成本预算的内容主要包括：供应物流成本预算、企业内部物流成本预算、销售物流成本预算、回收物流成本预算和废弃物物流成本预算。企业按物流范围编制物流成本预算时，通常采用的方法是概算法，即以上年度企业实际发生的物流成本相关数据为基础，结合计划年度不同物流范围物流作业量的变化和物流成本管理目标，概算出计划年度各物流范围的物流成本预算。

3）按支付形态编制的物流成本内容

按物流成本支付形态编制物流成本预算，旨在规划企业计划期内各物流成本支付形态的成本支出数额，并作为企业优化成本管理的依据。按照物流成本支付形态编制物流成本预算的主要内容具体包括：材料费预算、人工费预算、维护费预算、一般经费预算和特别经费预算。按物流成本支付形态编制物流成本预算，可与现行的会计核算体系进行良好的接轨，有利于评价分析一定时期内企业物流系统的财务成本状况，但另一方面也不利于从物流的角度加强成本分析和评价。

编制物流成本预算应根据企业物流成本管理的目标和实际，选择合适的内容、采用合适的方法进行编制。物流成本编制与会计成本核算和财务预算编制不同，没有强制的格式和内容规范，企业可根据具体情况，结合企业实际仔细考察、推敲论证，选择合适的内容，并在一定程度上保持相对稳定，这才有利于企业物流成本预算的科学性和相对稳定性，从而便于企业比较分析物流成本管理效益，提高企业物流成本管理水平。

2. 物流成本预算的编制模式

物流成本预算编制的重点在于：在确定物流成本预算总额的基础上，进一步合理安排各部分的具体数额。不同企业，其会计核算体系、会计核算水平、管理人员素质、物流管理要求等都存在较大的差异，可能选用的物流成本预算编制模式也大不相同。大体来讲，物流成本预算的编制模式主要有直接编制和间接编制两种模式。

1) 直接编制模式

物流成本预算的直接编制是指从物流成本的支付形态视角出发，直接根据各物流成本的支付形态来对各物流成本的指标进行预算安排，它建立在企业物流活动预定的业务量和相关定额指标基础之上，同时从物流成本功能和范围的角度来对各支付形态的物流成本预算数进行分析，从而确定出各项功能物流成本和各项范围物流成本。物流成本预算的直接编制模式运用起来比较简单，在企业中运用也比较广泛，适合企业规模相对较小、物流成本预算相对简单的企业。也有一些大型企业，因为其物流成本比较单一，或者物流成本规模相对于企业整体来说占比较小，不是企业重要关注或者着重控制的成本范畴，也会选择直接编制模式进行企业物流成本预算的编制。

2) 间接编制模式

物流成本预算的间接编制模式主要用于具备全面预算管理能力的企业，资本性预算、经营预算和财务预算是全面预算的三大领域，但对物流活动成本的预算是零散地分布在三大领域之中的，诸如销售成本预算、直接材料成本预算、生产成本预算、销售成本预算等都包含了物流成本预算的部分，缺乏完整性和统一性。这种方法就是以全面预算中的各项预算指标为依据，通过对其进行分解分析来确定各项物流成本的预算数，从而在全面预算管理实施的同时带动和实现对物流成本预算的管理。在间接编制模式的运用中，企业将物流项目的成本范围、成本功能以及支付形态作为预算基础，并依照以下思路进行考虑：

首先，从物流活动相关性视角出发对企业全面预算中的销售成本预算、管理成本预算、生产成本预算、制造成本预算、财务成本预算等各项成本预算进行分解和分析，将其中与物流成本相关的成本费用预算数目分解出来以计入企业的物流成本预算之中。

其次，直接物流成本和间接物流成本归入物流成本预算中的方式不同。对于前者可以直接将其纳入相应的物流成本预算项目之中，而对于间接物流成本需要引入参数作为成本分配的基础，从而分配到各物流成本预算项目中去。成本分配参数是指物流成本项目之间存在的相关关系，由于不同类型的企业以及这些企业之间物流运作的差异性，使得在间接物流成本核算下，成本分配的参数也各不相同。一般情况下，从以下几个方面来制定和选择物流成本分配的参数，即物流作业、物流功能作业或物流范围作业从业人员之间的比例结构、物流设施设备比例、物流工作量比例或物流作业资金占用比例等。

最后，使用上面的分析计算结果来进行企业物流成本功能、范围和支付形态的成本预算编制。

3. 物流成本预算的编制方法

物流成本预算编制不仅是一个计划环节，同时也是构建控制标准的环节。而预算执行则是依照预算对物流过程进行控制的环节，也称为预算控制。一般而言，企业的物流活动及其所处的环境并非像理论上一样简单明了，作为控制手段的预算必须根据其特点采用不同的形式，选择科学合理的预算编制方法，对不同的物流项目进行科学的预算，以严格控制物流成本。物流成本预算编制的常规方法包括：固定预算与弹性预算、零基预算与增量预算、定期预算与滚动预算，此外还有概率预算以及基于作业成本法的物流成本预算编制方法。下面就分别对这些物流成本预算编制方法进行介绍。

1) 固定预算与弹性预算

(1) 固定预算。

固定预算是根据预算期内正常的、可实现的某一业务量水平编制的物流成本预算，一般适用于固定成本比较稳定的物流成本预算项目。在固定预算法的运用中，预算人员往往将预算期内业务量的水平作为预算基础，以此来确定物流项目的预计金额。但固定预算法存在一定的缺陷，如果实际业务量与预算所依照的业务量之间存在差异，就会导致物流项目的实际数无法与预算数进行对比。与此同时，在市场行情以及季节不断变化的情况下，企业各月的业务量往往与预算所依照的业务量产生较大差异，预算人员也难以对成本预算的具体执行内容进行准确考核，这也就无法对物流项目进行有效的预算控制，不利于开展物流成本控制与考核。由于固定预算编制方法存在以上缺陷，实践中仅有少部分物流成本相对稳定的企业才采用固定预算的方法编制物流成本预算，大多数企业采用弹性预算的编制方法进行物流成本预算编制。

(2) 弹性预算。

①弹性预算的概念、原理及特点。

弹性预算(flexible budget)又称变动预算，是按照多种物流经营活动水平和收入、成本、费用与物流活动之间的数量关系来编制的。也就是说，这是一种根据物流经营能力、经营费用以及经营收入之间的数量关系进行预算的方法。弹性预算是对固定预算的改进，是为克服固定预算的缺点而设计的。具体来讲，弹性预算法实质上就是在预算过程中，预先对预算期内各种业务量可能产生的变动进行预测，并制定一套可适应不同业务量的预算方案，以便真实反映出不同业务量需开支的实际费用。在弹性预算法的运用中，即便企业的规模以及业务量不断产生变动，预算人员依然可以根据业务量的变动对预算数额进行机动调整，保证预算数额可真实反映出不同阶段下业务量需消耗的成本费用以及可获得的经营收入。因此，当预算阶段中的实际业务量和之前所预计的业务量出现差异时，依靠弹性预算法也能准确计算出与实际业务量相符的预算数额，保证在将实际业绩以及预算指标进行对比时，能够正确了解企业的经营活动。

物流成本费用一般包含变动费用和固定费用两部分。因此，在编制弹性预算时，一般先将相关预算的总成本按照成本习性分为固定成本以及变动成本。在相关业务量范围内，固定成本不会随着业务量的增减而变动，也就是在相关业务量范围内固定物流成本的预算额是保持不变的。变动成本则会随业务量的增减而发生变化，因此，应该按照不同的业务量对原定的预算数进行适当调整。调整方法如下：

假定原定物流成本预算总费用为Y，其中固定成本为A，原计划业务量按物流商品流

转额计算为 X，变动成本总额为 BX（B 为单位业务量变动成本），原预算中的物流成本预算总额为

$$Y = A + BX \tag{4.1}$$

假定实际业务量为 X'，则按实际业务量调整后的物流成本总预算额即为 $Y = A + BX'$。例如，原物流成本预算总额为 15 000 元，其中固定成本为 9 500 元，变动成本为 5 500 元。当业务量减少时，且现有物流项目所需的活动成本减少至 13 500 元，这时物流项目所需的固定成本仍为 9 500 元，只需将变动成本减至 4 000 元。因此，当业务量发生变化时，固定成本依然是原先设置的预算数，只需对变动成本做出相应调整，即可准确得出固定成本数额以及变动成本数额。

弹性预算的特点是，在物流规模和业务量水平不断发生变化时，预算数额能够随着业务量水平的变化而机动调整，使之仍然能够真实准确地反映某一特定物流的经营规模和业务量。弹性预算法可适用于任何预算项目，是物流项目活动成本预算的常用方法。通过弹性预算，能提供与实际业务量水平相适应的预算额，从而使预算指标与企业实际业绩进行比较，有利于企业对物流经营活动进行有效控制。

②物流成本弹性预算的编制步骤。

从物流成本弹性预算编制总体来看，分为以下四个步骤：

一是确定物流成本费用的成本依存度。所谓成本依存度是指成本总额对业务量的依存关系。弹性预算的编制以成本依存度的划分为基础，将它们划分为变动成本、固定成本和混合成本。变动成本是随业务量变化而呈正比例变化的成本，如运输中的燃料费、包装消耗的直接材料费。固定成本不受业务量变化的影响，如物流设施和设备的折旧费。混合成本则是指随业务量的变化而变化，但并不与业务量成正比例变化的成本，如物流机械设备的维修费等。

二是恰当选取业务量计算对象。编制弹性预算时需要随业务量水平的变化，计算出不同的计划成本。因此，要选择有代表性、直观性强的业务量作为计量对象，并要求所选取的计量对象与预算中的变动部分有直接联系。比如，销售部门的推销及管理费用预算的业务量计量对象可选取实物量，也可选取销售额，但销售额的量常常受价格的影响，因此选取实物量作为业务量的计量对象更具有代表性和直观性。物流成本弹性预算经常选取的业务量有直接人工工时、运输吨数(或千米)、作业工人工资、机械运转时数等。

三是确定各项物流成本与业务量之间的数量关系。确定物流成本与业务量之间的数量关系就是根据各项物流成本与业务量之间的数量关系来具体确定哪些属于固定成本，哪些属于变动成本以及哪些属于混合成本，并将混合成本分解为相应的固定成本和变动成本。混合成本的分解思路是：首先假设 $y = a + bx$，其中 y 为混合成本，a 为混合成本中的固定部分，b 为混合成本中单位业务量的变动成本，x 为业务量。然后将已知的两个业务量水平和相应的混合成本代入方程，联立方程组，求解得出 a 和 b。

四是选择恰当的表达方式。弹性预算的表达方式常用的主要有两种，分别是列表法和公式法。具体来讲，列表法就是先确定业务量的变化范围，并划分出若干个业务量水平；再分别计算出各项物流成本项目的预算成本，汇总列入一个规范的预算表格。确定业务量变动范围时应满足业务量的实际变动需要，确定业务量的主要方法有：(a)将业务量范围确定在正常业务量的 70%～110%；(b)将历史上最低业务量和最高业务量分别作为业务量的上限和下限；(c)对企业预算期内的业务量做出悲观预测和乐观预测，分别作为业务量的上限和下限。

【例 4-1】某品牌型号的汽车维修费，运行 720h，其维修费为 800 元，运行 600h，其维修费为 560 元。依据已知数据，设其混合成本分解方程为

$$y = a + bx$$

代入已知数据，得到

$$720 = a + 800b$$
$$560 = a + 600b$$

解得

$$a = 80,\quad b = 0.8\text{。}$$

也就是说，在这部分汽车修理费中，其中 80 元属于固定成本开支，运行时间每增加一小时其增加的修理费为 0.8 元。

【例 4-2】鸿通配送中心是一个大型的物流集散配送中心，其物流成本预算编制采用的是弹性预算的方法，表达方式采用列表法。其消耗工时、费用材料标准及预算编制要求如下：正常情况下，每月消耗工时为 50 000h，在正常工时 80%～110%的变动范围，以 10%的变动间隔来编制弹性预算。各项成本费用材料如下：材料费用 0.52 元/工时、维护费用 0.50 元/工时、水电费 0.42 元/工时、机料耗费 0.35 元/工时、工人工资 0.70 元/工时；维护费 5 500 元、折旧费 8 000 元、管理费 7 500 元、保险费 6 800 元、财产税 2 200 元。

根据以上资料，将其各项费用按照成本特性划分为固定成本和单位变动成本，然后按照工时间隔标准采用列表法编制的弹性预算，如表 4.1 所示。

表 4.1　鸿通配送中心物流成本弹性预算表

成本项目/元		单位变动成本/(元/工时)	40 000 工时	45 000 工时	50 000 工时	55 000 工时
变动成本	材料费用	0.52	20 800	23 400	26 000	28 600
	维护费用	0.50	20 000	22 500	25 000	27 500
	水电费用	0.42	16 800	18 900	21 000	23 100
	材料耗费	0.35	14 000	15 750	17 500	19 250
	工人工资	0.70	28 000	31 500	35 000	38 600
变动成本合计		—	99 600	112 050	124 500	137 050

续表

成本项目/元		单位变动成本/(元/工时)	40 000 工时	45 000 工时	50 000 工时	55 000 工时
固定成本	折旧费	5 500	5 500	5 500	5 500	5 500
	管理费	8 000	8 000	8 000	8 000	8 000
	保险费	7 500	7 500	7 500	7 500	7 500
	财产税	6 800	6 800	6 800	6 800	6 800
	固定成本合计	2 200	2 200	2 200	2 200	2 200
	维护费	30 000	30 000	30 000	30 000	30 000
物流成本总计		—	129 600	142 050	154 500	167 050

公式法则是将所有物流成本项目分解为固定成本和变动成本两部分，确定预算成本计算公式 $y=a+bx$ 中的系数，其中 a 为混合成本中的固定部分加固定成本总和，b 为混合成本中单位业务量变动成本加变动成本的总和，x 为业务量。利用此公式可计算任一水平下业务量的预算物流成本。

【例 4-3】某汽车生产企业一仓库流通加工组的弹性预算资料如下：正常业务量为 6 000 工时；电力消耗为 1 元/工时，材料消耗为 0.1 元/工时，人员工资为 0.5 元/工时；折旧费为 3 000 元，管理费为 800 元；6 000 工时的混合成本为 2 800 元，5 400 工时的混合成本为 2 740 元。要求用公式法表示该仓库流通加工组的弹性预算公式，并计算当业务量为正常业务量的 90%和 110%时的物流成本预算总额分别是多少。

解：首先，利用公式 $y=a+bx$ 代入数据，将混合成本分解。

联立方程组 $\begin{cases}2\,800=a+6\,000b\\2\,740=a+5\,400b\end{cases}$，求解得到 $a=2\,200$，$b=0.1$。

其次，可知，该物流成本的固定总成本为 $A=3\,000+800+2\,200=6\,000$，业务量单位变动成本为 $B=1+0.1+0.5+0.1=1.7$。则该物流成本预算总额公式为

$$Y=6\,000+1.7X$$

最后，将实际业务量代入预算总额公式得

$$Y_{90\%}=6\,000+6\,000\times90\%\times1.7=15\,180(\text{元})$$

$$Y_{110\%}=6\,000+6\,000\times110\%\times1.7=17\,220(\text{元})$$

即该仓库流通加工组的弹性预算总公式为：$Y=6\,000+1.7X$，当业务量为正常业务量的 90%和 110%时的物流成本预算总额分别为 15 180 元和 17 220 元。

物流成本弹性预算给出了不同业务量水平下的物流预算成本，为不同业务量提供了物流成本预算依据，使不同水平业务量都有成本限额，在成本发生时就能及时进行有效的控制。计划期末，将物流成本执行情况与预算数进行对比，分析成本差异的原因，并评价各部门物流成本的执行情况，这在实践中的应用非常广泛。

2) 增量预算与零基预算

(1) 增量预算。增量预算，是以上年度物流成本实际支出数为基础，结合预算期业务量水平以及有关物流成本降低措施，通过调整部分原有物流项目成本水平而编制的物流成本预算。传统的增量预算方法以过去的经验为基础，实际上是承认过去所发生的一切物流成本支出都是合理的，主张无须在预算内容上做较大改进，而是沿袭以往的物流成本预算项目。增量预算法的缺陷在于：一是容易受到基期的限制，往往难以达到精打细算的预算要求，从而降低物流资源的利用率；二是不加分析地保留或接受原有的成本项目，可能使原本就不合理的物流成本支出继续保存下去，不利于物流成本的降低；三是容易造成物流成本预算编制人员凭主观臆断按照物流成本项目平均削减预算或只增不减，不利于调动各部门降低物流成本的积极性。

(2) 零基预算。20 世纪 60 年代彼得 • 派尔 (Peter Pyhrr) 提出了"以零为基础的编制预算和计划的方法"，即零基预算 (zero-based planing and budgeting，ZPB)，被认为是管理间接费用的有效方法。物流成本零基预算就是对物流成本的预算支出以零为基点，对预算期内各项物流成本支出的合理性、必要性和预算数额的大小，逐项审议决策，确定支出水平。

在零基预算法的运用中，企业在对物流项目进行预算时，无须考虑基期阶段内物流项目的开支水平，只需将零作为起点，对物流项目的开支数目进行考虑。通常来讲，零基预算法有三个步骤：

第一，制定合理的物流预算任务。预算人员应结合企业在预算阶段中指定的经营目标以及各部门需要完成的任务，在此基础上明确物流项目，并对各项物流项目制定一套合理的开支方案，以此明确各项目的开支费用。

第二，对成本效益进行合理分析。预算人员应对各项物流项目的支出费用以及所得费用进行对比，并通过对比结果去评价各项目的实施价值，在此基础上对物流项目的开展资金进行合理分配。

第三，落实预算。在确定物流项目开展顺序的基础上，将企业在预算阶段中能够调动的经济来源进行分配，不仅要保证优先项目的费用需求，还要保证在预算阶段中各项业务能够协调发展。例如，当企业现有流动资金 150 000 元，并要将农产品、工业产品以及生活用品进行运输，预算人员可分别将这三种产品的物流成本以及所得效益进行预估。如果农产品的物流成本为 35 000 元，预估的所得费用为 45 000 元；工业产品的物流成本为 25 000 元，预估的所得费用为 30 000 元；生活用品的物流成本为 15 000 元，预估的所得费用为 30 000 元。通过对比，我们能发现生活用品的所得费用与支出成本比例最大，由此可将大部分资金分配在生活用品的运输中。

零基预算的优点是不受历史资料和先行预算的限制，对一切物流业务活动及其费用开支都要同组织首次创立一样，以零为起点来考虑其必要性和重要程度，然后重新分配企业的物流预算资金，因此这种预算方式可以突破增量预算基期数据的限制，可以有效地压缩经费开支，提高资金使用效率和合理性。但是，零基预算一切从零出发，编制工作量大，任务繁重，时间和人力耗费量大。因此，企业一般每隔几年或有较重大的决策、业务变化时才编制物流成本零基预算，其他时间采用增量预算的方法编制物流成本预算。

3) 定期预算与滚动预算

(1) 定期预算。定期预算是指在编制物流成本预算时，通常以某个特定的会计年度作为预算期的一种预算编制方法。一般来讲，物流项目的活动成本预算周期为一年，这是为了与会计年度进行配合，以便对执行结果进行合理评价。但固定周期法在实际运用中会出现诸多缺陷：一是在无法预测年度末期月份物流项目的开展情况时，企业只能通过大致估计来确定项目的开展金额，导致预算数无法符合项目的实际情况；二是在预算周期的限制下，预算人员通常只对年度剩余月份的项目进行考虑，而缺乏长远考虑，不利于企业的长远物流活动经营和管理；三是这种预算不能随情况的变化而及时调整，常常会造成预算滞后和预算过时，对实际经营的指导和控制意义不大。

(2) 滚动预算。滚动预算是为克服定期预算的缺点而设计的，是对定期预算的改进，它是随时间的推移和外部条件的变化而自行延伸并同步进行调整的预算，一般适用于季度或月度物流成本预算的编制。在滚动预算法的运用中，可将一年内前期月份的项目预算进行详细分析，而一年内后期月份的项目预算可笼统概括。每结束一个月或一个季度时，可结合新情况将后期月份的项目预算进行细化。滚动预算法与固定周期预算法的最大差异就是滚动预算法是连续不断地进行预算，而不是固定在某一时期内。例如，企业可将预算周期设置为 2017 年 4 月至 2018 年 4 月，企业可先对 2017 年 4 月至 2017 年 10 月期间的物流项目进行预算，当 4 月至 7 月期间的物流项目完成后，可将预算周期延伸至 2018 年 7 月。如此一来，可保证每个月物流项目活动的成本预算工作有序开展。

滚动预算不受会计年度的限制，其预算期不是固定不变的，而是连续不断的，所以又称为永续预算。它可以使企业物流管理人员了解未来 12 个月内企业的总体物流成本预算以及近期比较详细的物流成本预算，对于加强物流成本管理工作具有重要意义。滚动预算法能够满足企业持续开展业务的假设，使物流项目的活动成本预算具有一定的完整性以及较强的连续性。预算人员可参照动态的预算条件对企业未来的物流项目进行全面考虑。与此同时，滚动预算法能够允许企业对项目预算做出修正以适应外界实际情况，以此增强物流项目活动成本预算的合理性。但是，采用滚动预算法编制物流成本预算，也会加大预算工作量。

【例 4-4】丰顺公司 2017 年物流成本明细如表 4.2 所示，2018 年预计物流成本增加率如表 4.3 所示，2018 年第二～第四季度及 2019 年第一季度预计物流成本增长率如表 4.4 所示。

表 4.2　丰顺公司 2017 年物流成本明细表　（单位：元）

物流成本		供应物流成本	企业内物流成本	销售物流成本	回收物流成本	废弃物物流成本
第一季度	1 月	8 000	6 000	12 000		
	2 月	8 000	7 000	13 000		
	3 月	9 000	7 000	13 000		
	小计	25 000	20 000	38 000		
第二季度	4 月	11 000	7 000	12 000		
	5 月	12 000	8 000	12 000		
	6 月	9 000	7 000	13 000		
	小计	32 000	22 000	37 000		
第三季度	7 月	12 000	9 000	14 000		
	8 月	13 000	7 000	13 000		
	9 月	10 000	8 000	12 000		
	小计	35 000	24 000	39 000		
第四季度	10 月	8 000	8 000	11 000	20 000	
	11 月	9 000	9 000	13 000		
	12 月	10 000	7 000	12 000		30 000
	小计	27 000	24 000	36 000	20 000	30 000
合计		119 000	90 000	150 000	20 000	30 000

表 4.3　丰顺公司 2018 年预计物流成本增长率

物流成本		供应物流成本/%	企业内物流成本/%	销售物流成本/%	回收物流成本/%	废弃物物流成本/%
第一季度	1 月	−5	−3	8		
	2 月	5	−3	10		
	3 月	6	−4	10		
第二季度		5	−5	9		
第三季度		6	−4	12		
第四季度		6	−2	10	2	3

表 4.4　丰顺公司 2018 年第二～第四季度及 2019 年第一季度预计物流成本增长率

物流成本		供应物流成本/%	企业内物流成本/%	销售物流成本/%	回收物流成本/%	废弃物物流成本/%
2018 年第二季度	4 月	5	6	8		
	5 月	4	−4	11		
	6 月	6	−5	9		
2018 年第三季度		6	−4	12		
2018 年第四季度		6	−2	10	2	3
2019 年第一季度		4	−3	6		

假设丰顺公司采用的预算编制方法是滚动预算法，那么丰顺公司 2018 年第一季度编制的物流成本预算如表 4.5 所示。

表 4.5　丰顺公司 2018 年第一季度初编制的物流成本预算表　（单位：元）

物流成本			2017 年实际数	预计增长率/%	2018 年预算数
供应物流成本	第一季度	1 月	8 000	−5	7 600
		2 月	9 000	5	9 450
		3 月	9 000	6	9 540
		小计	25 000		26 590
	第二季度		32 000	5	33 600
	第三季度		35 000	6	37 100
	第四季度		27 000	6	28 620
	合计		119 000		125 910
企业内物流成本	第一季度	1 月	6 000	−3	5 820
		2 月	7 000	−3	6 790
		3 月	7 000	−4	6 720
		小计	20 000		19 330
	第二季度		22 000	−5	20 900
	第三季度		24 000	−4	23 040
	第四季度		24 000	−2	23 520
	合计		90 000		86 790
销售物流成本	第一季度	1 月	12 000	8	12 960
		2 月	13 000	10	14 300
		3 月	13 000	10	14 300
		小计	38 000		41 560
	第二季度		37 000	9	40 330
	第三季度		39 000	12	43 680
	第四季度		36 000	10	39 600
	合计		150 000		165 170
回收物流成本	第一季度	1 月			
		2 月			
		3 月			
		小计			
	第二季度				
	第三季度				
	第四季度		20 000	2	20 400
	合计		20 000		20 400

续表

物流成本			2017 年实际数	预计增长率/%	2018 年预算数
废弃物物流成本	第一季度	1 月			
		2 月			
		3 月			
		小计			
	第二季度				
	第三季度				
	第四季度		30 000	3	30 900
	合计		30 000	3	30 900
总计			409 000		429 170

若已知丰顺公司 2018 年第一季度实际发生的供应物流成本为 26 000 元，企业内物流成本为 22 000 元，销售物流成本为 38 000 元，回收物流成本和废弃物物流成本均为 0，那么丰顺公司 2018 年第二季度编制的滚动预算如表 4.6 所示。

表 4.6　丰顺公司 2018 年第二季度编制的物流成本预算数　　（单位：元）

物流成本			2017 年实际数	2018 年第一季度实际数	预计增长率/%	2018 年预算数	2019 年第一季度预算
供应物流成本	第二季度	4 月	11 000		5	11 550	
		5 月	12 000		4	12 480	
		6 月	9 000		6	9 540	
		小计	32 000			33 570	
	第三季度		35 000		6	37 100	
	第四季度		27 000		6	28 620	
	2019 年第一季度			26 000	4		27 040
	合计		94 000	26 000		99 290	27 040
企业内物流成本	第二季度	4 月	7 000		−6	6 580	
		5 月	8 000		−4	7 680	
		6 月	7 000		−5	6 650	
		小计	22 000			20 910	
	第三季度		24 000		−4	23 040	
	第四季度		24 000		−2	23 520	
	2019 年第一季度			22 000	−3		21 340
	合计		70 000	22 000		67 470	21 340

续表

物流成本			2017 年实际数	2018 年第一季度实际数	预计增长率/%	2018 年预算数	2019 年第一季度预算
销售物流成本	第二季度	4 月	12 000		8	12 960	
		5 月	12 000		11	13 320	
		6 月	13 000		9	14 170	
		小计	37 000			40 450	
	第三季度		39 000		12	43 680	
	第四季度		36 000		10	39 600	
	2019 年第一季度			38 000	6		40 280
	合计		112 000	38 000		123 730	40 280
回收物流成本	第二季度	4 月					
		5 月					
		6 月					
		小计					
	第三季度						
	第四季度		20 000		2	20 400	
	2019 年第一季度						
	合计		20 000			20 400	
废弃物物流成本	第二季度	4 月					
		5 月					
		6 月					
		小计					
	第三季度						
	第四季度		30 000		3	30 900	
	2019 年第一季度						
	合计		30 000			30 900	
总计			326 000	86 000		341 790	88 660

4）概率预算

概率预算是对具有不确定性的物流成本项目，估计其可能出现的价值条件及其概率，在计算期望值的基础上编制的物流成本预算。常规的物流成本预算编制，都假设企业的物流经营活动是稳定的，所涉及的业务量等因素都是一个确定的值，所编制的物流成本预算都是一种确定性的预算。但在实践中，影响企业经营活动的不确定因素很多，在市场条件、相关政策等因素变动比较大的情况下，业务量、价格、成本等变量有时是难以确定的，这时就需要企业根据客观条件，对有关变量进行分析，估计它们可能变动的范围及其在该范围内出现的概率。然后结合概率对各变量进行调整，计算期望值，并在此基础上编制物流成本预算。

运用概率预算法编制物流成本预算考虑了计划期内各种可能的情况，考虑问题比较全面，更符合实际情况，但如何估计未来的各种可能情况及其概率是比较困难的事情，尤其是概率的确定容易受主观因素的影响。

5) 作业成本法在物流成本预算编制的应用

作业成本法的预算理念是以作业为核心，对作业情况进行动态以及实时的追踪反映，以此对资源使用情况以及作业业绩进行评价。在作业成本法的运用中，以作业为核心的预算方式取代了以实体为核心的预算方式。在作业成本法的预算理念中，物流项目的活动成本即为业务活动中所有作业所使用的全部成本。就作业成本法的预算实质来讲，就是将作业作为分配费用的理论基础，并引导预算人员关注成本发生的根本原因，避免预算人员过于注重成本结果。对此，将作业成本法与物流项目活动的成本预算相结合，能够帮助预算人员对预算差异的形成本质进行客观的分析，也极大地增强了物流项目的成本预算效果。与此同时，在作业成本法的运用中，作业是联系业务费用投入与业务费用产出的桥梁，业务资源可通过作业实现商品价值，企业物流项目的开展过程则是一种作业链的形式。因此，将作业成本法应用到物流项目活动预算体系的编制中，并通过作业中心来制定责任中心，避免出现经济责任以及责任不清等情况，以便于预算人员对间接费用进行详细预算。在具体实施作业成本法的过程中，应把过程以及团队作为物流项目成本预算的控制点，并选取正确的预算方法。总而言之，作业成本法是一项现代成本计算法，可为弹性预算法的体系构建提供重要依据，并具有对作业计量变化所导致成本变动进行分析的能力。

物流成本预算的编制方法各有利弊，企业在实际运用中要结合自身需要，根据整体经营战略及物流成本管理的具体要求和不同成本项目的特点，选择恰当的方法，必要时可根据需要选择多种预算方法结合使用，以编制更加科学、合理，实用性、可操作性更强的物流成本预算方案。

4. 物流成本预算编制的步骤及组织实施

1) 物流成本预算编制的步骤

无论采用哪种预算编制模式和预算编制方法，物流成本预算的编制大致分为四个步骤：

(1) 收集整理资料。在编制物流成本预算前，需要根据编制需求广泛收集和整理各项基础资料，并加以简单地分析研究。具体需要收集的资料包括：企业预算期内的物流成本预测情况和物流成本控制目标；预算期内各物流成本项目的计划单耗和消耗定额；上年度物流成本支出分析资料、本企业历史先进物流成本水平资料、国内外同类企业相关物流成本资料；相关费用的开支标准；与物流成本预算编制相关的其他生产经营计划资料等。

(2) 前期物流成本预算执行进行情况分析。这一步主要是对前期物流成本预算的执行情况进行分析，尤其要将前一期具有可比性的实际物流成本与预算成本进行对比，与同行业先进水平进行对比，找到差距，查找原因并总结经验教训，以获得降低物流成本的有效途径和方法。

(3) 测算相关因素变动对物流成本的影响。也就是根据预算期内物流成本管理目标，考虑预算期影响物流成本升降的因素，研究降低物流成本的措施，测算预算期物流成本可能降低的幅度，使企业对预算期预定成本目标的实现有比较大的把握。

(4) 正式编制物流成本预算。正式编制物流成本预算，一般由财务部门牵头，其他部门积极配合，依据收集和整理的相关资料，在对前期物流成本预算执行情况进行分析、充分考虑相关因素变动对实现物流成本管理目标影响的基础上编制企业正式的物流成本预算，并制定促进物流成本预算目标实现的具体控制措施。

2) 物流成本预算编制的组织实施

物流成本预算的编制是一项复杂的系统工程，需要企业高层管理部门的全力支持和物流系统及其他相关部门的精诚合作和大力支持。物流成本预算编制工作量较大的企业，往往还会设置专门的物流成本预算委员会，全面负责指导、组织、协调物流成本预算工作，其主要职责是：提出企业物流成本管理的总体目标，并指导协调各部门形成自己的物流成本管理具体目标；统筹指导企业物流成本预算编制工作；审查、协调各部门编制的物流成本预算方案，综合平衡确定企业的物流成本预算体系；监督、检查企业各部门物流成本预算的执行情况；分析、评价物流成本预算执行的结果，并提出具体的改进意见。按照预算编制工作的组织方式不同，物流成本预算编制可分为集中编制、分级编制和集中与分级编制相结合的编制方式。

(1) 集中编制。集中编制是指由企业最高管理层会同物流预算委员会集中编制企业的物流成本预算。集中编制的优点在于便于统一指挥和调度，利于总体协调，避免部门之间冲突的发生；缺点在于可能会遏制各责任单位参与物流成本预算及管理的积极性和创造性。一般来说，集中编制物流成本预算的方式在集权管理组织结构形式的企业中往往采用较多。

(2) 分级编制。分级编制物流成本预算是先由各部门结合本部门的具体工作目标和相关资料，编制本部门的初步物流成本预算方案，再由下至上层层汇总制定企业总体的物流成本预算。分级编制、层层汇总往往会经过几轮往上汇总，向下反馈的过程。这种方法的优点在于利于调动各责任单位的积极性和创造性。不足之处在于在预算编制过程中，各责任单位往往只关注本部门情况和利益，部门之间相互支持较少，协调工作难度大，因此造成物流成本预算编制工作量也相应增大，有可能影响预算的质量和时效。一般来说，采用分权组织形式的企业往往较多采用分级编制物流成本预算的方式。

(3)集中编制与分级编制相结合的方式。分级编制和集中编制物流成本预算方案，都存在固有的缺陷，实践中更多的是采用集中编制与分级编制相结合的方式，这种方式有利于积极引导全体成员参与物流成本预算编制，编制的预算方案会更加切合工作实际，同时容易受到广大物流成本预算执行者的理解和支持，增强实现物流成本预算目标的积极性和自觉性。集中编制与分级编制相结合的物流成本预算方案编制的具体流程是：首先，由企业最高管理层会同物流成本预算委员会提出企业物流成本管理的总体目标和具体要求；然后由各部门根据企业总体的物流管理目标要求，结合本部门的具体物流成本管理目标编制本部门的初步物流成本预算方案，报送物流成本预算委员会审核批准；最后作为正式预算下发给各部门执行。

4.1.3　物流成本预算控制

物流成本预算的执行有赖于企业物流成本管理实施过程的控制，为了提高物流预算管理的科学性和严肃性，应当明确物流成本预算的编制、审批、执行、分析和考核以及各部门、各环节的职责、程序和具体的要求。企业应该建立科学合理的物流成本预算工作岗位责任制，明确相关部门和岗位的职责、权限，严格遵守物流成本预算工作中不相容岗位相互分离、相互制约和相互监督的原则。物流成本预算工作中的不相容岗位一般包括：物流成本预算编制和预算审批；物流成本预算审批和预算执行；物流成本预算执行和预算业绩考核。从流程上来讲，物流成本预算控制要重点加强对物流成本预算编制、预算执行、预算调整、预算分析与考核过程的控制，这几个重点环节的管理控制是物流成本预算控制和预算目标实现的关键。按照预算控制的环节分类，物流成本预算的控制分为事前控制、事中控制和事后控制三个环节，也就是对物流成本预算的预算编制阶段、预算执行与调整阶段、物流成本预算的分析与考核阶段的控制。

1. 对物流成本预算编制的控制

物流成本预算的事前控制主要是指对物流成本预算编制的控制。在物流成本预算管理中，企业首先应当加强对物流成本预算编制环节的控制，依据企业实际情况对物流成本预算编制依据、程序和方法等做出明确规定，确保物流成本预算编制依据合理、程序适当、方法科学。同时，企业还应当结合本企业的业务发展情况，综合考虑预算期内经济政策变动、行业市场状况、企业经营管理的内外部环境变化等因素对生产经营活动特别是物流活动可能造成的影响，并在此基础上编制相应的物流成本预算。企业在编制物流成本预算时应当实行全员参与、上下结合、分级编制和逐级汇总相结合的方式。当多数人参与预算制定时，员工对于预算的实现往往表现出更高的积极性和自觉性。因为让全员参与进来，往往更容易让参与者强烈地感觉到这是“我参与决定”的预算，是“我们”的预算，而不是外人强加于“我”的预算。因此，实践中，在条件允许的情况下，物流成本预算的编制应当鼓励全员参与，将企业预算年度内的总体目标层层分解，具体落实为每个部门和员工的目标，然后编制出各个目标下的物流成本预算。在目标确立与预算编制过程中，管理人员要注意就有关目标和具体预算与下属及相关部门进行充分的沟通和协调，从而更好地调动员工参与预算的积极性和主动性，使员工在物流成本预算实施过程中能够更大可能地发挥主观能动性，更好地实现主动的“自我控制”。此外，在物流成本预算编制方法的选择或利用上，企业可以结合自身业务、不同物流成本项目的特点以及物流成本管理控制的需要，选择或综合运用固定预算、弹性预算、增量预算、零基预算、定期预算、滚动预算或概率预算等方法，以更好地控制物流成本预算的编制。

2. 对物流成本预算执行的控制

物流成本预算管理目标的实现仅靠物流成本编制环节的控制和把握是不够的，物流目标成本的实现有赖于物流成本预算执行的有效控制。在物流成本预算执行控制方面，企业要处理好以下几方面的问题。

首先，企业应当对物流成本预算指标的分解方式、预算执行责任制的建立、预算执行情况的报告等做出明确规定，确保物流成本预算严格执行。时间控制方面，企业应当以年度物流成本预算作为组织、协调各项物流经营活动和管理活动的基本依据，并将年度物流成本预算分为季度预算、月度预算等，通过实施分期预算控制，实现年度物流成本预算目标；空间上，企业则应将物流成本预算指标层层分解，落实到内部各部门、各环节和各岗位，同时对照已确定的指标，定期或不定期对相关部门、人员预算指标完成情况进行检查、考评。

其次，企业还应当建立物流成本预算执行情况预警机制，通过科学选择预警指标，合理确定预警范围，及时发出预警信号，积极采取应对措施，同时应当积极推进物流成本预算管理的信息化，通过现代信息技术监督控制预算执行，提高预警与应对水平。

最后，企业还应建立物流成本预算执行结果质询制度，对实际结果与预算指标差异较大的，应要求预算执行部门做出解释并采取相应措施。在进行物流成本预算执行控制时必须要处理好两个关键问题：一是对实际执行结果与预算指标差异较大要有及时地、科学地判断，明确差异过大是因为预算执行得不好，还是因为预算制定本身不够科学合理，或是因为实际情况发生了较大变化但预算未及时调整造成，并在科学判断的基础上做出合理决策，及时纠正预算执行的偏差。二是要注意识别物流成本是否可控。一般情况下，责任部门仅对可控的物流成本负责，而无须对不可控的物流成本负责，如果实际结果与预算指标差异较大主要是可控成本增加造成的，则应及时质询、追究责任部门的责任，并要求其立即整改，按照物流成本预算的要求进行改进；如果实际执行结果与预算指标差异较大的原因在于不可控成本，那么则不应该直接追究责任部门的工作，而应从企业物流成本预算或预算执行控制流程等方面找原因，或进一步追溯到上一层级的物流成本控制责任中心。

3. 对物流成本预算调整的控制

原则上，物流成本预算一旦确定，就不应该进行随意的调整。但是实践中，由于企业内外部经营环境的变化等，可能会发生物流成本预算调整。物流成本预算调整是一件非常严肃的事情，企业应当加强对物流成本预算调整环节的控制，保证物流成本预算调整依据充分、程序合规、方案经济可行。

一般情况下，企业正式下达执行的物流成本预算，不得随意调整。只有发生以下情形时，才能按规定程序调整物流成本预算：一是市场环境、经营条件或国家政策法规等发生重大变化的时候可以按照规定的程序对预算进行适当调整；二是出现重大自然灾害、公共紧急事件等，致使物流成本预算的编制基础不成立或者可能导致物流成本预算执行结果产生重大差异的时候，经过科学论证确实需要调整预算时可以根据规定的程序调整预算。确实需要调整物流成本预算的，由成本预算执行部门逐级向原物流成本预算审批机构提出书面报告，阐述物流成本预算执行的具体情况、客观因素变化情况及其对物流成本预算执行造成的影响程度，提出物流成本预算的调整幅度。物流成本预算管理部门应当对成本预算执行部门提交的物流成本预算调整报告进行审核分析，集中编制物流成本预算调整方案，经批准后下达执行。

4. 物流成本预算分析与考核的控制

物流成本预算的事后控制主要是对物流成本预算分析与考核环节的控制。首先，企业应当建立物流成本预算执行情况分析制度，由物流成本预算管理部门定期召开物流成本预算执行分析会议，通报物流成本预算执行情况，研究解决物流成本预算执行中存在的问题，提出改进措施。具体可采用定量分析与定性分析相结合的方式，运用比率分析、比较分析和因素分析等方法，充分反映物流成本预算执行的现状、存在问题等，对于物流成本预算执行差异，应当客观分析产生的原因，提出解决意见或建议。其次，企业应建立物流成本预算的考核和奖惩制度。物流成本预算执行情况的考核要坚持公开、公平、公正的原则，根据物流成本预算执行部门上报的预算执行报告，在审查核实的基础上实施考核，同时考核结果与部门和员工奖惩相挂钩，强化对各部门和员工执行物流成本预算的激励与约束。这里要注意物流成本预算执行不应作为评价部门和员工物流业绩的唯一标准，因为这样会导致物流管理人员的短期行为，即物流管理人员会采取一些措施，以损害企业长期利益为代价追求改善短期物流经营业绩，例如，物流管理人员通过减少商品检验次数来降低物流成本，这样会美化物流成本预算的执行，较好地完成预算目标，但很显然，这损害了企业的整体和长期利益。所以，企业应建立完整的物流成本考核体系，而物流成本预算仅应作为其中的重要内容之一。

4.2　物流成本控制

4.2.1　物流成本控制的概念与内容

1. 物流成本控制的概念

物流成本控制，是指为了降低物流成本水平，保证物流目标成本和成本预算任务的完成，在物流活动过程中，根据预定的标准或物流目标成本，对企业物流成本形成的各种因素及物流活动过程中形成的各种损耗，加以监督、调节和约束，及时发现与预定目标成本之间的偏差并采取一定的措施纠正偏差，从而将物流过程中的各种资源消耗和费用开支限制在规定的范围之内的管理活动。物流成本控制是基于物流成本生产机制的控制，而不是简单地控制物流成本支出水平本身，也就是说，物流成本控制一方面是要从源头出发，控制物流成本发生的驱动因素，控制不必要成本的发生；一方面要将无法避免的物流成本支出控制在合理经济的范围之内。只有这样，才能实现对物流成本的长期、有效控制，达到企业物流成本管理的目标。

2. 物流成本控制的内容

1) 广义和狭义的物流成本控制

物流成本的内容从流程的先后来看，分为广义和狭义的物流成本控制两个方面的内容。广义的物流成本控制贯穿于物流的各个阶段，按物流成本发生的时间先后划分，包括事前控制、事中控制和事后控制，也就是成本控制循环中的设计阶段、执行阶段和考核阶段的所有阶段。狭义的物流成本控制仅指事中控制，是在物流过程中，从物流过程开始到结束对物流成本形成和偏离物流成本要素指标的差异所进行的日常控制。

(1) 物流成本的事前控制。物流成本事前控制是指在物流活动或提供物流作业前对影响物流成本的经济活动进行的事前规划、审核，确定目标物流成本，就是在物流活动发生前通过对物流活动的成本功能关系的分析研究，提出对物流功能和目标成本的要求，从根本上解决功能过剩、成本过高的问题。同时还要对影响物流成本的有关因素进行分析研究，制定出一整套的物流成本控制制度，针对不同类型的物流成本采取不同方法约束成本开支，防止偏差和浪费的发生，它们又分别被称为成本的前馈控制和预防控制。

(2) 物流成本的事中控制。物流成本事中控制又称日常成本控制，就是指在物流成本形成过程中，企业内部各级对物流成本负有经营管理责任的单位，根据事先制定的成本目标或标准，对企业各责任中心日常发生的各项物流成本和费用进行严格的计量、监督，如发生偏差，应及时分析原因并采取措施进行调节，使各项物流成本费用不超过预定的标准，以保证物流目标成本的实现。物流成本事中控制是物流成本的过程控制。物流成本的事中控制应在物流目标成本归口分级管理的基础上进行，严格按照物流目标成本对一切生产经营耗费进行随时随地的检查审核，把可能产生损失浪费的苗头消灭在萌芽状态，并且把各种成本偏差的信息，及时反馈给有关责任单位，以利于及时地采取纠正措施。

(3) 物流成本的事后控制。物流成本事后控制是指在物流成本发生后，对实际物流成本的核算、分析和考核，分析研究日常发生的成本差异及其原因，找出成本升降的原因，明确经济责任，为企业物流活动计划和物流目标成本的确定提供改进意见，又被称为成本的后馈控制。物流成本的事后控制最重要的就是将实际物流成本和一定标准进行比较，确定物流成本的节约和浪费额度，并深入分析、查明物流成本节约或超支的主客观原因，确定责任归属，对本责任单位进行相应的考核和奖惩，为日后的物流成本控制提出意见和措施，进一步修订物流成本控制标准，达到控制物流成本的目的。

控制的事前与事后是相对而言的，本期的事后控制，也就是下期的事前控制。现代物流成本控制一般是广义的物流成本控制，是与企业的战略目标和财务管理目标等密切相关的，企业物流成本控制需要做到全员控制、全过程控制、全环节控制和全方位控制。它突破了传统物流成本管理把物流成本局限在“唯成本而成本”的研究领域，把重心转向企业整体战略这一更为广阔的研究领域。

2) 绝对成本控制和相对成本控制

从物流成本控制目标的确定，或从成本控制标准的制定依据的不同来考虑，物流成本控制可以分为绝对成本控制和相对成本控制。绝对物流成本控制就是控制物流成本支出的绝对额，相对物流成本控制则是在降低物流成本耗费的同时，充分利用企业资源，想方设法地增加收入，统筹考虑物流成本耗费与收益之间的均衡关系，实现收入增长超过成本增长，实现物流成本的相对节约，也就是既要节流，又要开源。从这个角度来考虑，现代企业的物流成本控制应该主要是相对物流成本控制，这种控制思路有利于长期的可持续发展，是符合现代企业经营管理的成本控制思路。

4.2.2　物流成本控制的原则与作用

1. 物流成本控制的原则

1) 经济原则

经济原则也叫成本效益原则，是物流成本控制应坚持的最基本原则，这里所说的“经济”是指人力、物力、财务的节约，具体地说就是由于推行物流成本控制而发生的成本，不能超过由于不实施成本控制而丧失的收益，是提高经济效益最核心的问题。经济原则具有实用性，也就是说经济原则一方面要求物流成本控制要起到降低物流成本、纠正物流成本管理偏差的作用；一方面要求企业根据条件变化，灵活、适时地调整控制方式和手段，科学选择、集中控制重点领域和关键因素，而不是均等用力、对所有成本项目都进行同样的全面周密控制。

2) 全面控制原则

物流成本控制的全面控制原则就是说在物流成本控制中要做到全过程控制、全方位控制和全员控制三个基本要求。全过程控制，要求物流成本控制不应只限于生产过程，而应该从生产向前延伸到投资、设计，向后延伸至用户服务成本控制等环节，也就是说物流成本全面控制不限于对物流成本管理的活动过程，而应包括企业经营管理的全过程。全方位控制，是指企业物流成本控制不仅对各项费用发生的数额进行控制，而且要对费用发生的时间和用途加以控制，讲究物流成本开支的经济性、合理性和合法性。全员控制，是要求不仅要有专职物流成本管理机构和人员参与物流成本控制，还要广大职工群众积极在物流成本控制中发挥重要作用，使物流成本控制更加深入有效地开展。

3) 重点控制原则

重点控制原则与经济原则的最终要求是一致的，是管理学上最有名的“二八”原则的贯彻，80%的物流成本支出是由 20%的重点成本项目造成的，因此物流成本管理者应将控制的关注点集中在这关键的 20%的成本项目上，而对其他数额较小或无关大局的成本项目则可以简单控制或忽略不计。也就是说，重点控制原则，要求对超出常规的关键性差异进行控制，保证管理人员将精力集中于偏离标准的一些重要事项上。企业日常出现的物流成本差异成千上万、头绪繁杂，管理人员对异常差异重点实行控制，有利于提高物流成本控制的工作效率。重点控制是企业进行日常控制的重要原则。

4) 权、责、利对等的原则

企业管理在要求企业内部各部门和单位完成物流成本控制职责的同时，必须赋予其在规定范围内有决定某项费用是否可以开支的权利。如果没有这种权利，也就无法进行物流成本控制。只有切实贯彻责、权、利相结合的原则，物流成本控制才能真正发挥其效益。权、责、利原则有赖于企业高层管理对物流成本控制的积极推进和大力支持，同时也需要对物流成本业绩进行评价，据此实行奖惩，以充分调动各单位和职员进行物流成本控制的积极性和主动性。

物流成本本身具有二律背反的规律，物流成本管理是一项特殊的成本管理活动，因此，在物流成本管理实践中，除了要遵循以上基本原则外，还要满足全面控制与重点控制相结合、局部控制与系统控制相结合、经济控制与技术控制相结合、物流成本控制与物流服务质量控制相结合的重要要求。

2. 物流成本控制的作用

物流成本控制在企业的物流管理中起着重要的作用，主要表现在以下两个方面。

1) 实施物流成本控制能够配合企业取得竞争优势

企业管理中，战略的选择与实施是企业的根本利益之所在，战略的需要高于一切。物流成本控制是可以配合企业为取得竞争优势所进行的战略选择。企业的基本竞争战略有物流成本领先战略、差异化战略和目标聚集战略。物流成本领先战略的核心思想是以物流成本竞争为中心，利用低物流成本优势在竞争中取得超过竞争对手的高额利润，或者以低物流成本为依托，通过价格竞争来扩大市场份额，最终扩大企业的利润，确定企业的竞争优势。对于差异化战略和目标聚集战略，它们不可能单独实施，最终要与物流成本领先战略结合，在实施差异化战略和目标聚集战略过程中实现低物流成本，在低物流成本中走向差异化与目标聚集。可见，低物流成本既是一种战略，同时，也是实施其他战略过程中追寻的一种目标。

2) 实施物流成本控制是企业增加盈利的主要途径

增加利润是企业经营的目的之一，而控制企业物流成本则直接服务于此目的，因为无论在何种情况下，降低物流成本都可以增加利润。在收入不变的情况下，降低物流成本可以增加利润；在收入增加的情况下，降低物流成本可使利润增加得更快；在收入减少的情况下，降低物流成本可抑制利润的下降。因此，降低物流成本是企业实现盈利目的的根本途径。

4.2.3　物流成本控制的方法

1. 目标成本控制法

1) 目标成本控制法的含义及特点

物流目标成本控制法就是为了有效实现物流成本控制的目标，最大限度地满足客户需求，站在企业经营管理战略的高度考虑分析，与战略目标相结合，使物流成本控制与企业经营管理全过程的资源配置协调起来。物流的目标成本控制是一种全过程、全方位、全人员的成本管理方法，以实现利润目标为目的，以物流目标成本为依据，运用价值工程等方法，对企业物流活动过程中所发生的各种支出进行全面管理，以降低物流成本、增强竞争力。

在目标成本法引用的早期，企业通常首先通过市场调查来收集信息，了解客户愿意为产品支付的价格，以及期望的功能、质量等，同时，还应掌握竞争对手所能提供产品的价格，扣除需要得到的利润以及为继续开发产品所需的研究经费，计算出来的结果就是产品在制造、分销和产品加工处理过程中所允许投入的最大目标成本，用式(4.2)表示为

$$物流目标成本=售价-物流目标利润 \tag{4.2}$$

与其他方法相比，物流目标成本控制法具有以下特点：一是物流目标成本控制法坚持

战略理念，在不损害企业竞争地位和收益的前提下探索降低物流成本的方法和途径；二是坚持市场导向，其所确定的层次目标都是基于对竞争市场的层层剖析；三是注重全过程管理及目标成本的归口管理；四是物流目标成本控制不局限于企业内部，其成本计算需要更多的竞争战略、产品战略以及供应链管理战略等企业内部信息。

2) 目标成本控制法的形式

目标成本控制法包括基于价格的目标成本法、基于价值的目标成本法和基于作业成本管理的目标成本法三种基本形式。

(1) 基于价格的目标成本法。基于价格的目标成本法适用于以接收订单提供服务为主要业务的物流企业，其客户的需求相对稳定，物流企业所提供的产品或服务相对稳定，变化不大。目标成本法的主要任务是获取准确的市场信息，明确产品的市场接受价格和预期利润，并为成员的利益分配提供合理的方案。在实施过程中，最具成效和最关键的步骤就是企业之间达成一致的利益水平和分配时间。其基本要求应该是所有物流过程中的企业都获得利益，但利益总和不得超过最大许可利益，且达成的价格应能充分保障企业的长期利益和可持续发展。

(2) 基于价值的目标成本法。这种方法适用于市场需求变化较快，产品有相当的柔性和灵活性，特别是交易型物流关系的情况下，往往采用这种方法。为满足客户需求，企业需向市场提供差异性的高价值产品，这些产品的生命周期通常不长，增大了物流运作的风险。因此，重构物流过程，使其企业的核心能力与客户的现实需求完全匹配，是企业获得竞争优势的关键。有效地实施基于价值的目标成本法，通过对客户需求的快速反应，能够实质性地增强企业的整体竞争能力。然而，为了实现企业冲突的最小化以及减少参与物流的阻力，企业必须始终保持公平的合作关系。基于价值的目标成本法是以所能实现的价值为导向，进行目标成本控制，即按照物流过程中各种作业活动创造价值的比例分摊目标成本，这种按比例分摊的成本成为支付给企业的价格。一旦确定了物流作业活动的价格或成本，就可以运用这种目标成本法来识别能够在许可成本水平下完成的物流作业活动，并选择对企业最有利的物流方案。

(3) 基于作业成本管理的目标成本法。这种方法适用于企业客户的需求是相对一致的，而且是已知和稳定的。企业通过协同安排实现物流过程的长期稳定，为了有效地运用这种方法，要求物流过程能够控制和减少总成本，并使得企业由此而获益。企业往往需要建立作业成本模型，通过对整体物流过程的作业分析，找出不增值部分，从物流作业成本模型中扣除不增值作业，以联合改善作业方案，实现物流成本控制目标。目标成本法的作用在于激发和整合企业的物流过程，以连续提升物流企业的成本竞争能力。因此，基于作业成本管理的目标成本法实质上是以成本加成定价法的方式运作，企业的物流价格由去除浪费后的完成物流作业活动的成本加市场利润构成。这种定价方法促使企业剔除基于自身利益的无效作业活动。

3) 物流目标成本的制定

物流目标成本是否科学、是否符合企业的成本管理需求，是企业实行目标成本控制的首要任务。不同的企业，其物流活动的内容千差万别，其物流目标成本制定的方法也不尽相同，但一般较通用的物流目标成本制定包括了五个基本步骤，即物流目标成本的初步确定、物流目标成本的可行性分析、物流目标成本的分解、物流目标成本的实现、物流目标成本的分析与修订。

(1) 物流目标成本的初步确定。物流目标成本的初步确定，是根据物流目标成本控制法的基本思路，用企业预计的服务收入减去企业的物流目标利润得到的，也就是采用式(4.2)来表示。具体的步骤为首先依据企业经营目标确定预计的服务收入，再根据企业物流经营管理策略采用目标利润率法或上年利润基数法决定企业的物流目标利润。

目标利润率法常用的目标利润计算公式为

物流目标利润=预计服务收入×同类企业平均服务利润率　(4.3)

物流目标利润=本企业净资产×同类企业平均净资产利润率　(4.4)

物流目标利润=本企业总资产×同类企业平均资产利润率　(4.5)

目标利润率法一般采用同类企业平均利润率的原因在于企业至少要达到同类企业的平均报酬水平，才能在激烈的竞争中生存下来。部分比较激进的企业在确定其目标利润时甚至采用同类企业先进水平的利润率来确定预计的目标成本。

【例 4-5】某物流运输行业的同业平均服务利润率为 18.36%，A 企业预计本年的物流运输服务量为 785 万吨·公里，其运输服务的市场价格为 1.2 元/(吨·公里)。则其物流目标利润的初步确定如下：

A 企业物流目标利润=785×1.2×18.36%=172.95(万元)

物流目标总成本=785×1.2−172.95=769.05(万元)

物流目标单位成本=769.05÷785=0.98[元/(吨·公里)]

上年利润基数法，则是指在上年利润的基础上计算物流目标利润(本年利润)，未来不会重复历史，要预计未来的变化(利润增长率)，包括环境的改变和自身的进步。有时候上级主管部门或董事会会对利润增长率有明确的要求，也促使企业采用上年利润基数法。按上述方法计算出的物流目标成本，只是初步设想，提供了一个分析问题的合乎需要的起点。它不一定完全符合实际，还需要对其可行性进行分析。

(2) 物流目标成本的可行性分析。物流目标成本的可行性分析，就是指对初步测算得出的物流目标成本是否切实可行做出一定的分析和判断。物流目标成本的可行性分析主要是进行预计服务收入分析、物流目标利润分析和目标成本分析。企业分析预计服务收入主要是进行市场调研，调查客户需要的物流服务功能和特色，对竞争者进行分析，掌握竞争者物流服务的功能、价格、品质和服务水平等有关资料，并与本企业的资料进行对比。企业在进行客户需求研究、竞争者分析之后，可以通过比较来确定自己的预计服务收入的可行性。企业分析物流目标利润应与企业的中长期目标及利润计划相配，同时考虑销售、利润、投资回报、现金流量、物流服务的品质、成本结构、市场需求和销售政策等因素的影响。最后是企业根据自身实际成本的变化趋势、同类企业的成本水平，充分考虑成本节约的能力，分析物流目标成本的可行性。

(3) 物流目标成本的分解。所谓物流目标成本分解，就是将已通过可行性分析最终确立的物流目标成本，自上而下按照企业的组织结构逐级分解，落实到有关的责任中心。物流目标成本的分解通常不是一次完成的，需要一定的循环、不断修订，有时甚至需要修改原来设立的目标。物流目标成本分解的方法有以下五种：①按管理层次分解。将物流目标成本按总公司、分公司、班组、个人进行分解，这是一个自上而下的过程。②按管理职能分解。即将物流目标成本在统一管理层次按职能部门分解。例如，推广部门负责推广费用，配送部门负责配送费用，运输部门负责运输费用，劳资部门负责工资成本，后勤部门负责燃料和动力费用，行政部门负责办公费用等。③按服务结构分解。即把服务成本分成各种材料消耗成本或人工成本，分派给各责任中心。④按服务形成过程分解。即按服务设计、服务材料采购、服务的提供、服务的推广过程分解成本，形成每一过程的目标成本。⑤按成本的经济内容进行分解。即把服务成本分解成固定成本和变动成本，再把固定成本分解成折旧费、办公费、差旅费、修理费等项目，把年度目标成本分解为季度或月份成本目标，甚至进一步分解为日成本目标；将变动成本分解为直接材料、直接人工、各项变动费用等。

(4) 物流目标成本的实施及修订。物流目标成本分解后，在具体的实施过程中，首先要计算企业物流实际成本与目标成本之间的差异，对于出现不利差异即实际成本超过目标成本的，应运用价值工程、成本分析等方法寻求最佳的物流设计，以期不断降低物流成本。另外，还要对目标成本的执行情况进行检查考核，调动企业各方面降低物流成本的积极性，特别是对那些物流成本占比较大、经常发生波动且控制比较困难的目标成本更要进行经常性的检查，在检查的基础上进行分析、对比差异、揭露矛盾、充分挖掘企业内部潜力，为今后修订目标成本提供依据。

2. 标准成本控制法

1) 物流标准成本的概念及分类

物流标准成本是指经过调查分析和运用技术测定等科学方法制定的、在有效经营的条件下开展物流活动时应当发生的成本，是一种预定的目标成本。以此为基础，把成本的实际发生额区分为标准成本和成本差异两部分。成本差异是因实际成本脱离预定“目标”而发出的一种“信号”，以此为线索进行研究，具体掌握差异形成的原因和责任，并采取相应的措施及时消除物流活动中各种不正常的、低效能的因素，进而避免各种“不利”差异的重新出现，以达到对物流成本进行有效控制的目的。

标准成本一般包括以下几种：

(1) 基本标准成本。它是指一旦确定，只要相关的基本条件没有发生重大变化，就不能随意变动的一种标准成本。这种标准成本将不同时期的实际成本与同一标准成本进行比较，以反映成本的变化和差异。但由于未来的情况总是变化的，因此以基本标准成本来衡量未来的成本水平难免有失偏颇，所以实际中较少采用。

(2) 现行标准成本。现行标准成本是在现有条件下进行有效物流活动的基础上，根据下一期可能发生的有关物流要素的消耗量、预计价格和预计物流经营能力利用程度等制定的标准成本。这种标准成本可以包括管理层认为短期还不能完全避免的、某些不应有的低效、失误和超量消耗，最适合在经济形势变化多端的情况下使用。

(3) 理想标准成本。理想标准成本是以现有经营条件处于最优状态为基础制定的最低成本水平。它通常是根据理论上的有关要素用量、最理想的要素价格和可能实现的最高物流经营能力利用程度来制定的。采用这种标准不允许有任何失误、浪费和损失。由于这种标准未考虑客观实际，提出的要求过高且很难实现，故实际工作中很少采用。

(4) 正常标准成本。正常标准成本是根据正常的耗用水平、正常的价格和正常物流经营能力利用程度制定的标准成本。在制定时，将企业物流经营活动一般难以避免的损耗和低效率等情况也计算在内，这种标准成本由于具有客观性、科学性、现实性、激励性和稳定性等特点，因此在实际中广泛应用。

2) 物流标准成本控制法的实施步骤

物流标准成本控制法以标准成本为基础，将物流成本的实际发生额区分为标准成本和差异成本两部分，实施标准成本控制主要包含了制定单位物流标准成本、根据实际业务量和成本标准计算物流服务的标准成本、汇总计算实际物流成本、计算物流标准成本与物流实际成本的差异、分析物流成本差异产生的原因、向管理层提交物流成本控制报告、评价物流成本控制执行情况等内容。归纳起来，包括了制定物流标准成本、计算与分析物流成本差异、形成报告评价物流成本差异三大步骤。

(1) 制定物流标准成本。

物流标准成本的制定是企业实施物流标准成本控制的第一步，也是计算标准成本差异、进行成本分析和提供成本控制报告的基础和先决条件。制定物流标准成本主要是确定直接人工的标准成本、直接材料的标准成本及物流间接费用的标准成本。其制定标准程序一般是：确定直接材料和直接人工的标准成本、确定物流间接费用的标准成本、确定单位物流作业的标准成本。在制定时，无论哪一个成本项目，都需要分别确定其用量标准和价格标准，两者相乘后得出成本标准。其中用量标准包括单位物流作业材料耗用量、单位物流作业直接人工工时等，主要由生产技术部门主持制定；价格标准包括原材料单价、小时工资率、小时间接费用分配率等，由会计部门和其他有关部门共同研究确定。无论是用量标准还是价格标准，都可以用正常状态和理想状态下的水平来确定，以下以正常状态下的正常标准成本为例来说明物流标准成本的确定。

物流直接材料标准成本的确定依据是物流直接材料的用量标准和物流直接材料的价格标准，其计算公式为

$$\text{物流直接材料标准成本}=\text{物流直接材料的价格标准}\times\text{用量标准} \tag{4.6}$$

因此，确定物流直接材料标准成本的关键就是确定物流直接材料的价格标准和用量标准。其中价格标准是预计下一年度实际需要支付的进料单位成本，包括了发票价格、运费、检验费和正常损耗等成本，而不仅仅指发票的票面价格；用量标准即标准耗用量，是用统计方法、工业工程法和其他技术方法确定的，包含了理想耗用和正常损失两部分的耗用量。

物流直接人工标准成本的制定公式为

物流直接人工标准成本=标准工资率×工时标准　　(4.7)

如果物流活动相关的人工工资采用的是计件工资，那么标准工资率就是计件工资的单价；如果采用的是计时工资，标准工资率则应该用标准工资总额除以标准总工时计算得出。对于工时标准的确定则需要根据现有的物流运作技术条件，对提供某项物流服务所需的时间进行比较准确的测算，这些时间要充分考虑设备调整时间、直接服务操作时间和工间休息时间等因素。

对于物流间接标准成本的制定较直接标准成本要稍微复杂一些。物流间接标准成本分为变动物流间接标准成本和固定物流间接标准成本，两者的制定方法有一定区别。

首先，变动物流间接费用标准成本可根据变动物流作业数量标准和变动物流作业价格标准确定。物流作业数量标准可采用单位物流作业直接人工工时标准、机械设备工时标准或其他标准，但需与变动物流间接费用之间存在较好的线性关系。

价格标准即每小时变动物流间接费用的标准分配率，可根据变动物流间接费用预算除以数量标准总额得到。在采用单位物流作业直接人工工时标准时，变动物流间接费用标准成本的计算过程如式(4.8)、式(4.9)所示：

$$C = T \times R \tag{4.8}$$

$$R = \frac{B}{H} \tag{4.9}$$

式中，C 为变动物流间接费用标准成本；T 为单位物流作业直接人工标准工时；R 为每小时变动物流间接费用标准分配率；B 为变动物流间接费用预算总额；H 为物流作业直接人工标准总工时。

其次，固定物流间接费用标准成本可根据固定物流作业数量标准和固定物流作业价格标准确定。物流作业数量和价格标准的确定与变动物流间接费用相同。因此，固定物流间接费用标准成本的计算公式如式(4.10)、式(4.11)所示：

$$C' = T \times R' \tag{4.10}$$

$$R' = \frac{B'}{H} \tag{4.11}$$

式中，C' 为固定物流间接费用标准成本；T 为单位物流作业直接人工标准工时；R' 为每小时变动物流间接费用标准分配率；B' 为固定物流间接费用预算总额；H 为物流作业直接人工标准总工时。

物流作业总的标准成本就是已经确定好的物流直接材料、物流作业直接人工和物流间接费用的标准成本按照物流作业汇总的数。即

物流标准成本=物流直接材料标准成本+物流直接人工标准成本

$$+变动物流间接标准成本+固定物流间接标准成本 \quad (4.12)$$

(2) 计算与分析物流成本差异。

通过观察、计算和分析物流成本差异，可以了解各部门的工作效率，提高对物流经营活动的调控能力，并利用差异对各部门的业绩进行评价，因此物流成本差异的计算与分析是标准物流成本控制最重要的环节。物流成本差异就是企业物流的实际成本与标准成本之间的差额，包括了物流直接材料成本差异、物流直接人工成本差异和物流间接费用成本差异。

导致物流成本差异的原因是多种多样的，总差异往往是由多种因素综合作用的结果。单从计算的角度看，这些因素可归结为“用量因素”和“价格因素”两类，由这两种因素变动形成的差异分别称之为用量差异和价格差异。物流成本差异的计算和分析就是要将物流直接材料、物流直接人工和物流间接费用三部分差异分别分解为用量差异和价格差异。成本差异分析公式为

$$\begin{aligned}成本差异&=实际成本-标准成本\\&=实际用量\times实际价格-标准用量\times标准价格\end{aligned} \quad (4.13)$$

由于

$$价格差异=实际用量\times实际价格-实际用量\times标准价格 \quad (4.14)$$

$$用量差异=实际用量\times标准价格-标准用量\times标准价格 \quad (4.15)$$

因此，成本差异也就是价格差异与用量差异的和，用公式表示为

$$\begin{aligned}成本差异&=价格差异+用量差异\\&=实际用量\times(实际价格-标准价格)\\&\quad+(实际用量-标准用量)\times标准价格\end{aligned} \quad (4.16)$$

相应地，物流直接材料成本差异是物流直接材料实际成本与标准成本之间的差额，其形成原因一般包括价格脱离标准和用量脱离标准两个方面。前者按实际用量计算，称为价格差异；后者按标准价格计算，称为用量差异。计算公式为

$$物流直接材料价格差异=材料实际用量\times(材料实际价格-材料标准价格) \quad (4.17)$$

$$物流直接材料用量差异=(材料实际用量-材料标准用量)\times材料标准价格 \quad (4.18)$$

一般地，材料价格差异是在采购过程中形成的，不应由耗用材料的操作部门负责，而应由采购部门做出解释。采购部门未能按标准价格进货的原因很多，如物价上涨、违反合同被罚款、采用了不必要的快速运输方式等，企业应针对各种原因确定合理的责任归属。而材料用量差异是在材料耗用过程中形成的，材料用量差异形成的具体原因有很多，如操作失误造成废品和废料增加、机器不适用造成用料增加等。有时多用料也不一定是操作部门的责任，如购入的材料质量低劣、规格不符等，故应具体问题具体分析，合理确定责任归属。

物流直接人工成本差异是指物流直接人工实际成本与标准成本之间的差额，它也可分解为“价差”和“量差”两部分。价差是指实际工资率脱离标准工资率的差额，按实际工时计算确定，又称工资率差异；量差是指实际工时脱离标准工时的差额，按标准工资率计

算确定，又称为人工效率差异。其计算公式分别为

物流直接人工工资差异=实际工时×(实际工资率-标准工资率) (4.19)

物流直接人工效率差异=(实际工时-标准工时)×标准工资率 (4.20)

一般地，工资率差异形成的原因包括直接操作工人升级或降级使用、奖励制度未产生实效、工资率调整、出勤率变化等因素，应归属于人事劳动部门管理。差异的具体原因会涉及操作部门或其他部门。而直接人工效率差异形成的原因则包括工作环境不良、劳动情绪不佳、作业计划安排不当、作业量太少无法发挥批量优势等因素，应主要由操作部门负责。以上原因分析只是针对理论或大部门企业而言，具体实践中，企业必须对造成直接人工“价差”和“量差”的根本原因进行客观分析，以找到差异的原因并提出有针对性的改进措施。

物流间接费用成本差异，可分为变动物流间接费用成本差异和固定物流间接费用成本差异。变动物流间接费用成本差异是指实际变动物流间接费用与标准变动物流间接费用之间的差额，它也可分解为“价差”和“量差”两部分。价差是指变动物流间接费用的实际小时分配率脱离标准，按实际计算的差额，它反映耗费水平的高低，故称为变动物流间接费用耗费差异；量差是指实际工时脱离标准工时费用率计算确定的差额，它反映工作效率变化引起的费用节约或超支，故称为物流间接费用效率差异。变动物流间接费用耗费差异的形成往往是因为变动物流间接费用开支额或工时耗费发生，责任一般在物流操作部门。

变动物流间接费用效率差异=(实际工时-标准工时)
×变动物流间接费用标准分配率 (4.21)

变动物流间接费用耗费差异=(变动物流间接费用实际分配率
-变动物流间接费用标准分配率)
×实际工时 (4.22)

固定物流间接费用成本差异由耗费差异、闲置能量差异和效率差异组成，其中

固定物流间接费用耗费差异=固定物流间接费用实际成本
-固定物流间接费用标准成本 (4.23)

固定物流间接费用闲置能量差异=(计划物流作业量标准工时
-实际物流作业量实际工时)
×标准费用分配率 (4.24)

固定物流间接费用效率差异=(实际物流作业量实际工时-实际物流作业量标准工时)
×标准费用分配率 (4.25)

固定物流间接费用效率差异的原因一般是开工不足、车辆开动率和仓储容量利用率低等，责任一般在管理部门；耗费差异的原因比较复杂，可能是成本制定不合理、实际物流服务量不足等，对这类差异原因要进行深入分析，才能分清责任。

【例 4-6】假设某企业的物流标准成本和实际成本资料如表 4.7 和表 4.8 所示，该企业预计全月的计划物流作业量标准总工时为 4 000 工时，计划提供物流服务 500 次，实际提供物流服务 510 次，购入直接材料 50 000kg。请根据以上资料，计算该企业的物流成本差异。

表 4.7　标准成本资料

成本项目	标准单价或标准分配率	标准用量	标准成本/元
物流直接材料	1 元/kg	150 kg	150
物流直接人工	5 元/工时	10 工时	50
变动物流间接费用	2 元/工时	10 工时	20
物流变动成本合计			220
固定物流间接费用	1 元/工时	10 工时	10
单位物流标准成本			230

表 4.8　实际成本资料

成本项目	标准单价或标准分配率	标准用量	标准成本/元
物流直接材料	1.10 元/kg	148kg	162.80
物流直接人工	5.2 元/工时	9.5 工时	49.40
变动物流间接费用	1.8 元/工时	9.5 工时	17.10
物流变动成本合计			229.30
固定物流间接费用	1.2 元/工时	9.5 工时	11.40
单位物流标准成本			240.70

①物流直接材料成本差异的计算

物流直接材料成本差异的计算可以采购量和耗用量为基础分别计算，两种方法的特点在于：以采购量为基础计算，能给管理部门及时提供材料采购的差异信息，在责任会计制度下，有利于分清经济责任，但无法计算实际成本与标准成本的总额；以耗用量为基础计算，则可以给管理部门提供物流直接材料差异的信息。两种方法各有利弊，但在实践中，一般是以耗用量为基础进行计算，较少采用采购量为计算基础。

以耗用量为基础计算物流直接材料成本差异：

物流直接材料价格差异=[(1.1−1)×148]×510=7 548(元)

物流直接材料用量差异=(148×510−150×510)×1=−1 020(元)

物流直接材料成本差异=7 548−1 020=6 528(元)

物流直接人工成本差异的计算：

物流直接人工工资率差异=(5.2−5)×9.5×510=969(元)

物流直接人工效率差异=(9.5−10)×510×5=−1 275(元)

物流直接人工成本差异=969−1 275=−306(元)

变动物流间接费用成本差异的计算：

变动物流间接费用耗费差异=(1.8−2)×9.5×510=−969(元)

变动物流间接费用效率差异=(9.5−10)×510×2=−510(元)

变动物流间接费用成本差异=−969−510=−1 479(元)

②固定物流间接费用成本差异的计算

固定物流间接费用耗费差异=1.2×9.5×510−1×10×500=814（元）

固定物流间接费用闲置能量差异=（10×500−9.5×510）×1=155（元）

固定物流间接费用效率差异=（510×9.5−510×10）×1=−255（元）

固定物流间接费用成本差异=814+155−255=714（元）

（3）形成报告，评价物流成本控制执行情况。

通过计算和分析标准成本差异，深入分析产生差异的原因，并找到相应的责任部门，形成完整的物流成本差异分析报告，提交管理部门，为管理部门积极发现差异原因，采用经济有效的措施控制不恰当的成本差异，降低物流成本，并为物流成本控制业绩评价提供依据。

3. 责任成本控制法

责任成本是指责任单位能对其进行预测、计量和控制的各项可控成本之和。采用责任成本控制法，合理确定与划分各物流部门的责任成本，明确各物流部门的成本控制范围，不仅使物流成本的控制有了切实的保障，还使物流成本控制有了主动性。

1）成本责任单位的划分

确定责任成本的前提是正确划分责任单位，划分不在于单位大小，在物流成本管理中，责任可以分清、物流成本管理业绩可以单独考核的单位都可以划分为责任单位。计算责任成本的关键是判别每一项物流成本费用支出的责任归属，通常可以按以下原则确定责任单位。

（1）如果某责任单位通过自己的行动能有效影响某项成本的数额，那么该单位就要对该项成本负责。

（2）如果责任单位有权决定是否使用某种物流，它就应对这种物流服务的成本负责。

（3）某管理人员虽然不直接决定某项物流成本，但是上级要求其参与有关事项，从而对该项成本的支出施加了重要影响，则其对该成本也要承担责任。

企业物流活动各环节紧密衔接相互交叉，形成一个纵横交错、复杂严密的网络，通常分为横向的责任单位和纵向的责任单位。横向责任单位是指企业为了满足生产经营管理上的需要而设置的平行职能机构，它们之间是协作关系，而非隶属关系。而纵向责任单位是指企业及其职能部门为了适应分级管理的需要，自上而下层层设置的各级部门或单位，它们之间在层级上属于隶属关系，但其在成本的可控性上有各自的责任与职责。

2）责任成本的计算

为了明确各单位的责任执行情况，必须定期对责任成本进行计算和考核，责任成本的计算方法有直接计算法和间接计算法两种。

直接计算法：直接计算法就是将责任单位的各项责任成本直接加和汇总，以求得该单位责任成本总额的方法。

间接计算法：间接计算法是以本责任单位的物流成本为基础，扣除该责任单位的不可控成本，再加上从其他单位转来的责任成本的计算方法。其计算公式为

某单位责任成本=该单位所有成本−其不可控成本+其他单位转来的责任成本 (4.26)

这种方法不需要逐步计算各责任单位的责任成本，计算工作量比直接计算法小，运用时，最重要的是合理确认该单位的不可控成本和从其他单位转来的责任成本。

3) 责任成本控制的综合管理

(1) 合理划分物流责任中心。根据企业管理体制和经营管理的需要，划分若干责任中心(责任单位)，对各自的物流成本负责，并明确各中心应承担的经济责任和拥有的经济权利。例如运输部门负责运输费用，仓储部门负责仓储费用。

(2) 确定物流责任目标。物流目标成本分解到每一责任中心，确定其相应的责任目标。各责任中心只对各自的成本负责。确定物流责任目标不仅明确了责任中心的工作任务，也为其提供了业绩考核标准。

(3) 建立物流责任计算系统。为了考核物流成本履行情况，需要建立一套完整的日常记录，计算和考核有关责任预算情况，评价各有关责任中心的工作并及时反映存在的问题。

(4) 建立内部协调制度。责任中心都有自己的部门利益，为此往往需要建立监督与协调机制来规范各责任中心运作。例如，运输部门的经理就不会认同为了降低库存成本而增加运输成本的观点，因为库存成本并不在他的预算考核范围内，他的业绩是通过运输成本的降低来衡量的。

(5) 定期编制物流业绩报告。责任报告是有关责任中心在一定期间内经营情况的集中反映，是责任中心预算执行结果的概括说明。定期编制物流业绩报告能使各责任中心发现存在的问题，最大限度地降低物流费用水平。

(6) 考评物流工作业绩。物流工作业绩的考评也是物流责任控制的重要一环。发生物流成本费用的责任中心只对范围内的可控成本负责，它的考评指标是成本节约额和成本节约率。而除了物流成本费用外，还向企业内部其他部门或外部顾客收取服务费用的物流责任中心，对它的考核指标是毛利和营业利润等。

4. 定额成本控制法

定额成本控制法是根据制定的定额成本来控制实际成本的发生，以降低物流成本的一种控制方法。在实施过程中，首先确定物流定额成本；其次，当物流成本实际发生时，将其分为定额成本与定额差异两部分来归集，同时分析产生差异的原因，及时反馈至物流管理部门。实行物流定额成本控制制度，能在有关耗费发生的当时，随时揭示实际成本脱离定额的各种差异，有利于考核物流活动各个环节成本控制的成效。

物流定额成本是以现行消耗定额为依据计算出来的，是企业在现有物流经营条件和技术水平下应达到的成本水平。和物流标准成本一样，物流定额成本主要包括物流直接材料

定额成本、物流直接人工定额成本和物流相关费用定额成本。其中，物流直接材料定额成本是材料的用量定额和计划价格的乘积。直接材料定额成本常见于物流活动中的包装成本和流通加工成本。物流直接人工定额成本是直接人工定额工时和计划工资率或计件工资单价的乘积。直接人工定额成本涉及企业物流活动中的各成本项目，包括运输成本、仓储成本、包装成本、装卸搬运成本、流通加工成本、物流信息成本和物流管理成本等。物流相关费用定额成本分为变动物流费用定额成本和固定物流费用定额成本，无论是变动还是固定费用，其物流相关定额费用都是相关费用定额数量和有关计划价格的乘积。为计算简便，通常将物流相关费用算数按一定比例直接分摊到相关物流成本项目，作为相关成本项目的物流间接成本。计算和分析脱离定额成本差异是物流定额成本法的核心内容，具体包括直接材料脱离定额差异的计算和分析，直接人工脱离定额差异的计算和分析，以及物流相关费用脱离定额差异的计算和分析。对于不利差异即成本超过定额成本，应深入分析原因，明确责任部门，及时予以纠偏。

4.2.4　物流成本控制的措施

物流成本控制是提升企业物流竞争力的重要因素之一，同时也是一项系统工程。一方面，物流成本与物流服务之间存在效益背反规律，单纯追求物流成本的降低有时会降低物流服务水平，造成客户流失，影响企业追求利润最大化的财务目标的实现；另一方面，物流成本系统内各物流成本之间存在效益背反规律，一项物流成本的降低可能会使另一项物流成本大幅上升，最终影响物流总成本最低的成本管理目标，这在运输成本和仓储成本之间表现尤为明显。所以，物流成本控制要具有系统性和全局性。最后，在具体实施成本控制时，不仅要遵循物流总成本最低的原则，而且要充分考虑物流成本与物流服务之间的关系，在确保满足客户服务需求的前提下，努力降低物流成本，这是实施物流成本综合控制的基本要求。物流成本综合控制的方法多种多样，企业可结合各自实际，选择适合的控制方法。

1. 选择合理经济的物流运作方式

就物流运作方式而言，主要有以下四种：一是企业将物流业务全部委托给第三方物流公司，该种方式下，企业可以致力于核心竞争力的提升，简化物流管理，但企业对物流运作的控制力较弱，非常规情况下响应机制不够畅通，难以及时满足客户的个性化需求；二是企业内部设立物流运作部门或物流子公司，专门承担企业的物流管理和运作职能，该种方式下，企业物流运作部门可以引入专业化的物流技术，合理安排企业的物流活动，同时，物流部门或子公司作为企业的内设部门之一，在与采购、生产、销售等部门的沟通协作和信息共享方面，比第三方物流公司有更多的便利和优势，对物流运作的控制力相对较强，可以更好地满足客户的个性化需求，但企业设立专门的物流运作部门，配备人员和设施，购置运输工具，建设独立的仓库等，成本相对较高；三是企业内部设立专门的物流管理部门，具体的物流运作分散在采购、生产、营销等各个环节，该种方式下，企业有专职人员从事物流管理工作，有利于全面了解和分析企业的物流活动，提出成本控制意见，但由于物流活动分散在企业经营的各个环节，不能实现物流运作的专业化和规模化，同时物流成本的计算较为复杂，需要从各个环节提取和分离；四是物流活动存在于企业经营活动全程，但企业未设立专门的物流管理部门，物流成本的计算和控制由会计部门承担，这是最原始的物流运作方式，该种方式下，物流成本的计算和控制都处于初级阶段。企业应根据自身的战略目标，结合业务运作实际，选择适合自身的物流运作方式，在满足客户需求的前提下，最大限度地降低物流成本。

2. 优化物流系统，构建高效率物流系统

系统化运作是现代物流的重要特征之一，现代物流包含了产品的整个物理性流通过程，从原材料采购开始，经过生产过程再进入销售领域，这一过程要经过运输、仓储、包装、装卸搬运、流通加工等活动。通过统筹协调、合理规划，控制整个商品的流动，确保所有物流活动的有序运作和无缝衔接，对于降低物流成本具有重要意义。在这方面必须要注意的是，物流系统一旦构建起来，还要根据客户需求、环境和条件变化等，及时评价、改善和优化系统，保持物流系统的高效率运行。

3. 大力发展物流信息技术

电子数据交换技术和国际互联网的应用，使物流质量、效率的提高及物流成本的降低更多地取决于信息管理技术。发展信息技术的目的是实现物流成本管理的信息化、自动化和智能化。物流的信息化是指商品代码和数据的建立、运输网络合理化、销售网络合理化、电子商务和物品条形码技术应用等，物流的信息化可实现信息共享，使信息的传递更加方便、快捷、准确，提高整个物流系统的效率，最大限度地减少物流成本；物流自动化的核心是机电一体化、自动化，除了可以实现无人化操作，还可以扩大物流作业能力、提高作业效率、减少作业差错等；物流的智能化主要应用于物流决策领域，包括库存水平的确定、运输及搬运路径的选择、自动导向车的运行轨迹和作业控制、自动分拣机的运行、物流管理的决策支持等问题都需要借助智能化专家系统才能解决。总之，充分利用现代信息技术，对于提高物流管理和作业水平、降低物流成本具有重要意义。

4. 创新物流管理模式

物流管理创新的领域和方法很多，企业应从实现战略目标、降低物流成本的要求出发，选择合适的管理创新方式。企业要积极推行作业成本法，拓展物流成本的范围，全面掌握物流成本开支情况，为物流成本管理和控制提供可靠依据；积极推行物流标准化，按国际惯例和国家通行标准制定物流计算标准、物流设施标准等，规范物流成本的构成和计算，规范物流设施和有关技术设备，对物流的每个环节都实行统一的技术标准和管理标准；积极应用“看板”系统，推行以“零浪费”为终极目标的管理方式，将供、产、销等环节紧密结合起来，提高效率，减少库存成本；从供应链视角实施物流成本管理，将供应链中所有节点企业看作一个整体，通过管理库存和合作关系，大幅提高客户服务水平。

【本章小结】

物流成本预算是指根据物流成本决策所确定的方案、预算期的物流任务、降低物流成本的要求以及有关资料，通过一定的合理程序，运用科学系统的方法，以货币形式或其他数量形式反映企业未来一定期间的物流成本水平，并提出保证成本预算顺利实现所采取的措施的经营管理活动。物流成本预算包括预算编制和预算控制两项职能。按照预算分类依据的不同，物流成本预算的方法可分为固定预算与弹性预算、零基预算与增量预算、定期预算与滚动预算、概率预算等。物流成本预算中一个特殊的应用就是作业成本法。物流成本预算的根本目的是保证预算目标的实现，因此预算控制是其特别重要的一环，关键要把握对预算编制的控制、预算执行的控制和预算调整的控制。

物流成本控制是根据预定的物流目标成本，对企业物流活动过程中形成的各种耗费进行约束和调节，发现偏差，纠正偏差，实现乃至超过预定的物流目标成本，促使物流成本的不断降低。物流成本控制常用的方法有目标成本控制法、标准成本控制法、责任成本控制法和定额成本控制法。各方法各有优缺点，其适用的情形都大不相同，企业要根据企业实际情况选择合适的物流成本控制方法，实现物流成本控制目标。

【思考与练习题】

1. 简答题

(1) 物流成本预算的含义及作用是什么？
(2) 物流成本弹性预算的特点和优点，如何编制弹性预算？
(3) 物流成本控制的含义和作用是什么？
(4) 如何确定物流目标成本？
(5) 如何进行物流责任成本管理？

2. 计算题

某机械厂一仓库流通加工组的弹性预算资料如下：该流通加工组的正常业务量为 8 000

工时；电力消耗为 0.8 元/工时，材料消耗为 0.12 元/工时；折旧费 4 000 元，人员工资为 1 300 元；当工时为 6 000 时，混合成本为 2 800 元；当工时为 5 400 时，混合成本为 2 740 元。

根据以上资料：

(1) 利用公式法分解混合成本。

(2) 列出该成本预算的总额公式。

(3) 计算当业务量分别为正常业务量的 90%和 120%时的成本预算总额。

【案例分析】

京东商城物流成本管理情况

京东商城是目前国内在 B2C 电子商务行业的领军者，其自 2004 年涉足电子商务行业起，在长达近 8 年的时间里一路高歌猛进，实力不断壮大，2010 年更是完成了营业额为 102 亿元的壮举。在激烈的竞争中，作为电商行业的佼佼者，京东商城对物流成本的支出和控制都是值得关注的。

1. 京东商城物流建设情况

(1) 京东自建物流情况。

京东分布在华北、华东、华南的三大物流中心覆盖了全国各大城市。2009 年 3 月，京东网上商城斥资 2 000 万元人民币成立了上海圆迈快递公司，上海及华东地区乃至全国的物流配送速度、服务质量得以全面提升。

2010 年 4 月初，京东商城在北京等城市率先推出“211 限时达”配送服务。2010 年 5 月 15 日，在上海嘉定占地 200 亩的京东商城“华东物流仓储中心”内，投资上千万的自动传送带已投入使用。工人们手持 PDA，开着小型叉车在数万平方米的仓库内调配商品。迄今为止，这是京东最大的仓储中心，它承担了一半销售额的物流配送，也是公司将融资得到的 2100 万美元的 70%投放到物流建设的成果。

(2) 自营与第三方物流相结合的模式。

目前，京东的服务配送范围已覆盖一线城市，渗透二、三线城市，并进入村镇市场，在这些二、三线城市及村镇市场，订单密集程度小，如果自建配送中心投资规模大、风险高，因此京东商城在二、三线城市及村镇市场采用的是与第三方物流合作的模式，共同来完成这些市场的配送服务。

京东商城在自营配送到达不了的区域，选择与当地快递公司合作来完成货物的配送任务，偏远地区基本都是和邮政合作。另外在配送大件时，京东则选择与厂商进行合作。例如：从成都发到重庆的大件物品，平均成本是 200 多元，但若与当地厂商合作，租赁其库房，每件的配送成本只有 100 元，则能省下 50%的成本。在逆向物流方面，京东公司也采取与快递公司合作的模式。2010 年开始，京东的顾客所购买的货品遇到任何需要退换的情况，京东商城都会提供免费上门取件服务。

(3) 高校代理。

京东商城在全国各大院校内招募了“高校代理人”，建立了校园自取点的模式，让高校教职工及学生能够享受到京东快捷的服务。

除此之外，针对不同客户的配送需求，京东为不同群体量身定做不同的服务，设计推出了“211 限时达”“次日达”“极速达”“夜间配”等一系列的配送服务方式。其中“211 限时达”是京东首创提出的，直到目前为止，京东在全国 40 多座城市已开展“211 限时达”服务。

2. 京东物流成本分析

物流成本的构成，一是伴随着物资的物理性流通活动发生的费用以及从事这些活动所必需的设备、设施费用；二是完成物流信息的传送和处理活动所发生的费用以及从事这些活动所必需的设备、设施费用；三是物流综合管理所发生的费用，主要包括运输成本、存货持有成本、仓储成本、批量成本、缺货损失、订单处理及信息成本、采购成本以及其他管理费用。

(1) 投入巨大。京东的自建物流所需要的投入非常大，建成后对规模的要求非常高，大规模才能降低其成本，否则将会长期处于不盈利的状态。而且投资成本较大，时间较长，对企业柔性有不利影响。

(2) 需要较强的物流管理能力。对于京东这样一个强大的物流体系，建成之后需要工作人员具有专业化的物流管理能力。目前我国物流理论与物流教育严重滞后，导致我国物流人才严重短缺，企业内部从事物流管理的人员综合素质也不高，面对复杂多样的物流问题，经常是凭借经验或者主观的考虑来解决问题，造成企业自建物流一大堆有待解决的问题。京东自建物流所需要投入的成本是非常巨大的，正因为京东在自建物流上投入的巨大成本，从一定程度上导致了京东每年获得高销售额却几乎没有利润的尴尬局面。

京东真正投入自建物流是在上市之后。2015 年末，京东固定资产已达 62.3 亿元，较年初增加 38 亿元，增幅达 159%。土地使用权的无形资产价值从年初的 10.7 亿元增至年末的 19.3 亿元，说明花费 8.6 亿元购置了土地。相应地，京东大型仓库从年初的 123 座增至 213 座、配送/自提点从 3 210 个增至 5 367 个。据有关数据统计，京东自建物流 2015 年完成 4.17 亿次配送，平均每单成本约为 11 元，“四通一达”快递平均每单配送成本约为 13 元，就这一方面即可明显看出京东自建物流在配送成本上掌握了一定的优势，如果达到千亿元的规模，这样无论是采购成本，还是物流、人力成本都会极大降低，可以说京东的自营物流保证了未来降低成本有广阔的空间。

(1) 京东商城对于物流成本的控制存在哪些不足之处？

(2) 企业物流成本控制应该遵循哪些原则，采用哪些措施？

(3) 对于京东商城的物流成本控制你有哪些具体的建议？

【实训设计】

选择你感兴趣或熟悉的企业，了解其物流成本预算采用的是何种预算编制方法，尝试用你所学到的物流成本预算的编制方法编制该企业的物流成本预算，并提出对该企业物流成本预算和控制的建议。

第5章　运输成本管理

【学习目标】

通过本章学习，学生要熟悉运输成本的概念、构成与影响因素，了解不合理运输的表现形式和运输成本的影响因素，重点掌握运输成本核算内容与方法和运输成本的控制优化措施。

【学习重点】

运输成本的影响因素，运输成本核算内容与方法，运输成本的控制优化措施。

【学习难点】

运输成本核算方法，运输成本的控制优化措施。

5.1　运输成本概念、构成与影响因素

运输是国民经济的命脉，任何跨越空间的物质实体的流动，都可称为运输。在物流系统的所有动态功能中，运输功能是核心。2017 年的数据显示，我国社会物流费用中运输费用 66 000 亿元，同比增长 10.9 %；管理费用 1.6 万亿元，同比增长 8.3 %。从结构看，运输费用占社会物流总费用的比重为 54.55%，保管费用占社会物流总费用的比重为 32.23%，管理费用占社会物流总费用的比重为 13.22%。

5.1.1　运输成本的概念

运输成本是指企业为客户创造价值，完成特定对象位移服务而消耗的费用总和，包括直接费用和间接费用。运输成本是衡量运输生产活动的综合性指标，它能比较全面地反映企业的生产、技术和经营管理水平。据有关部门统计数据，2004～2011 年，美国的运输费用占国内生产总值的比重大约为 5.5%，并且一直保持着这一比例，说明运输费用和经济的增长趋势相同。

5.1.2　影响运输成本的因素

影响物流运输成本的因素是多样化、综合性的，同时物流功能要素之间存在效益背反，物流其他功能要素对运输成本的降低也会产生重要的影响，这就需要从系统的角度对运输成本进行综合分析。

1. 运输特征因素

1) 运输距离

运输距离是影响运输成本的主要因素，因为它直接对人力、燃料和维修保养等费用发生作用，如图 5.1 所示，显示了运输距离和运输成本的一般关系。主要有两个要点：

第一，成本曲线不是从原点开始的，因为它存在着与距离无关，但与货物的提取和交付活动所产生的固定费用有关。

第二，成本曲线是随距离增长而减少的一个函数，这种特征被称为递减原则。

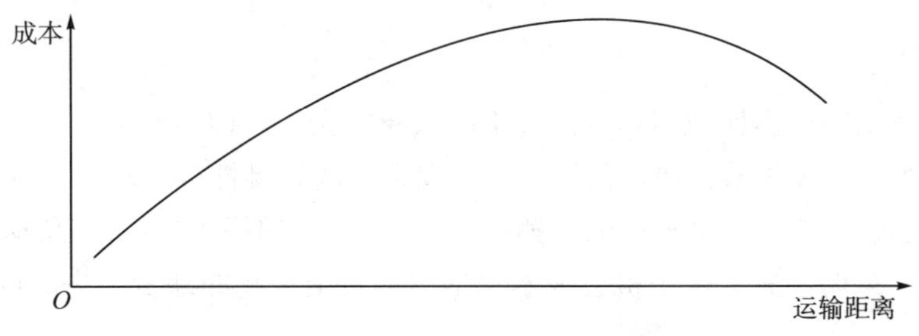

图 5.1　运输距离与运输成本之间的关系

2) 装载量

装载量会影响运输成本，是因为运输活动中存在规模经济效应，装载量增加，总的运输固定成本摊薄，单位重量的运输成本随着装载量的增加而减少，如图 5.2 所示。产生这种现象，是因为端点的提取和交付活动的固定费用以及管理费用都会随着载货量的增加而被分摊。因此，在实际过程中企业小批量的装载应该整合成更大的装载量，以便利用规模经济。但是，这种关系会受到运输工具最大尺寸的限制。

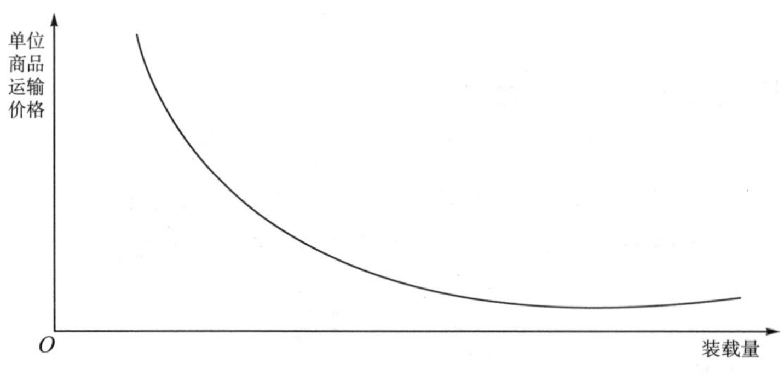

图 5.2　装载量与运输成本之间的关系

3）设施设备

物流设施是组织物流系统运行的基础物质条件，包括物流园区、车站、机场、码头、堆场、仓库、专用道和各种网络通信设施。物流设施的选择与布局在很大程度上影响了运输路线，从而决定了运输成本的高低。物流设备的选型与配置，合理使用与更新保养，会极大地影响运输能力、装载能力以及装卸搬运效率，从而影响运输成本。例如，在多式联运过程中，使用如托盘、集装箱、货捆、集装袋、周转箱等使货物成组形成标准的运输单元，将增加搬运的灵活性，减少装卸搬运过程中的损耗，因此可以降低运输成本。

4）运输安全

运输安全包括的内容比较多，包括员工的人身安全、货物的安全。货物的安全不仅涉及社会问题，而且直接关系到成本问题。安全成本表现为显性成本和机会成本，显性成本包括在停车场的被盗成本、事故中的车辆损毁成本、遇到不可抗力的产品损毁成本、交通事故中的员工人身伤害成本等；机会成本包括运输安全引起的缺货损失和商誉损失等。

2. 运输产品属性

1）产品密度

产品密度指产品质量与实际占用空间的比率。产品堆密度不同于物理学的密度概念，密度是指物体质量与本身体积的比值。前者是一个产品概念，后者是物理概念。相同的密度可能会有不同的堆密度，比如：一台机床和钢锭，二者的密度一致，材质一样，但是后者的堆密度比前者大得多，因为前者的占用空间大。堆密度把产品的质量因素和空间因素结合起来考虑，更加有利于物流管理工作。

2）产品的搬运活性指数

产品的搬运活性是指产品的搬运难易方便程度，难以搬运装卸的产品运输成本更高。在实际的物流管理中，通用产品和设备因为外形规范，符合国家标准，也容易找到相应的搬运工具，比较容易搬运，且成本较低。对于非标产品和特殊产品，由于尺寸和外形的特异，搬运设备不容易找，而且搬运过程费时费力，造成搬运成本居高不下。因此运输衔接不连贯，造成运输时间延长、客户不满意、运输过程超速的安全隐患等成本因素。

产品的贵重程度、腐蚀性、易燃易爆性、破碎性等特殊性质也会对运输成本产生影响，因为这些因素加大了运输管理的风险，所以运输成本与这些因素相关是很自然的。

3. 运输市场因素

1) 竞争环境

竞争环境对运输成本具有重要的影响，表现在：第一，同种运输方式间的竞争；第二，不同运输方式间的竞争。以美国铁路发展历程为例，自 1830 年第一条美国铁路诞生以来，美国铁路蓬勃发展，在 1916 年运营里程达到顶峰；1880～1970 年由于越来越严格的规制改革让铁路发展逐渐举步维艰，同时公路运输及水路运输的发展给铁路带来了较大冲击，期间还遭遇 1930 年前后的经济大萧条，种种不利因素让铁路运输在 1970 年基本到了崩溃的边缘。而 1980 年的《斯塔格斯铁路法案》让美国铁路重获生机。

2) 供需因素

运输的供需因素反映了市场货物流动的方向、数量和条件，这些市场因素的变化都会影响到运输成本。流动方向的不均衡，导致货流主要方向的运输成本较高，回程方向的运输成本较低；货流数量的不均衡，导致货流量大的时候，可能运输工具供不应求，运输成本节节高，货流量小的时候，市场上运输服务供大于求，运输成本相对较低。

3) 责任

主要指承运人对货物运输应承担的责任，这种责任关系到运输的安全、运输质量的高低、运输承诺的可靠性等。例如，需要承运人提供的可靠性越大，承运人的责任越大，货物的运输成本就越高，当然，运价也会相应较高。

承运人必须通过向保险公司投保来预防可能发生的索赔，否则有可能要承担任何可能损坏的赔偿责任；托运人也可以通过改善保护性包装，或通过减少货物损坏的可能性，降低风险，最终降低运输成本。

5.1.3　运输成本的构成

一般来讲，运输成本由固定设施成本、移动设备成本和运营成本构成。

1) 固定设施成本

固定设施对于每一种运输方式都是必不可少的。铁路运输需要轨道、车站和编组场，汽车需要公路和停车场地，航空离不开机场和空中指挥系统，船舶要在港口停泊和装卸。

有些固定运输设施（如管道）的所有者本身就提供相应的运输服务，但在大多数情况下，固定运输设施的所有者与相应运输服务的提供者是分离的。

固定运输设施除了起初的投资建设，还有在使用寿命期间内所需要的养护及维修，因此固定设施成本还包括养护、维修及其他相关使用成本。与投资相比，这些固定设施的养护、维修及使用费用比较少，其中有些费用与使用这些固定设施提供的运输量关系不大，属于固定成本，另外一些则可能与运输量的多少有密切联系，因此被认为属于变动成本。

固定运输设施的投资被认为是一种沉没成本，因为这些设施一旦建成就不能再移动，而且在一定程度上不能再被用于其他任何用途。比如港口和道路被废弃时，原来的码头和路基几乎无法改作他用。

2）移动设备成本

各种运输方式都同时包括固定设施和移动设备，可移动的载运工具包括铁路机车车辆、各类卡车、公共汽车、小汽车、各类客货船舶和飞机等。由于这些运输工具可以根据需要在不同运输市场之间甚至不同用途之间转移，也就是说它们的用途不是唯一的，能够允许人们进行选择，因此在移动运输工具上的投资不属于沉没成本。

所有的各种运输工具都有自己的使用寿命，运输工具的价值在其使用期内会逐渐转化为运输成本，因此使用寿命决定着运输工具的折旧过程。有些运输工具的使用寿命是以年限计算的，在这种情况下，运输工具的折旧转移成本似乎与其使用过程中所提供的运输量没有直接关系，是每年或每月固定的成本。还有些运输工具的使用寿命是以行驶里程计算的，在这种情况下，运输工具的折旧转移成本就与其使用过程中提供的运输量直接有关，属于变动成本。

3）运营成本

运输运营成本是指与运输业务直接有关的各项费用支出，在运营成本中包括两类直接与运输量相关的变动成本，一类是直接运营人员的工资，另一类是运输工具消耗的燃料，运输工作量越大，这些直接的运营成本数量也会越大。除了这些直接与运输量相关的变动成本，企业一般还需要配备若干辅助人员和管理人员，这些辅助人员和管理人员的工资以及所需要的工作开支都属于间接运营成本。间接运营成本的一部分是与运输量有关的变动成本，其他部分与运输量变动关系不大。

5.2　运输成本核算

5.2.1　汽车运输成本核算

汽车运输成本是指企业为完成货物位移所发生的一切费用总和。为完成一个运次或一定期间的运输量计算的成本称为汽车运输总成本，平均单位运输量的成本称为汽车单位运输总成本。单位运输成本是反映汽车运输单位物流技术水平和经营管理水平的综合指标。

1. 汽车运输成本的构成与特点

为了便于成本核算和管理，对汽车运输成本构成内容可按管理需要进行分类。

1) 按支付形态划分

按费用项目可分为 10 种，包括外购动力费、外购燃料费、外购材料费、外购低值易耗品费、职工工资、职工福利费、固定资产折旧费、固定资产修理费、养路费及其他费用支出。

2) 按经济用途划分

按经济用途分类可分为车辆费用和营运间接费用两大类。

(1) 车辆费用。车辆费用指企业营运车辆从事运输生产活动所发生的各项费用，包括薪资、福利费、燃料费、轮胎修理费、车辆折旧费、养路费、公路运输管理费、车辆保险费、事故费、税金及其他费用等。

(2) 营运间接费用。营运间接费用指企业从事物流运输业务的部门发生的营运管理费用，但不包括企业行政管理部门的管理费用。

这种分类方法便于研究分析成本降低或超支的原因，为降低成本提供具体途径。

3) 按成本性质划分

按成本性质可分为固定成本和变动成本。

(1) 固定成本。固定成本是在一定产量范围内，其总额与行驶里程和运输量基本无关的那一部分相对固定的成本支出，如管理人员的工资及福利费。

(2) 变动成本。变动成本是随着运输里程或运输量变动而变动的那部分成本支出，如营运车辆耗用燃料费、营运车辆维修费等。

运输成本按成本性质分类，便于分析汽车运输成本升降的原因，并有助于进行本量利决策分析。

2. 汽车运输成本计算对象、单位和程序

汽车运输成本计算对象是企业的各项运输业务，也是各项营运费用的承担者。营运费用的汇集、分配以及成本计算，都要以成本计算对象为依据。根据管理上的需要，对于货物运输业务，需要设置不同的成本计算对象和成本计算单位。

1) 汽车运输成本计算对象

企业的营运车辆车型复杂程度不同，为了反映不同车型货车的运输经济效益，应以不同燃料和不同厂牌的营运车辆作为成本计算对象。

2) 汽车运输成本计算单位

汽车运输成本计算单位，是以汽车运输工作量的计量单位为依据的。货物运输工作量，通常称为货物周转量，其计量单位为“吨·公里”，即实际运送的货物吨数与运距的乘积。为计量方便起见，通常以“千吨·公里”作为成本计算单位，不同车辆的计算单位不同。

3) 汽车运输成本核算程序

汽车运输成本的核算程序具体有以下步骤：

(1) 根据企业营运管理的要求，确定成本计算对象、成本计算单位、成本项目和成本计算方法。

(2) 根据费用支出和运输消耗的原始凭证，按照成本计算对象、费用类别和部门对营运费用进行归集、分配并编制各种费用的汇总表，包括工资及福利费分配表、燃料和轮胎损耗汇总表、低值易耗品摊销表、固定资产折旧及大修理费用提存计算表、轮胎摊销分配表，如表 5.1 所示。

表 5.1　汽车运输成本的项目的设置与内容

序号	项目设置	项目内容
1	工资	指按规定支付给营运车辆司机的工资、工资性津贴和生产性奖金
2	职工福利费	实际发生的职工福利费
3	燃料费	指营运车辆运行中所消耗的各种燃料，比如汽油、柴油等(自动倾卸车卸车时所耗用的燃料也包括在内)
4	轮胎费	指营运车辆运行中所耗用的外胎、内胎、垫带的费用支出以及轮胎翻新费和零星修补费用
5	保养修理费	指营运车辆进行各级保养及各种修理所发生的料工费、修复旧件费用和行车耗用的机油、齿轮油费用等
6	车辆折旧费	指营运车辆按规定方法计提的折旧费
7	运输管理费	指按规定向公路运输管理部门缴纳的运输管理费
8	车辆保险费	向保险公司缴纳的营运车辆的保险费用
9	事故费	指营运车辆在运行过程中，因行车肇事所发生的事故损失，扣除保险公司赔偿后的事故费用
10	税金	指规定交纳的车船使用费
11	其他费用	指不属于以上各项目的与营运车辆运行直接有关的费用

(3) 根据各种费用汇总表或原始凭证，登记各种相应账户，如“辅助营运费用”“营运间接费用—待摊费用”“预提费用”等，并将辅助营运费用、营运间接费用按成本计算

对象分配并编制如“运输支出”“其他业务支出”等各项支出汇总表。确定各项业务应负担的费用，计算各种业务成本。

(4) 企业根据成本核算资料，汇总分配企业的各项费用，编制企业成本计算汇总表。

3. 汽车运输成本的核算

1) 直接人工的归集与分配

对于有固定车辆的司机和助手的工资，直接计入各自成本计算对象的成本，对于没有固定车辆的司机和助手的工资以及后备司机和助手的工资，则需按一定标准(一般为车辆的车日)分配计入各成本计算对象的成本，计算方法为

$$\text{每一车日的工资分配额}=\frac{\text{应分配的司机及助手工资总额}}{\text{各车辆总车日}} \tag{5.1}$$

$$\text{营运车辆应分配的工资额}=\text{每一车日的工资分配额}\times\text{营运车辆总车日} \tag{5.2}$$

【例 5-1】飞扬运输公司甲车队共有 A 型车 6 辆，每车载重 15t；B 型车 4 辆，每车载重 8t。A 型车每天满载运输 1 趟，B 型车每天满载运输 2 趟，每月按 30 个工作日计算。每趟车有一名定车司机，全车队又有后备司机 2 人。定车司机每月工资 3 000 元，后备司机每月工资 2 500 元。每月福利费为 1 960 元。计算 A、B 两种车型各自应负担的人工费用。

解：

$$\text{每营运车吨日的工资和福利分配额}=\frac{(6+4)\times 3\,000+2\times 2\,500+1960}{(6\times 15\times 1+4\times 8\times 2)\times 30}=8[\text{元}/(\text{车}\cdot\text{吨}\cdot\text{日})]$$

$$\text{A 车型应负担的人工费用}=6\times 15\times 1\times 30\times 8=21\,600(\text{元})$$

$$\text{B 车型应负担的人工费用}=4\times 8\times 2\times 30\times 8=15\,360(\text{元})$$

2) 直接材料的归集与分配

(1) 燃料费。对于燃料消耗，企业应根据燃料领用凭证进行汇总与分配。但必须注意，在燃料采用满油箱制的情况下，车辆当月加油数就是当月耗用数；在燃料采用盘存制的情况下，当月燃料耗用数计算公式为

$$\text{当月耗用数}=\text{月初库存数}+\text{本月领用数}-\text{月末库存数} \tag{5.3}$$

(2) 轮胎费。营运车辆领用轮胎内胎、垫带以及轮胎零星修补费等，一般根据轮胎领用汇总表及有关凭证，按实际数直接计入各成本计算对象的成本。至于领用外胎，其成本差异也直接计入各成本计算对象的成本，而其计划成本如何计入各成本计算对象的成本，则有不同的处理方法。

当采用外胎价值一次摊销计入成本的办法时，应根据“轮胎发出汇总表”进行归集与分配，发生外胎翻新费时，根据付款凭证直接(或通过待摊费用)计入各成本计算对象的成本；当采用按行驶胎公里预提轮胎费用摊入成本的办法时，其成本(包括废胎里程超、亏的费用调整)应根据“轮胎摊提费计算表”进行归集与分配。

轮胎翻新费包括在摊提率之内计算的，发生翻新费时，实际翻新费用与计划翻新费用的差额，根据记账凭证所附原始凭证调整计入各成本计算对象的成本；轮胎翻新费用不包括在摊提率之内计算的，发生的轮胎翻新费直接计入相应成本计算对象的成本。

【例 5-2】某运输公司对营运车辆的轮胎外胎成本采取按行驶公里数预提的方法。已知公司营运车辆已经领用 20 个外胎，外胎计划价格为 500 元/个，计划残值为零，预计新胎到报废时车辆行驶里程为 1 000 公里，公司有 5 辆车，其中 2 辆在检修期间，其余 3 辆行驶里程分别为 1 000 公里、800 公里、200 公里。计算当月外胎应计摊提费用。

解：

$$\text{胎公里摊提额}=\frac{500-0}{1\,000\div 1\,000}=500\,[\text{元}/(\text{千胎}\cdot\text{公里})]$$

$$\text{当月外胎应计摊提费用}=\frac{500\times 4\times(1\,000+800+200)}{1\,000}=4\,000(\text{元})$$

3) 其他直接费用的归集与分配

(1) 维修保养费。如果物流运输企业有专属保修班，进行各级保修和小修理发生的费用，包括车队保修工人的工资及职工福利费、行车耗用的机油和保修车辆耗用的燃料、润料和备品配件等，一般可以根据各项凭证汇总，全部直接计入各成本计算对象的成本。对于保修班发生的共同性费用，可按营运车日比例分配计入各车队运输成本。由大修厂或者外送维修进行大修理所发生的费用，视同辅助生产费用，通过“辅助营运费用”二级账户进行归集与分配。

必须注意的是，由于营运车辆大修理一般数额较大，修理的间隔期也较长，为均衡损益，一般采用预提的办法。即根据大修理费计提额预提时借记“主营业务成本-运输支出”账户，贷记“预提费用”账户，发生差异，同样要进行调整，前者大于后者为超支，应调增大修理费计提额和运输成本；反之则为节约而应予调减。

营运车辆因维护和修理而领用的各种材料、配件费可以直接计入各分类成本的维修费项目；预提的车辆大修理费用，按照预提大修理费用计算表计入各分类成本维修项目。

(2) 折旧费。企业计提固定资产折旧，可以采用平均年限法、工作量法、双倍余额递减法、年数总和法，但属于车辆的固定资产折旧一般采用工作量法计提。当采用工作量法时，由于外胎费用核算有两种不同的方法，所以车辆折旧的计算也有两种方法。如采用外胎价值一次摊销计入成本的方法，计提折旧时，外胎价值不必从车辆原值中扣减；如采用按行驶胎公里预提外胎费用摊入成本的方法，则计算折旧时，外胎价值就应从车辆原值中扣减，否则会出现重复摊提的现象。

【例 5-3】某物流公司营运车辆按行驶胎公里计提折旧，公司有 3 辆车，型号一致，每辆车原始价值均为 20 万元，预计在寿命周期内均可行驶 20 万公里，报废时残值为 2 000 元，清理费用为 2 000 元。本月每辆车行驶里程分别为 1 000 公里、500 公里和 800 公里。计算公司车辆本月应计提折旧额。

解：

$$某车型营运车千车公里折旧额=\frac{200\,000-(2\,000-2\,000)}{200\,000\div 1\,000}=1000\ [元/(千车·公里)]$$

$$营运车辆月折旧费用=\left(\frac{1\,000}{1\,000}+\frac{500}{1\,000}+\frac{800}{1\,000}\right)\times 1\,000=2\,300(元)$$

(3) 公路运输管理费。按照营运收入的一定比例缴纳公路运输管理费的企业，按照车型分别计算，并计入对应的成本项目中；按照车辆吨位预先缴纳的企业，应根据实际缴纳的数额分摊计入运输成本的运输管理费项目中。

(4) 车辆保险费。按照实际支付的投保费用和投保期，按照月份分车型分摊计入各分类成本的车辆保险费项目中。

(5) 事故费。营运车辆在营运过程中因碰撞、翻车、碾压、落水、失火、机械故障等原因而造成的人员死亡、牲畜死伤、车辆损失、物资毁损等行车事故所发生的修理费、救援费和赔偿费，以及支付给外单位人员的医药费、丧葬费、抚恤费、生活补助费等事故损失，在扣除保险公司的赔偿收入、事故双方和相关责任人的赔偿金额后计入成本。

事故发生时，可预估事故损失，通过预提费用账户预提事故损失费，待结案后再根据结案事故的实际损失与预提数的差额，调整本年度有关业务成本。应注意的是，因车站责任发生货损、货差等事故损失的，应计入营业外支出账户，不得列入本项目。

(6) 其他费用。营运车辆发生的其他直接费用，除保养修理费、折旧费、养路费等项外，还包括其他几项有关费用，内容比较复杂，但费用发生时同样可以根据费用凭证直接计入各成本计算对象的成本。

营运车辆的公路运输管理费，一般按运输收入的规定比例计算缴纳。因此，企业缴纳的车管费可以根据交款凭证直接计入各类运输成本。

营运车辆在营运过程中因种种行车事故所发生的修理费、救援和善后费用，以及支付给外单位人员的医药费、丧葬费、抚恤费、生活费等支出，扣除向保险公司收回的赔偿收入及事故对方或过失人的赔偿款后，净损失也可根据付款、收款凭证直接计入各类运输成本。如果行车事故较为严重复杂，处理时间较长，可在发生各项支出时通过“其他应收款-暂付事故赔款”账户核算，然后逐月将已发生事故净损失转入各类运输成本。对于当年不能结案的事故，年终时可按估计净损失数预提转入运输成本，在结案的年底，再根据预提损失数与实际损失数的差额，调整当年的有关运输成本。

车辆牌照和检验费、车船使用税、洗车费、过桥费、轮渡费、司机途中住宿费、行车杂费等费用发生时都可以根据付款凭证直接计入各类运输成本。此外，领用随车工具及其他低值易耗品，可以根据领用凭证，一次或分期摊入各类运输成本。

4) 营运间接费用的归集与分配

运输企业所属基层营运单位(车队、车站、车场)为组织与管理营运过程所发生的不能直接计入成本计算对象的各种间接费用，应通过“制造费用-营运间接费用”账户进行核算。企业如果实行公司和站、队两级核算体制，“营运间接费用”账户应按基层营运单位设置明细账，并按费用项目进行明细核算，如果实行公司集中核算体制，也可不分单位设置明细账，而直接按费用项目进行明细核算。

【例 5-4】个体运输经营者李杰峰的车是东风牌前双后单三轴车，核载 8 吨。该车全部贷款购买，贷款额 145 000 元，贷款期五年，贷款年息 6.58%，利息总额为 25 309.12 元。他们常走的路线是四川夹江至云南昆明，行程 1 000 公里左右。运价单程约为 300 元/吨，平均运价为 0.3 元吨·公里。往返一趟平均 7 天，每月总收入约为 300 元/吨×8 吨×8(每月 4 个来回，8 个单程)=19 200 元。每个单程加油 2 000 元、燃油税 320 元、过路费 500 元。工资为运价的 10%，每月需支付司机工资 19 200×10%=1 920 元(每辆车配备 2 名司机，每名司机的月工资仅为 1 920÷2=960 元)。修理费每月 2 000 元，货运信息费(货运中介收取)每月 800 元，车船使用税每月 48 元，交通险每月 258 元，商业险每月 665 元，不考虑营业税。

依据以上资料信息进行运输成本核算并填写表 5.2。

表 5.2　运输成本核算表

成本项目			成本/元	备注
单程长途干线成本	车辆固定成本	车辆折旧费	170 400÷(8×12×5)=355	车辆固定成本按 17.04 万元计算，按 5 年折旧计算，每月 4 个来回，8 个单程
		司机工资、福利等	1 920÷8=240	按 1 920 元/月计算
		车辆保险	923÷8≈115	按 923 元/月计算
		车辆使用税	48÷8=6	按 48 元/月计算
		固定成本合计	716	
	车辆变动成本	燃油费	2 000	每个单程加油 2 000 元
		燃油税	320	按每个单程 320 元计算
		修理费	2 000÷8=250	按 2 000 元/月计算
		过桥过路费	500	按每个单程 500 元计算
		货运信息费	800÷8=100	货运信息费 800 元/月
		罚款	200	按每个单程罚款 200 元
		变动成本合计	3 370	
单程长途干线成本合计			716+3 370=4 086	
折算为吨公里			4 086÷1 000÷8≈0.5	按每个单程 1 000 公里，标载 8 吨

每吨目前运价为 0.3 元/(吨·公里)，计算结果运价为 0.5 元/(吨·公里)，李杰峰不超载，会导致每吨公里亏损 0.2 元。

5) 运输成本明细账的设置与登记

汽车运输成本是在分类(成本项目)归集运输费用的基础上计算出来的，其明细账就是按成本计算对象开设、按成本项目划分专栏的运输支出明细账。

运输支出明细账根据前述直接人工、直接材料、其他直接费用和营运间接费用等各种费用凭证或其汇总分配、计算表进行登记。

6) 运输总成本和单位成本的计算

运输企业完成一定运输业务所发生的直接人工、直接材料、其他直接费用和营运间接费用等运输费用总额，组成了运输总成本。运输总成本除以运输周转量得出单位成本，其计算公式如下：

运输单位成本[元/(千吨·公里)]=运输总体成本÷运输周转量(千吨·公里)　　(5.4)

对于不按“千吨·公里”计算其生产成果的大型平板车、集装箱专用车等，应按照各自计算生产成果的“千吨位·小时”“千标准箱·公里”来计算其运输单位成本。

5.2.2　铁路运输成本核算

铁路运输是物流系统中成本支出非常大的子系统。如何在维持甚至提高客户服务水平的前提下削减运输成本，是摆在物流管理者和决策者面前的重要问题。

铁路运输成本是铁路运输生产和经营过程中物化活动和活劳动的货币表现。铁路运输企业应对一定时期内发生的费用按一定成本计算对象汇集，以计算其运输总成本和单位成本。铁路运输成本计算以客、货运输业务作为成本计算对象，其计量单位分别为：客运成本的计算单位是千人公里，货运成本的计量单位是千吨公里。铁路运输成本一般按年或按季进行。本书主要针对货物运输业务，因此，客运运输成本未作阐述。

1. 铁路运输成本的构成与特点

1) 铁路运输成本的分类

(1) 按费用要素分类，可分为职工工资、燃料费、材料费、能源费、固定资产折旧费以及其他费用。

(2) 按支出与生产的关系分为营运成本、管理费用、财务费用和营业外收支净额。

(3) 按支出与运量的关系分为与运量有关的变动支出和运量无关的固定支出。

2) 铁路运输成本的特点

(1) 成本中不含原料支出，固定资产折旧费占较大比重。这是因为铁路运输过程是使货物发生位移，并不产生别的有形物质。

(2) 运输成本和运输距离表现为递远递减的关系。按照运输生产作业过程来说，铁路运输成本是由始发和到达作业支出、中转作业支出、运行作业支出三部分组成。其中运行作业支出所占比重最大，它随运输距离的长短而增减；始发、到达作业支出对于运送同一批货物来说，不随运输距离而变化；中转作业支出随中转次数增加而增加。运输距离越长，成本中始发、到达作业支出所占比重越小，反之就越大。

(3) 单位运输成本随运输量的增长而降低。按铁路运输支出同行车量的关系来说，铁路运输成本由与行车量有关支出和与行车量无关支出组成。在一定时期内，与行车量无关支出可视为一个常数。当运量下降时，成本中无关支出所占比重就增加，运输成本就提高。当运量增长时，成本中无关支出所占比重就减少，运输成本便降低。

(4) 全国铁路的运输成本才能反映完整的成本。铁路运输常常要跨越几条铁路线，由几个铁路运输企业共同配合完成，因此所耗费的运输支出，应由有关铁路运输企业共同负担。所以，全国铁路的运输成本才是完整的成本，而各铁路运输企业的成本则是相对完整的成本。

(5) 客、货运的混合支出在运输支出中所占比重较大，在分别计算客、货运输成本时，要把混合支出予以分开。因此，需要分配计入的支出所占比重较大。

2. 铁路运输成本计算对象、单位

铁路运输企业应对一定时期内发生的费用按一定成本计算对象汇集，以计算其运输总成本和单位成本。铁路运输成本计算以货物运输业务作为成本计算对象。货运成本的计量单位是千吨公里。铁路运输成本一般按年或季进行。

其成本范围由以下内容组成：办理货物运输的费用；运输准备和列车运行的费用运输部门固定资产及其他设备的修理、维护、保养费用，固定资产应计入运输成本的非生产性费用。根据以上开支范围，铁路运输成本项目划分为工资、材料、燃料、电力和其他五项。

5.2.3 海洋运输成本管理

1. 沿海运输成本与远洋运输成本

1) 沿海运输概念与成本

沿海运输是指海运企业的船舶在近海上航行，往来于国内各沿海港口之间，负责运送旅客和货物的运输业务。

沿海运输成本，按其经济用途分类，一般分为船舶费用和管理费用两大类。

船舶费用是指运输船从事客、货运输业务所发生的各项费用，内容包括工资、提取的职工福利费、燃料费、港口费、事故费等费用，这类费用属于运输成本的直接计入费用。

沿海运输由于航次时间较短，未完航次的费用比较少，也比较稳定，因此一般以月、季、年作为成本计算期。沿海运输企业的成本项目由下列组成：工资及福利费、燃料费、材料费、船舶折旧费、船舶修理费、港口费、损失及其他。

2) 远洋运输概念及成本

远洋运输是船舶在国际航线上航行，往来于国际、国内港口之间，负责运送旅客和货物的运输业务。它具有吨位大、距离远、航次时间长、航线不固定等特点。

远洋运输期初跨进和期末跨出的运输量和运输费用较大，为了正确计算成本，往往船舶按各个航次计算成本。每一个航次时间应为以上一航次最终装卸完后开始，一直到本航次最终装卸完时为止的所需时间。航次有单程航次和往复航次。通常成本计算只按单程航次计算，空放航次不单独计算成本，应与载货航次合并计算航次成本。航次成本的计算期与航次时间相一致。远洋运输企业只计算报告期内已完航次的成本，而将期末未完航次的运输费用转入下期。

3) 沿海运输成本和远洋运输成本差别

(1) 计算周期不同。沿海运输按月计算，远洋运输航次时间长，按航次结束计算成本。

(2) 固定费用计入成本的方法不同。远洋运输在计算时划分直接费用和间接费用，直接费用可直接计入航次成本明确由航次负担的费用，间接费用则需要按一定的分配方法计入航次成本。

(3) 应付账项数额相差显著。远洋运输在国外港口发生的各种费用不能及时报账，在年终计算时，发生巨额账单必须专门处理。

(4) 成本构成项目不同。远洋运输成本构成不同于沿海运输成本，如港口费、工资包含的内容不同，航次运费组成项目也不同。

2. 海洋运输成本的构成与特点

海洋货物运输企业的成本项目可分为船舶费用和营运间接费用两大类。船舶费用包括航次运行费用和船舶固定费用。如有租赁船舶营运时，还包括船舶租赁费；如有集装箱运输，还应包括集装箱固定费用(这些船舶费用都已扣除了与运输无关的部分)。在各成本计算项目下设有明细项目。

1) 航次运行费用

航次运行费用指船舶在运行过程中可以直接归属于航次负担的费用。航次直接费用受货种、运量、运距、航次时间、靠港次数、运费等因素的影响。航次运行费用包括内容如下：

(1) 燃料费。燃料费是指船舶在营运期内航行、装卸、停泊等时间内耗用的全部燃料费用。

(2) 港口费。港口费是指船舶在营运期内进出港口、航道、停泊港内所发生的各项费用，如港务费、船舶吨税、引水费、停泊费、拖轮费、航道养护费、船舶代理费、运河费、海峡费、灯塔费、海关检验费、检疫费、移民局费用等。

(3) 货物费。货物费是指运输船舶载运货物所发生的应由船方负担的业务费用，如装卸费、使用港口装卸机械费、理货费、开关舱费、扫舱费、洗舱费、验舱费、烘舱费、平翻舱费、货物代理费、货物检验费、货物保险费等。

(4) 集装箱货物费。集装箱货物费包括集装箱装卸费、集装箱站场费用、集装箱货物代理费用等。

(5) 中转费。中转费是指船舶载运货物到达港口换成其他运输工具运往目的地，在港口中转时发生的应由船方负担的各种费用，如汽车接运费、铁路接运费、水运接运费、泊船费等。

(6) 垫隔材料费。垫隔材料费是指船舶在同一货舱内装运不同类别货物时需要分开、垫隔或装运货物需要防止摇动、移位，以及货物通风需要等耗用的木材隔货网、防摇装置、通风筒等材料费用。

(7) 速遣费。速遣费是指有装卸协议的营运船舶，提前完成装卸作业，按照协议支付给港口单位的费用。

(8) 事故费。事故费用是指船舶在营运生产过程发生海损、机损、货损、货差、火警、污染、人身伤亡等事故的费用，包括施救、赔偿、修理、诉讼、善后处理等直接损失。

(9) 航次其他费用。航次其他费用是指不属于以上各项费用应由航次负担的其他费用，如淡水费、通信导航费、交通车船费、邮电费、清洁费、国外港口接待费、领事签证费、代理行费、业务杂支费、冰区航行破冰费等。

2) 船舶固定费用

固定费用指为保持船舶适航状态所发生的经常维持费。这些费用不能直接归属于某一航次负担，但可以按单船进行归集。船舶固定费用包括的内容如下：

(1) 工资。工资是指应付船员的各类工资、奖金、津贴、伙食费、补贴等按有关规定由成本列支的费用。

(2) 职工福利费。职工福利费是指实际发生的职工福利费。

(3) 润料。润料是指船舶耗用的各种润滑油剂。

(4) 物料。物料是指船舶在运输生产中耗用的各种物料、低值易耗品的实际成本。

(5) 船舶折旧费。船舶折旧费是指船务公司按确定折旧方法按月计提的折旧费。

(6) 船舶修理费。船舶修理费是指已完工船舶的实际修理费支出、日常维护保养耗用的修理材料、备品配件等，以及船舶技术改造、大修理费用摊销的支出。

(7) 保险费。保险费是指船务公司向保险公司投保的各种船舶保险所支付的保险费用和运输船员的意外伤残保险。

(8) 车船使用税。企业按照规定的计税单位和年税额标准计算缴纳的财产税。

(9) 船舶非营运期费用。船舶非营运期费用是指船舶在非营运期（如厂修、停航、自修）内发生的燃料费、港口费等有关费用。

(10) 船舶共同费用。船舶共同费用是指由船舶共同负担，需经过分配由各船负担的船员费用和船舶业务费，包括工资、福利费、船员的服装费、船员差旅费、广告宣传费等。

3) 船舶租赁费

船舶租赁费是指船务公司租入运输船舶参加营运，按规定应支付给出租人的费用。

4) 集装箱固定费用

集装箱固定费用是指船务公司自有或租入的集装箱在营运过程中发生的固定费用。包括集装箱保管费，折旧费，租赁费，修理费，保险费，底盘车费用，以及其他费用。

5) 营运间接费用

营运间接费用是指船务公司营运过程中所发生的不能直接计算运输成本核算对象的各种间接费用。具体项目包括工资、职工福利费及五险一金等费用、燃料费、材料费、低值易耗品、折旧费、修理费、办公费、水电费、租赁费、差旅费、设计制图费、业务票据费、燃料材料盘亏和毁损、取暖费、会议费、出国人员经费、保险费、交通费、运输费、仓库经费、消防费、劳动保护费、排污费等。

3. 海洋运输成本的核算

按照我国现行制度的规定，不论是沿海运输还是远洋运输，都统一以客、货运业务为成本计算的对象。货运综合成本的计算单位是千吨海里。

1) 沿海运输总成本和单位成本的计算

沿海运输成本主要考虑航次运行费用、船舶固定费用、集装箱固定费用、营运间接费用的计算。

(1) 航次运行费用的归集与计算。

已完航次成本的计算。远洋运输企业船舶已完航次成本，包括已完航次开始到航线结束时累计发生的航次运行费用，应分配负担的船舶固定费用以及分配的营运费用。对于跨期航次，已完航次成本除包括本期发生的航次运行费用和分配负担的船舶固定费用及营运间接费用外，还包括前期同航次发生的未完航次成本(包括直接发生航次运行费用和分配负担的船舶固定费用)。对于本期某一已完航次来说，已完航次成本公式为

$$\begin{aligned}\text{本期已完航次成本}=&\text{前期未完航次成本}+\text{本期发生的航次运行费用}\\&+\text{本期分配的船舶固定费用}\\&+\text{本期分配的营运间接费用}\end{aligned}\tag{5.5}$$

未完航次成本的计算。远洋运输企业在报告期末(月末、季末、年末)尚未结束的航次，船舶仍在继续运行，航次运行费用尚在继续发生，还要分配船舶固定费用和营运间接费用，因此，不结算航次的运输成本。

本期期末的未完航次成本，应转入下期，等待该航次结束后，再计算已完航次成本。

本期未完航次成本，如下期内航次结束，则为下期该航次已完航次成本的一部分；如下期该航次尚未结束，船舶继续运行，则为下期该航次未完航次成本的一部分，上期未完航次成本和本期该航次发生的船舶直接费用以及分配负担的船舶固定费用构成跨期的航次成本。

(2)船舶固定费用的归集与计算。

海运企业的船舶固定费用，通常分别按单船费用项目设置明细账。船舶固定费用发生时，根据记账凭证分别计入各明细账户。

按月核算成本的企业，应按月将船舶固定费用计入各月运输成本；按航次核算成本的企业，应在月度终了时将船舶固定费用按各航次运营天数分配计入各航次成本。

某航次应负担的船舶固定费用=该船该月每营运天船舶固定费用×该航次营运天数　(5.6)

某船某月每营运天船舶固定费用=该船该月的船舶固定费用÷该船该月营运天数　(5.7)

(3)集装箱固定费用的归集与计算。

集装箱固定费用按集装箱类型设置费用明细账，按规定项目进行归集，按每标准箱的箱天费用和使用天数计算分配给集装箱的运输船舶成本。每标准箱的箱天集装箱固定费用=集装箱固定费用÷集装箱标准箱天数。集装箱以 20 英尺[①]为标准箱，小于 20 英尺的，每箱按一标准箱计算；大于 20 英尺小于 40 英尺的集装箱，每箱按 1.5 标准箱计算。

【例 5-5】某海运运输企业有 20 英尺集装箱 100 只，40 英尺集装箱 50 只，某月(30 天)集装箱固定费用为 120 000 元，则每标准箱天集装箱固定费用=120 000÷[30×(100+2×50)]=20 元/(天·箱)；若某船某航次装用 20 英尺集装箱 20 只，该航次计 15 天，则应分摊集装箱固定费用=20 元/(天·箱)×20 箱×15 天=6 000(元)。

(4)营运间接费用的归集与分配。

营运间接费用是企业营运过程中所发生的不能直接计入成本核算对象的各种间接费用。海运企业的营运间接费用应先在企业所经营的各种营运业务之间进行分配，求得运输业务应负担的营运间接费用。如果海运企业只计算综合运输成本，分配由运输业务负担的营运间接费用，可计入运输业务的综合成本，不必再进行分配。若需要再进一步计算单船成本、船型成本、运输种类成本时，则需要将运输业务负担的营运间接费用，在各船、各船型或运输种类之间进行分配。营运间接费用在各船之间进行分配的方法较多，常用的有船舶费用比例分配法和船舶营运吨天比例分配法。

海洋运输企业按航次计算成本时，营运间接费用可以只计入已完航次成本，不必分配计入该期未完航次成本，以简化核算。

【例 5-6】某海洋运输公司，其 A 货船第 5 航次航行于国外某航线，自 6 月开始至 7 月 20 日结束。其于 6 月末的未完航次成本为：航次运行费用 532 000 元，分配的船舶固定费用 600 000 元，分配该船的集装箱固定费用 20 000 元，共计 1 152 000 元，由于该航次尚未结束，不分配营运间接费用。

该船于 7 月份航次结束，当月航次运行费用以及 7 月份的船舶固定费用、集装箱固定

---

① 1 英尺≈0.3048m.

费用、营运间接费用如表 5.3 所示。

表 5.3　该船 7 月份航次运行费用表　　(单位：元)

项目	价格
航次运行费用	528 000
燃料	350 000
港口费	25 000
货物费	150 000
航次其他费用	3 000
7 月份船舶固定费用	682 000
7 月份集装箱固定费用	372 000

该船 7 月份船舶固定费用为 682 000 元，按航次营运天数分配，由该月第 5 航次和第 6 航次负担(第 5 航次为已完航次，第 6 航次为未完航次)。

该公司 7 月份集装箱固定费用 372 000 元，按重箱标准箱天 3 100 箱天计算分配第 5 航次和第 6 航次负担(其中第 5 航次使用集装箱 2 000 箱天，第 6 航次使用集装箱 1 100 箱天)。

该公司 7 月份营运间接费用为 100 000 元，7 月份各船已完航次运行费用合计 10 000 000 元，营运间接费用按月份已完航次直接费用比例计算分配。

要求：计算 A 船第 5 航次总成本。

解：

已知 6 月份 30 天，7 月份 31 天。则 A 船第 5 航次总成本包括以下项目：

6 月份未完航次成本=航次运行费用+分配的船舶固定费用
+分配的集装箱固定费
=532 000+600 000+20 000
=1 152 000(元)

7 月份航次运行费用=528 000(元)

7 月份分配的船舶固定费用=682 000×20÷31=440 000(元)

7 月份分配的集装箱固定费用=372 000×2 000÷3 100=240 000(元)

7 月份分配的营运间接费用=100 000×528 000÷10 000 000=5 280(元)

A 船第 5 航次总成本=6 月份未完航次成本+7 月份航次运行费用+7 月份分配的船舶固定费用+7 月份分配的集装箱固定费用+7 月份分配的营运间接费用=1 152 000+528 000+440 000+240 000+5 280=2 365 280(元)

沿海运输企业运输船舶的各项费用，经过归集和分配计算，在月(季、年)度终了，应计算货运总成本和货运单位成本。其计算公式为

$$货运总成本=船舶费用-运输无关费用+船舶租赁费+集装箱固定费用+营运间接费\\-未完航次成本+以前年度支出 \tag{5.8}$$

$$货运单位成本=\frac{货运总成本}{货运周转量(千吨\cdot海里)} \tag{5.9}$$

2) 远洋运输总成本和单位成本的计算

远洋运输企业船舶已完航次成本，包括已完航次开始到结束时累计发生的航次运行费用、应分配负担的船舶固定费用以及分配的营运间接费用。对于跨期航次，已完航次成本除包括本期发生的各项费用外，还包括前期的未完航次成本。已完航次成本计算公式为

$$某船已完航次总成本=该船前期未完航次成本+该船本期发生的航次运行费用\\+本期分配的船舶固定费用+本期分配的集装箱固定费用\\+本期分配的营运间接费用 \tag{5.10}$$

$$某船已完航次单位成本=\frac{该船已完航次总成本}{运输周转量(千吨\cdot海里)} \tag{5.11}$$

5.2.4 航空运输成本管理

航空运输是使用飞机、直升机及其他航空器运送人员、货物、邮件的一种运输方式，具有快速、机动的特点，是现代旅客运输，尤其是远程旅客运输的重要方式。

1. 航空运输成本的构成与特点

航空运输企业的成本项目为飞行费用和飞机维修费两大类：飞行费用指与飞机飞行有关的费用；飞机维修费指飞机、发动机除大修、改装以外的各级检修和技术维护费，以及零附件的修理费。

1) 飞行费用的归集和分配

飞行费用大部分是直接费用，费用发生时，可直接计入有关的机型成本。

(1) 空勤人员工资及福利费。空勤人员月末按规定计提的福利费，也应分配计入各有关的机型成本。

(2) 航空燃料消耗。在国内各地的加油，按规定的计划单价计算航油预提数；在国外各地的加油，按规定的预提单价计算航油消耗预提数。

(3) 飞机、发动机折旧费。民航运输企业的飞机和发动机折旧费的计提可以采用两种办法：一是按实际飞行小时计提折旧，采用这种办法应按机型分别计提折旧；二是按年限计提折旧，应用这种办法应按每架飞机分别计提折旧。

(4) 飞机、发动机大修理费。飞机、发动机大修理费指各机型飞机定时进行大修所发生的费用。民航运输企业对飞机、发动机的大修理费可采用预提大修理或大修理费发生后

分期摊销的办法核算。

(5) 飞机租赁费。指经营性租入飞机所支付的租赁费。融资性租入飞机所支付的租赁费应视作分期付款购入固定资产，计入“长期应付款”科目，不计入飞机租赁费。民航运输企业对飞机租赁费可采用按月预提或摊销的办法进行核算。

(6) 飞机保险费。飞机保险费包括飞机险，战争险，旅客、货物意外险，第三者责任险等。民航运输企业对机身投保金额应以投保时的飞机及发动机的净值为准，并逐年调整。飞机保险费一般采用待摊的方式，按月平均摊入飞机保险费项目。

(7) 飞机起降服务费。飞机起降服务费以支付之日计入机型成本。

2) 飞机维修费的归集和分配

飞机维修费是飞机、发动机因维护检修所发生的费用及零附件的修理费用。飞机维修费的核算分为材料费、人工费和间接维修费 3 个项目。航空运输企业发生的维修费先通过“飞机维修费”账户进行汇集。“飞机维修费”账户下设材料费、人工费、间接维修费 3 个明细科目，月末再按下列方法分配到各机型成本。

(1) 材料费。根据领料凭证上所列机型直接计入各机型成本。

(2) 人工费。按各机型维修实耗工时比例分配到各机型成本中去。其计算公式为

$$\text{某机型应分配的人工费} = \frac{\text{本月人工费总额}}{\text{本月某机型维修实耗工时总数}} \tag{5.12}$$

$$\text{某机型应分配的人工费}=\text{本月某机型维修实耗工时}\times\text{每工时人工费率} \tag{5.13}$$

(3) 间接维修费。可按各机型维修实耗工时比例分配到各机型成本中去。其计算公式为

$$\text{某工时间接维修费分配率} = \frac{\text{本月间接维修费总额}}{\text{本月某机型维修实耗工时总数}}\times 100\% \tag{5.14}$$

$$\text{某机型应分配间接维修费} = \text{本月某机型维修实耗工时}\times\text{每工时间接维修费分配率} \tag{5.15}$$

2. 航空运输成本计算对象、单位

航空运输成本计算一般是以每种机型为基础，归集和分配各类费用，计算每种飞机的机型成本，再进一步计算和考核每种飞机的运输周转量的单位运输成本。航空运输周转量的成本计算单位是吨公里。航空企业以月作为成本计算期。

5.3　运输成本的控制

5.3.1　物流网络系统规划

物流网络优化是指对企业(工厂、配送中心、营销中心、第三方物流提供商)自身及物

流网络内部的传统业务功能及策略进行系统性、战略性的调整和协调，从而使网络总成本达到最小化，包括库存持有成本、仓储成本和运输成本，同时满足客户对反应时间的要求。具体来讲，物流网络优化就是运用运筹学、应用数学、图论与网络分析等理论知识，一方面确定网络中每个节点物流设施(如仓库、港口、站台)的数目、地理位置，以及各个节点在网络中需要承担的工作与需求分配；另一方面，货物从起源地到接收地经中间节点所使用的运送方式和线路选择。

例如，美国“农场直达”花卉公司分别与联邦快件公司和联合包裹服务公司签订有关提供一体化快递服务的合同，通过他们的运输服务把鲜花直接运送到美国各地，从而避免以往新鲜玫瑰花搭乘民航飞机，聘用卡车公司运送玫瑰花，虽然运费低廉但是事故索赔不断，往往误事的严重麻烦。一体化快递服务给“农场直达”花卉公司带来准时、稳定的物流服务，公司的玫瑰花生意好做多了。

5.3.2　商流和物流分离

商物分离的具体做法之一是订货活动与配送活动相互分离。这样，就把自备卡车运输与委托运输乃至共同运输联系在一起了。而且，利用委托运输可以压缩固定费用开支，由于共同运输提高了运输效率，从而大幅度节省了运输费用。所以，与普通日用消费品行业中采用“窗口销售”(产品不经中间商，而由厂家按一定路线直接向消费者销售)那种发挥商物合一的积极作用的情况不同，一般认为订货活动与配送活动分离开来能够降低费用开支。

此外，还可以列举出销售设施与物流设施在功能方面的商物分离。这分为两种情况，一种是在同一企业内部；另一种是与交易对象之间的。前者是营业场所分散的销售点所具有的库存功能的分离，是把负责一定范围供货的物流据点合并起来，以加强公司内部物流管理的一元化为目的的一种措施。这样做可以压缩流通库存，解决交叉运输等问题，这有利于工厂货物运输的大批量化。从另一方面看，因设施集中合并扩大了配送距离，也产生了营业所销售人员因库存压力大而影响销售积极性、紧急配送困难等不利因素。因此，必须对物流的绝对量和营业所的管理方法进行研究。

后者是通过与交易对象的合作，力求减少中途物流环节(中转点)。例如，原来的流通路线是：制造商—制造商仓库—代理商仓库—顾客。现在，由于两者合作，把制造商仓库和代理商仓库合并起来，流通路线缩短为：制造商—区域配送中心—顾客。实际的例子是，顾客在商店购买家用电器，厂家直接把货物送到消费者家里，并负责安装作业的“协作中心”。这种商物分离的做法，把批发和零售从大量的物流活动中解放出来，可以把这部分力量集中到销售活动上，工厂的整个流通渠道不仅实现了物流效率化，流通的系统化也进一步得到了加强。

5.3.3　合理选择运输方式，提高装载效率

1. 明确各种运输方式的特点和适用范围

1) 铁路运输

适用于大量货物的集中、快速运输；在一定限度内，中、远距离使用铁路运输，运费比较便宜和经济；受天气条件影响小；在既定轨道上运输，事故少，安全性较高；铁路运输遍及全国，可向各地进行运输。但是近距离运输费用较高；长距离运输时，还需要火车配车，中途停留时间可能较长；在紧急运输时，可能失去时机。

2) 公路运输

适用于小、中批量商品的近距离运输，运费较便宜；可进行门到门运输；运输途中很少装卸，包装可以相对简单。但是不适于大量、长距离的运输。

3) 水路运输

适用于大量、远距离、运费受限制的商品运输，运费较低，经济；也适用于重量大、体积大的商品运输；散装货物的专用船运输，但是运输速度较慢；在码头、港口的装卸费用较高；受天气影响较大；运输安全性和准确性较高。

4) 航空运输

适用于运费限制小、小批量商品的中、远距离运输；运输速度快；货物包装比较简单，但是费用高，不适合运输价值低和大批量的货物；不适合运送较重或体积较大的货物。

5) 管道运输

运量大，适用于气态、液态货物运输；不受气候和地上要素约束，损耗少，更安全环保；但是运输对象有限，投资费用高。

在明确各种运输方式的特点后，需要利用数学模型对各种运输方式的优劣进行综合评价，并结合货物和实际情况选择最为合适的运输方式。

随着物流技术的进一步提高，例如，智慧管道、真空管道磁悬浮列车等新型交通工具的出现，各种运输方式的适用范围进一步扩大，将会进一步降低运输成本，提高运输效率。

2. 运输方式选择影响因素

1) 商品性能特征

这是影响企业选择运输工具的重要因素。一般来讲，粮食、煤炭等大宗货物适宜选择

水路运输；水果、蔬菜、鲜花等鲜活商品，电子产品，宝石以及节令性商品等宜选择航空运输；石油、天然气、碎煤浆等适宜选择管道运输。

2）运输速度和路程

运输速度的快慢、运输路程的远近决定了货物运送时间的长短。而在途运输货物犹如企业的库存商品会形成资金占用。一般来讲，批量大、价值低、运距长的商品适宜选择水路或铁路运输；而批量小、价值高、运距长的商品适宜选择航空运输；批量小、距离近的商品适宜选择公路运输。

3）运输的可得性

不同运输方式的运输可得性也有很大的差异，公路运输最可得，其次是铁路，水路运输与航空运输只有在港口城市与航空港所在地才可得。

4）运输的一致性

指在若干次装运中履行某一特定的运次所需的时间与原定时间或与前几次运输所需时间的一致性，它是运输可靠性的反映。近年来，托运方已经把一致性看作是高质量运输的最重要特征。如果给定的一项运输服务第一次花费两天、第二次花费了六天，这种意想不到的变化就会让生产企业产生严重的物流作业问题。厂商一般首先要寻求实现运输的一致性，然后再提高交付速度。如果运输缺乏一致性，就需要安全储备存货，以防预料不到的服务故障。运输一致性还会影响买卖双方承担的存货义务和有关风险。

5）运输的可靠性

运输的可靠性涉及运输服务的质量属性。对质量来说，关键是要精确地衡量运输的可得性和一致性，这样才有可能确定总的运输服务质量是否达到所期望的服务目标。运输企业如果要持续不断地满足顾客的期望，最基本的是要承诺不断地改善。运输质量来之不易，它是经仔细计划，并得到培训、全面衡量和不断改善支持的产物。在顾客期望和顾客需求方面，基本的运输服务水平应该现实一点。必须意识到顾客是不同的，所提供的服务必须与之相匹配。对于没有能力始终如一地满足的不现实的过高的服务目标必须取缔，因为对不现实的全方位服务轻易做出承诺会极大地损害企业的信誉。

6）运输费用

企业开展商品运输工作，当然要支出一定的财力、物力和人力，各种运输工具的运用都要企业支出一定的费用。因此，企业进行运输决策时，要受其经济实力以及运输费用的制约。例如企业经济实力弱，就不可能使用运费高的运输工具，如航空运输，也不能自设一套运输机构来进行商品运输工作。

7) 市场需求的缓急程度

在某些情况下，市场需求的缓急程度也决定着企业应当选择何种运输工具。如市场急需的商品须选择速度快的运输工具，如航空或汽车直达运输，以免贻误时机，反之则可选择成本较低而速度较慢的运输工具。

【例 5-7】 大众汽车制造公司要将生产的汽车配件先存放在生产厂配件库，再向距离客户较近的销售仓库运货，若用铁路运输，平均时间 T=21 天，为满足需求，工厂配件库和销售地仓库每个存储点的平均储存量 Q=10 000 件，该汽车配件的平均价值 C=30 元，每年的存货成本 I 为该汽车配件价格的 30%。汽车公司希望选择使总成本最小的运输方式。如果运输时间从目前的 21 天每减少一天，平均库存水平可以减少 1%，每年仓库卖出该汽车配件 D=700 000 件，目前，可以利用的运输服务如表 5.4 所示。

表 5.4　可以利用的运输服务

载运工具	运输费率 R/(元/件)	运输时间 T/天	年运输次数	平均存货量 Q/件
铁路运输	0.10	21	10	100 000
公路运输	0.20	5	20	50 000×0.84
航空运输	1.40	2	40	25 000×0.81

(1) 请根据相关资料进行核算并填写三种载运工具的成本比较表，如表 5.5 所示。

(2) 根据核算数据和统计结果选择哪种运输服务可使运输总成本最低。

表 5.5　三种载运工具的成本比较表

成本类型	计算方法	铁路运输	公路运输	航空运输
运输费用	R×D	0.10×700 000=70 000	0.20×700 000=140 000	1.4×700 000=980 000
在途存货	$ICDT$÷365	30%×30×700 000×21÷365=362 465.8	30%×30×700 000×5÷365=86 301.4	30%×30×700 000×2÷365=34 520.5
工厂存货	ICQ	30%×30×100 000=900 000	30%×30×50 000×0.84=378 000	30%×30×25 000×0.81=182 250
仓库存货	$I(C+R)Q$	30%×(30+0.1)×100 000=903 000	30%×(30+0.2)×50 000×0.84=380 520	30%×(30+1.4)×25 000×0.81=190 755
总成本		2 235 465.8	984 821.4	1 387 525.5

所以，比较所得，采用公路运输运费总成本最低。

5.3.4　运用装载技术提高装载量

企业实现效率化的装载，减少运输次数，在提高装载率及合理安排配车计划下，不断地降低配送成本。

1) 利用成组运输

成组运输是指运输领域内的一种运输自动化大生产方式，它是采用一定的办法，把分散的单件货物组合在一起，成为一个规格化、标准化的大的运输单位进行运输。如散堆装货物可以利用托盘或集装笼作为单元装载运输，既可以提高实际操作性，还可以增强机械化作业程度，减少运输中转的时间，加快了运输中转速度。不同品种的货物进入各种制式的集装箱，不但能节约大量的商品包装费用，有效地防止货物在运输途中可能发生的破损和丢失，而且也大大提高装卸效率，减轻劳动强度。同时集装箱方便保管，箱体可以反复使用，节约资源。

2) 选择高效的堆码方法

根据货物的品种、性质、包装、体积、重量等情况，同时还要依照具体的运输条件来确定高效的堆码形式，做到科学合理，高效装载。

最大限度地利用车辆载重吨位和车辆载重容积，运用轻质货物单位体积重量小，重质货物单位体积重量大的特点，将同一到站或同一路径的轻质与重质货物进行合理的配装，充分利用车辆容积和载重量。因此，轻重配装提高货车净载重，节省运力，降低运输成本。

3) 实行解体或拼装运输

某些运输产品具有不规则的尺寸和形状，以及超重或超长等特征。根据运输工具的货位情况以及所运输货物的形状，将体积大、笨重的货物，拆卸后分别包装，以减小占用空间，方便搬运，提高运输效率。而有些零散货物，采用合装整车运输，将小批量的装载整合成更大的装载量，每单位质量的运输成本将减少，通过拼装整车运输实现运输的规模经济。

例如，在储运方面，宜家采用平板包装，以降低家具在储运过程中的损坏率及占用仓库的空间；更主要的是，平板包装大大降低了产品的运输成本，使得在全世界范围内进行生产的规模化布局生产成为可能。据说平板包装的灵感来自宜家早期的一位员工——他突发奇想，决定把桌腿卸掉，这样就可以把它装到汽车内，而且还可避免运输过程中的损坏。从那时起，宜家便开始在设计时考虑平板包装的问题。平板包装进一步降低了产品的价格。同时，宜家也开始形成了一种工作模式，即“把问题转化为机遇”。

5.3.5 优化运输组织模式

1) 发展共同运输

物流运输成本控制，最有效的措施是共同化，这种说法并不过分。超出单一企业物流合理化界线的物流共同化，目前正作为最有发展前途的一种方向，在进行着种种尝试。这种共同化如果从各主体之间的关系来看，分为由本行业企业组合而形成的垂直方向的共同化和与其他行业公司之间联合而形成的水平方向的共同化两类。前者的目的在于，通过本系列集团企业内的物流一元化实现物流活动效率化。照相胶片行业和家用电器行业中，工厂与销售公司的共同保管和共同配送等做法就属于这类例子。

后者水平方向结合起来的共同化大体分为以单一企业为主导的共同化和以行业为中心的共同化。首先，以单一企业为主导的共同化可列举出一些大型食品工厂与同行业其他公司共同向小卖店配送货物的例子。这里，配送地点需要相当一致，同时，共同化的前提条件应该是市场上存在同行业的其他公司，这些公司配送的商品不带有竞争性。另外，近年来，到处可见的家用电器等工厂在往外地送货时，在返回途中与其他公司合伙，为其运输货物(本公司的送货地点是对方公司的发货地点，对方公司的送货地点是本公司的发货地点)，以解决长途运输车辆“返空”和运输费用上升的问题，这种共同化的目标是解决两个以上产地和销售地点相距很远而又交错运输的企业如何合作的问题。

在以行业为中心的共同化方面，可以举出许多例子。如唱片行业的共同配送、共同保管，百货商店的共同送货上门和远距离百货商店之间的相互代行送货上门，以及医药行业中利用保冷车的共同运输等。尤其在水泥行业中，还采取了工厂之间按销售地点情况相互代为供货，即“交换发货制”。另外，水泥的保管措施——水泥筒仓的共同利用，以及由筒仓管理组织通过事前协商调整等办法推动了整个行业水泥设施的共同化。

2) 开展集货运输

大量化运输是以运输规模经济为基础，以增加运输量组织物流合理化的一种做法，是通过延长备货时间来实现控制物流成本的一种手段。大量化运输策略与过去那种按体积折扣(以 1 年或半年为时间单位)收费的做法不同，是一种增大一次物流批量折扣收费的办法，是“大量发货减少收费”和“一贯制托盘化运输协作降低费用”等激励对方的手段。如某洗涤剂工厂与销售公司商定，如果向以托盘为单位装载的货车、大型卡车或双轮拖车订货，则按照货物的批次运输价格减 1%收费，称为“集装货物减成收费”；特约商店如果以卡车和货车等整车为单位向制造商工厂订货，则根据订货数量减成收取运费，称为“大量发货减成收费制”。这种做法因实行物流合理化而节约的金额由双方合理分享，对于物流运输活动的成本控制是特别重要的。

3) 基于大数据分析拟定动态运输计划

这里的计划并非传统意义上的生产或销售计划，而是以产销合同为基础的供货方式。主要适用于季节性和节假日消费较强的商品，例如双十一，双十二。

以季节性产品啤酒为例，本来是夏天集中消费的商品，即使是夏天，因天气好坏，每天的需要量也是不同的。这样就会出现运输车辆过剩与不足或装载效率下降等影响物流运输效率的问题。于是，有的啤酒工厂为了调整这种波动性，就事先同买主商定进货的时间和数量，制订配送计划，称为合同计划。这样，由于啤酒工厂计划供货、拣选进货、货物装卸、货物运输配送等物流活动均可按计划进行，节约了费用和简化了订货手续。同时，还做到了有计划地生产和享受运输优惠。买主按合同购货，减少了批发费用支出，这就是被称为“定期定量直接配送系统”的计划化物流。但这种计划化销售物流要看需求预测的准确程度如何，因计划不准确致使买主增大库存或失去销售良机的危险性并不小。可以说，这是以商品销量预测绝对可靠、商品在买主中占优势地位为前提，才能实现的物流运输计划。

4) 根据商品周转速度和规模大小发展差别化运输

即实行周转较快的商品群分散保管，周转较慢的商品群尽量集中保管的原则，以做到压缩流通阶段的库存，有效利用保管面积，库存管理简单化等。另一种做法是根据销售对象决定物流方法。例如，供货量大的销售对象从工厂直接送货；供货量分散的销售对象通过流通中心供货，使运输和配送方式区别开。对于供货量大的销售对象，每天送货；对于供货量小的销售对象集中一周配送一次等，灵活掌握配送的次数。无论哪一种形式，在采取上述做法时，都应把注意力集中在解决节约物流费与提高服务水平之间的矛盾关系上。平时，不断研究商品分类和顾客类别，随时改变做法，是十分重要的。

【本章小结】

运输成本是物流成本中占比最大的成本，不同运输方式的运输成本构成、特点、核算方法都不一样。本章重点介绍了运输成本的概念、构成和影响因素，针对汽车、铁路、海洋、航空四种运输方式的运输成本核算进行了分析，并从不同角度提出了运输成本的控制措施。

【思考与练习】

1. 名词解释

(1) 运输成本。
(2) 成组运输。

2. 简答题

(1) 影响运输成本的内部因素主要有哪些？
(2) 铁路运输成本的分类与特点。
(3) 汽车运输成本的构成与特点。

【案例分析】

鲜花物流

鲜花物流的特点是易损性，对包装有较高的要求；特定存放环境，温度、湿度的要求；生命时期有限，运输速度要快的要求；季节性强，营运组合高的要求，保存条件苛刻。

荷兰国内鲜花运输全部由带冷藏集装箱的公路运输来完成，每天进出阿斯米尔拍卖市场的鲜花冷藏集装箱卡车就有 2 000 辆；由于荷兰花卉出口的主要对象是半径为 2 500 公里的近邻国家，因此花卉出口量的 97%左右是通过带冷藏集装箱的公路运输或铁路运输来完成；更远距离的运输则通过空运完成。目前荷兰正在规划建设一种新的高速列车运输体系，此运输体系与荷兰斯第夫机场实现自动化连接，每 1 分半钟的时间内，不同层次的自动化装卸平台完成装卸货任务。高速列车的平均时速为 200 公里，远远大于目前集装箱卡车运输的运输效率。此系统也适用于其他对时间要求较高的鲜活产品。

美国的鲜花冷链物流 HPL。美国的鲜花物流系统通过空运专用货机，把从拉丁美洲采摘的鲜花运送到几个核心机场，然后直接运送到国内的各个花卉市场和配送站，再到各个零售店、快递公司和消费者手中。但由于缺少了专业化的保鲜方法，使鲜花坏了好多，让美国遭受了很大的损失，因此成立了迈阿密赫尔曼保鲜物流公司，专门从事花卉植物的进口运输工作。为了进一步做好“门到门”保鲜运送服务，HPL 在迈阿密国际机场建立了一座 7 万平方米的保鲜仓库，在西雅图国际机场又成立专门从事鲜花物流的洲际货运代理公司。2002 年，又在智利、澳大利亚、新西兰、危地马拉、哥斯达黎加、萨尔瓦多、洪都拉斯、秘鲁和伦敦设立了鲜花物流办事处，并且把业务扩大到海洋水产品运送。

同时美国鲜花物流系统大力发展互联网管理经营，充分利用信息通信技术把拉丁美洲中部国家的鲜花农场迅速带入现代化的国际电子信息市场，把鲜花农场、承运人、进出口商、仓储、集装箱运输、市场和消费者紧紧地联系在一起，增强相互之间的透明度，同时大大地提高了鲜花物流系统的效率和可靠性；为了降低运费，美国开始使用新发明的保温材料，它可持续保温 96 个小时，这样就可以使用底部货舱没有保温设备的货机来节省运费；为了保持鲜花的新鲜，美国使用了一种花卉运输袋，它可以确保在运输途中，袋中的鲜花一直保持垂直，鲜花根茎一直浸泡在袋子底部的营养液体中，而袋子的上部能通气散热；为了获得准时、稳定的物流服务，与联邦快件公司和联合包裹服务公司签订了有关提供一体化快递服务的合同，通过他们把鲜花直接运送到美国各地。

日本的植物运输公司。日本是世界上鲜花物流最先进的国家之一，也是一个鲜花消费的大国，它拥有传统的鲜花消费习惯。在 1970 年就成立了日本植物运输公司，目前日本鲜花已部分实现了带水流通，极大地提高了鲜花的质量。作为日本第一家专业的鲜花运输公司，从公司成立以来就在全国借鉴了荷兰的流通体系，公司从单纯的鲜花运输，发展到专用车辆的开发及整个市场流通体系的构建，后来又参与了鲜花批发市场的建设。

随着经济和生活水平的提高，知道了要扩大鲜花消费就必须促进家庭鲜花消费和抓好延长花期的流通，所以日本植物运输公司首开了日本开放式水桶带水运输的先河，其运输量也最多。日本从韩国、中国台湾进口的切花，也有用纸箱里加入特殊带水容器包装的，即使横着放，水也不会流出来。许多进口商从国外进口了横箱干式包装的切花，也都要换成立箱带水容器包装。日本植物运输公司还对花卉运输车辆进行了开发，为了提高卡车的周转率，公司采取近距离运送一般采用台车方式装卸，远距离运输一般采用人工方式装卸。另外，为了降低运输成本，公司也注重抓好其他农产品的运输，引进了在国际上也非常少见的连接挂车，并且开发出了在冷藏机冷气出口安装网孔状通风垫，使冷气均匀缓慢下降的技术，既保护了鲜花又合理地增加了车辆的容量。

(1) 这个案例给我们的启示是什么？
(2) 如何才能降低鲜花的运输成本呢？
(3) 结合我国的实际情况，如何提高运输效率，减少运输损耗？

【实训设计】

访问本地一家物流企业，调查其运输成本的构成和影响因素，针对企业情况，提出优化控制措施。

第6章　仓储成本管理

【学习目标】

通过本章学习，学生要熟悉仓储成本的概念、构成与影响因素，了解仓储成本分析重点，重点掌握仓储成本核算的内容与方法，以及仓储成本的控制优化措施。

【学习重点】

仓储成本的影响因素，仓储成本核算的内容与方法，仓储成本的控制优化措施。

【学习难点】

仓储成本的核算方法，仓储成本的控制优化措施。

6.1　仓储成本的概念、构成与管理意义

6.1.1　仓储成本的概念及构成

仓储成本是指企业在开展仓储业务活动中各种要素投入的以货币计算的总和，是物流成本的重要组成部分，对物流成本的高低具有直接影响。

在经济全球化与供应链一体化背景下的仓储，是保证社会再生产顺利进行的必要条件，是国家满足急需、特需的保障，是平衡市场供求关系、稳定物价的重要条件，是实现企业有效资源配置和物流资源整合的重要手段，但是，仓储活动需要负担一定的成本。因此，需要企业用最经济的办法实现储存的功能，即在保证储存功能实现的前提下，如何尽量减少投入。

1. 仓储成本的特点

1）重要性

在许多企业中，仓储成本是物流总成本的一个重要组成部分，对物流成本的高低有很大的影响，同时企业物流系统所保持的库存水平对于企业为生产或客户提供服务的水平起

着重要作用。2016 年，我国社会物流总费用为 11.1 万亿元，从比重来看，保管环节的费用为 3.7 万亿元，占比 33.3%，保管费用中的仓储费用增速比上年下降 0.3 个百分点，推算可减少仓储成本约 400 亿元；在仓储成本回落的同时，相关的资金占用成本持续下降，资金占用费用比上年下降 2.7%，降幅进一步扩大 0.3 个百分点，推算可减少物流资金占用成本约 1 000 亿元。因此，加强仓储成本的控制对企业有着积极的作用。

2) 复杂性

很多企业对物流成本的统计和核算没有建立明确的标准。如仓储成本中的仓储保管费用、仓储办公费用、仓储物资的合理损耗等一般计入企业的经营管理费用，而不是仓储成本。此外，对于企业内部所发生的仓储成本有时涉及面广、环节多而无法划归相应科目，因此，增加了仓储成本的复杂性。

3) 效益背反性

仓储和客户服务水平，与物流成本的其他构成要素，如运输成本、装卸搬运成本、包装成本等都存在一定程度的效益背反。例如，为了提高服务水平，就会引起仓库建设、仓库管理、仓库工作人员薪资、存货等费用开支增高，增加仓储成本。而为了降低仓储成本，减少物流网络中仓库的数目并减少存货，必然会使库存补充变得频繁而增加运输的次数，就会增加运输成本。因此要将仓储成本管理纳入整个物流系统，以物流总成本为核心，使整体物流系统的总成本最低，使整个物流系统最优化。

2. 仓储成本分类

1) 仓储成本按照成本形态分类

仓储成本按照成本形态可以分为固定成本和变动成本。固定成本与一定限度内的仓储数量无关，如仓储设备折旧、仓储设备的维护费用、仓库职工工资等；变动成本与仓储数量相关，如库存占有资金的利息费用、仓储物品的毁损和变质损失、保险费用、搬运装卸费用和挑选整理费用等。变动成本主要包括资金占用成本、仓储维护成本、仓储运作成本和仓储风险成本。

2) 仓储成本按照成本要素分类

仓储成本按照成本要素可以分为仓储运作与维护成本、仓储存货成本、缺货成本以及在途库存持有成本。

(1) 仓储运作与维护成本。

仓储运作成本。主要是与商品作业有关的成本，包括出入库作业，验货作业，备货作业，日常养护作业，装卸搬运作业，流通加工作业成本。

仓储维护成本。主要包括与仓库有关的仓库职工工资、租赁、取暖、照明、设备折旧、保险费用和税金费用等。仓储维护成本随企业采取的仓储方式不同而有不同的变化，如果企业利用自用的仓库，大部分仓储维护成本是固定的；如果企业利用公共的仓库，则有关仓储的所有成本将直接随库存数量的变化而变化。

仓储风险成本。反映的是由于企业无法控制的原因，造成的库存商品贬值、损坏、丢失、变质等损失。根据产品的价值和类型，产品丢失或损坏的风险高，就需要较高的保险费用。

同时，许多国家把库存列入应税财产，高水平库存将导致高税费。保险费用和税金将随着产品不同而有很大变化，在计算仓储维护成本时，必须考虑它们。

(2) 仓储存货成本。

订货成本。订货成本是指从发出订单到收到存货整个过程中所付出的成本，如订单处理成本(包括办公成本和文书成本)、运输费、保险费以及装卸费等。订货成本有一部分与订货次数无关，称为订货的固定成本，用 F_1 表示；另一部分与订货次数有关，称为订货的变动成本，每次订货的变动成本用 K 表示；订货次数等于存货年需求量 D 与每次进货量 Q 的商。订货成本的计算公式为

$$\text{订货成本} = F_1 + K \times \frac{D}{Q} \tag{6.1}$$

订货成本的发生有两种情况，一种是由于向外部供应商发出采购订单购买物料而发生的成本，如采购物料时，向供应商申购材料、付款发生的单据成本、信息成本，收进的货物必须检查并送交仓库或加工地等发生的费用；另一种是由于向内部工厂发出订单而发生的成本，如向工厂订制一批物料时，所发生的文书工作成本、机器调整费、新调整后首次生产带来的开工废品以及其他取决于订货或生产批数的一次性费用。所有这些费用都是订货成本。

生产准备成本。生产准备成本是指当库存的某些产品不由外部供应而是由企业自己生产时，企业为生产一批货物而进行准备的成本。其中，更换模具、增添某些专用设备等属于固定成本，与生产产品数量有关的费用，如材料费、加工费、人工费等属于变动成本。

资金占用成本。购买货物和包装存货使用的资金成本，资金占用成本也称为利息成本或机会成本，是仓储成本的隐含费用。资金占用成本反映失去的盈利能力，如果资金投入到其他方面，就会要求取得投资回报，因此资金占用成本就是这种尚未获得的回报费用。为了核算方便，一般情况下，资金占用成本指占用资金支付的银行利息。

资金占用成本是仓储持有成本的一个重要组成部分，通常用持有库存货币价值的百分比表示。也有用确定企业新投资最低回报率来计算资金占用成本的，因为从投资的角度来说，库存决策与做广告、建新厂、增加机器设备等投资是一样的。

(3) 缺货成本。

是指因存货不足而给企业造成的停产损失、延误发货的信誉损失及丧失销售机会的损失等。缺货成本能否作为决策的相关成本，应视企业是否允许出现存货短缺的不同情形而定。

如果发生外部缺货，将导致以下情况的发生。

延期交货。延期交货可能会使企业因为不能按时交货而赔偿。因此，可以通过违约额来确定直接损失。

失销。由于缺货，可能造成一些客户会转向其他供应商，因为许多公司都有生产替代产品的竞争者。当一个供应商没有客户所需的商品时，客户就可从其他供应商那里订货，在这种情况下，缺货会导致失销，对于企业来说，直接损失就是这种商品的利润损失。因此，可以通过计算这批商品的利润来确定直接损失。

失去客户。第三种可能发生的情况是由于缺货而失去一个客户供应商。这种情况就是通常说的机会成本，因为不好估算，在实际工作中，企业做忽略处理。

(4) 在途库存持有成本。

在途库存持有成本不像前面讨论的三项成本那么明显，所以经常被忽略，然而在某些情况下，比如在途运输时间较长的情况，企业必须考虑这项成本。如果企业以目的地交货价销售商品，就意味着企业要负责将商品运达客户，当客户收到订货商品时，商品的所有权才转移。从理财的角度来看，商品仍是销售方的库存。因为这种在途商品在交给客户之前仍然属于企业所有，运货方式及所需的时间是储存成本的一部分，企业应该对运输成本与在途存货持有成本进行分析。

6.1.2 仓储成本管理的意义

作为物流成本管理的一部分，仓储成本管理在物流领域存在着广阔的降低成本空间，因此，仓储成本管理的物流问题引起了企业经营管理者的普遍重视。

1) 仓储成本管理是物流成本管理的重要内容

降低仓储成本与提高仓储服务水平构成了企业仓储管理最基本的课题。仓储成本管理的意义在于，通过对仓储成本的有效把握，利用仓储以及物流各要素之间的效益背反关系，科学、合理地组织仓储活动，加强对仓储活动过程中费用支出的有效控制，降低仓储活动中的物化劳动和活劳动的消耗，从而达到降低仓储总成本、提高企业和社会经济效益的目的。

2) 通过仓储成本管理降低存货风险

除了在现场装配的大型设备、建筑物外，绝大多数通用产品实现生产完全无存货的目标很难达到，一般商品的生产原材料需要进行适量的安全储备，这是保证生产稳定和促进销售的重要手段，也是对抗偶发事件对物流产生破坏的重要应急手段，如交通阻塞、发生不可抗力、意外事故等。但存货就意味着资金运转停滞的资金成本增加，并会产生损耗、浪费等风险。通过仓储控制可以降低存货风险，通常包括存量控制、仓储点的安排、补充控制、出活安排等工作。

3) 仓储成本管理有助于降低系统物流成本

系统物流成本分摊在具体的操作过程之中，分为仓储成本、运输成本、作业成本、风险成本等。仓储成本不仅是物流成本的重要组成部分，也是整体上对物流成本实施管理的控制环节。仓储成本的控制和降低可以直接实现物流成本的降低。例如，产品在仓储中的组合、妥善配载和流通包装、成组等流通加工就是为了提高装卸效率、充分利用运输工具，从而降低运输成本的支出；合理和准确的仓储会减少商品的换装、流动，减少作业次数；采用机械化和自动化仓储作业，有利于降低作业成本。

4) 通过仓储成本管理平衡企业流通资金的占用

工业企业的原材料、在产品、产成品，商业企业的商品是流动资金的主要占用部分，仓储成本中的库存量控制实际是对流动资金的控制，控制库存量是在平衡企业流动资金总体占用最优。因为，通过加大订货批量可以降低订货费用和运输费用，保持一定再生产和原材料会减少生产交换次数，提高工作效率，仓储成本管理是寻求上述两者之间的最佳匹配，以求达到降低物流资金的目的。

例如，耐克经营的运动鞋及服装是季节性很强的产品，如果没有良好的物流服务，就不能保持其竞争优势，因此耐克公司非常注重其物流系统的建设，跟踪国际先进物流技术的发展，及时对其系统进行改进，可以说其物流系统是一个国际领先的、高效的货物配送系统。耐克在欧洲原有 20 多个仓库，分别位于 20 多个国家。这些仓库之间是相互独立的，这使得耐克的客户服务无法做到非常细致。另外，各国家的仓库只为本国的消费做准备，也使得其供货灵活性大打折扣。经过分析，耐克决定关闭其所有的仓库，只在比利时的 Meerhout 建造一个配送中心，负责在整个欧洲和中东的配送供给。因为这里是一港口城市，交通比较便利，并且在地理上也位于欧洲中心。Meerhout 配送中心于 1994 年开始运营，配送中心有着一流的物流设施、物流软件及 RF 数据通信，从而使其能将产品迅速地运往欧洲各地。

6.2　仓储成本核算

6.2.1　仓储成本的核算目的及范围

仓储成本计算前必须要明确其计算目的，从而确定其计算范围，由于包括的范围不同，其计算结果也不同。如果要对所有的仓储物流活动进行管理，就需要计算出所有的仓储成本。如果只考虑仓储本身的费用，不考虑物流等其他领域的费用，也不能全部反映仓储成本的全貌。由于每个企业在统计仓储费用时的口径不一样，往往缺少可比性。

1. 仓储成本的核算目的

仓储成本的计算范围取决于其计算目的，目的不同，所包括的范围不同，其计算结果也不一样。仓储成本计算和信息收集的目的如下：

(1) 为各个层次的经营管理者提供物流管理所需的成本资料。

(2) 为编制物流预算以及预算控制提供所需的成本资料。

(3) 为制定物流计划提供所需的成本资料。

(4) 为监控仓储管理水平提供各种成本信息。

(5) 提供价格计算所需的成本资料。

为达到以上目的，仓储成本除了按物流活动领域、支付形态等类别分类外，还应根据管理的需要进行分类，而且要通过不同期间成本的比较、实际发生费用与预算标准的比较，并结合仓储周转数量和仓储服务水平，对仓储成本进行分析比较。

2. 仓储作业成本的核算范围

1) 按仓储支付形态确定计算范围

在计算仓储成本时，原始数据主要来自财务部门提供的数据。因此，应该把握按支付形态分类的成本。在这种情况下，对外交付的保管费可以直接作为仓储物流成本全额统计，但对于在企业内部发生的仓储费用是与其他部门发生的费用混合在一起的，需要从中剥离出来。例如，材料费、人工费、物业管理费、管理费、营业外费用等。

(1) 材料费。仓储成本中的材料费主要是仓储过程中使用的衬垫、毡盖材料等，这是与包装材料、消耗工具、器具备品、燃料等关联的费用，可以根据材料的出库记录，将此期间与仓储有关的消耗计算出来，再分别乘以单价，便可得出材料费。

(2) 人工费。仓储成本中的人工费包括向仓储人员支付的工资、奖金、补贴等报酬。可以根据发生的实际金额，以及由企业统一负担部分按人数分配后得到的金额计算。

(3) 能源动力费。能源动力费包括仓储过程中发生的水、电、气等费用，可以根据安装在设施上的用量记录装置获取相关数据，也可以根据建筑设施的比例和仓储人员的比例简单推算。

(4) 管理费。管理费指仓储企业或部门为管理仓储活动或开展仓储业务而发生的各种间接费用，主要包括仓库设备的保险费、办公费、人员培训费、差旅费、招待费、营销费、水电费等。

(5) 折旧费。仓储设施设备的折旧费。

(6) 仓储损失。仓储损失是指保管过程中因货物损坏而需要仓储企业赔付的费用。造成货物损失的原因一般包括仓库本身的保管条件，管理人员的人为因素，货物本身的物理、化学性能，搬运过程中的机械损坏等，实际中，应根据具体情况，按照企业的制度标准，分清责任合理计入成本。

(7) 保管费。保管费是为存储货物所开支的货物养护、保管等费用，它包括用于货物保管的货架、货柜的费用开支，仓库场地的税金等。

(8) 设备维修费。设备维修费主要用于设备、设施和运输工具的修理。

(9) 装卸搬运费。装卸搬运费是指货物入库、堆码和出库等环节发生的装卸搬运费用，包括搬运设备的运行费用和搬运工人的成本。

(10) 税金。经营过程中仓储企业承担的各种税金。

(11) 资金占用利息。仓储过程中存货占用银行贷款所支付的利息和存货占用自由资金所发生的机会成本。

2) 按仓储成本形成计算

按仓储成本形成主要包括取得成本、仓储成本和缺货成本。

(1) 取得成本。取得成本是指为取得存货而支出的成本，分为订货成本和购置成本。订货成本是指取得订货单的成本，与订货次数有关；购置成本是指存货本身的价值。计算公式为

$$T_1 = F_1 + K_1 \times \frac{D}{Q} + D \times P \tag{6.2}$$

式中，T_1为取得成本；F_1为订货固定成本；K_1为每次订货的变动成本；D为年需求；Q为每次订货量；P为单价。

(2) 储存成本。储存成本是指企业为保持存货而发生的成本，如仓储费、搬运费、保险费、占用资金的利息等。储存成本分为与存货数量多少有关的变动成本和与存货数量无关的固定成本，因此储存成本的计算公式为

$$T_2 = F_2 + K_2 \times \frac{D}{Q} \tag{6.3}$$

式中，T_2为储存成本；F_2为固定储存成本；K_2为单位储存变动成本。

(3) 缺货成本。缺货成本是指由于存货不能满足生产经营活动的需要而造成的损失，如失销损失、信誉损失、紧急采购额外支出等。缺货成本用T_3来表示。

综上所述，总成本计算公式为

$$\begin{aligned}\text{总成本} &= \text{取得成本} + \text{储存成本} + \text{缺货成本} \\ &= T_1 + T_2 + T_3 \\ &= F_1 + K_1 \times \frac{D}{Q} + D \times P + F_2 + K_2 \times \frac{D}{Q} + T_3\end{aligned} \tag{6.4}$$

6.2.2　仓储成本的核算

1) 按支付形态计算仓储成本

把仓储成本分别按照仓储搬运费、仓储保管费、材料费、人工费、仓储管理费、仓储

占用资金利息等支付形态分类，以人数、面积、台数等参数作为成本动因进行分配，就可以计算付出仓储成本的总额。

这种计算方法是从利润表“管理费用”“财务费用”“营业费用”等各个项目中，取出一定数值按照一定的比率(人数平均，面积平均，时间平均等数值)算出仓储部门的费用，再将仓储成本总额与以前年度的数值做比较，找出增减原因并制定修正方案。表 6.1 为某公司按仓储成本支付形态编制的成本计算表。

表 6.1　某公司按成本支付形态编制的仓储成本计算表　(单位：元)

仓储成本形态	管理、营业、财务等费用	计算基准	仓储成本	备注
	①	②	③=①×②	
(1)仓库租赁费	115 000	100	115 000	全额
(2)材料消耗费	35 477	100	35 477	全额
(3)工资津贴费	561 260	22.4	125 722	人数比率
(4)燃料动力费	18 376	42.5	7 810	时间比率
(5)保险费	9 850	48.8	4 807	面积比率
(6)修缮维护费	17 403	45.2	7 866	固定资产比率
(7)仓储搬运费	30 135	51.8	15 610	面积比率
(8)仓储保管费	31 467	51.8	16 300	面积比率
(9)仓储管理费	17 632	37.1	6 541	仓储费比率
(10)低值易耗品费	18 410	37.1	6 830	仓储费比率
(11)资金占用利息	26 545	37.1	9 848	仓储费比率
(12)税金等	35 416	37.1	13 139	仓储费比率
仓储成本合计	916 971	39.8	364 950	仓储费占费用总额比率

2)按仓储活动项目计算仓储成本

按仓储活动项目计算仓储成本，是将仓储活动消耗的人、燃料、材料、设备等资源成本，按资源动因(人数、人工工资、面积、工时等)分配至各项作业。按上述的支付形态进行仓储成本分析，虽然可以得出总额，但是不能充分了解仓储的实际形态，了解在哪些功能环节上可以进一步降低仓储成本。因此可以在仓库较多的情况下，采用按仓储活动项目计算仓储成本的方法可以比较容易地进行横向比较，从而提高管理绩效。

3)按适用对象计算仓储成本

以各项作业为对象计算出来的仓储成本，还可以再按适用对象核算仓储成本。即分别按商品、地区、客户等的不同计算成本，由此可以分析不同的对象对仓储成本的影响。也就是以商品类别、商品件数、仓储面积、出入库次数等成本动因，将作业成本分配到商品、地区、客户等对象上去。

6.2.3 仓储设施设备成本的计算

企业可以通过自有仓库、租赁仓库、公共仓库 3 种方式来获得仓储等设备成本。

1) 自有仓库成本

自有仓库又称“自营仓库”，是指由企业自己拥有并管理的仓库。自有仓库初期投资较大，但在以后的日常运行中成本很低。它是企业出资建设的，是企业生产、销售服务的仓库设施设备，是企业的固定资产。固定资产的服务潜力会随着其在生产经营中的使用而降低直至消逝。在成本管理中，固定资产的成本是通过折旧来进行计算的。

(1) 折旧的含义。所谓折旧是指因固定资产使用磨损而逐渐转移的价值。作为企业的固定资产，仓库等设施设备由于使用及自然力的作用或科学技术的进步等原因会逐渐丧失其原有的价值，这被称为仓库等设施设备的价值损耗，包括有形损耗和无形损耗两种形式。

有形损耗是可见或可测量出来的物理性损失、消耗，指固定资产由于使用所发生的物质磨损或是受到物理、化学或自然力等因素的作用而逐渐发生的一定程度的损耗或磨损。这种损耗，一方面是由固定资产的使用引起的，如机器设备在运转中由于摩擦和物理、化学反应等会使其精度效率逐步降低；另一方面则是由于不使用而受自然力的作用造成的，如锈蚀、自然老化等。前一种情况或多或少地与固定资产的使用程度成正比。后一种情况则在一定程度上与固定资产的使用成反比。有形损耗包括使用损耗和自然损耗两个方面，是计提折旧最为主要的依据。

无形损耗是指仓库等设施设备本身的服务潜能未受影响，但由于科学技术的进步而引起的仓库等设施设备价值的降低。无形损耗主要有两种形式：一是由于生产方法的改进和社会劳动生产率的提高，使同类结构和性能的机器、设备，以更少的社会必要劳动时间再生产出来，从而引起原有固定资本的价值相应降低；二是由于出现了新的技术，发明了新的效能更高的机器设备，继续使用原有的机器设备就不经济，从而引起使用期限缩短，以致提前报废。

(2) 自有仓库设施设备的折旧方法。影响仓库等设施设备折旧的因素有计提折旧的基数、仓库等设施设备的使用年限、仓库等设施设备的净残值等。

企业应当根据仓库等设施设备的性质和消耗的方式，合理确定仓库等设施设备的预计使用年限和预计净残值，并根据环境变化、科技发展及其他因素，选择合理的折旧方法。有关固定资产的预计使用年限和预计净残值、折旧方法等，一经确定不得随意变更。

平均年限法。平均年限法又称为直线法，是将固定资产的折旧均衡地分摊到各期的一种方法，采用这种方法计算的每期折旧额均是等额的。计算公式为

$$\text{年折旧率}=\frac{1-\text{预计净利残值率}}{\text{预计使用年限}}\times 100\% \tag{6.5}$$

双倍余额递减法。双倍余额递减法是在不考虑固定资产残值的情况下，根据每一期期

初固定资产账面净值和直线法折旧额计算固定资产折旧的一种方法。计算公式为

$$年折旧率=\frac{2}{预计的折旧年限}\times 100\% \tag{6.6}$$

$$月折旧率=年折旧率\div 12 \tag{6.7}$$

$$月折旧额=固定资产账面净值\times 月折旧率 \tag{6.8}$$

这种方法没有考虑固定资产的残值收入，因此不能使固定资产的账面折余价值降低到它的预计残值收入以下，即实行双倍余额递减法计提折旧的固定资产，应当在其固定资产折旧年限到期的最后两年，将固定资产净值扣除预计净残值后的余额平均摊销。

年数总和法。年数总和法也称为合计年限法，是将固定资产的原值减去净残值后的净额乘以一个逐年递减的分数计算每年的折旧额。这个分数的分子代表固定资产尚可使用的年数，分母代表使用年数的逐年数字总和。其计算公式为

$$年折旧率=\frac{尚可使用年限}{预计使用年数总和}\times 100\% \tag{6.9}$$

2）租赁仓库成本

企业租赁仓库发生的成本就是企业租赁仓库的租金费用。租赁仓库除了提供存储服务外，一般不提供其他服务，因此不发生其他费用。租赁仓库一般由出租方按照承租方的要求建造仓库，或者承租方根据自己的要求寻找适合的仓库。承租方的费用比较简明，一般只是按期支付租赁费用，而仓库的维护费用则由出租方负责。

租赁仓库的租金通常是根据企业在一定时期内租用的仓储空间的大小来收取的。租赁仓库的租金合约一般期限都很长，而企业租用的空间大小是基于该期限内的最大储存需求而决定的。当企业的库存没有达到最大值时，租金不会因为仓储空间没有被充分利用、存在空余而减小，因此租赁仓库的租金不会随着库存水平变化而每天波动，它与库存水平无关，不属于库存持有成本。租赁仓库的租金费用属于仓储成本，它会随市场供求情况发生变化，受市场上可供租赁的仓储空间的供给量与需求量的制约。此外，如果企业停止租赁，则租赁仓库所带来的所有费用都会消失。

3）公共仓库成本

公共仓库的收费是由公共仓库的提供方和公共仓库的承租方通过谈判来确定的。公共仓库的收费由三个部分组成：存储费、搬运费和附加成本，它们各自具有不同的特征，而且它们的费率通常也是各不相同的。存储费与企业在公共仓库中存储物品的数量以及存储时间关系密切，是依据企业在公共仓库中存储物品的数量来计算的，有时也会按产品实际占用的仓储空间计收，以平方或立方计算。

搬运费通常按每担（一担=50kg）为单位计收，因为货物的搬运次数是衡量搬运成本的重要尺度，因此，有时也会按次收费，对每次入库或出库收取搬运费。文字记录工作的费用一般直接向客户收取，如提单制作的成本就以每份提单为单位计收。

对于企业来说，公共仓库是一个所有成本都可变的仓储系统。企业停止使用公共仓库

后，所有的费用均会消失。

【例 6-1】某仓储公司仓库面积为 40 000m^2，建造费用为 8 000 万元，按照 40 年折旧；大型设备 2 台，每台购置费用为 450 万元，按照 15 年折旧；电动叉车 2 台，其他操作工具多部，合计 50 万元，按照 5 年折旧；另外，公司还长期租赁外部仓库 10 000m^2，租赁金额每天每平方米 0.5 元(全年以 360 天为标准)；员工数量 100 名，平均每人每月基本工资为 1 500 元；平均每人每月加班 10h，加班费为 20 元/h；本年度发生的设施、设备维护维修费用为建造和购置费的 5‰，维护维修的零部件费用为 10 万元。计算该公司本年度的固定成本、变动成本及总成本。

解：

仓库折旧=8 000÷40= 200(万元)

大型设备折旧=450×2÷15=60(万元)

叉车及其他工具折旧=50÷5=10(万元)

库房租金=0.5×10 000×360=180(万元)

基本工资=100×1 500×12=180(万元)

加班费用=10×20×12×100=24(万元)

维护维修费用=(8 000+450×2+50)×0.005+10=54.75(万元)

【例 6-2】有个 10 000m^2 的仓库，其货架区含通道的面积为 8 000 m^2，不含通道的面积为 7 000m^2，仓库全年出货量为 3.4 亿元，年初库存为 2 000 万元，年末库存为 1 400 万元，全年的仓储费用为 300 万元，每月平均库存约为 10 万件。计算以下两个指标：

(1) 仓库面积利用率；

(2) 货物年周转次数。

解：

面积利用率=仓库有效堆放面积÷仓库总面积×100% =7 000÷10 000×100%=70%

货物周转次数=全年货物出库总量÷货物平均储存量

=34 000÷[(2 000+1 400) ÷2]=20(次)

6.3 仓储成本分析

6.3.1 物流企业仓储成本分析

1. 物流企业仓储费用构成

不同于制造和销售企业，物流企业是一个以服务为导向的运营企业，其费用的构成划分具有本身的独特性。

物流成本是指企业进行物流活动时所消耗的物质资源及劳动的货币体现。第三方物流仓储成本是指第三方物流企业通过合同与客户企业建立货物保管和储存的服务业务所消耗的各种费用的总和。第三方物流的仓储成本划分为直接材料、直接人工和营运间接费用三大要素。

1) 直接材料

直接材料是指在对物流服务对象提供物流服务时需要的材料，也是与某种物流服务产品的生产直接相关的材料。第三方物流企业主要提供无形的物流服务，即使是为产品提供增值服务的存储、加工、包装等要素所用的直接材料也很少，所以对于第三方物流企业来说，直接材料多是为方便操作或提高物流效率的辅助性材料，通过实地考察很容易计算出其进行物流服务时所消耗的实际数量，进而将直接材料所消耗成本划分到具体服务对象中去。其中与仓储有关的直接材料包括用于存储和保管货物的托盘、货架，为方便保管而进行包装处理的包装工具，方便记录、辨识存储信息的标签、条形码和用于记录出入库等信息的纸张和其他工具等。

2) 直接人工

与直接材料类似，直接人工是指在对物流服务对象进行物流服务过程中所消耗的人力。在第三方物流仓储成本中，人力包括进行仓储保管工作的库管，进行货物装卸、搬运和摆放的工作人员，对产品进出库进行登记、记录追踪的单证人员及其他有关仓储活动的管理人员。

3) 营运间接费用

在营运成本中，除了直接材料和直接人工之外的所有费用统称为营运间接费用。根据成本对象的不同，可将营运间接费用划分为不同内容。以物流成本要素划分物流成本时，可将物流成本细化到每一项具体物流要素上去。以仓储作业为例，仓储作业的直接人工成本即为仓储成本中的人工费用，仓储作业的直接材料费用即为该作业过程中的设施设备折旧消耗及电力消耗费用。以物流服务产品的角度出发，是将客户或服务合同作为成本计算对象，以上归属于某项物流要素中的直接人工和直接材料都属于营运间接费用。所以，在第三方物流成本中，营运间接费用在营运成本中占有很大的比例。因此，传统的间接费用分摊方法在对物流服务对象或客服进行费用计算时，因无法得到准确的信息，其准确性很难令人满意，直接导致第三方物流仓储成本管理的低效。

2. 第三方物流公司仓储成本特点

1) 仓储行业的特点

第三方物流仓储行业主要提供与仓储有关的储存和保管等物流服务，具有无形性、即时性和多样性的特点。无形性是相对于有形产品而言，仓储业务主要提供没有实质物品表现形式的服务，消费者无法直接感受到这种服务产品的存在；即时性是指消费者只有在即时可享受到仓储服务，无法将这种服务进行保存以期日后使用；多样性是指由于消费者会根据商品的多样性对不同种类的商品提出不同的仓储服务要求，这里包括存储数量不同、存储形式不同和存储时间不同等。

2) 仓储成本的特点

仓储业务的无形性决定了第三方物流仓储成本直接费用的资金需求较少，主要的直接费用多为人工费和水电管理费等维持性费用，直接材料费用在生产经营过程中几乎零花费。这就说明仓储成本多表现为无法直接归属到成本对象的间接费用，如设施设备的折旧费等。这就造成了仓储成本分摊难度大，使物流费用因分摊不清而造成了物流冰山现象。

仓储业务的即时性决定了仓储产品模糊了在产品与产成品的界限，也就是说，由于仓储业务不提供有形的产品，当货物结束了存储状态，其生产和销售也同时完成。因而仓储业务的成本核算中，按会计标准不能将其结转至下期，只能转入本会计周期的损益中去。

仓储业务的多样性决定了仓储合同制定过程中的个性化体现。对于种类、数量不同的服务对象制定不同的服务流程，这使仓储成本的不稳定性成了必然。换句话说，仓储成本的费用消耗主要取决于消费者对不同服务对象存储和保管的需求，因此仓储成本费用很难用传统的会计方法进行核算。

6.3.2　制造企业仓储成本分析

1. 制造企业物流成本构成

制造企业仓储成本包括订货成本、存货持有成本和缺货成本。

订货成本包括采购业务人员工资费用、日常办公经费、差旅费、通信费、交通费、物资采购系统软硬件摊销费、签订合同的印花税等费用。

存货持有成本包括仓库和仓储设施的折旧费、财产保险费、房产税、维修保养费等，仓储人员工资费、劳保用品费，燃动费，物资出入库信息传递系统的摊销费、入网费、日常经费等，仓储物资的保险费、物品毁损和陈旧费等。

缺货成本主要包括库存商品缺货造成的违约成本。

这三部分费用在现行财务会计体系中并没有被体现，因此需要利用统计方法在期末进行统计处理。因此统计渠道费用方面，存货物资占用资金的机会成本、原材料物资缺货造成的停工待料损失和库存商品缺货造成的客户流失损失都需要进行统计；在财务处理方面，订货成本计入管理费用，存货持有成本中除意外事故造成的物品毁损计入营业外支出，物品的陈旧跌价损失计入存货跌价准备外也计入管理费用，缺货成本中的违约成本计入营业外支出。

2. 制造企业仓储成本特点

1) 分散性

物流活动贯穿于企业的供应、生产、销售、回收和废弃物处理的全过程，由此物流成本也散落在企业的供应成本、生产成本、销售成本、回收成本和废弃物处理成本之中。这导致工作人员在收集和整理物流成本信息时涉及的费用环节跨度比较大，信息的收集比较困难，而我国目前又没有一个完整的体系指导核算人员将物流成本信息收集得准确而完整。物流成本的分散性直接阻碍了物流成本核算工作在我国制造企业中的推广。

2) 混乱性

制造企业是介于生产资料获取与产成品消费的一个中间环节，它从采掘业等原料生产企业获取生产资料，然后进行一系列的加工制造工艺，生产出可供消费者消费的商品，再通过经销商和零售商等销售渠道将产成品送达最终消费者。制造企业的整个生产经营活动包含了一个完整的“输入—处理—输出”过程，在这个过程中存在着三种经营活动，即生产活动、销售活动和物流活动。其中，生产活动和销售活动的范围和边界比较清晰，但物流活动可以发生在企业经营流程的各个环节，其边界和范围比较模糊，使得对制造企业物流成本的定义和核算比较困难。此外，对于制造企业来说自营物流和外协物流两种方式同时存在，这也使得企业在进行物流成本核算时容易忽视和遗漏内生性物流费用。由此可以知道，物流成本核算的复杂性和混乱性在制造企业表现得尤为突出。

6.4 仓储成本优化

仓储成本优化的目的就是要实行货物的合理库存，不断提高保管质量，加快货物周转，发挥物流系统的整体功能。

6.4.1 合理选择仓储类型

企业储存货物，可以选择自建仓库、租赁公共仓库或采用仓储物流联盟模式为库存的物料、商品准备仓储空间。

1. 仓储类型的特点和适用范围

1) 企业自建仓库的优缺点和适用范围

(1) 自建仓库的优点。由于企业对仓库拥有所有权，所以企业作为货主能够对仓储实施更大程度的控制，而且有助于与其他系统进行协调。由于企业是仓库的所有者，所以可以按照企业要求和产品的特点对仓库进行设计和布局，储位管理更具灵活性。如果仓库得到长期的充分利用，可以降低单位货物的仓储成本，从某种意义上说这也是一种规模经济。并且当企业将产品储存在自有仓库中，会给客户一种企业长期持续经营的良好印象，客户会认为该企业实力强、经营十分稳定、可靠，有利于建立企业品牌，也有助于提高企业的竞争优势。

(2) 企业自建仓库的缺点。企业资金投入大，长期占用一部分资金。当企业对仓储空间的需求减少时，仍须承担仓库中未利用部分的成本；而当企业对仓储空间有额外需求时，仓库却无法满足。同时，如果企业只能使用自有仓库，则会由于数量限制而失去战略性优化选址的灵活性。并且，如果企业在仓库结构和服务上不能适应市场大小、市场位置和客户偏好变化的变化，企业将失去许多商机。

(3) 企业自建仓库适用范围。首先，自建仓库的目的明确，具备长远的发展战略规划；其次，企业拥有正常的、健康的、运转良好的资金链；其次，在土地购买方面，能够买到交通便利、客户云集、各种评估因素都比较良好的最佳位置；最后，对于构建的物流团队有较好的管理。例如，自 2010 年以来，亚马逊公司花费 139 亿美元新建了 50 个仓库，这些仓库拥有更广阔的空间和更先进的技术，其目的只有一个——更快地找到订单上的货品并将它们交付给客户。

2) 租赁仓库特点和适用范围

相对于自建仓库，租赁仓库具有以下优缺点。

从财务的角度上来看，租赁仓库可以使企业避免仓库的资本投资和财务风险；租赁仓库不要求企业对其设施和设备做任何投资，企业只需支付相对较少的租金即可得到仓储空间。

在一定租赁期内，租赁的仓储面积是一定的，不会随企业库存量的改变而改变。同时，需要在业务上和出租方进行交流合作，增加了交易成本，也可能增加协调和控制的难度。

3) 仓储物流联盟模式的特点和适用范围

在电子商务下，消费者所在地的分散和运输的远距离，已经成为一种很普遍的情况，一个企业不管它有多么的强大，其物流网络也不可能覆盖所有地区。在这种情况下，物流企业之间的仓储联盟可以很好地解决单个物流企业网络覆盖的理由，增强了仓储物流企业之间的信息交流，有效地实现物流信息的共享。

2. 选择仓储类型考虑的因素

(1) 库容量利用系数。评价仓储经营效率的一个重要指标是库容量利用系数，仓库设计的出发点就是满仓利用。但仓库全年实际处于满仓的可能性极小，经营运作良好的仓库一般也仅能利用 75%～85%的库容量。因此，在 15%～25%的时间里那些旨在满足高峰所需的仓库空间并没有得到充分利用。在这种情况下，有效的办法是建立企业自有仓库，以满足 75%的仓储要求，而用公共仓库或合同仓库应付高峰期的要求。

(2) 成本。这里的成本包括运营成本和资金成本。第一，运营成本。自建仓库的运营成本指企业通过自有仓库完成货物存储业务而发生的支出，包括人工费、维护费等；租用仓库一般是根据存储或处理的箱数或者重量来收取费用的。第二，资金成本。在这方面租用仓库是具有优势的，它可以避免企业在建筑物、土地以及仓储设备等固定资产上的投资，减少资金占用。如果企业规模较小、产品的市场占有率不高，却将优先的资金投至兴建仓储设施，那么就会带来巨大的投资风险；而租用仓库则可以同其他企业一起，共享公共仓库的规模效益。另外，还有一点需要注意的是与自营仓库相比较而言，租用公共仓库更加有利于企业进行仓储成本的核算和控制。

(3) 需求因素。设计自营仓库时所确定的规模决定了仓库的最大存储能力。如果企业产品的需求受季节影响产生较大的波动，那么在需求高峰，企业对仓储的需求会超出自有仓库的能力；相反在需求低谷，企业自有仓储能力会得不到充分的利用，造成浪费。

当面临这种情况时，许多的企业采取了自营仓库与租用公共仓库相结合的办法，即自营一些适当规模的仓库以满足正常需求水平时的存储需求，而在需求高峰时租用一部分公共仓库。

(4) 对仓储活动的控制要求。如果由于产品或原材料的特殊性，企业必须对整个仓储活动的作业环节进行严格控制，那么自营仓库就是比较好的选择，公共仓库提供的服务通常是标准化的，往往无法达到企业高水平的控制要求。

此外，自营仓库会使企业更加容易地控制整个物流系统。租用公共仓库可能会面临的一个问题就是信息能否有效传接，信息不畅将会严重阻碍企业物流系统的正常运转。

(5) 灵活性因素。投资兴建自营仓库，不仅在资金方面形成了长期占用，而且从物流网络的角度来看，也限制了企业物流网点布局的灵活性。一旦仓库选址或设计规模与实际的需求情况出现较大的偏差，将会给企业带来巨大的损失。因此，相比之下，租用公共仓库或者采用仓储物流联盟模式不但可以应对企业改变经营地点或开拓新市场所带来的一系列问题，还可以作为企业规划或完善物流网络的一种实践检验方式。

具体来讲企业选择哪种仓储类型，还应当结合自身的特点来全面地考虑上述五个因素。

如果说国际品牌 NIKE 的成功是由于品牌、营销、物流三者相结合，那么品牌策略并不十分出色的 adidas 的成功则源自对成本的节约。这一点在物流供应链上体现得淋漓尽致。国际品牌 adidas 的物流战略与国际品牌 NIKE 不一样。国际品牌 NIKE 经过长期的发展，已建立了良好的物流基础设施，使用自己的物流系统；adidas 经过成本核算，更倾向于外包其物流作业，以期减少运行成本。在集团重组中，adidas 美国高尔夫球公司与 TAYLOR MADE 的高尔夫球机构合并，并迁到 TAYLOR MADE 的所在地——加利福尼亚的 CARLSBAD，而在欧洲地区，选择在英国成立专门进行高尔夫球产品销售和配送的机构，更好地为该地区的销售渠道服务。

6.4.2　优化仓储网点布局与选址

仓储布局与选址是关系到企业整体物流网络合理性的重要内容，布局及选址的合理与否与企业整体的运营成本、运作效率有着重要的关系。需要注意的是，仓储网点布局的调整，有可能会导致运输成本的变化，还可能会影响企业库存水平和库存结构的比例关系。因此，要从运输成本、仓储成本和配送成本的总体角度来考虑仓库的布局问题，使物流成本达到最低。

1. 仓储网点布局

仓储网点布局影响企业的发展战略与竞争优势的发挥，布局得当可以提高运作效率、降低运作成本，而且还有利于企业的竞争。其主要有以下内容。

1) 仓库数量的决策

确定仓库的数量一般要考虑四个因素：销售机会损失的成本、存货成本、仓库成本以及运输成本。图6.1 表明了除销售机会损失的成本外，其他成本与仓库数量之间的关系。

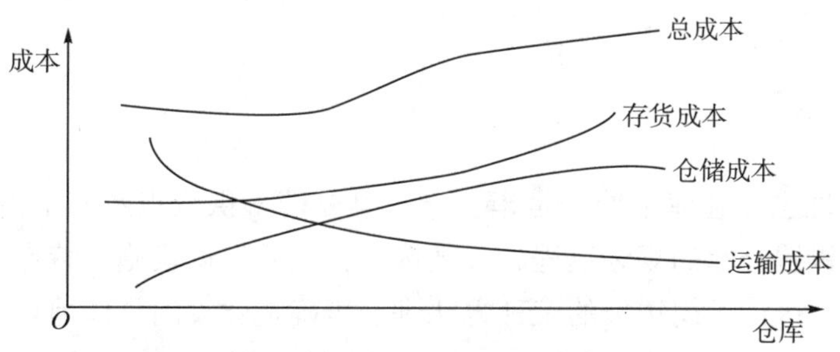

图 6.1　物流总成本与仓库数量之间的关系

从图 6.1 中可以看到，由于在每个地点都存有安全库存，库存成本将随着设施数目的增加而增加；更多的仓库意味着拥有、租赁或租用更多的空间，仓库成本也会增加，但仓库数达到一定数量后，其增加趋势将会减缓。但是如果仓库数太多，将会导致进出运输成本的综合增加。另外客户的购买方式、竞争环境以及计算机和其他信息技术的使用也将影响到仓库的数目。

2) 仓储网点分布的决策

仓储网点的分布是仓储网点布局的重要内容。仓储设置建立在什么地方，各个仓库之间的相对位置如何等都是仓储网点分布要解决的问题。在进行仓储网点分布决策时，要结合公司战略、客户分布、周围环境等因素综合考虑。

3) 仓储网点规模的决策

在仓储网点布局中，仓储网点规模是指具体每个仓储单位的大小，根据每个仓储网点在整个仓储布局系统中的作用与地位等因素，仓储网点的规模可以有不同的选择。一般来说，仓储网点的规模与仓储数量成反比。

例如，可口可乐 Amatil 公司(CCA)已经在悉尼西区 Northmead 经营了 30 多年，并经历了持续高速地发展。Northmead 工厂每年生产软饮料 6 000 万箱，每分钟生产罐装饮料 2 000 罐及 PET 瓶装饮料 600 瓶。但由于 CCA 工厂内的仓储设施不能满足其业务需求，产品被存储在工厂外的多处仓库内，因此产生了许多问题，诸如大量产品损毁，工厂内拥堵及其他健康和安全风险等。因此，CCA 提出建造一套全新系统使 Northmead 仓库实现现代化改造，并将多处存储合并到一处。新系统需要承担起大范围输送的任务，并确保对其他运营环节进行准确及时的补货。同时，该套解决方案必须使 CCA 达到全球最佳的客户服务、运营成本管理及存储精确度管理水平；提供一个安全的工作环境，并且有助于形成战略型成长的平台；同时满足先进先出、质量管理与发货要求。最后的解决方案是将 CCA 在新南威尔士的仓库合并到一处，提高了工作效率并结合了对环境的创新利用。此外，虽然每周的工作时间为 7 天，但 CCA 高架库区的直属工作人员仅需要 26 人。最重要的是，Northmead 高架库的建成使 CCA 的客户从中获益，包括库存管理更精确和送货更准时。

2. 仓储网点选址

仓储网点选址也即仓库选址，是指在一个具有若干供应点及若干需求点的经济区域内，选一个地址设置仓库的规划过程。设施选址首先要根据设施的特点选择建设的地区，然后在确定了的地区内采用选址的某种方法进一步确定建设的具体地点。较佳的仓库选址方案是使商品通过仓库的汇集、中转、分发，直至输送到需求点的全过程的效益最好。仓库拥有众多建筑物、构筑物以及固定机械设备，一旦建成很难搬迁，如果选址不当，将付出长远代价。因而，仓库的选址是仓库规划中至关重要的一步。

仓库选择的方法需要结合定性和定量的方法进行综合评判。定量方面，如果在现有仓库中确立一个仓库，那么用总距离最短、总运输周转量最小、总运输费用最小来计算比较简单。如果新建一个仓库时，可用因素比重法、重心法、盈亏平衡分析法、微分法和运输模型法来进行评估选址。

例如，作为目前世界上最大的家居供应商，宜家家居与国际上顶尖的零售业巨头一样，有着一套十分科学、严谨的选址方案，能够根据区域地理环境的特点，综合考虑资源配置、市场潜力、交通条件、地形特征和环境影响等因素，在区域范围内选择最佳位置。在宜家家居瑞典总部，一直使用 MapInfo 的 GIS (geographic information system，地理信息系统)

技术进行选址决策。与传统的选址方法相比，GIS 的优势在于它能将不同来源、类型的大量数据通过地理空间结构有效地整合在一起，提供其他传统分析方式不具备的空间分析能力、数据可视能力和空间决策支持能力，获得常规方法难以获得的重要信息。通过 GIS 技术可以把客户信息和人口普查数据进行综合分析，在地图上动态地显示市场渗透水平、市场占有率以及销售区域等信息。

6.4.3　合理控制库存量

1. ABC 分类管理控制

ABC 分类法又称巴雷托分析法，它是根据事物在技术或经济方面的主要特征，进行分类排队，分清重点和一般，从而有区别地确定管理方式的一种分析方法。由于它把被分析的对象分成 A，B，C 三类，所以又称为 ABC 分析法。A 类商品：其价值占库存总值的 65%～80%，品种数通常为总品种数的 15%～20%。B 类商品：其价值占库存总值的 15%～20%，品种数通常为总品种数的 30%～40%。C 类商品：其价值占库存总值的 5%～15%，品种数通常为总品种数的 40%～55%。

对货物按照重要性原则，对不同类别的货物实行不同的管理和控制。

1) A 类货物管理策略

对 A类物资应该进行重点管理，应严格控制其库存储备量、订货数量、订货时间。在保证需求的前提下，尽可能减少库存，节约流动资金。现场管理要更加严格，应放在更安全的地方；为了保持库存记录的准确，要进行连续性检查和盘点策略；预测时要更加精细；可选择定期订货的方式。

2) B 类货物管理策略

B 类物资进行次重点管理，现场管理不必投入比 A类物资更多的精力，运用周期性检查策略进行库存检查和盘点的周期可以比 A 类长一些；可选择定量订货的方式。

3) C 类货物管理策略

C 类物资只进行一般的管理，现场管理可以更粗放一些，但是由于品种多，出现差错的可能性也比较大，因此也必须定期进行库存检查和盘点，周期可以比 B 类物资长一些。

ABC 分类法的一般步骤：第一步，计算每一种材料的金额；第二步，按照金额由大到小排序并列成表格；第三步，计算每一种材料金额占库存总金额的比率；第四步，计算累计比率；第五步，根据比率进行 ABC 分类。ABC 分析案例如表 6.2 所示。

表 6.2　ABC 分类法的统计表

产品序号	数量	单价/元	占用资金/元	占用资金百分比/%	累计百分比/%	占产品品种数的百分比/%	分类
1	10	680	6 800	68	68	10	A
2	12	100	1 200	12	80	20	A
3	25	20	500	5	85	30	B
4	20	20	400	4	89	40	B
5	20	10	200	2	91	50	C
6	20	10	200	2	93	60	C
7	10	20	200	2	95	70	C
8	20	10	200	2	97	80	C
9	15	10	150	1.5	98.5	90	C
10	30	5	150	1.5	100	100	C
合计			10 000	100			

例如，家乐福运用 ABC 分类法对所有物料进行分类。家乐福根据流量大、移动快速，流量适中以及流量低、转移速度慢三种情况把物料分为 A、B 和 C 三类，这就有助于管理部门为每一个分类的品种确立集中的存货战略。

但是 ABC 法也存在一些缺陷，比如割裂了物资间的关联性，只是简单地将所有物资按年度货币占用量或其他标准分为 A、B、C 三类，难以查找关联物资，难以进行联合采购。

2. CVA 分类管理控制

有些公司发现，ABC 分类并不令人满意，因为 C 类物资往往得不到应有的重视。例如，经销鞋的企业会把鞋带列入 C 类物资，但是如果鞋带短缺将会严重影响到鞋的销售。一家汽车制造厂商会把螺丝列入 C 类物资，但缺少一个螺丝往往会导致整个生产链的停工。因此，有些企业采用关键因素分析法(critical value analysis，CVA)来进行分类管理。CVA 管理法比起 ABC 分类法来有着更强的目的性。

CVA 的基本思想是把存货按照其关键性分为 3～5 类，如表 6.3 所示。

表 6.3　CVA 物资分类和管理措施

分类等级	特点	管理措施
最高优先级	经营活动中的关键性物资	不允许缺货
较高优先级	经营活动中的基础物资	允许合理范围内缺货
中等优先级	经营活动中比较重要的物资	可替代性高，允许缺货
较低优先级	经营活动中需要但可替代的物资	允许缺货

但是，在使用 CVA 管理法时，人们往往倾向于制定高的优先级，结果高优先级的物资种类很多，这违背了 CVA 管理法对物资分类的基本准则，最后导致哪种物资也得不到应有的重视。因此，需要把 CVA 管理法与 ABC 管理法结合使用，可以达到分清主次、抓住关键环节的目的，当企业存货较多时，首先需要使用 ABC 分类管理法进行归类后，再用 CVA 管理法进行优先级分类。

3. 合理选择订货方式控制库存成本

订货方式不同直接影响到企业库存水平和库存成本的高低，因此，企业需要根据需求变化和货物情况，选择合理的订货方式。

1) 定量订货法

定量订货法是当库存量下降到预定的最低库存数量(订货点)时，按规定数量(一般以经济订货批量为标准)进行订货补充的一种库存管理方式。定量订货法的优点是管理方便、便于采用经济订货批量进行订货，同时也具有不便于严格管理、事前计划比较复杂等缺点，通常在以下五种情况采用定量订货法比较适合：一是单价比较便宜，不便于少量订货的产品，如螺栓、螺母等；二是需求预测比较困难的维修材料；三是品种数量繁多、库房管理事务量大的物品；四是消费量计算复杂的产品；五是通用性强、需求总量比较稳定的产品等。

【例 6-3】甲仓库 A 商品年需求量为 30 000 个，单位商品的购买价格为 20 元，每次的订货成本为 240 元，单位商品的年保管费为 10 元，求：该商品的经济订购批量，最低年总库存成本，每年的订货次数及平均订货间隔周期。

解：

$$\text{经济批量}\quad EOQ=\sqrt{\frac{2\times 240\times 30\,000}{10}}=1\,200(\text{个})$$

$$\text{每年总库存成本}\,TC=\sqrt{2\times 240\times 30\,000\times 10}=12\,000(\text{个})$$

$$\text{每年的订货次数}\,N{=}30\,000\div 1\,200{=}25(\text{次})$$

$$\text{平均订货间隔周期}\,T=365\div 25=14.6(\text{天})$$

2) 定期订货法

是按预先确定的订货时间间隔按期进行订货，以补充库存的一种库存控制方法。其决策思路是：每隔一个固定的时间周期检查库存项目的储备量。根据盘点结果与预定目标库存水平的差额确定每次订购批量。这里假设需求为随机变化，因此，每次盘点时的储备量都是不相等的，为达到目标库存水平 Q 而需要补充的数量也随着变化。所以这类系统的决策变量应是，检查时间周期 T、目标库存水平 Q。与定量订货法不同的是，它的直接运用只适用于单一品种的情况，但是稍加处理，也可以用于几个品种的联合订购。它不但适用于随机型需求，也适用于确定型需求。对于不同的需求类型，可以导出具体的运用形式，但它们的应用原理都是相同的。该方法适用于品种数量大，平均占用资金少，只需一般管理的 B 类、C 类商品。

在同样的服务水平下，固定订货期系统的保险储备量和订购批量都要比固定订货量系统的保险储备量和订购批量大得多。这是由于在固定订货期系统中需满足订货周期加提前期内需求量和防止在上述期间发生缺货所需的安全库存量。这就是为什么一些关键物品、价格高的物品(即 ABC 分类中的 A 类物料)不用定期订货法，而用定量订货法的原因，这两种方法的区别见表 6.4。

表 6.4　定期订货法和定量订货法区别

订货方法名称	定期订货法	定量订货法
订货数量	每次订货数量变化	每次订货数量保持不变
订货时间	订货间隔期不变	订货间隔期变化
库存检查	在订货周期到来时检查库存	随时进行货物库存状况检查和记录
订货成本	较低	较高
订货种类	每个货物品种单独进行订货作业	多品种统一进行订货
订货对象	A 类货物	B 类及 C 类货物
缺货	不允许缺货	允许缺货

4. 运用现代物流先进技术

充分运用软件技术、互联网技术、自动分拣技术、光导分拣、RFID、声控技术等先进的科技手段和设备对物品的进出、库存、分拣、包装、配送及其信息进行有效的计划、执行和控制。典型的物流自动化装备主要包括：自动化立体仓储系统、自动输送系统、自动识别系统和自动分拣系统，以及机器人作业系统的其他辅助系统等。

在有条件的情况下，不断建设自动化仓储系统。相对于传统的物流仓储设施，自动化物流仓储系统的优势主要体现在对劳动力成本的节约、对租金成本的节约、管理效率的提升等方面。根据估算，自动化仓储在保证同等储存能力的条件下，可至少节约 70%以上的土地和 80%以上的劳动力。此外，自动化仓储系统能够最大限度地提升仓储管理的准确性，以及识别、分拣、进出货的处理速度，降低存货周转率，适应电商、生鲜配送等现代快速物流的需求。

【本章小结】

仓储成本管理是物流成本管理的重要内容，本章重点介绍了仓储成本的概念、构成与影响因素，仓储成本的核算内容与方法，结合不同行业特征，提出仓储成本的分析重点，以及仓储成本的控制优化措施。

【思考与练习题】

1. 名词解释

(1) 仓储成本控制。
(2) ABC 分类法。

2. 简答题

(1) 控制仓储成本的方法主要有哪些？
(2) 简要介绍仓储成本的特点。
(3) 简答合理控制库存量的方法。
(4) 仓储成本按照成本要素包括哪些？

【案例分析】

亚马逊物流如何将库存准确率保持在 99.99%以上?

近年来，伴随着电子商务的发展，快递业务也迅速膨胀。有评论曾说，从经济学角度来看，亚马逊和沃尔玛本质上都是物流公司，与纯粹的零售商不同，他们的竞争和绝对优势来源于对效率与成本的强烈关注。而在电商的仓储运行、物流配送效率中，亚马逊当之无愧是全球电商行业的标杆。99.99%以上的库存准确率背后，是亚马逊库存管理的三大“秘诀”。

秘诀一：系统控制下的作业过程实时纠错

亚马逊建立了一整套基于条码的库存管理体系，一个单一品类的商品都有它在亚马逊运营中心里的独立编码，商品的数量、属性和生产日期等一系列的数据全部被系统记录在案，这不仅可以保证商品的快速入库，还可以实现对有效期和后端发货扫描的有效管控——保质期商品什么时候需要下架？给客户的商品有没有发错货……这些有可能影响客户体验的环节，都可以通过条形码系统进行有效控制。

秘诀二：精准的货位动态盘点

亚马逊的库内操作侧重关注商品实物的位置、数据的转移和实物与数据的差异。从商品收货入库开始，在各种容器或货架之间的实物转移，都有对应的数据记录，货物从入库到出库的这段“旅行”中经历的每一个操作环节和这个环节导致的每一个位置变更，都会和系统中记录的大数据进行匹配，从而可以再次确认实物转移的数量与系统记录数量之间的差异。

秘诀三：现场库存存储方式的设计与不断优化

“随机存储”并辅以对现场库存存储方式的灵活设计和不断优化。例如，对于存储大批量书籍的20英寸货位，操作员工会按照5本一组正反交替着摆放，一个简单的小细节，不仅合理地利用空间提高效率，也便于后续的库存盘点和管理。而对于较小的10英寸图书货位，图书是直立放置，这是基于商品自身批量和属性的差异，最大程度地发挥随机上架的优势，以便达成空间利用和生产效率间的最佳平衡。

(1) 这个案例给我们的启示是什么？

(2) 如何才能降低仓储成本？

(3) 如果你是物流公司经理，你如何帮助你的客户加快库存周转，降低库存成本，提高库存准确率？

【实训设计】

访问本地一家物流企业，调查其仓储成本的构成和影响因素，针对企业情况，提出优化控制措施。

第7章　配送成本管理

【学习目标】

通过本章的学习，学生要了解和熟悉配送成本的含义；掌握配送成本的构成；掌握配送成本的计算；掌握配送成本的控制与分析；掌握配送成本分析与优化方法。

【学习重点】

配送成本的含义；配送成本的计算；配送成本的控制与分析；配送成本分析与优化。

【学习难点】

配送成本的计算；配送各环节成本控制的选择；配送成本分析与优化。

7.1　配送成本管理概述

7.1.1　配送成本的概念及特征

1. 配送成本的概念

中华人民共和国国家标准《物流术语》对配送的概念做了界定："配送是指在经济合理区域范围内，根据客户要求，对物品进行拣选、加工、包装、分割、组配等作业，并按时送达指定地点的物流活动。"

配送是物流系统中一种特殊、综合的活动形式。从物流角度来说，配送几乎包含所有的物流功能要素，是物流的一个缩影或在较小范围内物流全部活动的体现。一般的配送集运输、仓储、包装和装卸搬运于一身，特殊的配送还包括流通加工。

配送成本是指在配送活动的备货、储存、分拣、配货、配装、送货、送达服务及配送加工等环节中所发生的各项费用的总和。就物流范围而言，配送成本存在于供应物流、企业内物流和销售物流阶段。这里，配送成本不作为物流功能成本的构成内容，而将与配送成本有关的费用支出在其他各项物流功能成本中进行分配。

2. 配送成本的特征

1) 配送成本的隐蔽性

日本早稻田大学的教授，物流成本研究的权威——西泽修先生提出了著名的“物流成本冰山”说，其含义是说人们对物流成本费用的总体内容并不掌握，提起物流费用大家只看到露出海水上面的冰山一角，而潜藏在海水里的整个冰山却看不见，事实上海水中的冰山才是物流费用的主体部分。他透彻地阐述了物流成本的难以识别性。同样，要想直接从企业的财务中完整地提取出企业发生的配送成本也是难以办到的，例如通常的财务会计通过“销售费用、管理费用”科目可以看出部分配送成本的情况，但这些科目反映的费用仅仅是全部配送成本的一部分，即企业对外支付的配送费用。而且这一部分费用往往是混在其他有关费用中，而不是单独设立“配送费用”科目进行核算。因此，配送成本确实犹如一座海里的冰山，露出水面的仅是冰山一角。

2) 配送成本削减的乘法效应

配送成本削减具有乘法效应，配送成本的减少可以显著地增加企业的效益与利润。假定销售额为 1 000 元，配送成本为 100 元。如果配送成本降低 10%，就可能得到 10 元的利润。假定这个企业的销售利润率为 2%，则创造 10 元利润，需要增加 500 元的销售额。即降低10%的配送成本所带来的利润相当于销售额增加 50%所带来的利润。可见，配送成本的下降会产生极大的效益。

3) 配送成本的“效益背反”

所谓的效益背反是指在同一资源的两个方面处于相互矛盾的关系之中，要达到一个目的必然要损失一部分另一目的；要追求一方，必得舍弃另一方的一种状态。这种状态在配送诸活动之间也是存在的。譬如，尽量减少库存据点以及库存，必然引起库存补充频繁，从而增加运输次数，同时，仓库的减少，会导致配送距离变长，运输费用进一步增大。此时一方成本降低，另一方成本增大，产生成本效益背反状态。如果运输费的增加超过保管费的降低部分，总成本反而会增加，这样减少库存据点以及库存就会变得毫无意义。

4) 配送成本与服务水平的背反

高水平的配送服务是由高的配送成本来保证的，企业很难既提高了配送服务水平，同时也降低了配送成本，除非有较大的技术进步。要想超过竞争对手，提出并维持更高的服务标准就需要有更多的投入，因此一个企业在做出这种决定时必须经过仔细研究和对比。

5) 配送系统各功能活动的效益背反

所谓“鱼和熊掌不可兼得”，配送系统的各项活动处于一个相互矛盾的系统中，要想较多地达到某个方面的目的，必然会使另一方面受到一定的损失。在物流活动中，一种功能成本的削减会使另一种功能的成本增高，也就是说出现了此消彼长的现象。例如，企业尽量减少库存点以及库存，必然引起库存补充频繁，从而增加运输次数，同时，仓库的减少，会导致配送距离变长，运输费用进一步增大。此时库存费用降低，而运输费用增加，产生配送成本的效益背反状态。因此，配送活动是个整体，企业必须考虑整个配送系统的成本最低，而非局部或某个环节的节约，这就要求从系统高度寻求总体成本的最优化。

6) 配送成本的不可控性

配送成本中有许多是物流管理部门不可控制的，例如保管费用包括了由于过多进货或过多生产而造成积压的库存费用，以及紧急运输等例外发货的费用。这些费用是物流部门不能控制的。

7.1.2 配送成本的分类及构成

配送成本可按配送环节与配送成本支付形态分类，如表 7.1 所示。

表 7.1 配送成本分类

分类标准	构成内容
按配送环节分类	配送运输费用、分拣费用、配装费用、流通加工费用、保管费用等
按配送成本支付形态分类	材料费、人工费、管理费、维护费、一般经费、特别经费、对外委托费和其他费用等
按配送功能分类	物品流通费、信息流通费、配送管理费
按适用对象分类	按分店或营业所计算配送成本、按顾客计算配送成本、按商品计算配送成本

1. 不同环节的配送成本构成

根据配送环节，配送成本可分为配送运输费用、分拣费用、配装费用、流通加工费用、保管费用等。

1) 配送运输费用

配送运输费用是指从事配送运输生产而发生的各项费用。具体包括驾驶员及助手的工资及福利费、燃料费、轮胎费、修理费、折旧费、车船使用税等项目。

2) 分拣费用

(1) 分拣人工费用。从事分拣工作的作业人员及有关人员的工资、奖金、补贴等费用的总和。

(2) 分拣设备费用。分拣机械设备的折旧费用及修理费用。

3) 配装费用

(1) 配装材料费用。常见的配装材料有木材、纸、自然纤维和合成纤维、塑料等。这些包装材料功能不同，成本相差很大。

(2) 配装辅助费用。除上述费用外，还有一些辅助性费用，如包装标记、标志的印刷，拴挂物费用等的支出等。

(3) 配装人工费用。从事配装工作的工人及有关人员的工资、奖金、补贴等费用的总和，即配装人工费用。

4) 流通加工费用

(1) 流通加工设备费用。流通加工设备因流通加工形式不同而不同，购置这些设备所支出的费用，以流通加工费用的形式转移到被加工产品中去。

(2) 流通加工材料费用。在流通加工过程中，投入到加工过程中的一些材料消耗所需要的费用，即流通加工材料费用。

(3) 流通加工人工费用。在流通加工过程中从事加工活动的管理人员、工人及有关人员的工资、奖金等费用的总和。

5) 保管费用

(1) 仓储费。货物储存、保管业务发生的费用，主要包括仓库管理人员的工资，货物在保管过程中发生的防腐、倒塌等维护保养费用、固定资产折旧费、低值易耗品的费用、修理费、劳动保护费和动力照明费等。

(2) 进(出)库费。货物进场仓库过程中发生的费用，主要包括货物进场仓库过程的装卸搬运和验收所支付的工人工资、劳动保护费等。

6) 营运间接费用

营运间接费用是指不能直接计入各类成本计算对象的费用，如配送各环节间接从事配送活动人员的工资及福利费、办公费，以及配送各环节发生的水电费、折旧费等费用。营运间接费用于月终时，通过编制“营运间接费用分配表”，以分摊的方式分别计入配送各环节成本。

在实际应用中，应该根据配送的具体流程归集成本，不同的配送模式，其成本构成差异较大。在相同的配送模式下，由于配送物品的性质不同，其成本构成差异也很大。

2. 不同支付形态的配送成本构成

不同支付形态的配送成本构成如表 7.2 所示。

表 7.2　不同支付形态的配送成本构成

成本项目	成本构成
材料费	配送作业消耗材料发生的费用，包括包装材料费、辅助材料费等
人工费	进行配送活动消耗的劳务支出，包括工资、福利、奖金、退休金等
管理费	包括水电费、燃气费、燃料费、取暖费、绿化费、照明费等
维护费	土地、设施、设备等固定资产使用、运营过程中的维修、保养等费用包括维修费、租赁费、保险费以及缴纳的税金等
一般经费	配送活动中的差旅费、交通费、会议费、文具费、商品损耗费、事故处理费以及其他杂费等
特别经费	按实际使用年限计算的折旧费和企业内利息等
对外委托费	企业进行配送业务外包时支付给其他企业的费用，包括委托的运费、包装费、保管费、出入库装卸费、手续费等
其他费用	本期发生购进时本企业支付给其他企业的配送费

7.1.3　影响配送成本的因素

配送成本的高低受多种因素的影响，有配送管理因素，配送货物自身的因素——货物的数量、重量、体积及作业过程等，也有市场因素——配送的距离及外部其他因素等，具体如下。

1) 配送管理因素

(1) 配送满足率。是指配送中心的取货量占顾客所需要的货物数量的比率。如果配送满足率高，可以一次性、大批量地进行配送，而配送满足率较低，则配送中心就会分次进行配送，对不足的货物还需要花费另外的时间和车辆进行配送，这些额外的工作同样也会增加配送成本。有时还可能因缺货而失去客户。

(2) 配送周期。配送持续时间的长短直接影响着配送成本的高低，如果配送效率低下，对配送中心的占用时间长，就会耗用更多的仓储固定成本。而这种成本往往表现为机会成本，使得配送中心不能提供其他配送服务以获得收入或者在其他配送服务上需要另外增加成本。

(3) 配送工具。不同的配送工具，其成本高低不同，运输能力大小也不同。运输工具的选择，一方面取决于所运货物的体积、重量及价值大小，另一方面又取决于企业对所运货物的需求程度及工艺要求，因此选择运输工具既要保证客户的需求，又要力求配送成本最低。

(4) 配送物的数量、重量。数量和重量增加虽然会使配送作业量增大，但大批量的作业往往使得配送效率提高。配送的数量和重量是配送企业获得折扣的理由。而单件、小批量的配送不仅不能体现配送的优势，而且由于单位固定成本较高，其配送成本相对也会较高。

2) 配送货物自身的因素

(1) 配送货物的价值。配送货物价值的高低会直接影响配送成本的大小。随着所配送货物价值的增加，每一物流活动的成本都会增加，运费在一定程度上反映货物移动的风险。一般来说，配送货物的价值越大，对其所需要的运输工具要求就越高，其分拣、配装、流通加工所花费的成本也会增加。

(2) 配送货物的密度。配送货物的密度越大，相同运输单位所装的货物越多，运输成本就越低。同样，配送中心一定空间领域存放的货物也越多，库存成本也会降低。

(3) 易碎性。易碎性的货物，在配送时对运输、包装、储存等提出了更高的要求，自然会增加成本。

(4) 特殊要求的货物。有些货物在配送过程中有特殊要求(如加热、制冷等)，这些都会增加配送成本。

3) 市场因素

(1) 配送距离。运输成本是构成配送成本的主要内容，而距离则是影响运输成本的主要因素。距离越远，也就意味着运输成本越高，同时造成运输设备需要增加，送货员工需要增加。

(2) 外部成本。配送经营有时还需要使用到配送企业以外的资源。而外部资源的使用成本是企业无法控制的，特别是一些垄断性的外部资源，配送企业在使用的过程中都会增加额外的成本开支。

影响因素之间相互制约、相互影响，单纯地加强某种因素的影响，必然产生对另一种因素的制约，配送成本的控制并不仅仅是各个因素简单地相加，而是一个复杂的平衡和协调的过程。

7.2　配送成本核算

配送成本费用的核算是多环节的核算。配送各个环节的成本费用核算都具有各自的特点，如流通加工费用的核算与配送运输费用的核算，具有明显的区别，其成本计算的对象及计算单位都不同。

配送成本费用的计算，由于涉及多环节的成本计算，对每个环节应当单独计算该环节成本计算对象的总成本。

配送成本费用总额是由各个环节的总成本组成的。即

配送成本=配送运输成本+分拣成本+配装成本+流通加工成本

需要指出的是，在进行配送成本费用核算时，要避免配送成本费用重复交叉，夸大或减小费用支出，使配送成本费用失去真实性。

配送成本的核算对象：

(1)核算期间：一般为月、季度或年度。

(2)核算空间：一般是企业的业务范围或配送活动的地域范围。

(3)成本承担实体：一般是企业的各项配送业务。由于配送各环节的成本核算都具有各自的特点，因此各配送环节的成本承担实体并不相同，如表 7.3 所示。

表 7.3　各配送环节的成本承担实体及计算单位

配送环节	成本承担实体
配送运输	车队、车辆、车型等
分拣	货物批次、货物种类等
配装	货物批次、货物种类、车辆等
流通加工	货物批次、货物种类等

7.2.1　配送运输成本的核算

配送运输成本是指配送车辆在完成配送货物过程中，所发生的各种车辆费用和运输间接费用。

车辆费用是指配送车辆从事配送生产所发生的各项费用。

运输间接费用是指配送运输环节，为管理和组织配送运输生产所发生的各项管理费用和业务费用。车辆费用和运输间接费用，构成了配送运输成本项目。配送运输成本在配送总成本构成中所占比例很大，应进行重点管理。

配送运输成本中的车辆费用计算方法，可参见运输成本管理的内容。

物流配送企业月末应编制配送运输费用核算表，并反映配送运输总费用和单位费用，如表 7.4 所示。

表 7.4　配送运输费用核算表

编制单位：__________　　20___年___月　　单位：元

项目		核算依据	合计	配送营运车队			
				A 型车	B 型车	C 型车	……
车辆费用	职工工资与福利费						
	燃料费						
	轮胎费						
	修理费						
	折旧费						
	养路费						
	车船使用税						

续表

<table>
<tr><th colspan="2" rowspan="2">项目</th><th rowspan="2">核算依据</th><th rowspan="2">合计</th><th colspan="4">配送营运车队</th></tr>
<tr><th>A 型车</th><th>B 型车</th><th>C 型车</th><th>……</th></tr>
<tr><td rowspan="3"></td><td>运输管理费</td><td></td><td></td><td></td><td></td><td></td><td></td></tr>
<tr><td>行车事故损失</td><td></td><td></td><td></td><td></td><td></td><td></td></tr>
<tr><td>其他费用</td><td></td><td></td><td></td><td></td><td></td><td></td></tr>
<tr><td colspan="2">营运间接费用</td><td></td><td></td><td></td><td></td><td></td><td></td></tr>
<tr><td colspan="2">配送运输总费用</td><td></td><td></td><td></td><td></td><td></td><td></td></tr>
<tr><td colspan="2">周转量/(千吨·公里)</td><td></td><td></td><td></td><td></td><td></td><td></td></tr>
<tr><td colspan="2">单位费用/[元/(千吨·公里)]</td><td></td><td></td><td></td><td></td><td></td><td></td></tr>
</table>

7.2.2　分拣成本的核算

分拣成本是指分拣机械及人工在完成货物分拣过程中，所发生的各种费用。

1. 分拣成本项目和内容

1) 分拣直接费用

(1) 工资。指按规定支付给分拣作业工人的标准工资、奖金、津贴等。
(2) 职工福利费。指按规定的工资总额和提取标准计提的职工福利费。
(3) 修理费。指分拣机械进行保养和修理所发生的工料费用。
(4) 折旧。指分拣机械按规定计提的折旧费。
(5) 其他。指不属于以上各项的费用。

2) 分拣间接费用

分拣间接费用是指配送分拣环节为管理和组织分拣生产而发生的各项管理费用和业务费用。

上述分拣直接费用和间接费用构成了配送环节的分拣成本。

2. 分拣成本的计算方法

配送环节分拣成本的计算方法，是指分拣过程所发生的费用，按照规定的成本计算对象和成本项目，计入分拣成本的方法。

(1) 工资及职工福利费。根据“工资分配汇总表”和“职工福利费计算表”中分配的金额计入分拣成本。

(2) 修理费。辅助生产部门对分拣机械进行保养和修理的费用，根据“辅助生产费用分配表”中分配的金额计入成本。

(3) 折旧。根据“固定资产折旧计算表”中按照分拣机械提取的折旧金额计入成本。
(4) 其他。根据“低值易耗品发出凭证汇总表”中分拣成本领用的金额计入成本。
(5) 分拣间接费用。根据“营运间接费用分配表”计入分拣成本。

3. 分拣成本计算表

物流配送企业月末应编制配送分拣成本计算表，以反映配送分拣总成本。

配送分拣总成本是指成本计算期内分拣作业成本计算对象的成本总额，即各个成本项目的金额之和。分拣成本可用表 7.5 进行计算。

表 7.5　分拣成本计算表

编制单位：__________　　20____年____月　　单位：元

<table>
<tr><th colspan="2" rowspan="2">项目</th><th rowspan="2">计算依据</th><th rowspan="2">合计</th><th colspan="4">分拣品种</th></tr>
<tr><th>货物 A</th><th>货物 B</th><th>……</th><th>……</th></tr>
<tr><td rowspan="5">分拣直接费用</td><td>工资</td><td></td><td></td><td></td><td></td><td></td><td></td></tr>
<tr><td>职工福利费</td><td></td><td></td><td></td><td></td><td></td><td></td></tr>
<tr><td>修理费</td><td></td><td></td><td></td><td></td><td></td><td></td></tr>
<tr><td>折旧</td><td></td><td></td><td></td><td></td><td></td><td></td></tr>
<tr><td>其他</td><td></td><td></td><td></td><td></td><td></td><td></td></tr>
<tr><td>分拣间接费用</td><td>分拣总成本</td><td></td><td></td><td></td><td></td><td></td><td></td></tr>
</table>

7.2.3　配装成本的核算

1. 配装成本项目和内容

1) 配装直接费用

(1) 工资。指按规定支付的配装作业工人的标准工资、奖金、津贴。
(2) 职工福利费。指按规定的工资总额和提取标准计提的职工福利费。
(3) 材料。指配装过程中消耗的各种材料，如包装纸、箱、塑料等。
(4) 辅助材料。指配装过程中耗用的辅助材料，如标志、标签等。
(5) 其他。指不属于以上各项的费用，如配装工人的劳保用品费等。

2) 配装间接费用

配装间接费用是指配装环节为管理和组织配装生产，所发生的各项管理费用和业务费用。上述配装直接费用和配装间接费用构成了配装成本。

2. 配装成本核算方法

(1) 职工工资与福利费。根据“工资结算汇总表”和“职工福利费计算表”中分配的金额计入相应的成本项目中。

(2) 材料费用。根据“材料发出凭证汇总表”“领料单”“领料登记表”等原始凭证，将耗用的材料费计入相应的成本项目中。在归集材料费用时需注意：凡能分清某一成本核算对象的费用，应单独列出，以便直接计入该配装对象的成本核算单中；属于几个配装费用对象共同耗用的材料费用，应当选择适当的方法分配后，计入各配装对象的成本核算单中。

(3) 辅助材料费用。根据“材料发出凭证汇总表”“低值易耗品发出凭证”中配装领用的金额进入成本。

(4) 其他费用。将“材料发出凭证汇总表”“低值易耗品发出凭证”中与配装相关的金额计入相应的成本项目中。

3. 配装成本计算表

物流配送企业月末应编制配装成本计算表，以反映配装总成本。

配装作业是配送的独特要求，只有进行有效的配装，才能提高送货水平，降低送货成本。配装成本计算方法见表 7.6。

表 7.6　配装成本计算表

编制单位：__________　　20____年____月　　单位：元

项目		计算依据	合计	配装品种			
				货物 A	货物 B	……	……
配装直接费用	工资						
	职工福利费						
	材料费						
	辅助材料费						
	其他						
配装间接费用	配装总成本						

7.2.4　流通加工成本的核算

流通加工成本可分为直接材料费用、直接人工费用和制造费用。

流通加工的直接材料费用，是指流通加工产品加工过程中直接消耗的材料、辅助材料、包装材料以及燃料和动力等。与工业企业相比，流通加工过程中的直接材料费用，占流通加工成本的比例不大。材料费用中，材料和燃料费用数额是根据全部领料凭证汇总编制的"耗用材料汇总表"确定的；外购动力费用是根据有关凭证确定的。

流通加工成本中的直接人工费用，是指直接进行加工生产的生产工人的工资总额和按工资总额提取的职工福利费。生产工人的工资总额包括计时工资、计件工资、奖金、津贴和补贴、加班工资、非工作时间的工资等。人工费用根据当期"工资结算汇总表"和"职工福利费计算表"确定。

流通加工制造费用是物流中心设置的生产加工单位，为组织和管理生产加工所发生的各项间接费用。制造费用是通过设置制造费用明细账，按照费用发生的地点来归集的。制造费用明细账按照加工生产单位开设，并按费用明细账项目设专栏组织核算。由于制造费用中的折旧费用、固定资产修理费用等占成本比例较大，其费用归集尤其重要。

物流配送企业月末应编制流通加工成本计算表，如表 7.7 所示。

表 7.7　流通加工成本计算表

编制单位：____________　　20____年____月　　单位：元

项目	计算依据	合计	流通加工品种			
			货物 A	货物 B	……	……
材料费用						
人工费用						
制造费用						
流通加工总成本						

7.3　配送成本的控制与分析

7.3.1　配送成本控制与分析的概念及意义

配送成本控制是企业在物流活动中根据物流成本标准，对实际发生的物流成本进行严格审核，发现运营过程中的浪费，进而采取降低物流成本的措施，实现预定的物流目标成本。

配送成本控制是配送成本管理的重要环节，它贯穿于整个配送过程之中。配送成本控制能够把事前的配送成本预算和日常的配送成本控制有机地结合起来，是加强配送成本管理、提高配送效率的重要手段。

(1) 能够激发职工对配送成本控制的责任感。建立配送成本控制责任制度，把配送成本按相关标准划分成经济责任，层层落实到部门、配送过程乃至个人，使配送成本信息处理及工作考核与各有关的配送成本控制指标紧密联系到一起，可以增强各部门、单位、个人的责任感，促进他们在各自的责权范围内对配送成本行使控制权，达到降低配送成本、提高企业经济效益的目的。

(2)加强企业管理部门对配送各部门的业绩考核监督。配送成本控制使配送各部门、单位在明确责任权限之后有了考核业绩的指标，业绩好坏一目了然，能够有效地改变配送过程中职责不清、功过难分的“大锅饭”现象。由于功过分明利于奖惩，能充分调动配送部门的积极性和创造性，达到配送成本控制的目的。

(3)能够节约资金并合理利用资金。配送成本在企业成本中占有较大的比例，需要投入大量的人力、物力和财力，如果组织和处理不当，就会造成很大的损失和浪费。应把配送设备和配送活动看作一个系统，各配送要素同处于该系统之中，发挥着各自的功能和作用。努力提高配送效率，可以减少资金占用、缩短配送周期、减少储存费用，从而降低配送成本。

在收入一定的前提下，配送成本的节约可以增加配送企业的利润。在利润空间越来越小的大环境下，配送企业开始挖潜配送成本，通过比同行更低的配送成本来取得竞争优势。

7.3.2 配送成本控制与分析的方法及程序

对配送成本的控制就是在配送的目标，即满足一定的顾客服务水平与配送成本之间寻求平衡：在一定的配送成本下尽量提高顾客服务水平，或在一定的顾客服务水平下使配送成本最小。配送成本的控制可以采用以下方案。

1. 导入目标成本管理

对于配送中心经营的总目标还应从财务会计的角度去分析，并且导入目标成本管理，设定一些具体指标，如：成本、现金流量、净投资回报率、库存、净利润等分目标来进行具体的控制。其要点如下：

(1)这些目标之间存在二律背反现象。在同一技术水平中，为了满足这些目标中的一些目标，必须牺牲其他目标，但随着高科技的发展，通过使用先进的信息技术和创造性的网络设计，对这些目标的影响在减小。

(2)实现这些目标时，要以总目标“经济效益”为基准。降低库存成本、流通加工成本和运输成本，通常是用牺牲对顾客服务和提高供应商的库存成本、运输成本为代价的。配送中心在运营中，应在成本和服务之间做出权衡，结合自身能力对先进的信息技术加以引进，同时在设计目标成本时利用这些新生力量使目标成本和服务共同迈上一个台阶。另外，在条件允许的情况下，配送中心要加快资金周转率，同时保持充足的现金流量，这样更有利于配送中心在竞争中降低成本，获得竞争优势。

(3) 把目标管理的重点放在控制影响成本降低的瓶颈因素上。因为在很多时候，配送中心在许多方面的运营都是良好的，但往往由于某一环节的制约作用而影响整个配送中心甚至整个供应链的成本降低。

2. 利用标准成本法控制配送成本

(1) 制定控制标准。成本控制标准是控制成本费用的重要依据，物流配送的成本标准的制定，应按实际的配送环节分项制定，同时应尽可能吸收企业各部门的相关人员共同制定。物流配送流通加工等环节的标准成本的制定，应按配送的实际环节进行制定。

(2) 揭示成本差异。成本的控制标准制定后要与实际费用比较，及时揭示成本差异。差异的计算与分析也要与所制定的成本项目进行比较。

(3) 成本信息反馈。成本控制中，成本差异的情况要及时反馈给有关部门，以便及时控制与纠正。

3. 合理选择配送策略

在一定的顾客服务水平下，使配送成本最小的策略有五种。

1) 混合策略

混合策略是指配送业务一部分由企业自身完成。这种策略的基本思想是，尽管采用纯策略(即配送活动要么全部由企业自身完成，要么完全外包给第三方物流完成)，易形成一定的规模经济，并使管理简化，但由于产品品种多变、规格不一、销量不等等情况，采用纯策略的配送方式超出一定程度不仅不能取得规模效益，反而还会造成规模不经济。而采用混合策略，合理安排企业自身完成的配送和外包给第三方物流完成的配送，能使配送成本最低。

例如，美国一家干货生产企业为满足遍及全美的 1 000 家连锁店的配送需要，建造了 6 座仓库，并拥有自己的车队。随着经营的发展，企业决定扩大配送系统，计划在芝加哥投资 7 000 万美元再建一座新仓库，并配以新型的物料处理系统。该计划提交董事会讨论时，却发现这样不仅成本较高，而且就算仓库建起来也还是满足不了需要。于是，企业把目光投向租赁公共仓库，结果发现，如果企业在附近租用公共仓库，增加一些必要的设备，再加上原有的仓储设施，企业所需的仓储空间就足够了，但总投资只需 20 万美元的设备购置费，10 万美元的外包运费，加上租金，也远没有 700 万美元之多。

2) 差异化策略

差异化策略的指导思想是：产品特征不同，顾客服务水平也不同。

当企业拥有多种产品线时，不能对所有产品都按同一标准的顾客服务水平来配送，而应按产品的特点、销售水平，来设置不同的库存、不同的运输方式以及不同的储存地点，忽视产品的差异性会增加不必要的配送成本。

例如，一家生产化学品添加剂的公司，为降低成本，按各种产品的销售量比例进行分类：A 类产品的销售量占总销售量的 70%以上，B 类产品占 20%左右，C 类产品则为 10%左右。对 A 类产品，公司在各销售网点都备有库存，B 类产品只在地区分销中心备有库存而在各销售网点不备有库存，C 类产品连地区分销中心都不设库存，仅在工厂的仓库才有存货。经过一段时间的运行，事实证明这种方法是成功的，企业总的配送成本下降了 20%之多。

3) 合并策略

合并策略包含两个层次，一是配送方法上的合并；另一个则是共同配送。配送方法上的合并是指企业在安排车辆完成配送任务时，充分利用车辆的容积和载重量，做到满载满装。由于产品品种繁多，不仅包装形态、储运性能不一，在容重方面，也往往相差甚远。一车上如果只装容重大的货物，往往是达到了载重量，但容积空余很多；只装容重小的货物则相反，看起来车装得满，实际上并未达到车辆载重量。这两种情况实际上都造成了浪费。实行合理的轻重配装、容积大小不同的货物搭配装车，就可以不但在载重方面达到满载，而且也充分利用车辆的有效容积，取得最优效果。最好是借助电脑计算货物配车的最优解。

共同配送是一种产权层次上的共享，也称集中协作配送。它是几个企业联合集小量为大量共同利用同一配送设施的配送方式，其标准运作形式是：在中心机构的统一指挥和调度下，各配送主体以经营活动(或资产)为纽带联合行动，在较大的地域内协调运作，共同对某一个或某几个客户提供系列化的配送服务。这种配送有两种情况：一是中小生产、零售企业之间分工合作实行共同配送，即同一行业或在同一地区的中小型生产、零售企业在单独进行配送的运输量少、效率低的情况下进行联合配送，不仅可减少企业的配送费用，配送能力得到互补，而且有利于缓和城市交通拥挤，提高配送车辆的利用率；第二种是几个中小型配送中心之间的联合，针对某一地区的用户，由于各配送中心的所配物资数量少、车辆利用率低等原因，几个配送中心将用户所需物资集中起来，共同配送。

4) 延迟策略

传统的配送计划安排中，大多数的库存是按照对未来市场需求的预测量设置的，这样就存在着预测风险，当预测量与实际需求量不符时，就出现库存过多或过少的情况，从而增加配送成本。延迟策略的基本思想就是对产品的外观、形状及其生产、组装、配送应尽可能推迟到接到顾客订单后再确定。一旦接到订单就要快速反应，因此采用延迟策略的一个基本前提是信息传递要非常快。一般说来，实施延迟策略的企业应具备以下几个基本条件：

(1) 产品特征：模块化程度高，产品价值密度大，有特定的外形，产品特征易于表述，定制后可改变产品的容积或重量；

(2) 生产技术特征：模块化产品设计、设备智能化程度高、定制工艺与基本工艺差别不大；

(3) 市场特征：产品生命周期短、销售波动性大、价格竞争激烈、市场变化大、产品的提前期短。

实施延迟策略常采用两种方式：生产延迟(或称形成延迟)和物流延迟(或称时间延迟)，而配送中往往存在着加工活动，所以实施配送延迟策略既可采用形成延迟方式，也可采用时间延迟方式。具体操作时，常常发生在诸如贴标签(形成延迟)、包装(形成延迟)、装配(形成延迟)和发送(时间延迟)等领域。

美国一家生产金枪鱼罐头的企业就通过采用延迟策略改变配送方式，降低了库存水平。历史上这家企业为提高市场占有率曾针对不同的市场设计了几种标签，产品生产出来后运到各地的分销仓库储存起来。由于顾客偏好不一，几种品牌的同一产品经常出现某种品牌畅销而缺货，而另一些品牌却滞销压仓的情况。为了解决这个问题，该企业改变以往的做法，在产品出厂时都不贴标签就运到各分销中心储存，当接到各销售网点的具体订货要求后，才按各网点指定的品牌标志贴上相应的标签，这样就有效地解决了此缺彼涨的矛盾，从而降低了库存。

例如：美国一家服装生产企业就通过采用延迟策略改变配送方式，降低了库存水平，如图 7.1 所示。

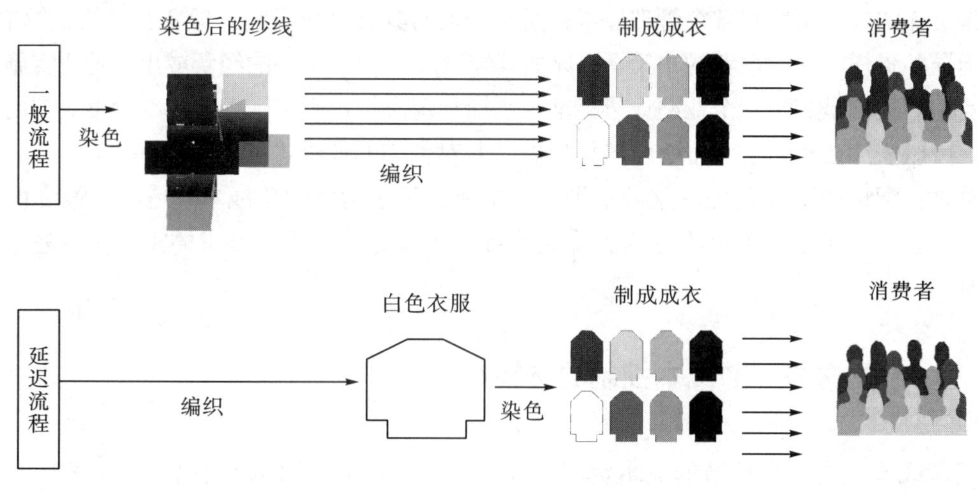

图 7.1 成衣的延迟策略

5) 标准化策略

标准化策略就是尽量减少因品种多变而导致附加配送成本，尽可能多地采用标准零部件、模块化产品。如服装制造商按统一规格生产服装，直到顾客购买时才按顾客的身材调整尺寸大小。采用标准化策略要求厂家从产品设计开始就要站在消费者的立场去考虑怎样节省配送成本，而不要等到产品定型生产出来了才考虑采用什么技巧降低配送成本。

4. 推广使用现代化信息技术，提高配送作业效率

1) 加强自动识别技术的开发与应用，提高入货和发货时商品检验的效率

配送企业可以通过加强自动识别技术的开发与应用来提高入货和发货时商品检验的效率。一方面是条形码技术的推广和使用，另一方面是推广电子标签的使用。

2) 使用自动化智能设备提高保管、装卸、备货和拣货作业的效率

从事现代配送中心再建的企业都极力在中心内导入自动化作业，在实现配送作业快速化的同时，极力削减作业人员、降低人力费。

3) 采用先进的计算机分析软件，优化配送运输作业，降低配送运输成本

可以采用解析法、线性规划法或静态仿真法对配送中心选址进行合理布局，使用车辆安排程序，合理安排配送运输的路线、顺序、积载等来降低成本。

5. 实行责任中心管理

随着企业规模的扩大，企业应把配送中心作为一个责任中心来对待，并考虑划分若干责任区域，并指派下属经理——配送经理进行管理。责任中心是指企业具有一定权力并承担相应工作责任的各级组织和各个管理层次，是由一名对其行为负责的管理者领导的组织单元。为了指导各责任中心管理者的决策，并评估其经营业绩和该中心的经营成果，企业实施责任中心管理的关键是制定一个业绩计量标准，包括制定决策规则、标准和奖励制度。利用这个标准，可以表达公司希望各中心应该如何做，并对他们的业绩进行判断和评价。

总之，配送中心既要提高服务水平，又要降低配送运营的总成本，是一个难度很大的课题，配送企业应在整个物流企业的总成本目标和服务水平总体要求的指导下，进行合理的控制。

7.3.3　配送各环节成本控制的选择

配送成本是由多个环节的成本费用构成的，因此配送成本的控制也应该是多环节的成本控制，任何顾此失彼的控制都不是最优的。配送成本控制的目标就是使得配送成本最小化，但现实中配送企业存在的种种不合理现象往往有悖于这个目标的实现。从另一个角度来分析，正是这些不合理现象的存在迫使配送企业要对配送成本进行控制，因此充分地认识到这些现象，并对症下药，不失为进行配送成本控制的方法。

公司的成本管理体系一般是建立在每一成本发生的分类账户基础之上。成本一般与产品、计算时期有关。一般情况下，劳动力或材料成本可分别计入一个特定的订单中，而有些成本，如租金或折旧，是与时间有关的，它们可计入同期所生产的产品中。在成本计算

系统中，这两大类费用被计入功能活动和设备之中，并在部门会计时期(一般为月度)中报告。因此，物流配送系统的成本可以从每一设施的月度要素成本中得到。物流配送部门将知道以活动、设施和成本中心计算的物流配送成本。发生的每项成本通常在月末、年末进行分析，并与年度执行计划或预算及上年度相比较。

配送成本控制应该按不同环节和不同成本项目分别实施。由于各环节的成本项目差异很大，在选用成本控制标准时应遵循合适的原则，对不同的环节应采用不同的成本控制标准。

配送运输环节的作业具有汽车运输的特点，受驾驶水平、道路条件、车辆性能的影响。尽管配送运输一般按优化的配送路线进行配送，但其不确定因素很多，因此，对配送运输成本的控制应实行成本预算控制。预算所采用的成本标准主要是各种技术经济定额，如行车燃料消耗定额、新胎到报废行驶里程定额、大修和各级保养间隔里程定额、各种配件材料消耗定额、车辆保修费定额与工时定额等，这些定额是进行成本预算管理的主要依据。

配送的流通加工环节、分拣环节及配装环节也需实行预算控制，其预算所采用的成本标准主要是直接工料费的用量标准和价格标准。

配送运输环节的成本控制与分析等内容可参见本书第 5 章运输成本管理的相关内容；装配环节的成本控制与分析等内容可参见本书第 9 章装卸搬运成本管理的相关内容；流通加工环节与分拣环节的成本控制与分析等内容可参见本书第 8 章包装成本管理和第 10 章流通加工成本管理的相关内容。此处不再赘述。

7.4　配送成本分析与优化

7.4.1　配送成本分析

配送成本分析应当按照各环节进行分项分析，通过分析能够真正揭示配送预算和成本计划的完成情况，查明影响计划或预算完成的各种因素变化的影响程度，寻求降低成本、节约配送费用途径的方法。

配送成本汇总表是反映配送环节在一定时期(年、季、月)的成本构成、成本水平和成本计划执行情况的综合性指标报表。利用配送成本汇总表，可以分析、考核各项计划的执行情况和各种消耗定额的完成情况，研究降低成本的途径，从而不断地改善经营管理，提高配送赢利水平。

1. 配送运输成本分析

1) 配送运输成本汇总表的编制

配送运输成本汇总表是总括反映配送部门在月份、季度、年度内配送车辆成本的构成、水平和成本计划执行结果的报表，如表 7.8 所示。配送运输成本计算表是月报表，表内列有配送车辆的车辆费用和配送间接费用及各成本项目的计划数、本月实际数和本年累计实际数。计划数只在 12 月填列，实际数根据“配送支出”账户明细账月终余额填列。周转量根据统计部门提供的资料填列。成本降低额和成本降低率的计算公式为

实际配送运输成本降低额=配送车辆上年实际单位成本×本年配送实际周转量
−本年实际配送运输总成本　(7.1a)

计划配送运输成本降低额=配送车辆上年实际单位成本×本年配送计划周转量
−本年计划配送运输总成本　(7.1b)

实际配送运输成本降低率=实际配送运输成本降低额÷(配送车辆上年实际单位成本
×本年实际配送周转量)×100%　(7.2a)

计划配送运输成本降低率=计划配送运输成本降低额÷(配送车辆上年实际单位成本
×本年计划配送周转量)×100%　(7.2b)

表 7.8　配送运输成本汇总表

编制单位：__________　　20____年____月　　单位：元

项目		行次	计划数	本期实际数	本年累计实际数
车辆费用		1	5 217 100		5 139 188
	工资	2	258 700		258 265
	职工福利基金	3	28 700		28 696
	燃料	4	1 683 400		1 670 141
	轮胎	5	462 000		455 372
	保险	6	851 200		835 996
	大修	7	487 000		477 960
	折旧	8	394 500		380 938
	养路费	9	904 600		883 645
	公路运输管理费	10	8 500		83 985
	行车事故损失	11	32 000		34 240
	其他	12	30 000		29 950
配送运输间接费		13	967 000		933 254
配送运输总成本		14	6 184 100		6 072 442
周转量/(千吨·公里)		15	43 452		43 395
单位成本/[元/(千吨·公里)]		16	142.32		139.93
成本降低额		17	65 601		169 061

续表

项目	行次	计划数	本期实际数	本年累计实际数
成本降低率/%	18	1.05		2.71
补充资料（年表填列）	19			
上年周转量	20			42 689
上年单位成本/[元/(千吨·公里)]	21			143.83
总行程/(千车·公里)	22	115		10 999
燃油消耗/(L/百吨)	23	7.3		7.36
历史最好水平单位成本	24			

2) 配送运输汇总表的分析

配送运输成本汇总表的一般分析，主要是根据表中所列数值，采用比较分析法，计算比较本年计划、本年实际与上年实际成本升降情况，结合有关统计、业务、会计核算资料和其他调查研究资料，查明成本水平变动原因，提出进一步降低物流配送成本的意见。现以表 7.8 所示数值为例进行分析：

(1) 本年度计划配送运输成本比上年实际降低 1.05%，计划配送运输成本降低额为 65 601 元。实际配送运输成本降低 169 061 元，实际配送运输成本降低率为 2.71%。成本降低额大幅度超过计划要求，配送单位成本的降低是主要原因。

(2) 车辆费用和配送间接费用的实际数均低于计划数，表明企业在节约开支方面是有成绩的。

(3) 养路费计划为 904 600 元，实际为 883 645 元。实际数低于计划数应进一步分析原因。

(4) 行车事故损失，计划数是 32 000 件，实际数为 34 240 件。虽然实际数与计划数相差不大，但应引起重视，仔细分析原因。

配送运输成本的这种一般分析，只能了解成本水平升降的概略情况，为了进一步揭示成本变动的具体原因，需要从以下几个方面做比较深入的分析：

(1) 各种燃料、材料价格和一些费用比率（如折旧率、大修理基金提存率、养路费率等）变动对成本水平的影响。

(2) 各项消耗定额和费用开支标准变动对成本水平的影响。

(3) 配送车辆数及其载重量变动和车辆运用效率高低对成本水平的影响等。

2. 分拣成本分析

分拣成本的分析方法与上述配送运输成本的分析相同，也是先编制配送分拣成本汇总表，然后进行差异分析，在此不再赘述。在编制配送分拣成本汇总表时，项目根据分拣成本构成项目进行填列，如表 7.9 所示。

表 7.9　配送分拣成本汇总表

编制单位：＿＿＿＿＿＿＿＿　　20＿＿年＿＿月　　单位：元

项目		行次	计划数	本期实际数	本年累计实际数
分拣直接费用		1			
	工资	2			
	职工福利基金	3			
	修理费	4			
	折旧费	5			
	其他	6			
配送分拣间接费		7			
配送分拣总成本		8			
分拣量		9			
单位成本		10			
成本降低额		11			
成本降低率/%		12			

配装成本以及流通加工成本的分析方法与上述配送运输成本的分析相同，也是先编制成本汇总表，然后进行差异分析，在此不再赘述。在编制成本汇总表时，项目根据各成本构成项目进行填列。

7.4.2　配送成本优化

1. 配送成本不合理的原因（表 7.10）

表 7.10　配送成本不合理的原因

不合理原因	具体说明
资源筹措的不合理	配送是通过大规模的资源筹措来降低成本的，如果资源量不够，就不能达到降低配送成本的目的，如配送量计划不准
配送设备落后	配送中心设备落后会造成效率低下，企业信誉降低，如货物分拣错误
库存决策不合理	容易造成积压或客户缺货损失，如库存量过大或过小
配送路线选择不当	没有充分考虑客户的位置，导致运输的成本过高
配送价格不合理	配送价格高于客户自己进货价格或低于营运成本，都是不合理的表现
经营观念的不合理	指企业唯利是图，以抢占客户利益为利润点的行为，例如在企业资金短缺的时候占用客户资金，在产品积压时强迫客户接货等
配送成本管理不到位	对配送成本不重视或监管不力，导致企业配送成本长期降不下来

2. 配送成本优化

在对配送成本进行计算和分析的基础上，配送成本的优化应从以下几个方面进行：

(1) 加强配送的计划性。在配送活动中，临时配送、紧急配送或无计划地随时配送都会大幅度增加配送成本。为了加强配送的计划性，需要建立分店的配送申报制度。在实际工作中，应针对商品的特性，制定不同的配送申请和配送制度。

(2) 确定合理的配送路线。采用科学的方法确定合理的配送路线是配送活动中的一项重要工作。确定配送路线的方法很多，既可采用方案评价法，拟定多种方案，以使用的车辆数、司机数、油量、行车的难易度、装卸车的难易度及送货的准时性等作为评价指标，对各个方案进行比较，从中选出最佳方案，又可以采用数学模型进行定量分析。

(3) 进行合理的车辆配载。各分店的销售情况不同，订货品种也不一致，一次配送的物品可能有多个品种。这些物品不仅包装形态、储运性质不同，而且密度差别较大。密度大的物品往往达到了车辆的载重量，但体积空余很大；密度小的商品虽达到车辆的最大体积，但达不到载重量。实行轻重配装，既能使车辆满载，又能充分利用车辆的有效体积，会大大减少配送费用。

(4) 量力而行建立计算机管理系统。在配送作业中，分拣、配货要占全部劳动的 60%，而且容易发生差错。如果在拣货、配货中运用计算机管理系统，应用条形码技术，就可使拣货快速、准确，配货简单、高效，从而提高生产效率，节省劳动力，降低配送成本。

(5) 制定配送成本标准。配送成本标准是配送成本控制的依据，配送成本标准包括配送成本预算中规定的各项指标。但配送成本预算中的一些指标都比较综合，还不能满足具体控制的要求，所以必须规定一系列具体的标准。

(6) 监督配送成本的形成。要根据配送成本控制标准对配送成本形成的各个项目进行经常性的检查、评比和监督。不仅要检查指标本身的执行情况，而且要检查和监督影响指标的各项条件，如设备、工作环境等。所以，配送成本日常控制要与配送作业控制结合起来进行。

(7) 及时纠正偏差。对于配送成本差异发生的原因，要查明责任者，查清情况，提出改进措施，加以贯彻执行。

【本章小结】

本章首先介绍了配送及配送成本的概念。广义的配送成本指配送中心为了开展配送业务所发生的各种直接和间接费用。狭义的配送成本是指配送环节所特有的主要成本费用，包括配送运输费用、分拣费用、配装费用和流通加工费用。配送成本分析包括编制配送成本汇总表、配送汇总表分析两个步骤。可以采用标准成本法、合理选择配送策略等方案进行控制。

【思考与练习题】

(1) 什么是配送成本？

(2) 简述配送成本构成。

(3) 配送成本的构成要素及类别有哪些方面？

(4) 配送成本的核算由哪几个方面组成？

(5) 物流企业应如何控制配送成本的增加？

(6) 影响配送成本的因素有哪些？

【案例分析】

面对金融危机降低配送成本

物流业是深圳的四大支柱产业之一。在全球金融危机的影响下，我国物流业受到严重冲击，深圳作为外向度较好的地区，全球金融危机对深圳经济影响巨大，物流业作为深圳的支柱产业也受到巨大冲击，其影响不断向产业链上游传导。金融危机对深圳物流业的影响有运输、仓储、配送、国际货代和快递业。

1. 运输

运输是物流最基础的环节之一，是衔接上下游产业的纽带。制造业的采购量、生产量以及出口量的萎缩直接对深圳运输业造成严重影响，首当其冲的是港口运输。自金融危机以来，深圳港口运输业面临巨大挑战。

表 7.11　深圳 2008 年港口及集装箱吞吐量及同比增长情况

项目类别	2008 年吞吐量	同比增长/%	增幅回落/%
港口	21 115.43 万吨	6.01	7.19
集装箱	2 141.63 万标箱	1.50	12.70
外贸出口集装箱	1 086.92 万标箱	1.30	15.90

由表 7.11 可以看出，各项指标均出现了较大幅度的下滑。港口运输业务量的大幅下降，给下游的集装箱拖车运输带来了严重的冲击。作为珠三角地区重要的货物中转站之一，深圳的铁路车站、港口码头和机场的货物集疏运输都离不开公路运输。从相关统计资料得知：2008 年，深圳货运量为 14 843.57 万吨，同比增长 8.52%，增幅回落 11.78 个百分点，完成货物运输周转量 749.60 亿吨·公里，同比下降 5.61%，运输环节业务量大幅度

下滑。更为严重的是，虽然运输的成本在上升，但因为货量减少，运力相对过剩，运输空车率高，企业间竞争激烈，运价只能维持在较低水平上，企业压力不断增大。

2．仓储

据相关统计，深圳物流企业中经营含仓储业务的企业比率大致为 30%，仅次于运输企业(含货代)。依靠仓储周转创造效益的仓储企业在金融危机下受到很大影响，特别是以外贸业务为主的仓储企业业务量大幅度下滑。影响主要体现在客户减少、出租率下降、租金下跌等方面，大量的仓库资源闲置，货物周转率降低。受人力成本上升、人民币升值及土地使用费改税等影响，仓储企业的运营成本上升。出口业务量的减少却导致港口堆场的业务量增多，许多原本计划出口的货物滞留在港口，使得港口仓库出现“满仓”现象。积聚在港口的集装箱无法创造周转价值和时间价值，在一定程度上给整个深圳物流业带来了停滞效应。

3．配送

专业化的物流配送有助于企业降低成本、提高效率。随着深圳加工制造业和零售商业的不断发展，将物流配送外包给第三方物流公司是物流业的发展趋势。金融危机影响加工制造业的生产量和交易量，导致服务于加工制造业的配送企业业务量减少和订单周期延长，而且制造业利润降低会通过压低配送服务价格等方式减少成本，进一步挤压配送企业的利润空间。

配送业的发展对终端消费市场具有依赖性，金融危机逐渐从实体经济传导到消费市场层面后，消费者可支配收入减少和信心低迷影响到消费市场。零售商业交易量下降对物流配送企业的业务量产生关联影响，为商业配送的物流需求也有所降低。

4．国际货代

深圳港连续 7 年居全球集装箱枢纽港第四位，外贸出口总额连续 15 年位居全国大中城市首位，外贸出口稳定持续增长，是促进深圳货代业不断发展的重要因素。但自金融危机以来，深圳集装箱吞吐量和外贸进出口受到显著影响，据相关统计资料得知：2008 年深圳外贸进出口总额为 2 999.75 亿美元，同比增长 4.3%，增幅比 2007 年同期下降 16.8 个百分点。其中出口总额为 1 797.44 亿美元，同比增长 6.6%，增幅比去年同期下降 17.2 个百分点。

以上数据反映了目前外贸进出口额大幅度下降，也反映了外贸公司的业务量减少，而与外贸公司有紧密业务联系的国际货代业也受到相关影响。货代业务量减少，远洋运费降至历史新低，货主延长货款付款期，甚至许多货主为节省成本，直接与船公司签订运输合同。货代企业间竞争激烈，企业为了争取客户，采取压低价格等竞争手段，处于保本微利状况。

5．快递

深圳快递业发展十分迅速。据相关统计，快递企业的业务量中 80%是企业客户，20%是个人客户，企业客户中的大部分是制造业客户，制造业产量下降，为制造业企业生产销售提供快速物流服务的快递公司受到连带影响。

深圳存在大量的中小型快递企业，这些企业存在一些共同的问题，如管理粗放、技术含量低、信息化水平低等，导致物流成本居高不下，难以实现规模效应，企业未能建立良好的信誉，在金融危机导致快递市场萎缩的情况下，这些问题凸显出来，快递市场开始低层次、无序的价格战。而外资快递巨头如 DHL、联邦快递等纷纷乘机加快了争夺中国市场的步伐，导致本土快递企业客户流失严重，面临被淘汰或兼并的格局。(来源：《开放导报》2009 年第 3 期)。

(1) 分析概括金融危机对深圳物流业的影响。

(2) 根据前面有关章节所学内容试分析：从政府和企业两个层面如何应对金融危机对深圳物流业的影响，并提出有关对策和建议。

(3) 根据本章所学内容，试分析如何降低深圳物流业的配送成本。

【实训设计】

(1) 实训学时：2 学时。

(2) 实训项目：配送成本计算与设计。

(3) 实训目的：熟练企业配送成本核算方法，并对配送作业的管理和控制有全面的了解，熟练其计算。

(4) 实训要求：①了解配送成本的构成；②结合案例进行配送成本的计算；③结合案例进行配送成本的控制。

(5) 实训步骤：先对案例进行整体分析，找出其中和配送相关的成本内容，分析其构成形式，了解案例的特点，对其涉及的配送成本进行计算，总结并且分析，并对配送作业合理化提出建议。

第 8 章　包装成本管理

【学习目标】

通过本章的学习，学生要理解包装的基本概念及包装业务在物流管理中的作用和地位，了解包装的材料和技术；掌握包装成本的构成、分类及计算方法，提高对包装的认识，能够对包装活动的成本进行分类和计算；理解企业实现包装成本控制与优化的意义和途径。

【学习重点】

包装的基本概念、包装的分类、功能和作用、包装成本的构成、分类及计算方法。

【学习难点】

包装成本的构成、分类及计算方法。

8.1　包 装 概 述

8.1.1　包装概述

1. 包装的含义

包装是物流的基本功能要素之一。包装是商品生产过程在流通过程中的继续，是商品进入流通、消费领域不可缺少的条件，它既是生产物流的终点，也是社会物流的起点，具有从属性和商品性两种属性。包装是其内装物的附属品，包装所选用的容器、材料、包装技法都从属于内装货物的需要。商品包装是附属于内装货物的特殊商品，本身具有价值和使用价值两种属性。包装的定义有狭义与广义之分：

(1) 狭义定义：包装为在流通过程中保护产品，方便储运，促进销售，按一定的技术方法所用的容器、材料和辅助物等的总体名称；也指为达到上述目的在采用容器，材料和辅助物的过程中施加一定技术方法等的操作活动。

(2)广义定义：一切事物的外部形式都是包装。

我国《包装通用术语国家标准》(GB/T4122.1—1996)对包装的定义为：“所谓包装是指在流通过程中为保护产品、方便储存、促进销售，按一定技术方法而采用的容器、材料及辅助物等的总体名称；也指为了达到上述目的而采用容器、材料和辅助物的过程中施加一定技术方法等的操作活动。”其他国家或组织对包装的含义有不同的表述和理解，如美国认为：包装是为产品的运出和销售所做的准备行为。英国认为：包装是为货物的运输和销售所做的艺术、科学和技术上的准备工作。加拿大认为：包装是将产品由供应者送达顾客或消费者手中而能保持产品完好状态的工具。尽管各个国家对包装的定义都下了简洁明了的条文，但基本意思是一致的，都以包装功能和作用为其核心内容，一般有两重含义：①关于盛装商品的容器、材料及辅助物品，即包装物。②关于实施盛装、封缄、包扎等的技术活动。

2. 包装的分类

包装有很多种分类方法，其中较常见的有如下几类：

(1)按包装功能不同分类，包装可分为工作包装和商业包装两个大类。

商业包装是指以促进商品销售为目的的包装。这种包装的特点是：外形美观，有必要的装潢，包装单位应满足顾客购买量和商店设施的要求。

工业包装又称为运输包装，是物资运输、保管等物流环节所需求的必要包装。工业包装以强化运输、保护商品、便于储运为主要目的。工业包装要在满足物流要求的基础上使包装费用越低越好。对于普通物资的工业包装其程度应当适中，才会有最佳的经济效果。

(2)按包装层次不同，包装可分为个包装、中包装、外包装。

个包装是指以一个商品为一个销售单位的包装形式。个包装直接与商品接触，在生产中与商品装配成一个整体。它以销售为主要目的，一般随同商品销售给顾客，因而有销售包装或小包装。个包装起着直接保护、美化、宣传和促进商品销售的作用。

中包装(又称内包装)是指若干个单体商品或包装组成一个小的整体包装。它是介于个包装与外包装的中间包装，属于商品的内层包装。中包装在销售过程中，一部分随同商品出售，一部分则在销售中被消耗掉，因而被列为销售包装。在商品流通过程中，中包装起着进一步保护商品、方便使用和销售的作用，方便商品分拨和销售过程中的点数和计量，方便包装组合等。

外包装(又称运输包装或大包装)是指商品的最外层包装。在商品流通过程中，外包装起着保护商品、方便运输、装卸和储存等方面的作用。

(3)按包装容器质地不同，包装可分为硬包装、半硬包装和软包装。

硬包装(又称刚性包装)是指充填或取出包装的内装物后，容器形状基本不发生变化，材质坚硬或质地坚牢的包装。

半硬包装(又称半刚性包装)是介于硬包装和软包装之间的包装。

软包装(又称挠性包装)是指包装内的充填物或内装物取出后，容器形状会发生变化，且材质较软的包装。

(4)按包装使用范围，包装可分为专用包装和通用包装。

专用包装是指专供某种或某类商品使用的一种或一系列包装。

通用包装是指一种包装能盛装多种商品，被广泛使用的包装容器。

(5)按包装使用的次数，包装可分为一次用包装、多次用包装和周转用包装。

一次用包装是指只能使用一次，不再回收复用的包装。

多次用包装是指回收后经适当地加工整理，仍可重复使用的包装。

周转用包装是指工厂和商店固定的用于周转多次复用的包装容器。

(6)包装的其他分类方法。

按运输方式不同，包装可以分为铁路运输包装、卡车货物包装、船舶货物包装、航空货物包装、零担包装、集合包装等。

按包装防护目的不同，包装可分为防潮包装、防锈包装、防霉包装、防震包装、防水包装、遮光包装、防热包装、真空包装、危险品包装等。

按包装操作方法，包装可分为罐装包装、捆扎包装、裹包包装、收缩包装、压缩包装、缠绕包装等。

8.1.2　物流包装的作用

综合包装的功能，大致又可细分为以下四个方面：保护功能、便利功能、定量功能、销售功能等。

1. 保护功能

包装的保护功能，即保护物品不受损伤的功能，它体现了包装的主要目的。

(1)防止物资的破损变形。为了防止物资的破损变形，物资包装必须能承受装卸、运输、保管等过程中的各种冲击、振动、颠簸、压缩、摩擦等外力的作用，形成对外力的防护，而且具有一定的强度。

(2)防止物资发生化学变化。为了防止物资发生受潮、发霉、变质、生锈等化学变化，物资包装必须能在一定程度上起到阻隔水分、潮气、光线以及空气中各种有害气体的作用，避免外界不良因素的影响。

(3)防止有害生物对物资的影响。鼠、虫以及其他有害生物对物资有很大的破坏性。包装封闭不严会给细菌、虫类造成入侵机会，导致变质、腐败，特别是对食品的危害性更大。

(4)防止异物混入、污物污染、丢失、散失。

2. 便利功能

物资包装具有方便流通、方便消费的功能。在物流的全过程，物资所经过的流转环节，合理的包装会提供巨大的方便，从而提高物流的效率。物资包装的方便功能可以体现在以下几个方面：

(1) 方便物资的储存。从搬运、装卸角度上看，物资出、入库时，在包装的规格尺寸、重量、形态上适合仓库内的作业，为仓库提供了搬运、装卸的方便；从物资保管角度上看，物资的包装为保管工作提供了方便条件，便于维护物资本身的原有使用价值。包装物的各种标志，使仓库的管理者易于识别、易于存取、易于盘点，有特殊要求的物资易于引起注意；从物资的验收角度上看，易于开包、便于重新打包的包装方式为验收提供了方便性，对于节约验收时间，加快验收速度也会起到十分重要的作用。

(2) 方便物资的装卸。物资经适当地包装后为装卸作业提供了方便。物资的包装便于各种装卸、搬运机械的使用，有利于提高装卸、搬运机械的生产效率。包装袋规格尺寸标准化后为集合包装提供了条件，从而能极大地提高装载效率。

(3) 方便运输。包装袋规格、形状、重量等与货物运输关系密切。包装尺寸与运输车辆、船、飞机等运输工具箱、仓容基的吻合性，方便了运输，提高了运输效率。

3. 定量功能

即单位定量或单元化，形成基本单件或与目的相适应的单件。包装有将商品以某种单位集中的功能，以达到方便物流、方便商业交易等目的。从物流方面来考虑，包装单位的大小要和装卸、保管、运输条件的能力相适应，应当尽量做到便于集中输送以获得最佳的经济效果，同时又要求能分割及重新组合以适应多种装运条件及分货要求，从商业交易方面来考虑，包装单位大小应适合于进行交易的批量，零售商品应适合于消费者的一次购买。

4. 销售功能

销售功能是促进物资销售的包装功能。在商业交易中促进物资销售的手段很多，其中包装的装潢设计占有重要地位。优美的包装能唤起人们的购买欲望。包装的外部形体是商品很好的宣传品，对顾客的购买起着刺激的作用。

综上所述，包装的保护功能和方便功能是与物流密切相关的两大功能。销售功能是与商流相关的。改进包装的不合理性，发挥包装的作用，是促进物流合理化的重要方面，是被物流工作者日益重视的一个十分重要的领域。

8.1.3　物流包装材料及技术

1. 包装材料

包装材料是商品包装的物质基础，因此，了解和掌握各种包装材料的规格、性能和用途是很重要的，也是设计好包装的重要一环。

常用的包装材料有以下几种：

(1) 纸张。纸张是我国产品包装的主要材料，它的品种很多，主要有以下几种：白板纸、铜版纸、胶版纸、卡纸、牛皮纸、再生纸、玻璃纸、黄版纸、有光纸、过滤纸、油封纸、浸蜡纸、铝箔纸、箱板纸(又称瓦楞纸)、护角纸板等。瓦楞纸的用途广泛，可以用作运输包装和内包装。在纸箱中放入护角纸板，可增强其抗压强度。

(2) 金属。金属类具有牢固、抗压、不碎、不透气、防潮等性能，因此，金属包装为保护商品提供了良好条件。主要有马口铁和铝，可用于制罐、盘、杯、盖等。

(3) 塑料。塑料具有牢固、轻便、美观、经济等优点，尤其是可塑性强，能适应各种容器对造型的要求。形态有硬有软，透明或不透明，并可配制出各种彩色和质感。所以塑料在包装材料中占有显著的地位。随着塑料工业的发展，塑料包装正在广泛代替金属、玻璃和纸包装。主要有薄膜、聚氯乙烯薄膜、聚丙烯吹塑薄膜等。

(4) 玻璃。玻璃是一种比较古老的包装材料。它具有化学性能稳定、耐酸、无毒、无味、生产成本较低等优点。可制成各种形状和颜色透明、半透明和不透明的容器。多用于膏体、液体一类产品的容器。存在分量重，易打碎的缺点。

(5) 陶瓷。陶瓷制品是我国传统的包装容器。常用的有陶缸、瓷坛等。瓷坛适合用于装酒、泡菜、酱菜等商品。也存在着易打碎的缺点。

(6) 复合材料。复合材料是把几种不同的材料，通过特殊的加工工艺，把具有不同特性材料的优点结合在一起，成为一种完美的包装材料。它具有最好的保护性能，又有良好的印刷与设计性能。复合材料的种类很多，如玻璃与塑料复合，塑料与塑料复合，铝箔与塑料复合，铝箔、塑料与玻璃纸复合，不同纸张与塑料复合等。

(7) 自然材料。各种贝壳、竹、木、柳、草编织品和麻织品等，被用于土特产品和礼品包装，赋予产品一种亲切感、温馨感。

(8) 新型环保材料。为缓解白色污染的情况而研制的最新材料，也是今后包装材料的主要发展方向。如秸秆容器、玉米塑料、木粉塑料等。

2. 包装技术分类

(1) 防震保护技术。防震包装又称缓冲包装，在各种包装方法中占有重要的地位。产品从生产出来到开始使用要经过一系列的运输、保管、堆码和装卸过程，置于一定的环境之中。在任何环境中都会有各种力作用在产品之上，并使产品发生机械性损坏。为了防止产品遭受损坏，就要设法减小外力的影响，所谓防震包装就是指为减缓内装物受到冲击和振动，保护其免受损坏所采取的一定防护措施的包装。防震包装主要有以下三种方法：全面防震包装方法、部分防震包装方法、悬浮式防震包装方法。

(2) 防破损保护技术。缓冲包装有较强的防破损能力，因而是防破损包装技术中有效的一类。此外还可以采取以下三种防破损保护技术：捆扎及裹紧技术、集装技术、选择高强保护材料。

(3) 防锈包装技术。包括防锈油防锈蚀包装技术和气相防锈包装技术。

(4) 防霉腐包装技术。在运输包装内装运食品和其他有机碳水化合物货物时，货物表面可能生长霉菌，在流通过程中如遇潮湿，霉菌生长繁殖极快，甚至伸延至货物内部，使其腐烂、发霉、变质，因此要采取特别防护措施。

包装防霉烂变质的措施，通常是采用冷冻包装、真空包装或高温灭菌方法。防止运输包装内货物发霉，还可使用防霉剂，防霉剂的种类甚多，用于食品的必须选用无毒防霉剂。

机电产品的大型封闭箱，可酌情采取开设通风孔或通风窗等相应的防霉措施。

(5) 防虫包装技术。防虫包装技术，常用的是驱虫剂，即在包装中放入有一定毒性和臭味的药物，利用药物在包装中挥发气体杀灭和驱除各种害虫。常用驱虫剂有萘、对位二氯化苯、樟脑精等。也可采用真空包装、充气包装、脱氧包装等技术，使害虫无生存环境，从而防止虫害。

(6) 危险品包装技术。危险品有上千种，按其危险性质，交通运输及公安消防部门规定分为十大类，即爆炸性物品、氧化剂、压缩气体和液化气体、自燃物品、遇水燃烧物品、易燃液体、易燃固体、毒害品、腐蚀性物品、放射性物品等，有些物品同时具有两种以上危险性能。

要防止与雨水、阳光、潮湿空气和杂质接触，发生化学反应；减少运输过程中所受的碰撞、震动、摩擦和挤压，保证安全运输；防止货物撒漏、挥发，及与不相容货物接触而引发事故；便于装卸、搬运和保管。

(7) 特种包装技术。包括充气包装、真空包装、收缩包装、拉伸包装、脱氧包装等。

①充气包装。充气包装是采用二氧化碳气体或氮气等不活泼气体置换包装容器中空气的一种包装技术方法，因此也称为气体置换包装。这种包装方法是根据好氧性微生物需氧代谢的特性，在密封的包装容器中改变气体的组成成分，降低氧气的浓度，抑制微生物的生理活动、酶的活性和鲜活商品的呼吸强度，达到防霉、防腐和保鲜的目的。

②真空包装。真空包装是将物品装入气密性容器后，在容器封口之前抽真空，使密封后的容器内基本没有空气的一种包装方法。一般的肉类商品、谷物加工商品以及某些容易氧化变质的商品都可以采用真空包装，真空包装不但可以避免或减少脂肪氧化，而且抑制了某些霉菌和细菌的生长。同时在对其进行加热杀菌时，由于容器内部气体已排除，因此加速了热量的传导，提高了高温杀菌效率，也避免了加热杀菌时，由于气体的膨胀而使包装容器破裂。

③收缩包装。收缩包装就是用收缩薄膜裹包物品(或内包装件)，然后对薄膜进行适当的加热处理，使薄膜收缩而紧贴于物品(或内包装件)的包装技术方法。收缩薄膜是一种经过特殊拉伸和冷却处理的聚乙烯薄膜，由于薄膜在定向拉伸时产生残余收缩应力，这种应力受到一定热量后便会消除，从而使其横向和纵向均发生急剧收缩，同时使薄膜的厚度增加，收缩率通常为30%～70%，收缩力在冷却阶段达到最大值，并能长期保持。

④拉伸包装。拉伸包装是 20 世纪 70 年代开始采用的一种新包装技术，它是由收缩包装发展而来的，拉伸包装是依靠机械装置在常温下将弹性薄膜围绕被包装件拉伸、紧裹，并在其末端进行封合的一种包装方法。由于拉伸包装不需进行加热，所以消耗的能源只有收缩包装的二十分之一。拉伸包装可以捆包单件物品，也可用于托盘包装之类的集合包装。

⑤脱氧包装。脱氧包装是继真空包装和充气包装之后出现的一种新型除氧包装方法。脱氧包装是在密封的包装容器中，使用能与氧气起化学作用的脱氧剂与之反应，从而除去包装容器中的氧气，以达到保护内装物的目的。脱氧包装方法适用于某些对氧气特别敏感的物品，使用于那些即使有微量氧气也会促使品质变坏的食品包装中。

8.2　包装成本核算

8.2.1　包装成本的构成

包装成本是指一定时期内，企业为完成货物包装业务而发生的全部费用，包括运输包装费和集装、分装包装费。具体包括材料费、人工费、维护费和一般经费四部分内容。

(1) 材料费。主要指包装业务所耗用的材料费。企业的包装材料除少数自制，大部分是通过采购取得的。根据财政部《企业会计准则》和《工业企业会计制度》的规定，外购材料成本包括买价、购买材料的运杂费、运输途中的合理损耗、入库的挑选整理费用、购入材料负担的不能抵扣的税收等。

(2) 人工费。主要指从事包装业务人员费用。具体包括包装业务人员工资、福利、奖金、津贴、补贴、住房公积金、职工劳动保护费、人员保险费、按规定提取的福利费、职工教育培训费、其他一切用于包装业务人员的费用等。

(3) 维护费。主要指与包装机械有关的费用。包装过程中使用包装机械，可以极大地提高包装水平和劳动效率。包装机械有关费用主要包括设备折旧费、维修费、能源消耗费、低值易耗品摊销等。

(4) 一般经费。在包装过程中，除人工费、材料费和与包装机械有关的费用，还发生了一些诸如包装技术费用和辅助费用等其他杂费，这部分费用通常列入一般经费。例如，为了发挥包装的功能，达到最佳的包装效果，需要实施缓冲、防潮、防霉技术所发生的设计和实施费用，以及包装标记标志的设计费、印刷费、辅助材料费等。

传统上，实施包装作业的单位一般为生产制造企业，但随着物流活动过程中“流通加工”活动存在的客观性和必要性得到越来越多的认可，包装作业的实施单位也由生产制造企业扩展到包括流通企业和物流企业在内的所有类型企业。无论何种包装，都需要耗用一定的人力、物力、财力。对于大多数商品只有经过包装，才能进入流通，也有部分商品是进入流通后，实施初次或再次包装，因此，就物流范围而言，包装成本存在于供应物流、企业内物流和销售物流阶段。

8.2.2 包装成本的计算

1. 包装材料费用的计算

(1)购入材料成本的确定。

购入材料的成本包括以下内容：①买价。即购买价格。对于购货时发生的购货折扣应加以扣除，按净额计价。②材料入库前发生的各种附带成本。包括：运杂费(运输费、装卸费、保险费、仓储费等)、再运输中的合理损耗、入库前的挑选整理费用、购入材料负担的不能抵扣的税收和其他费用等。

为严格材料管理，正确计算材料的发出与结存成本，要求库存材料必须按材料的种类与型号分别进行明细核算。对于买价以及各种附带成本，凡能分清归属的，可直接计入各材料的采购成本；不能分清的，可根据同次采购材料的具体情况，采用较为合理的分配方法(可按重量、体积、买价等)，分配计入各材料采购成本。

【例 8-1】企业同次购入甲材料 1 000kg，不含税单价为 50 元；购入乙材料 2 000kg，不含税单价为 8 元。两种材料所负担的运杂费为 600 元，按两种材料的重量比例分摊。甲、乙两种材料的采购成本计算见表 8.1。

表 8.1 材料采购成本计算表

材料名称	买价/元	重量/kg	运杂费分配率/%	分摊运杂费/元	总成本/元	单位成本/(元/kg)
甲材料	50 000	1 000	20%	200	50 200	50.2
乙材料	16 000	2 000		400	16 400	8.2

(2)发出材料成本的计价。

由于每种材料是分次分批从不同地点购进的，而每次购进的同种材料单价又往往不同，因此每种材料在每次发料时，就存在如何计价的问题。企业可以根据不同情况，采用先进先出法、全月一次加权平均法、移动加权平均法计价。

①先进先出法。先进先出法是以先购入的材料先发出为假定前提，每次发出材料的单价，要按当前库存材料中最先购入的那批材料的实际单价计价。采用这种方法要求分清所购每批材料的数量和单价。在发出材料时，除应逐笔登记发出数量外，还要登记余额，并算出结存的数量和金额。

【例 8-2】现以甲材料为例，采用先进先出法计算发出材料和期末材料的成本，见表 8.2。

表 8.2 甲材料明细账

2017 年		凭证号	摘要	收入			发出			结存		
月	日			数量/kg	单价/(元/kg)	金额/元	数量/kg	单价/(元/kg)	金额/元	数量/kg	单价/(元/kg)	金额/元
1	1	略	期初余额	—	—	—	—	—	—	300	50	15 000
	10		购入	—	—	—	—	—	—	300	50	15 000
				900	60	54 000	—	—	—	900	60	54 000
	11		发出	—	—	—	300	50	15 000	900	60	54 000
				—	—	—	500	60	30 000	400	60	24 000
	18		购入	—	—	—	—	—	—	400	60	24 000
				600	70	42 000	—	—	—	600	70	42 000
	20		发出	—	—	—	400	60	24 000	600	70	42 000
				—	—	—	400	70	28 000	200	70	14 000
	23		购入	—	—	—	—	—	—	200	70	14 000
				200	80	16 000	—	—	—	200	80	16 000
			本月合计	1 700	—	—	—	—	—	200	70	14 000
				—	—	—	—	—	—	200	80	16 000

先进先出法的优点是：使企业不能随意挑选材料计价以调整当期利润，有利于均衡核算工作。缺点是核算工作量比较烦琐，而且当物价上涨时，会高估企业当期利润和库存材料价值。在物价持续下跌的情况下，又会使计入产品成本的材料费用偏高，导致低估企业期末库存材料价值和当期利润。在手工计价方式下，这种计价方法一般适用于收发不太频繁的材料计价。

②全月一次加权平均法。全月一次加权平均法是以月初结存材料金额与全月收入材料金额之和，除以月初结存材料数量与全月收入材料数量之和，算出以数量为权数的材料平均单价，从而确定当月材料的发出成本和月末库存成本。其计算公式为

$$材料月末加权平均单价=(月初结存材料金额+全月收入材料金额)\div(月初结存材料数量+全月收入材料数量) \tag{8.1}$$

$$本月发出材料成本=本月发出材料数量\times材料月末加权平均单价 \tag{8.2}$$

$$月末库存材料成本=月末库存材料数量\times材料月末加权平均单价 \tag{8.3}$$

【例 8-3】仍以上述甲材料明细账为例，采用全月一次加权平均法计算发出材料和期末库存材料的成本，见表 8.3。

表 8.3　甲材料明细账

2017 年		凭证号	摘要	收入			发出			结存		
月	日			数量/kg	单价/(元/kg)	金额/元	数量/kg	单价/(元/kg)	金额/元	数量/kg	单价/(元/kg)	金额/元
	1		期初余额	—	—	—	—	—	—	300	50	15 000
	10		购入	900	60	54 000	—	—	—	1 200	—	—
	11		发出	—	—	—	800	—	—	400	—	—
1	18	略	购入	600	70	42 000	—	—	—	1000	—	—
	20		发出	—	—	—	800	—	—	200	—	—
	23		购入	200	80	16 000	—	—	—	400	—	—
			本月合计	1 700	—	112 000	1600	63.5	101600	400	63.5	25 400

材料月末加权平均单价=(15 000+54 000+42 000+16 000)
÷(300+900+600+200)
=63.50(元/kg)

本月发出甲材料成本=1 600×63.50=101 600(元)

月末甲材料库存成本=400×63.50=25 400(元)

采用加权平均法，只在月末一次计算加权平均单价，可以大大简化核算工作，而且在市场价格上涨或下跌时所计算出来的单位成本平均化，对材料成本的分摊较为折中。但是，这种方法平时在账上无法提供发出和结存材料的单价和金额，不利于材料的日常管理。这种计价方法适用于各期材料成本变动不大的材料计价。

③移动加权平均法。移动加权平均法是以原结存材料金额与本批材料收入金额之和，除以原结存材料数量与本批收入材料数量之和，算出以数量为权数的材料平均单价，作为日常发料的单价的一种计价方法。收入材料单价变动一次，就要计算一次加权平均单价。其计算公式为

移动加权平均单价=(原结存材料金额+本批收入材料金额)
÷(原结存材料数量+本批收入材料数量)　　(8.4)

【例 8-4】仍以前述甲材料资料为例，采用移动加权平均法计算发出材料和期末库存材料的成本，见表 8.4。

表 8.4　甲材料明细账

2017 年		摘要	收入			发出			结存		
月	日		数量/kg	单价/(元/kg)	金额/元	数量/kg	单价/(元/kg)	金额/元	数量/kg	单价/(元/kg)	金额/元
1	1	期初结存	—	—	—	—	—	—	300	50	15 000
	10	购入	900	60	54 000	—	—	—	1 200	57.5	69 000
	11	发出	—	—	—	800	57.5	46 000	400	57.5	23 000
	18	购入	600	70	42 000	—	—	—	1 000	65	65 000
	20	发出	—	—	—	800	65	52 000	200	65	13 000
	23	购入	200	80	16 000	—	—	—	400	72.5	29 000
		本月合计	1 700	—	112 000	1 600	—	98 000	400	72.5	29 000

10 日，第一批收料后的平均单价=(15 000+54 000) ÷ (300+900)=57.5(元/kg)

18 日，第二批收料后的平均单价=(23 000+42 000) ÷ (400+600)=65(元/kg)

23 日，第三批收料后的平均单价=(13 000+16 000) ÷ (200+200)=72.5(元/kg)

本月发出材料成本合计=46 000+52 000=98 000(元)

期末库存材料成本=400×72.5=29 000(元)

采用这种计价方法，可以均衡材料核算工作，有利于材料的日常管理，而且计算出的平均单价比较客观。

④后进先出法。后进先出法是以最后购入的材料最先发出为假定前提，每次发出材料的单价，须按库存材料中最后购进的那批材料的实际单价计价的一种计价方法。

财政部于 2006 年 2 月 15 日发布了 39 项企业会计准则，其中《企业会计准则第 1 号—存货》规定企业应当采用先进先出法、加权平均法或者个别计价法确定发出存货的实际成本，不再允许发出存货采用后进先出法计价。

2. 包装机械费用的计算

包装是产品进入流通领域的必要条件，而实现包装的主要手段是使用包装机械。随着时代的发展，技术的进步，包装机械在包装领域中正起着越来越大的作用，其主要作用有以下八点：①可大大提高劳动生产率。②能有效地保证包装质量。③能实现手工包装无法实现的操作；④可降低劳动强度，改善劳动条件。⑤有利于工人的劳动保护。⑥可降低包装成本，节省贮运费。⑦能可靠地保证产品。⑧可促进相关工业的发展。

包装机械有多种分类方法。按功能可分为单功能包装机和多功能包装机；按使用目的可分为内包装机和外包装机；按包装品种又可分为专用包装机和通用包装机；按自动化水平可分为半自动机和全自动机等。

包装机械的种类繁多，分类方法很多。各种分类方法各有其特点及适用范围，但均有其局限性。从国际上包装机械总的情况来看，比较科学的分类方法是按其主要功能进行分类，它能抓住事物的本质。其基本分为充填机、封口机、裹包机、多功能包装机、液体灌装机等几类。

包装机械费用主要是指包装机械的维修费和折旧费。

包装机械的维修费是包装机械发生部分损坏，进行修理时所支出的费用。对于数额不大的修理费用可直接计入当期包装成本，对于数额较大的修理费用可分期摊入包装成本。

包装机械的折旧费是指包装机械因在使用过程中的损耗，而定期逐渐转移到包装成本中的那一部分价值。影响折旧的主要因素有包装机械的原值、折旧期限、净残值和计提折旧的起止时间。计提折旧的主要方法有：平均年限法、工作量法、加速折旧法等。

(1) 平均年限法。平均年限法又称为直线法，是将固定资产的折旧均衡地分摊到各期的一种方法。采用这种方法计算的每期折旧额均是等额的。计算公式为

$$\text{年折旧率}=(1-\text{预计净利残值率})\div\text{预计使用年限}\times 100\% \tag{8.5}$$

$$\text{月折旧率}=\text{年折旧率}\div 12 \tag{8.6}$$

$$\text{月折旧额}=\text{固定资产原价}\times\text{月折旧率} \tag{8.7}$$

上述计算的折旧率是按个别固定资产单独计算的，称为个别折旧率，即某项固定资产在一定期间的折旧额与该固定资产原价的比率。通常，企业按分类折旧来计算折旧率，计算公式为

$$\begin{aligned}\text{某类固定资产年折旧额}=&(\text{某类固定资产原值}-\text{预计残值}+\text{清理费用})\\&\div\text{该类固定资产的使用年限}\end{aligned} \tag{8.8}$$

$$\text{某类固定资产月折旧额}=\text{某类固定资产年折旧额}\div 12 \tag{8.9}$$

$$\text{某类固定资产年折旧率}=\text{该类固定资产年折旧额}\div\text{该类固定资产原价}\times 100\% \tag{8.10}$$

采用分类折旧率计算固定资产折旧，计算方法简单，但准确性不如个别折旧率。

只有当固定资产各期的负荷程度相同，各期应分摊相同的折旧费时，采用平均年限法计算折旧才是合理的。

(2) 工作量法。工作量法是根据实际工作量计提折旧额的一种方法。这种方法可以弥补平均年限法只重视使用时间，不考虑使用强度的缺点，计算公式为

$$\text{每一工作量折旧额}=\text{固定资产原价}\times(1-\text{残值率})\div\text{预计总工作量} \tag{8.11}$$

$$\text{某项固定资产月折旧额}=\text{该项固定资产当月工作量}\times\text{每一工作量折旧额} \tag{8.12}$$

(3) 加速折旧法。加速折旧法也称为快速折旧法或递减折旧法，其特点是在固定资产有效使用年限的前期多提折旧，后期少提折旧，从而相对加快折旧的速度，以使固定资产成本在有效使用年限中加快得到补偿。

常用的加速折旧法有两种：①双倍余额递减法。②年数总和法。

3. 包装技术费用的计算

包装技术费用包括包装技术设计费用和包装技术实施费用。

(1) 包装技术设计费用。包装技术设计费用是指设计人员在包装技术的设计过程中，所发生的与设计包装技术有关的费用。主要包括设计人员的工资、设计过程中领用的材料或产品以及各种支出。

包装技术设计费用的数额与包装作业数量无关，其总额具有相对固定性，所以可将其称之为包装技术固定费用，其费用项目构成如下：

①设计人员的工资。设计人员的工资包括设计人员的标准工资、奖金、津贴和补贴、加班工资。设计人员的工资，应根据其考勤记录和个人工资标准计算，其计算式为

$$\begin{aligned}\text{应付月工资}=&\text{月标准工资}+\text{各种补贴}+\text{加班加点工资}\\&+\text{各种奖金}-\text{事假或旷工日数}\times\text{平均日工资}\\&-\text{病假日数}\times\text{平均日工资}\times\text{病假应扣工资百分比}\end{aligned}\tag{8.13}$$

式中，

$$\text{平均日工资}=\text{月标准工资}\div\text{月计薪天数}\tag{8.14}$$

$$\text{月计薪天数}=(365-104)\div 12=21.75(\text{天})\tag{8.15}$$

②设计中耗费材料的费用。设计人员在设计过程中，为试验需耗用库存材料，其材料成本计算方法与前述材料领用成本计算方法相一致。

③与设计有关的各种费用支出。与设计有关的各种费用支出以实际支出额为准。

(2) 包装技术实施费用。包装技术实施费用包括实施包装技术所需的内包装材料费和一些辅助包装费用。由于包装技术实施费用总额与包装作业数量或包装物产量近似成正比变动，所以可将其称之为包装技术变动费用，其费用项目构成如下：

①内包装材料费。企业在实施防振、防潮、防锈、防霉等技术时，常需要一些起减振、防振、防潮、防虫等作用的内包装材料，常见的有充气塑料、塑料泡沫、干燥剂、防潮纸等。这些内包装材料的成本为实际发生的成本，为简化计算，也可用计划成本进行计算，期末再根据计算出的成本差异率将计划成本调整为实际成本。

②其他费用。包装技术的其他费用是指为实施包装技术而发生的，不属于内包装材料费的其他一些费用，如清洗水费、控制温度的电费等，可根据实际耗用的数量和水电单价计算。

4. 包装人工费用的计算

包装人工费用的计算，必须有准确的原始记录资料，包括工资卡、考勤记录、工时记录、工作量记录等原始凭证。企业的会计部门根据劳动合同的规定和企业规定的工资标准、工资形式、奖励津贴等制度，按照考勤记录、工时记录、产量记录等资料，计算每个包装

工人及其他直接从事包装生产作业人员的工资。支付给所有包装工人及其他直接从事包装生产作业人员的工资总额即为包装人工费用。

8.2.3　包装成本管理的意义及内容

物流包装成本管理是对物流包装过程中所发生的费用和包装成本进行的上述一系列管理活动，它是在整个包装过程中逐步实现的。

1. 物流包装成本管理的主要任务

物流包装成本管理是从包装产品设计、试制、生产到销售的全过程管理，其主要任务包括：

(1) 精确的成本预测。物流包装成本的预测是经营决策的主要内容之一，在企业进行经营决策时，必须考虑投入与产出之比，因此，对各种物流包装方案的成本要进行精确的预测，比较各方案的成本水平，确定最佳方案，物流包装成本预测实质上是科学决策的方法之一。

(2) 正确的成本计划。物流包装成本计划是成本管理的事前控制，为成本分析和考核提供依据，是反映和监督经营活动中的耗费，是进行成本管理的准则。

(3) 降低物流包装成本。削减物流包装费用，提高经济效益，这是物流包装成本管理的中心任务。因为它是成本预测、计划、控制、核算、分析和考核等一系列工作的最终和最主要的目的。降低成本意味着在其他条件不变的情况下增加盈利，减少资金占用量，进而可以降低商品的价格，提升综合竞争力。

2. 物流包装成本管理的基本要求

(1) 严格执行物流包装成本费用支付范围的标准。划清成本费用与投资性支出的界限；划清成本费用与收益分配的界限；划清成本费用与偿还债务的界限。属于成本以外的开支不得列入成本费用，属于成本之内的开支不得列入其他费用。不得任意提高成本费用开支标准，扩大开支。

(2) 正确核算物流包装成本费用。成本费用核算是成本费用管理的基本环节。成本费用核算准确与否，直接影响到企业的经济效益。为此，在核算时要分清本期成本费用和下期成本费用的限量；分清内部各部门成本费用支出界限；分清各种产品成本的限量。

(3) 实行全面的物流包装成本管理。所有相关部门、各个工序、环节都要追求经济效益，力争做到：优质、高产、低耗，将成本费用管理贯穿产品的寿命周期的全过程。物流包装成本管理要从包装设计、试制、原材料供应、生产、销售、使用及回收再利用全过程进行管理，并开展全员成本费用管理，无论是管理者、技术人员还是一般职员都要认识到成本费用管理的重要性，从自己做起，尽量削减成本费用，杜绝浪费。

8.3　包装成本分析与控制

8.3.1　包装对物流成本的影响

1. 包装成本与物流成本的关系

企业的物流成本包括：运输费用、储存费用、装卸搬运费用、配送费用、包装费用和流通加工费用等。作为物流过程的一个重要环节，包装几乎影响着供应链中所有的成本项目，在很大程度上影响着物流系统运作的成本。包装作为企业生产的终点和物流的起点，需要耗费一定的人力、物力和财力。大多数产品只有经过包装才能进入流通。据估计，包装费用约占到流通费用的 10%乃至 50% 。

包装费用一般包括：

(1) 人工费用：从事包装工作的工人与其他有关工作人员的工资、福利费、奖金、津贴、保险和补贴。

(2) 材料费用：包装的材料费用。

(3) 能源费用：包装过程耗费的水、电力、燃料、油料等。

(4) 机械费用：包装设备的购置费、折旧费、低值易耗品摊销、维修费等。

(5) 技术费用：为达到最佳包装效果而实施的缓冲包装、防潮包装、防霉包装等技术而耗用的费用。

(6) 辅助费用：包装标记、标志的设计费用、印刷费用、辅助材料费用、赠品费用等。

在物流成本构成的统计中，包装费用与运输费用所占比重最高，各占物流成本总额的 35% 左右。因此，包装成本的降低，在很大程度上意味着整体物流成本的下降，将对企业物流进一步降低成本产生深远影响。

包装是物流的起点，包装的合理化、现代化、低成本是现代物流合理化、有序化、现代化、低成本的前提、组成部分和物质保证，而包装标准化是根本的途径和有效的保障。包装与物流供应链的密切关系可以在以下三方面得到全面深入的反映。

降低物流成本。由于物流系统中的所有环节均与包装有关，所以包装对于物流成本的控制显得至关重要。比如采用纸箱、托盘加集装箱的方式则可以改变原有的木箱包装而节省运输成本；采用现代化的叉车搬运而非人工搬运则可以省去单元小包装造成的高人工费和产品损伤；有效地设计包装容器的堆码层高，可以很好地提高仓库的利用率而节省费用；合理的包装能减少破损；合理的包装尺寸和规格能提高运输容积率；及时、全面、准确的信息能保证物流供应链的畅通等，都可以确保包装在各个环节可以帮助和实现物流成本的有效降低。

提高物流信息管理的合理性和可控性。物流信息管理是现代物流的关键和核心，产品的各种信息都会在产品的各种包装上得以反映和体现。所以在不同层次的包装上应该设置哪些标签、标记、代码和其他相关信息，对于物流信息管理、整个物流供应链管理乃至整个物流系统的管理都是至关重要的。信息是物流网络控制的根本依据，只有在掌握了物流系统中全面、及时、准确的信息后，才能保证物流网络的可控性。

提高物流组织管理的有序性和物流整体运营效率。物流组织的管理最主要的内容就是供应链中各类与包装有关的技术管理。只有各层次的包装物在有序、可控地流动，才能实现整个物流组织管理的有序性。通过包装，将物流链乃至物流系统中的各个环节有机、高效、系统地组合成一个产生综合效率性的整体，同时注意各个物流环节与包装的密切关系，才可以有效地提高物流的整体运营效率。

2. 包装的合理化

所谓包装合理化，是指在包装过程中使用适当的材料和适当的技术，制成与物品相适应的容器，节约包装费用，降低包装成本，既满足包装保护商品、方便储运、有利销售的要求，又要提高包装的经济效益的包装综合管理活动。包装的合理化既要防止过度包装，又要防止包装不足。据调查，目前发达国家20%的产品包装过剩，而我国每年由于包装不足造成的损失达到100亿元以上。

包装合理化具体表现在以下几个方面：

(1) 包装的轻薄化。由于包装只是起保护作用，对产品使用价值没有任何意义，因此在强度、寿命、成本相同的条件下，更轻、更薄、更短、更小的包装，可以提高装卸搬运的效率。

(2) 包装的单纯化。为了提高包装作业的效率，包装材料及规格应力求单纯化，包装规格还应标准化，包装形状和种类也应单纯化。

(3) 符合集装单元化和标准化的要求。包装的规格与托盘、集装箱关系密切，也应考虑到与运输车辆、搬运机械的匹配，从系统的观点制定包装的尺寸标准。

(4) 包装的机械化与自动化。为了提高作业效率和包装现代化水平，各种包装机械的开发和应用是很重要的。

(5) 注意与其他环节的配合。包装是物流系统组成的一部分，需要和装卸搬运、运输、仓储等环节一起综合考虑、全面协调。

(6) 有利于环保。包装是产生大量废弃物的环节，处理不好可能造成环境污染。包装材料最好可反复多次使用并能回收再生利用；在包装材料的选择上，还要考虑不对人体健康产生影响，对环境不造成污染，即所谓的“绿色包装”。

8.3.2　包装成本分析

(1) 全部产品成本计划完成情况分析。实际总成本是实际产量乘以实际单位成本求得，而成本计划中的计划总成本是由计划产量乘以计划单位成本求得。因此，影响总成本变动的因素是产量和单位成本。在这个因素中影响总成本计划完成的最主要因素是产品的单位成本本身。分析时为使成本指标有一个共同可比的基础，就要剔除产量变动对成本计划完成情况的影响，用公式表示则为

$$产品实际总成本=\sum(产品实际产量\times产品实际单位成本) \tag{8.16}$$

$$产品计划总成本=\sum(产品实际产量\times产品计划单位成本) \tag{8.17}$$

按照实际产量核算后的计划总成本与实际总成本的差异，就是实际总成本比计划总成本节约或超支的数额。计算公式为

$$全部产品总成本实际比计划节约额=\sum(实际产量\times计划单位成本)-\sum(实际产量\times实际单位成本) \tag{8.18}$$

产品成本计划完成率，是用相对数来反映全部产品成本计划完成程度的指标。计算公式为

$$全部产品总成本计划完成率=\sum(实际产量\times实际单位成本)\div\sum(实际产量\times计划单位成本)\times100\% \tag{8.19}$$

影响全部产品总成本计划完成情况的因素是：单位成本变动、产量变动和产品结构变动三个因素。因此，为了进一步了解全部产品总成本计划完成情况的原因，就应对以上三个因素进行分析。

(2) 按构成包装成本的各个项目进行分析。在进行包装成本分析时，一般按构成包装成本的各个项目，即按包装材料费用、包装人工费用、包装机械费用、包装技术费用分别进行分析。

$$成本差异=实际成本-标准成本 \tag{8.20}$$

①包装材料成本差异的分析。

形成这个差异的原因有两个：一是价格脱离标准；二是用量脱离标准。前者按实际用量计算，称为价格差异，后者按标准价格计算，称为数量差异。

$$材料价格差异=实际用量\times(实际单价-标准单价) \tag{8.21}$$

$$材料用量差异=(实际用量-标准用量)\times标准单价 \tag{8.22}$$

②包装人工成本差异的分析。

分为“价差”和“量差”两部分。

价差又称工资率差异：

$$工资率差异=实际工时\times(实际工资率-标准工资率) \tag{8.23}$$

量差又称人工效率差异：

$$人工效率差异=(实际工时-标准工时)\times标准工资率 \tag{8.24}$$

③包装机械费用成本差异的分析。

可分为耗费差异和能量差异：

$$耗费差异=包装机械费用实际发生数-包装机械费用预算 \tag{8.25}$$

$$能量差异=包装机械费用预算数-包装机械费用标准成本 \tag{8.26}$$

8.3.3　包装成本控制的方法

1. 包装成本的控制

产品包装成本是一个综合性指标，企业每个环节、各个方面工作的好坏，最终都将会直接或间接地反映到产品成本上来。因此，要求企业的成本管理实行全过程的管理、综合性管理、预防性管理和全员管理等。包装成本控制应采取相应的措施，并且要根据不同行业、不同产品和不同的包装需求进行控制。

(1) 包装成本控制体系。包装成本控制，就是在包装作业过程中，对包装成本各组成部分，按照事先预定的目标成本加以监控，对出现的成本偏差问题及时纠正，从而使包装过程各资源消耗和费用限定在目标范围之内。因此，包装成本控制不仅是在方法和策略上对各包装功能成本上进行的有效控制，还是对包装成本进行事前、事中和事后的控制，建立起一套完整的成本控制体系。包装成本控制体系由包装成本预算、包装成本核算、包装成本分析、包装成本控制策略和包装成本考核五部分组成。

(2) 包装成本控制流程。不同包装企业的核心产品不同，经营模式不同，其成本控制手段也不大相同，而企业包装成本控制过程都是依据其过程的特点而制定的。主要是通过分析包装成本控制模式与现状，对现有包装成本做出详细的分析；根据所分析的包装成本结果，合理选择适合企业现状的包装成本核算方法对包装成本进行核算；根据包装成本核算结果，分析企业现包装成本存在问题，并进行改善；加强包装成本控制体系的完善，进一步优化包装成本。

(3) 包装物成本控制。原材料采购是包装企业供应链的重要起点，是企业包装供应链的首要环节。包装原材料的采购成本控制是否合理有效，对整个包装总成本和企业经营效率，乃至整个企业的经营成本的有效控制，都有着十分重要的影响。包装设计成本的控制作为包装总成本控制的主要环节，在设计初始阶段，通过科学的分析方法对产品的功能需要、材料选择和工艺过程等进行技术经济分析和成本功能分析，选择最佳包装解决方案，其重点是首先对所包装产品做好全面分析，掌握所需的所有资料，明确客户要求及产品特性，并对客户期望价格有一定的了解，以此制定合理的目标成本，凭借自身丰富的经验设计包装方案，使之尽可能减少人力、物力和财力的使用，并达到最佳的设计要求。制造成本作为包装总成本的最基本的环节，其控制是否得当直接影响着企业的经济效益，对其采用合理的控制方法尤为重要。

(4) 包装使用成本控制。在物流过程中，常会出现暂时配送、加急配送或计划外配送的情况，无疑都会增加配送作业的成本。在合理的包装结构和准确的生产加工基础上，根据产品的固定形式，选择合适的打包工具，有些需要用螺栓固定，就事先在托盘上打孔；有些需要用打包带的，就配备适当的工具。同时，整个打包过程应按照其流程完成，可有效提高打包效率和减少人员管理，切勿随意拆装，以免增加打包成本。如不会考虑边角料或废料对仓库占有成本多少，也不会考虑其对公司资金回转的影响等，因此，对库存状况以及库存成本构成有一个正确全面的认识就成了合理控制库存成本的首要问题。

(5) 包装流通成本控制。运输是包装流通系统中的核心组成部分，是包装物品借助运输，在空间和时间上所发生的位置移动，以实现产品的流通空间效用，涉及装卸、搬运、流通等多个环节，所需成本占有包装总成本很大一部分比例，在物流计划安排时，合理选择运输工具与确定运输路线会大大缩短运输时间，并减少隐性成本的投入。

对于整体包装解决方案来讲，仓储作业由于没有生产加工过程，故无法产生附加值，因此很多人认为仓储过程本身并不创造价值。但本书认为，虽然仓储不创造价值，但科学地运用仓储管理方法，可以为企业尽可能地节约成本，从而使企业效益最大化。回收成本控制主要是对可再利用或已报废的包装产品在整理、运输、仓储、再利用和分解等环节过程中所支出的人力、物力和财力进行的成本控制。

2. 包装成本的控制工作

一般来说，包装成本的控制应该做好以下工作：

(1) 优化包装设计，从源头上控制成本。控制包装成本的关键在于控制包装的综合成本，应具体分析影响包装性能的各种因素，充分考虑包装各个环节的成本消耗，优化包装设计，制定最佳包装整体解决方案，而包装供应商只负责包装的加工生产。因此在设计包装时，除了需要考虑包装的功能和美学因素外，成本问题也不容忽视。

①根据商品不同的运输环境、销售地区等对包装分别制定设计方案，在满足包装产品功能需求的基础上，包装设计应力求简约化，保证包装稳固可靠、具备缓冲功能、防雨即可。

②优化瓦楞纸板结构设计、增强瓦楞纸箱抗压强度，可有效减少瓦楞纸板用量，并降低包装成本。

③优化包装结构设计，降低包装仓储、物流成本。产品包装的容积大小、堆码方式和装箱方式是影响包装仓储、物流成本的主要因素。在包装防护性能允许的情况下，通过优化包装结构设计或开发设计新结构，以减少包装尺寸，优化堆码方式和装箱方式，增加单位集装箱或单位托盘上的产品包装数量，从而降低包装仓储、物流成本。

(2) 选择最优的包装材料。

①首先是减少材料用量，可以从包装的尺寸、重量、厚度三方面着手。但是，如何减、减多少就是对设计能力的挑战，需要对原有包装进行优化设计，努力做到在保证强度及外观的情况下，减少材料用量，从而降低包装成本。

②其次是替换材料。在不影响包装质量的情况下，用成本低的材料替换成本高的材料，或者添加一定成分以改善包装材料的性能，进而减少材料用量，降低包装成本。但是，何时替换材料，如何替换材料，需要材料工程师不断进行试验验证。

(3) 改进包装工艺，改善包装方式。

①设计人员在设计包装时，需要考虑到包装工艺的可行性，如是否需要增加设备或者改进设备的性能，各环节时间的匹配性、包装的方便性等。同时，对包装工艺中出现的问题进行改进，使整个包装工艺流程更加顺畅，减少工时损耗，从而降低操作成本。

②这里所讲的包装方式实质上是选择一些可以循环利用或几种产品都能通用的包装方式。循环利用是指在运输过程中可以对包装进行重复使用或者运输完成后可以对包装进行回收，从而节约包装成本。

(4) 控制包装采购成本。采购成本的微小变动就足以对企业利润产生巨大的影响。因此，包装采购成本作为包装成本的重要部分，做好包装采购工作可以大大降低包装成本，为企业带来丰厚的利润，具体可从以下三个方面着手。

①寻找合适的包装供应商。在选择包装供应商时采取就近原则，这样既可以降低运输成本，也可以降低储存成本。一般来说，重要产品的包装供应商数量以 2～3 家为宜。对于正式的包装供应商需要建立档案，并且必须经质检、物流、财务等部门的联合考核。

②做好成本分析。首先，对于金额不高、影响较小的产品，采购包装时勿让价格分析上的成本高于产品本身的成本。再者，采购人员考察包装供应商资质所需的交通费、餐旅费等也都要考虑在内。另外当采购金额较高时，应分析整个供应链的成本结构，建立价格评价体系。

③增加采购的透明度。采购过程中应采取公开招标的方式，利用包装供应商之间的竞争来压低物资价格，帮助采购人员以最低的价格获得符合要求的包装，这也将有助于提高采购效率和质量，从而有利于控制采购成本。此外，可以采取网络采购平台，使网络采购流程更加规范和透明，可以使采购权力的行使、采购过程信息和决策信息更加透明及可追溯，从而降低采购监管成本。

(5) 严格坚持包装合理化。包装合理化是包装成本控制的重要内容，而包装管理的目的就是为了实现包装合理化，使得商品流通能有序地、协调地、富有成效地进行。

实现包装合理化的主要途径有：

① 避免过度包装，满足需求的前提下，尽量采用轻薄化、简单化、朴素化包装。

② 选用经济的包装材料。包装材料在性能和功能上差异性比较大，需要针对不同产品的类型，选择合适而经济的包装材料。

③实现包装回收和再利用。包装回收再利用是控制包装成本非常有效的一种方法，包装中大量使用的托盘、瓦楞纸箱、木箱、塑料容器等通用包装要消耗大量的自然资源，应当循环多次使用，这样才能达到节约和降低成本的目的。

(6) 宏观控制与信息管理。

①所有包装物品购入时，主管部门必须登账掌握，根据领用凭证发料，并严格控制使用数量，避免损失浪费。

②各使用部门应按需要时间提出使用数量计划，交主管部门据以加工、购置，如逾期没有规划或者数字庞大造成浪费或者供应不及时，均应追究责任。

8.3.4 包装成本优化

物流包装成本优化是指管理者对商品包装作业过程进行合理的组织，以最少的投入完成商品包装任务。

包装环节管理的好坏，包装费用支出的节约与否，直接影响着物流企业的经济效益。因而，对于物流企业来说，加强包装费用的管理十分重要。物流企业包装费用的管理通常包括下列六个方面。

1. 建立规范的包装作业制度

建立规范的包装作业制度，增强包装作业的计划性，实行严格的质量管理制度，提高包装环节的作业质量，杜绝因员工工作的随意性给企业带来材料浪费、工时延长、机器损坏等导致的成本增长。加强员工职业技术培训，提高其作业熟练程度，强化成本意识，让降低成本的思想深入人心。

2. 优化包装设计

优化包装设计，降低包装成本。包装设计不当主要带来三种不良后果，首先会导致包装材料的浪费，大材小用，带来过剩的作业包装；其次会因选用不适当材料而忽略了更经济性的替代材料；再次会因包装的形态和结构不合适，给其他物流活动带来障碍。企业要不断进行包装设计优化，重新思考货物包装的外形、替代材料等方面的问题，着眼于包装改造及创新，根据产品的特性和保护要求选择恰当、经济的包装材料，从而既能达到包装效果，又能减少浪费，降低材料费用支出。

3. 合理实现包装机械化

在包装过程中引入机械化作业，不但可以大幅度地提高效率，而且可以减少人力的投入；同时，包装机械也相应地增加了物流企业的购置成本。在包装成本此起彼伏的变换中，对于实力不是很雄厚的企业而言，机械投资带来的压力也不小，企业要做好投资的可行性分析，从机器运营负荷及企业的长远规划等方面，考虑企业在什么时间加大这方面的投资最佳，使得设备的运转时间能充分得到利用，从整体利益出发，实现包装成本的降低。

4. 实现包装标准化

包装标准是对各种包装标志、包装所用材料的规格和质量、包装的技术规范要求、包装的检验方法等的技术规定。包装标准化是实现产品包装科学合理的技术保证，但它不单纯是包装本身的事情，而是在整个物流系统实现合理化、有序化、现代化、低成本的前提下的包装合理化及现代化。通过包装标准化，可以提高包装效率，减少人工费用和材料费用的支出，同时也方便物流过程中的装卸和运输等其他作业。

5. 加强包装物的回收利用

许多包装材料都具有结实耐用的特点，但在包装作业中，由于种种原因，包装材料的回收状况不尽人意。企业应培养物尽其用、综合利用的意识，从制度上强调包装物回收的重要性，加强包装过程中的日常管理与核算，做好包装物回收及利用工作。

6. 优化包装作业

着眼于物流成本的减少，企业应统筹兼顾，优化包装作业。包装作业属于物流系统的基础环节，直接影响装卸、搬运、储存、运输等流程的工作效率。比如，采用纸箱、托盘加集装箱的方式可以改变原来的木箱包装而节省运输成本；合理的包装尺寸和规格能提高运输容积率；有效地设计包装容器的堆码层高，可以很好地提高仓库的利用率而节省费用。但一味地降低包装成本而带来其他物流作业成本的上升，并不是真正意义上降低了包装成本，物流企业须统筹兼顾相互影响的物流作业环节，加强物流环节的协同性、系统性，立足从降低物流成本的高度来优化包装成本。

【本章小结】

本章介绍了包装的基本概念，包装在物流中的作用，包装的材料和技术。包装成本的构成包括材料费、人工费、维护费和一般经费四部分内容，着重以先进先出法、加权平均法针对发出材料成本的计价进行了计算。企业应了解物流包装成本管理的主要任务和要求，充分认识包装成本与物流成本的关系，通过实现包装成本控制与优化加强包装费用的管理。

【思考与练习题】

(1) 包装成本主要包括哪些费用？

(2) 发出材料成本的计价有哪些方法？

(3) 降低包装成本有哪些途径？

(4) 材料收发存成本的计算。

某企业存货中的 A 包装材料收入与发出资料如下：

①1 月份期初结存数量 500 件，单价 10 元/件。

②1 月 5 日，发出存货 400 件。

③1 月 9 日，购进存货 200 件，单价 11 元/件。

④1 月 13 日，发出存货 200 件。

⑤1 月 20 日，购进存货 500 件，单价 12 元/件。

⑥1 月 28 日，发出存货 400 件。

要求：根据上述资料，分别用“先进先出法”“月末一次加权平均法”计算发出存货和月末结存存货的成本，计算过程及结果可分别列示于表 8.5 和表 8.6。

表 8.5　A 材料明细账(先进先出法)

2017 年		凭证编号	摘要	收入			发出			结存		
月	日			数量/件	单价(元/件)	金额/元	数量/件	单价/(元/件)	金额/元	数量/件	单价/(元/件)	金额/元
1		略	期初余额	—	—	—	—	—	—	500	10	5 000
	31		本月合计									

表 8.6　A 材料明细账(月末一次加权平均法)

2017 年		凭证编号	摘要	收入			发出			结存		
月	日			数量/件	单价(元/件)	金额/元	数量/件	单价/(元/件)	金额/元	数量/件	单价/(元/件)	金额/元
1		略	期初余额							500	10	5 000
	5											
	9											
	13											
	20											
	28											
	31		本月合计									

【案例分析】

降低客户包装综合成本——D 集团整体包装解决方案侧记

"降低包装成本"很多人都会想到降低包装的采购价格，认为包装物价格是包装的唯一成本。也正是因为这样的思想误区，忽略了包装综合成本的概念。包装综合成本不等于包装物成本，包装综合成本分为包装物成本、包装使用成本和包装管理成本。包装物成本是指包装物的价格，它包括包装物材料成本、包装企业制造成本及企业利润。这一部分成本是包装的直接成本，是人们能够看到的显性成本，但是这只是成本冰山浮在水面上的一部分，还有 2/3 的隐性成本隐藏在冰山下面。如包装作业成本、退赔损失，因包装不合理导致运输仓储费用的上升等都属于包装使用成本，而因包装导致的产品品牌损失、交期损失、包装采购费用等属于包装管理成本。因此我们在对 D 集团作整体包装解决方案的时候，对包装的各个系统进行了深入的研究，充分考虑包装使用和包装管理的各个环节以降低包装综合成本。

1. 包装的产品系统

D 集团是一家大型的低压电气生产厂商，生产产品达到 500 多个，所对应的外箱包装也是 500 多个，包装规格多而杂，无形中增加了采购成本和采购管理成本。在前期的包装整合调研中，也有包装采购员抱怨因外箱规格多而导致工作开展困难，经常出现下单错误等现象。通过整合，我们把包装从 500 多个整合到 84 个，大幅度降低了包装管理的难度，D 集团的包装采购员一下子从 8 个降到了 4 个。原先因一些产品包装使用量少，没能达到包装生产企业的最低起步量，包装生产企业都不愿意生产，即使生产了也要收取高额的开机费。通过整合，这样的订单没有了，大大降低了包装的采购成本。在包装配材的选择上我们也做了深入研究。在没有进行包装整合之前，D 集团使用的外箱包装都是 AB 瓦胶印纸箱，采用胶印就必须进行裱胶工艺。而裱胶工艺的使用，必然导致瓦楞纸板强度的降低。为了满足抗压保护的需求，就必须增加原纸克重，这导致 D 集团包装外箱使用的原纸克重都在 200g 以上。通过我们的研究以及多达 16 次的反复试验，最终采用 BE 柔印工艺。柔印工艺的使用可以直接在纸板上印刷，避免因裱胶对纸板强度的损伤，也没必要用高克重的原纸来弥补强度的损失，实现了纸箱低克重、高强度、轻量化。为了有效保护产品，我们对 D 集团个别产品的保护结构进行了研究，通过包装结构的变化和多种包装材料的使用，使 D 集团一款产品的质量损失由原先的 23%降至 3%，有效保护产品，降低了包装的使用成本。

2. 包装的产品填充系统

人体力学的研究表明，手工填充产品对产品的重量有一定的要求。25kg 以上的过肩作业，50kg 以上的过腰作业，100kg 以上的过膝作业会因人体体力的连续消耗造成体力不支而影响填充效率，因此包装产品规格的整合要充分考虑上述因素，所有包装产品的重量严格控制在 25kg 以下，D 集团 84 个规格的产品包装重量平均为 18.9kg。同时考虑到产品在包装过程的搬运及堆码，所有包装尺寸长度大部分在 70cm 左右，最长的也不超过 80cm；宽度大部分为 40cm 左右，最宽不超过 50cm，高度与宽度相当。通过箱型，尺寸及重量的限制，产品填充过程的直立、填充、封箱、贴标、搬运、堆码等各个工序环节衔接得更加紧密，填充的效率大大提高，工人的满意度也有很大的提高，工人填充的报酬收入采用计件工资制，因填充效率的提高也有所增加。

3. 包装产品的仓储系统

把包装延展到产品的仓储系统是整体包装解决方案的重要组成部分，由此使产品仓储的定义、功能发生了根本性的改变。使仓储系统“第三利润源”的重要源泉有了包装库存保证，可以避免加班、加急的赶货，省去了增大成本的加班赶工费，无须紧急采购包装，不至于加重采购成本由此而带来效益的降低。同时也间接降低了仓库的建设、维护保养和进库、出库等大量耗费的人力、财力、物力。

4. 包装产品运输系统

通过包装整合实现包装的产品单规格批量化生产，使包装产品在物流配送过程中实现大批量的送货，提高装车利用率。通过包装整合小单变成大单，实现批量送货，减少送货的次数，提高送货的准确性和及时性。整合后包装的通行性实现不同产品包装在需要时进行及时调货，减轻物流交期压力。此外使用 BE 瓦箱壁由原先 AB 的 7mm 左右减至 4mm 左右，按十个纸箱一个打包计算，每打包纸箱高度可以降低 3cm，这样就大大提高了装车利用率，直接减少送货次数，降低物流运输成本。

通过包装整合，降低包装综合成本让客户不再花费那些本来不应该花费，却在不知不觉中花费了的钱。在整合之前，D 集团存在着这 7 种浪费：①包装外箱原纸克重过高；②对内装产品保护不足带来的残次品浪费；③不必要的包装库存量浪费；④不适当的包装作业过程浪费；⑤运输过程中因包装材料选择、包装设计、包装组合不合理造成的非优化浪费；⑥存储过程因包装设计不合理带来的浪费；⑦销售过程中因包装不合理带来的浪费。它们耗费资源但却没有产生价值。

包装整合有效地避免了这些浪费，有效降低了企业的经营成本。累计降低包装综合成本约为 308.52 万元/年，实现企业利润的最大化。

(1) 包装使用者需求的是什么，目的是什么？举例说明。

(2) 案例中降低包装综合成本的方法给你带来了什么启示？

【实训设计】

1. 实训学时：2 学时。

2. 实训项目：包装成本核算。

3. 实训目的：熟练企业包装成本核算方法，熟练其计算。

4. 实训要求：①了解包装成本的构成；②结合案例进行包装成本的计算；③结合案例进行包装成本的控制。

5. 实训步骤：先对案例进行整体分析，找出其中和包装相关的成本内容，分析其构成形式，了解案例的特点，对其涉及的包装成本进行计算，总结并且分析，并对包装作业合理化提出建议。

第9章　装卸搬运成本管理

【学习目标】

通过本章的学习，学生要了解装卸搬运活动的特点、装卸搬运在物流活动中的重要作用、装卸搬运成本的概念、装卸搬运成本控制与优化的措施等内容。掌握装卸搬运成本的构成及核算归集方法、装卸搬运成本的账务处理。

【学习重点】

装卸搬运成本的特点、装卸搬运成本的构成及核算。

【学习难点】

装卸搬运成本的特点、装卸搬运成本的构成及核算。

9.1　装卸搬运成本概述

9.1.1　装卸搬运的概念、特点及作用

1. 装卸搬运的概念

装卸(loading and unloading)，是指在同一个地域范围内(比如车站、工厂、车间、仓库内部等范围内)改变“物”的存放、支承状态的活动，通俗地讲就是指物品的装上和卸下，一般是上下方向的移动。搬运(handing)，则是指物品在小范围内的水平方向的位移，是以改变“物”的空间位置为目的的活动。在物流活动中，装卸和搬运往往是密不可分的，是伴随在一起发生的。因此，在物流科学中将装卸和搬运视为一种活动，统称为装卸搬运。物流学中，装卸搬运是指在同一个地域范围内进行的，以改变物料的存放状态或(和)空间位置为主要内容和目的的活动。具体地说，包括物料的装上、卸下、移送、拣选、分类、堆垛、出入库等活动。在实际中某些特定的场合，单称的“装卸”或单称的“搬运”，实质上包含了“装卸搬运”的完整含义。比如，在物流领域，常说的“货物装卸”实际上就是指装卸搬运这一整体活动；在生产领域，常说的“物料搬运”实际上也是指装卸搬运这

一整体活动。两者的内容是一致的，只是应用的领域不同而已。因此，物流学科中并不过分强调两者的差别，而是将它们作为一种整体活动来对待。

2. 装卸搬运的特点

(1) 附属性活动。装卸搬运几乎是每一项物流活动必然发生的活动，其伴生于物流活动，尤其是在物流活动开始和结束时必然伴随着装卸搬运活动的发生，是物流活动必不可少的组成部分。但是，由于其并非主要的物流活动，也就是说一般不会单纯地进行装卸搬运，而是其他活动的附属活动，常常又被人所忽视。例如，通常意义上的"运输"，实际上就必然包含了相伴而生的装卸搬运；仓库管理中常说的保管活动或仓储业务，实际上也包含了装卸搬运活动。

(2) 支持服务性活动。不能错误地将装卸搬运活动的附属性特征理解为被动的活动或是不重要、可有可无的活动，实际上装卸搬运活动对其他物流活动有一定的决定性影响。装卸搬运活动的开展会直接影响其他物流活动的质量和速度。例如，在运输业务中，如果装车不当，不仅会影响运输的效率和安全，而且还可能会造成重大的损失；卸放不当或卸放速度过慢，不仅可能会影响所运输货品的质量，还可能会引起无法正常交货等严重后果。其他物流活动的顺利进行和效率优化，往往需要装卸搬运活动的支持和保障。

(3) 衔接性活动。物流活动的相互过渡，一般都需要以装卸搬运活动来进行衔接。装卸搬运活动是否有效是能否建立一个有效物流系统的关键所在。也就是说，装卸搬运活动往往成为整个物流活动或物流系统高效发挥作用的一个"瓶颈"，是物流各功能之间能否形成有机联系和紧密衔接的关键。联合运输这种比较先进的系统物流方式就是着力解决装卸搬运这一关键环节而顺利实现有效衔接的一个典型。

(4) 增加企业物流成本。尽管装卸搬运活动是一项必不可少的关键活动，但是装卸搬运活动一般不形成直接的产品和服务，也就是说装卸搬运活动并不创造价值，只是在物流活动的转换衔接、物料保管存放及仓储运输等环节起着协助或者辅助的作用。装卸搬运活动最明显的特征就是其是一项增加企业物流成本的活动，而对企业提供的产品或服务没有直接的作用，是一项在满足企业基本要求的前提下，应尽量将其成本控制在最低水平的活动。

3. 装卸搬运活动的地位及作用

装卸搬运活动的基本动作包括装车(船)、卸车(船)、堆垛、入库、出库及连接上述各动作的短程输送，是随运输和保管等活动而产生的必要活动。

(1) 装卸搬运在物流活动中起着承上启下的联结作用。装卸搬运是伴随输送和保管而产生的必要的物流活动，但是和运输产生空间效用、保管产生时间效用不同，它本身不具有明确的价值。但这并不说明搬运装卸在物流过程中不占有地位。物流的主要环节，如运输和存储等是靠装卸搬运活动连接起来的。运输的起点有"装"的作业，终点有"卸"

的作业；仓储的开始有入库“卸”的作业，最后由出库“装”的作业结束。物流活动其他各个阶段的转换也要通过装卸搬运连接起来。由此可见，在物流的合理化中，装卸和搬运环节占有重要地位。

(2) 装卸搬运是影响物流成本的重要因素。装卸搬运不仅发生次数频繁，而且又是劳动密集型、耗费人力的作业，它所消耗的费用在物流费用中也占有相当大的比重。据统计，美国工业产品的生产过程中，装卸搬运费用占成本的 20%～30%，德国企业物流搬运费用占营业额的 1/3，日本物料搬运费用占国民生产总值的 1.07%。而在我国，铁路运输的始发和到达的装卸搬运作业费用占运费的 20%左右，船运占 40%左右。由于是劳动密集型，在人工费用日益上涨的今天，对物流成本的影响尤其值得注意。因此，在降低物流费用中，装卸搬运是一个重要环节。

(3) 装卸搬运是提高物流系统效率的关键。装卸搬运的作业内容复杂，大至数百吨物品的搬运，小至贴标签的轻巧作业；作业对象物品有笨重的钢材、容易破碎的玻璃制品，也有需要特殊条件的鲜活物品；有液态、固态之分，也有散料和成件物品之分。因此，在实施机械化、自动化提高物流系统效率的过程中，装卸搬运环节的问题常常难以解决，是提高系统效率的瓶颈所在。在物流过程中，装卸搬运活动是不断出现和反复进行的，它出现的频率高于其他各项物流活动，每次装卸活动都要花费很长时间，所以往往成为决定物流速度的关键，会影响其他物流活动的质量和速度。因而，装卸搬运往往成为整个物流“瓶颈”，是物流各功能之间能否紧密衔接的关键，是提高物流系统效率的关键。

(4) 装卸搬运是最容易造成货物损失的环节。进行装卸搬运操作时往往需要接触货物，而装卸搬运活动频繁发生，作业繁多。因此，这是在物流过程中造成货物破损、散失、损耗、混合等损失的主要环节。例如袋装水泥，纸袋水泥散失主要发生在装卸过程中，玻璃、机械、器皿等产品在装卸时最容易造成损失。装卸搬运是影响物流效率、决定物流效率、决定物流经济效果的重要环节。

9.1.2　装卸搬运的分类

1. 按照作业对象的不同分类

按照作业对象的不同，装卸搬运可分为单间作业法、集装作业法和散装作业法三类。其中，单件作业法是指单件、逐件装卸搬运的方法，这是以人力作业为主的作业方法。集装作业法是指先将货物集零为整，再进行装卸搬运的方法，有集装箱作业法、托盘作业法、货捆作业法、滑板作业法、网装作业法等。散装作业法是指对煤炭、矿石、粮食、化肥等块、粒、粉状物资采用重力法（通过筒仓、溜槽、隧洞等方法）、倾翻法（铁路的翻车机）、机械法（抓、力输送法（用风机在管道内形成气流，利用压差来输送））等方法进行装卸。

2. 按照作业动态的不同分类

按照作业动态的不同，装卸搬运主要分为垂直装卸搬运和水平装卸搬运两类。垂直装卸搬运包括如垂直升降电梯、巷道起重机、气力传输装置及吊车等作业方式。作业机具通用性强、应用范围广、灵活性大等是此类方式的特点。水平装卸搬运包括了辊道输送机、链条输送机、悬挂式输送机、皮带输送机及手推车等作业。

3. 按照作业方式的不同分类

依据作业方式的不同，装卸搬运分为如下四类：

(1) 叉上叉下方式。采用叉车从货物底部托起货物，并依靠叉车的转向和行走进行移货，搬运完全靠叉车本身，货物不用中途落地直接放置到目的处。这种方式垂直运动不大而主要是水平运动，属水平装卸方式，如用叉车将货物放上卡车车厢、集装箱箱内、货架或地面之上等。叉车作业最适合托盘货物，使用托盘堆码，叉车的装卸具有明显优势。

(2) 吊上吊下方式。采用各种起重机械从货物上部起吊，依靠起吊装置的垂直移动实现装卸，并在吊车运行的范围内或回转的范围内实现搬运或依靠搬运车辆实现小搬运。由于吊起及放下属于垂直运动，这种装卸方式属垂直装卸，如从轮船货仓、火车车厢、卡车车厢将货物吊出或吊进作业均属此类装卸搬运方式。岸边装卸桥(岸吊)、龙门吊、卡车吊和集装箱跨车等作业也多为吊上吊下方式。

(3) 滚上滚下方式。这种方式主要是港口装卸的一种水平装卸方式。利用各种轮式、履带式车、卡车或叉车载货直接开上轮船，抵达目的港后再直接开下轮船的方式称“滚上滚下”式装卸。滚上滚下方式需要有专门的船舶，对码头也有不同要求，这种专门的船舶称为“滚装船”。滚上滚下方式在铁路上也有应用，如装有货物的卡车直接开上火车，到达目的车站后直接开下火车，所以这种方式亦称“驮背运输”。我国的跨海火车轮渡已成功运营，也属此类装卸方式。

(4) 移上移下方式。这种方式是在两种运载工具之间(如火车及汽车)进行靠接，然后利用各种方式，不使货物垂直运动，而靠水平移动从一个车辆推移到另一个车辆上。移上移下方式需要使两种车辆水平靠接，因此，对站台或车辆货台需要进行改变，并配合移动工具实现这种装卸。

4. 按照作业特点的不同分类

按照作业特点的不同，装卸搬运可分为间隙装卸搬运、连续装卸搬运、堆码取拆作业、分拣配货作业和挪动移位作业五类。间歇装卸有较强的机动性，装卸地点可在较大范围内变动，主要适用于货流不固定的各种货物，尤其适用于包装货物、大件货物，散粒货物也可采取此种方式。吊装机具、叉车、铲车、抓斗、吸盘(用磁铁吸集废钢、废铁)等作业属此类方式。它的优越性是机动性强、作业范围大，装卸搬运货物种类多。连续装卸搬运主要是同种大批量散装或小件杂货通过连续输送机械，连续不断地进行作业，中间无停顿，货间无间隔。在装卸量较大、装卸对象固定、货物对象不易形成大包装的情况下适合采取这一方式，如配送中心的辊道式输送线、生产车间里的生产流水线、流水作业台及皮带输送机等都属此类方式。堆码取拆作业包括在车间内、仓库内、运输工具内的堆码和拆垛作业。分拣配货作业是指按品种、用途、到站、去向、货主等不同特征进行的分拣货物作业。挪动移位作业是指单纯地改变货物的水平空间位置的作业。

5. 按照作业场所的不同分类

根据作业场所的不同也可以将装卸搬运活动进行分类，具体分为如下五类：

(1) 仓库、配送中心装卸搬运。该类装卸配合出库、入库、维护保养等活动进行，并且以堆垛、上架、取货等操作为主，如出入库、堆码、上架、取货、分类、分拣、传送、掏集装箱、装车、卸车等作业。

(2) 汽车装卸搬运。汽车装卸一般一次装卸批量不大，由于汽车的灵活性，可以转向、调头，靠近货物装卸，也可只装卸，不搬运。因而可以减少或根本减去搬运活动，而直接利用装卸作业达到车与其他物流设施之间货物过渡的目的，包括叉车作业、吊车作业、传送带作业和人工作业等。

(3) 铁路装卸搬运。铁路装卸是对火车车皮的装进及卸出，特点是一次作业就实现一车皮的装进和卸出，很少像仓库装卸时出现的整装零卸或零装整卸的情况。如往车厢中装货、从车厢中卸货，有时直接将汽车、坦克开上火车或开下火车，有时也用传送带直接将煤炭、粮食等散货装进车厢。

(4) 港口装卸搬运。港口装卸包括码头前沿的装船，也包括后方的支持性装卸搬运，有的港口装卸还采用小船在码头与大船之间“过驳”的办法，装船卸船一般利用大型岸吊，有时直接吊上火车或卡车，有时利用管道直接将粮食、水泥等散货用气压的方法吸进吸出，或卡车直接开上船或开下船。因而其装卸的流程较为复杂，往往经过几次的装卸及搬运作业，才能最后实现船与陆地之间货物过渡的目的。

(5) 车间装卸搬运。它是指在车间内部工序间进行的各种装卸搬运活动，如原材料、在产品、半成品、零部件、产成品等的取放、分拣、包装、堆码、输送等作业。

9.2　装卸搬运成本核算

9.2.1　装卸搬运成本的构成及核算

装卸搬运成本，简单来说就是企业在物流作业过程中，为实现物品的移动和定位进行装卸和搬运活动所发生的一些费用的总和。企业在开始装卸搬运活动时，最主要的参与者是人力和机械设备，因而一般将企业的装卸搬运成本分为人力成本及机械成本。

1. 装卸搬运人力成本的构成及核算

装卸搬运是劳动力密集型物流活动，人力成本在装卸搬运活动中所占的比重较大，而且由于装卸搬运作业次数频繁，人力成本在整个物流活动中所占的比重也相当大。装卸搬运的人力成本主要是支付给从事装卸搬运的职工的工资和福利费，主要由工资、职工福利费和劳动保护费三部分组成。

(1) 工资。工资是指按规定支付给装卸搬运工人、装卸搬运机械司机的计时工资、计件工资、加班工资及各种工资性津贴。一般可以根据企业的“工资分配表”的有关数据，直接计入装卸搬运成本的人力成本。

在实行计件工资的企业中，应付工人的计件工资等于职工完成的装卸搬运数量乘以计件单价。如果工人在同一月份内从事多种作业，作业计件单价各不相同，就需要逐一计算相加。也就是说，应付计件工资的计算公式为

$$\text{应付计件工资}=\sum(\text{某种货物装卸搬运的数量}\times\text{该种货物装卸搬运的单价}) \tag{9.1}$$

也可以将某月内装卸搬运完成的各种产品折合为定额工时数，乘以小时工资率，其计算公式为

$$\text{完成定额工时数}=\sum(\text{某种货物装卸搬运的数量}\times\text{该种货物装卸搬运单位工时定额}) \tag{9.2}$$

$$\text{应付计件工资}=\text{完成定额工时数}\times\text{小时工资率} \tag{9.3}$$

【例 9-1】宏达公司是一家物流企业，其对于装卸搬运实行计件工资，装卸搬运 A 货物的计件单价为 0.25 元，B 货物的计件单价为 0.4 元。该公司搬运工黄某一天装卸搬运 A 货物 200 件，装卸 B 货物 150 件，则黄某的计件工资为：$0.25\times200+0.4\times150=110$(元)

若宏达公式采用定额工时数来计算工人的计件工资，且已知该公司搬运工李某 8 月份装卸搬运 A 产品 600 个，每个定额工时为 10min，搬运 B 产品 900 件，每件定额工时为 5min，该装卸搬运工小时工资率为 6.5 元，则李某的计件工资计算过程如下：

$$\text{完成定额工时数}=(600\times10+900\times5)\div60=175(\text{h})$$

$$\text{应得的计件工资}=175\times6.5=1\ 137.5(\text{元})$$

如果企业实行班组集体计件工资，在班组内需要按个人贡献大小进行进一步分配，一般是按标准工资和实际的工作时间的综合比例进行分配。计算公式为

$$\text{班组内工资分配率}=\frac{\text{班组集体计件工资额}}{\sum\text{每人日(或小时)工资率}\times\text{出勤时间}} \tag{9.4}$$

$$\text{工人应得计件工资}=\text{该工人日(或小时)工资率}\times\text{出勤时间}\times\text{班组内工资分配率} \tag{9.5}$$

【例 9-2】生产小组集体装卸货物，其中 A 产品 1 800 件，计件单价为 1.20 元；B 产品 1 500 件，计件单价为 0.80 元；C 产品 1 000 件，计件单价为 0.70 元。该小组由 3 人组成，出勤情况为甲 120h，乙 150h，丙 110h，甲、乙、丙的小时工资率分别为 6.5、6.0、5.5。则此三人的计件工资计算如下：

$$班组内工资分配率=\frac{1\,800\times1.2+1\,500\times0.8+1\,000\times0.7}{120\times6.5+150\times6+110\times5.5}=1.78$$

$$甲应得计件工资=120\times6.5\times1.78=1\,388.4(元)$$

$$乙应得计件工资=150\times6.0\times1.78=1\,602(元)$$

$$丙应得计件工资=110\times5.5\times1.78=1\,076.9(元)$$

(2) 职工福利费。职工福利费是指按装卸搬运工人工资总额和规定比例计提的职工福利费，一般按照工资总额的 14%计提。

(3) 劳动保护费。劳动保护费是指从事装卸搬运业务所使用的劳动保护用品、防暑、防寒、保健材料，以及实施劳保措施所发生的各项费用。

2. 卸搬运机械成本的构成及核算

(1) 装卸搬运的机械种类。装卸搬运机械是指用来搬移、升降、装卸和短距离输送物料或货物的机械。装卸搬运机械是物流系统中使用频率最高、次数最多的一类机械装备。往往一次运输过程，最少也要有四次装卸搬运作业，如果运输过程中还会有中转、转运、储存、流通加工等活动，则会有更多的装卸搬运过程；在生产过程中，一个生产工艺过程往往有几十次物料搬运过程，反复地进行取、搬、装、运等操作，装卸搬运机械则要有效地衔接这些过程。这些过程有时是同一动作的简单重复，有时则是在特定条件下针对特定对象，专业性很强。因此，装卸搬运机械要满足这些数量众多又各具特点的装卸搬运活动，就要有多种通用的、专用的装卸搬运机械来满足各种作业活动。常见的装卸搬运机械包括以下几种：

①起重机。起重机是起重机械的统称。按照起重机所具有的机构、动作繁简的程度以及工作性质和用途，可以把起重机归纳为简单起重机械、通用起重机械以及特种起重机械三大类。简单起重机械一般只做升降运动或一个直线方向的移动，只需要具有一个运动机构，而且大多数是手动的，如绞车、葫芦等。通用起重机械，除需要一个使物品升降的起升机构外，还有使物品水平方向的直线运动或旋转运动机构，属于这类起重机械的有：通用桥式起重机、门式起重机、固定旋转式起重机和行动旋转式起重机(如汽车起动机)。特种起重机械需要具备两个以上机构的多动作起重机械，专门用于某些专业性的工作，构造比较复杂。如冶金专用起重机、建筑专用起重机和港口专用起重机等。

②连续输送机。连续输送机的特点是，在工作时连续不断地沿同一方向输送散料或重量不大的单件物品，装卸过程中不需要停车，因此生产率很高。在流水作业生产线上，连续输送机已成为整个工业过程中最重要的环节之一。其优点是生产率高、设备简单、操作简便。缺点是一定类型的连续输送机只适合输送一定种类的物品(散料或重量不大的单件物品)，不适合搬运很重的物料或形状不规则的单元物料；只能布置在物料输送线上，而且只能沿着一定线路定向输送，因而在使用上有一定的局限性。

③叉车。叉车是一种能把水平运输和垂直升降有效结合起来的装卸机械，有装卸、起重及运输等方面的综合功能。其具有工作效率高、操作使用方便、机动灵活等优点，其标

准化和通用性高，被广泛用于车间、仓库、建筑工地、货栈、车站、机场和码头，对成件成箱货物进行装卸，堆垛以及短途搬运、牵引和吊装工作。

④小型搬运车。包括手推车、手动托盘搬运车和手动叉车等。推车是一种人力为主，在路面上水平输送物料的搬运车；手动托盘搬运车用来搬运装卸载于托盘(托架)上的集装单元货物；手动叉车也是一种利用人力提升货物的装卸、堆垛、搬运多用车。

⑤无人搬运车和工业机器人。无人搬运车就是无人驾驶自动搬运车，它可以自动导向、自动认址、自动程序动作。其具有灵活性强、自动化程度高、可节省大量劳动力等优点，特别适用于有噪声、空气污染、放射性元素危害人体健康的地方及通道狭窄、光线较暗等不适合驾驶车辆的场所，已日益引起人们的关注，并得到广泛应用。工业机器人是一种能自动定位控制、可重复编程、多功能、多自由度的操作机，其能运用材料、零件或操持工具，用以完成各种作业。目前已广泛应用于产业部门，特别是汽车工业和电子行业。从作业内容来看，以堆垛、包装、机床上下材料、定位焊、弧焊以及喷漆最为普遍。

⑥运输机械。运输机械主要以货车和拖车为代表。货车是一种重型载货汽车的通称，是主要的运输工具，在物料搬运中，配合装卸机械在厂内外进行运输工作。其类型、型号很多。拖车由牵引车牵引行驶，其运载能力强，适用尺寸大、重量大的货物运输，有全挂车和半挂车两种。一般由汽车牵引，也有用蓄电池搬运车或其他车辆牵引的。

⑦装卸搬运器具。装卸搬运的工具与装载搬运器具是人工与机械化之间的桥梁，是系统的通用设备。在物料搬运过程中大量使用的装卸搬运器具有：垫板、托盘、标准料箱、料架、料斗、装运箱以及集装箱等。

(2)装卸搬运机械成本的构成与核算。

①燃料和动力费。燃料和动力费指装卸搬运机械在运行和操作过程中所耗用的燃料、动力和电力费用。一般是月末根据转来的装卸搬运机械领用燃料凭证，计算实际消耗数量与金额，计入成本。电力可根据供电部门的收费凭证或企业的分配凭证，直接计入装卸搬运成本。

②轮胎费。轮胎费指装卸搬运机械领用的外胎、内胎、垫带及其翻新和零星修补费用。由于装卸搬运机械的轮胎磨损与行驶里程无明显关系，其费用不宜采用按胎千米分摊的方法处理，而是在领用新胎时直接将其价值计入成本。如果一次领换轮胎数量较大时，可作为待摊费用或预算费用，按月分摊计入装卸搬运成本。

③修理费。修理费指为装卸搬运机械和装卸搬运工具进行维护和小修理所发生的工料费用，以及装卸搬运机械在运行过程中耗用的机油、润滑油的费用。为装卸搬运机构维修领用的材料费用和按规定预提的装卸搬运机械的大修理费用，也列入本项目。

由专职装卸搬运机械维修工或维修班组进行维修的工料费，应直接计入装卸搬运成本；由维修车间进行维修的工料费，通过“辅助营运费用”账户归集和分配计入装卸搬运成本。装卸搬运机械在运行和装卸搬运操作中耗用的机油、润滑油以及装卸搬运机械保修领用的材料，月末根据油料库的领料凭证直接计入装卸搬运成本。装卸搬运机械的大修理预提费用，可分别按预定的集体方法(如按操作量计提)计算，并计入装卸搬运成本。

④折旧费。折旧费是指装卸搬运机械按规定计提的费用，是装卸搬运机械由于在使用

过程中发生损耗而定期逐渐转移到装卸搬运成本中的那一部分价值。装卸搬运机械的损耗，分为有形损耗和无形损耗两种。有形损耗是指装卸搬运机械在使用过程中，由于使用和自然力影响而引起的在使用价值和价值上的损失；无形损耗是指装卸搬运机械，由于技术进步而引起的在价值上的损失。

装卸搬运机械的折旧按规定的分类方法和折旧率计算计入装卸搬运成本。影响折旧的因素主要有：装卸搬运机械原价、固定资产净残值率和使用年限。可选择的折旧方法包括平均年限法、工作量法和加速折旧法。

平均年限法又称直线法，是指按固定资产的折旧均衡地分摊到各期的一种方法。采用这种方法计算的每期折旧额均是等额的。其计算公式为

$$\text{年折旧率}=(1-\text{预计净残值率})\div\text{预计使用年限}\times 100\% \tag{9.6}$$

$$\text{月折旧率}=\text{年折旧率}\div 12 \tag{9.7}$$

$$\text{月折旧额}=\text{固定资产原值}\times\text{月折旧率} \tag{9.8}$$

【例 9-3】某物流公司一台装卸搬运机械，其购买时原价为 200 000 元，预计可使用年限为 10 年，预计净残值率为 4%。按月计提的折旧额计算如下：月折旧额＝200 000×（1－4%）÷10÷12＝1 600(元)

工作量法是按固定资产预计总工作量计提折旧额的一种方法，这种方法弥补平均年限法只重视使用时间，不考虑使用强度的缺点。其计算公式为

$$\text{每一工作量折旧额}=\text{固定资产原值}\times(1-\text{预计净残值率})\div\text{预计总工作量} \tag{9.9}$$

$$\text{某项固定资产月折旧额}=\text{每一工作量折旧额}\times\text{该项固定资产当月工作量} \tag{9.10}$$

【例 9-4】某物流公司一辆货运卡车，其购买时原价为 60 000 元，预计总行驶里程 50 万 km，其报废时的残值率为 5%，2017 年 8 月统计表明该卡车行驶里程为 4 000km，试计算 2017 年 8 月该机器的折旧额。

$$\text{2017年8月应折旧额}=4\,000\times\frac{60\,000\times(1-5\%)}{500\,000}=456(\text{元})$$

加速折旧法也称为快速折旧法或递减折旧法，其特点是在固定资产使用年限的前期多提折旧，后期则少提折旧，从而相对加快折旧的速度，以使固定资产在有效使用年限加快得到补偿。加速折旧的计提方法有多种，常用的有双倍余额递减法和年数总和法。

其中双倍余额递减法是在不考虑固定资产残值的情况下，根据每期期初固定资产账面余额，以双倍直线折旧率法计算固定资产折旧的一种方法。其计算公式为

$$\text{年折旧率}=\frac{2}{\text{预计的折旧年限}}\times 100\% \tag{9.11}$$

$$\text{月折额}=\text{固定资产账面净值}\times\frac{\text{年折旧率}}{12} \tag{9.12}$$

由于双倍余额递减法不考虑固定资产的残值，因此必须注意在折旧年限到期前两年，将扣除预计净残值后的固定资产净值进行平均摊销。

年数总和法，又称为折旧年限积数法，是将固定资产的原值减去残值后的净值乘以一个逐年递减分数，计算固定资产折旧的一种方法。其计算公式为

$$年折旧率=\frac{尚可使用年限}{预计使用年限的年数总和}$$
$$=\frac{预计使用年限-已使用年数}{折旧年限\times(折旧年限+1)\div 2}\times 100\% \tag{9.13}$$

$$月折旧率=(固定资产原值-预计净残值)\times\frac{年折旧率}{12} \tag{9.14}$$

⑤工具费。这里的工具费是指装卸搬运机械耗用的工具费，包括装卸搬运工具的摊销额和工具的修理费，自制装卸搬运工具的制造费，应通过辅助营运费用核算，所领用的材料和支付的工资费用不得列入本项目。装卸搬运机械领用的随车工具、劳保用品和耗用的工具，在领用时可将价值一次计入成本。

⑥租费。租费指企业租用装卸搬运机械或装卸搬运设备进行装卸搬运作业，按合同规定支付的租金。一般直接按照合同规定，将本期成本应承担的租金计入本期成本。

⑦外付装卸搬运费。外付装卸搬运费指支付给外单位支援装卸搬运工作而发生的费用。一般在费用发生和支付时直接计入成本。

⑧运输管理费。运输管理费指按规定向运输管理部门缴纳的运输管理费用。一般按本月计提或实际缴纳数计入成本。

⑨事故损失费。事故损失费指在装卸搬运作业过程中，因某项工作造成的应由本期装卸搬运成本负担的货损、机械损坏、人员人身伤亡等事故所发生的损失。月末由本期装卸搬运成本承担的事故净损失，应在当月结转入本期成本。

⑩其他费用。其他不包含在以上费用中的各项装卸搬运机械费用及应由装卸搬运基层单位直接开支的管理费用，在发生和支付时，直接列入成本。按机械装卸搬运和人工装卸搬运分别计算成本时，装卸搬运基层单位经费可先通过“营运间接费用”账户汇集，月末按直接费用比例进行分配。

9.2.2　装卸搬运成本核算的账户设置及账务处理

企业的装卸搬运成本一般实行两级核算，即各装卸搬运队只计算自己的成本，企业汇总各队成本，并计算装卸搬运总成本。为核算装卸搬运成本，企业应设置“主营业务成本-装卸搬运支出”账户，并按成本核算对象进一步设置明细账，按成本项目设置专栏进行明细核算。

装卸搬运成本的账务处理要符合会计核算的基本要求，其有关的汇总表、计算表、分配表和会计分录，一般都可并入其他物流成本业务核算的有关凭证及分录中。各装卸搬运成本项目的核算及归集已在上一节做了较详细的阐述，在此不再赘述。在发生装卸搬运成本时，首先根据前节所述各装卸搬运成本项目的核算和归集方法，计算应计入或计提的装卸搬运成本，并借记“主营业务成本-装卸搬运支出”及“营运间接费用(装卸搬运支出)”等，贷记“应付工资”“应付职工福利费”“原材料”“银行存款”“预提费用”“累计折旧”等科目。

年度终了，企业的装卸搬运总成本是通过“主营业务成本-装卸搬运支出”账户的明细账所登记的各项装卸搬运总额确定的。装卸搬运支出明细账的格式与登记方式同会计明细账的要求一致。一般装卸搬运业务的单位成本以“元/千吨”为计算单位，其计算公式为

$$装卸搬运单位成本=\frac{装卸搬运总成本}{装卸搬运操作量} \tag{9.15}$$

【例 9-5】宏达物流公司某装卸搬运部门，2017 年 9 月发生的工资费用明细如下：装卸搬运司机及助手工资 20 000 元、保修工人工资 3 000 元；装卸搬运部门管理人员工资 8 000 元。其会计分录如下：

借：主营业务成本—装卸搬运支出—直接人工—保养修理费　　23 000
　　管理费用—装卸搬运支出　　8 000
　　贷：应付工资　　31 000

根据工资总额的 14%提取职工福利费，会计分录为：

借：主营业务成本—装卸搬运支出—直接人工—保养修理费　　3 200
　　管理费用—装卸搬运支出　　1 120
　　贷：应付职工福利费　　4 340

【例 9-6】2017 年 10 月，某物流公司装卸搬运领用的装卸过程耗用燃料金额为 47 800 元，机械操作耗用电力，以银行存款支付电费 4 000 元。则会计分录为：

借：主营业务成本装卸搬运支出—燃料及动力　　51 800
　　贷：原材料—燃料　　47 800
　　　　银行存款　　4 000

【例 9-7】2017 年 9 月，某企业机械装卸队领用外胎 3 600 元，领用内胎、垫带 870 元。其会计分录为：

借：主营业务成本—装卸搬运支出—机械(轮胎)　　4 470
　　贷：原材料—轮胎　　3 600
　　　　原材料—内胎、垫带　　870

9.3　装卸搬运成本的控制与优化

在企业物流活动过程中，装卸搬运活动是不断出现和反复进行的，它出现的频率高于其他各项活动。因此，在物流装卸搬运成本控制和优化中，加强装卸搬运的组织设计和搬运机械的操作，对于提高物流速度、降低物流成本、减少物流过程损耗具有重要意义。

9.3.1　实现装卸搬运作业机械化、标准化和规模化

随着生产力的发展，装卸搬运的机械化程度不断提高。由于装卸搬运的机械化，使人从繁重的体力劳动中解放出来，尤其对于危险品的装卸作业，机械化能保证人和货物的安全，这也是装卸搬运机械化程度不断提高的动力。装卸搬运的标准化有利于节省装卸搬运的时间，提高作业效率。如货物的集装化中，托盘的使用标准、集装箱的使用标准等，都是基于装卸搬运省力的考虑。为了进一步降低单位装卸工作量的成本，对装卸机械来说，也有“规模”问题，装卸能力达到一定规模，才会有最优效果。追求规模效益的方法，主要是通过各种集装处理，实现间断装卸时一次操作的最合理装卸量，从而使单位装卸成本降低，也可通过散装实现装卸搬运的规模效益。

9.3.2　合理规划作业流程，减少搬运次数，缩短搬运时间

装卸搬运作业过程是指对整个装卸作业的连续性进行合理安排，以缩短运距和装卸次数。装卸搬运作业现场的平面布置是直接关系到装卸、搬运距离的关键因素，装卸搬运机械要与货场长度、货位面积等相互协调。要有足够的场地集结货物，并满足装卸搬运机械工作面的要求，场内的道路布置要为装卸搬运创造良好的条件，有利于加速货位的周转。使装卸搬运距离达到最小的平面布置是减少装卸搬运距离的最理想的方法。提高装卸搬运作业的连续性应做到：作业现场装卸搬运机械合理衔接；不同的装卸搬运作业在相互联结使用时，力求使其装卸搬运速率相等或接近；充分发挥装卸搬运调度人员的作用，一旦发生装卸搬运作业障碍或停滞状态，立即采取有力的补救措施。减少搬运次数，缩短搬运距离，也就意味着减少了装卸搬运的作业量，这样不但可以减少搬运次数，还可以缩短搬运距离。可以采取的措施有：装卸搬运设备的参数要与建筑物的参数、特点相匹配；配备适应性强的物流设备；提高装卸搬运作业的组织调度水平；做好车间、库房、铁路专用线、主要通道的布局，缩短作业距离。

9.3.3　利用重力因素，实现装卸作业的省力化

充分利用重力和消除重力影响进行少耗用的装卸，即在装卸时考虑重力因素，可以利用货物本身的重量，进行有一定落差的装卸，以减少或根本不耗用装卸的动力，这是合理化装卸的重要方式。例如，从卡车、铁路货车卸货时，利用卡车与地面或小搬运车之间的高度差，使用溜槽、溜板之类的简单工具，可以依靠货物本身重量，从高处自动滑到低处，这就在装卸时尽量消除或削弱重力的影响，也会减轻体力劳动及其他劳动耗用的合理无须耗用动力。在装卸搬运时尽量消除或削弱重力的影响，也会获得减轻体力劳动和其他劳动耗费的好处。例如，在进行两种运输工具换装时，如采取落地装卸方式，即将货物从甲工具卸下并放到地上，一定时间之后或搬运一定距离之后再装到乙工具上，这样在“装”时要将货物举高，这就必须耗用动力。如果进行适当安排，将甲、乙两工具进行靠接，从而使货物平移，从甲工具转移到乙工具上，就能有效消除重力影响，实现合理化。总之，采取各种措施优化装卸搬运作业，可以提高装卸搬运作业效率，减少各种耗费，降低装卸搬运成本。

9.3.4　推广组合化装卸，降低装卸搬运损失

在装卸搬运过程中，根据不同物品的种类、性质、形状、重量来确定不同的装卸作业方法。处理物品装卸搬运的方法有三种形式：普通包装的物品逐个进行装卸，叫作“分块处理”；颗粒状物品不加小包装而原样装卸，叫作“散装处理”；物品以托盘、集装箱、集装袋为单位进行组合后装卸，叫作“集装处理”。对于包装的物品，尽可能进行集装处理，实现单元化装卸搬运，可以充分利用机械操作。装卸搬运是比较容易发生货损和事故的环节。对装卸搬运作业进行安全管理，既可以防止和消除货物损坏、人员伤亡事故，又可以减少装卸搬运的事故损失成本。为此，装卸搬运的总体安排必须注意做到要有统一的现场指挥，必须按操作规范作业，必须保证物流和包装等不受损失，严格注意稳挂、稳吊、轻抬、轻放，并注意包装上的标志，发现物流包装有渗漏损失时，必须立刻修改加固。

【本章小结】

装卸搬运在物流活动中是一项伴随性活动，它具有附属性、服务性等特点，并且装卸搬运活动如果操作不当会造成商品的损害，给企业带来损失。但是装卸搬运活动又是一项不可取代的活动，不能完全取消，企业对装卸搬运成本的控制是在满足物流活动需要的同时尽可能减少装卸搬运的次数及成本，以降低损失。本章对装卸搬运的基本概念、

特征、重要性，装卸搬运的分类，装卸搬运成本的核算以及控制和优化等内容进行了系统的梳理。

【思考与练习题】

1. 简答题

(1) 装卸搬运成本项目具体包括哪些？
(2) 简述装卸搬运成本的核算方法。
(3) 装卸搬运成本的优化方法有哪些？

2. 计算题

某生产小组集体装卸货物，其中 A 产品 2 000 件，计件单价为 1.2 元；B 产品 800 件，计件单价为 0.95 元。该小组由 4 人组成，出勤时间分别为甲 100h，乙 120h，丙 90h，丁 135h，甲、乙、丙、丁的工资率分别为 3、5、5.2、5.5，计算每人应得的计件工资分别为多少。

【案例分析】

云南烟叶生产物流降低装卸搬运成本

云南烟叶烟草公司作为云南烟草行业的重点骨干企业，是云南省最大的云烟原料加工基地，是集收购、加工、储存、销售为一体的国有中型企业，公司总的仓储、复烤能力达到了 1 500 000 担(一担=50kg)，承担着我省烤烟 15%的复烤加工任务，担负着省内烟厂以及全国 40 多家烟厂的烟叶调拨任务。1995 年从国外引进了两条 12 000kg/h 打叶复烤生产线，加速了资产流动，优化了资源配置，迅速实现了资产的保值增值。多年来，公司倡导“服务、管理、质量、诚信”的经营管理观念，制定了有利于企业发展的“改革促发展、管理求效益、心中有客户、精诚铸信誉”的公司方针。注重企业信誉，以一流的产品，一流的服务，获取良好的社会效益和经济效益是公司始终不渝的追求。同时，公司依靠市场开拓、技术创新和广大员工的艰苦努力，使企业经济效益大幅度增长，成绩令人瞩目。云南省烟草烟叶公司已步入现代化复烤企业的行列，一个以原料为核心，以销售为龙头，以出口为纽带，以烤烟为主业，多种经营的新发展格局已经形成。在烟草行业新的机遇与挑战面前，云南省烟草烟叶公司在继续发挥企业各种优势的同时不断强化管理，采取行之有效的措施降低成本，提高企业利润。该公司为了降低物流成本、真正实现物流系统管理思路，改进现有的生产物流系统，主要采取的措施包括以下五个方面。

(1) 取消、合并装卸搬运环节和次数。公司在生产物流系统设计中研究了各项装卸搬运作业的必要性，千方百计地取消、合并装卸搬运环节和降低装卸搬运次数。

(2) 实现生产物流作业的集中和集散分工。公司在安排存储保管物流系统的卸载点和装载点时就尽量集中。在货场内部，同一等级、产地的烟叶应尽可能集中在同一区域进行物流作业，如建立专业货区、专业卸载平台等。

(3) 进行托架单元化组合，充分利用机械进行物流作业。公司在实施物流系统作业过程中要充分利用和发挥机械作业，如叉车、平板货车等，增大操作单位，提高作业效率和生产物流“活性”，实现物流作业标准化。

(4) 合理分解装卸搬运程序，改进装卸搬运各项作业，提高装卸搬运效率，力争在最短时间内完成烟叶加工的所有工艺流程。

(5) 提高生产物流的快速反应能力。公司通过烟叶数据库的建设，促进网络信息的发展，将物流的各个环节连成一个整体，按照统一的生产计划准时地实现烟叶物资的流动。

通过物流体系管理的建立，公司逐渐加强了现场管理，减少、简化生产工艺流程，从而达到降低综合损耗以及物流相关成本的目的。

(1) 装卸搬运成本管理的重要意义。

(2) 降低装卸搬运成本的具体措施有哪些？

(3) 你认为该企业的装卸搬运还有改进的余地吗？如果有，请简述如何改进？

【实训设计】

为了增强实践能力、增强学生应用所学知识解释并改进物流管理中的实际问题，了解装卸搬运的发展历程，认识装卸搬运的重要性，请同学们每 4 人为一组，通过查阅资料、实地调研等方式了解你学校所在城市或某个企业的装卸搬运最新发展情况，了解装卸搬运的最新设备及技术，思考其装卸搬运成本的核算及控制优化措施。

第10章　流通加工成本管理

【学习目标】

通过本章的学习，了解物流流通加工成本的概念、特点、作用以及形式；掌握流通加工成本核算的方法，了解物流流通加工成本分析的原则、内容和方法。

【学习重点】

流通加工成本的核算范围及核算对象；物流流通加工成本的核算；流通加工成本的分析与控制。

【学习难点】

流通加工成本的核算。

10.1　流通加工成本概述

流通加工已经成为现代物流系统中的重要环节。流通加工能够提高物流系统的服务水平，提高物流效率和物品利用率，更重要的是流通加工是具有增值作业的物流活动。在日本、美国等物流发达国家，流通加工已广泛的开展。随着我国物流产业的快速发展，多样化、集成化的物流服务需求不断增长，流通加工成本的界定以及核算，是物流企业在实施新的发展战略或进行业务流程重组过程中，制定流通加工策略、选择流通加工运作模式的依据。对流通加工成本进行科学界定和合理核算，有利于提升物流企业相关流通加工业务的竞争力。

10.1.1　流通加工的概念与特点

1.流通加工的概念

《中华人民共和国国家标准：物流术语（GB/T 18354—2006）》对流通加工定义为："物品从生产地到使用地的过程中，根据需要施加包装、分割、计量、分拣、刷标志、栓标签、组装等简单作业的总称”。即在物流进入流通环节后，为了提高物流速度和物品的利用率，需按客户要求进行一系列的流通加工活动。也可以理解为，在物品从生产者向消费者流动的过程中，为了促进销售、维护商品质量和提高物流效率，对物流进行一定程度的加工。

流通加工是物资流通中的一种特殊形式，通过改变或完善流通对象的形态来实现“桥梁和纽带”的作用。随着社会经济增长、国民收入增多，消费者的需求出现多样化，促使在流通领域开展流通加工。目前，在世界许多国家和地区的物流中心或者仓库经营中都大量存在流通加工业务，在日本、美国等物流发达国家则更为普遍。

2. 流通加工的特点

流通加工和一般的生产型加工在加工方法、加工组织、生产管理方面并无显著区别，但在加工对象、性质、价值形态、组织者等方面有较大差别，其差别主要表现在以下五点。

(1) 流通加工的对象是进入流通领域的商品，具有商品的属性。通过流通加工，改变商品的形态和使用方向，使商品更容易满足客户的需求。而生产加工对象则是原材料、零配件、半成品，不是最终商品。可以据此来区别生产加工环节与流通加工环节。

(2) 流通加工的性质一般属于二次简单加工，而不是复杂加工。一般来讲，对于必须进行复杂加工才能满足人们需求的商品，应该专门设立生产加工过程进行复杂加工，通过生产加工过程完成大部分的加工活动。而流通加工仅是对生产加工的一种辅助及补充。值得注意的是，流通加工不能代替或取消生产加工。

(3) 流通加工的价值形态大多属于增值服务。流通加工的出现使流通过程明显具有了生产加工的相关属性，实践证明流通过程具有创造价值的潜在能力。流通加工过程不仅仅是被动地保持和转移商品的过程，可以主动完善、提高商品的使用价值。而生产加工的目的主要在于创造价值和使用价值，是流通加工实现价值增值的基础。

(4) 流通加工的组织者大多是从事物流服务的企业。物流企业与客户一般都保持密切的联系，根据客户需求，将流通加工纳入物流系统。流通加工可以以少量的投入获得很大的效益，是一种高效率的加工方式。而生产加工则由生产企业完成。

(5) 商品生产是为交换和消费而生产的，而流通加工的一个重要目的，是为了消费所进行的加工，这一点与商品生产有共同之处。但流通加工有时也以自身流通为目的，纯粹是为流通创造条件，这种为流通所进行的加工与直接为消费进行的加工从目的来讲是有区别的，这又是流通加工不同于一般生产的特殊之处。

10.1.2　流通加工的地位、作用及形式

1. 流通加工在物流中的地位

流通加工在社会生产中处于生产与消费之间，通过改变或完善流通对象的形态来实现

"桥梁和纽带"的作用。流通加工以其自身的生产特征和特殊地位，与其他物流环节存在着明显的差别：与采购和销售相比，它具有明显的生产特征；与运输和储存等环节相比，它改变着流通客体的物理形态，甚至化学性能。

随着现代化生产的发展，在产品供需之间生产与消费分离的矛盾日趋严重，流通加工的社会地位总的来说，表现为弥补生产与消费不能密切衔接的不足。具体来说，包括以下两个方面：

(1) 流通加工有效地完善了流通。流通加工在实现时间和场所效用这两个重要功能方面，确实不及运输和仓储。因而，流通加工不是物流的主要功能要素。但流通加工具有补充、完善、提高与增强产品价值的作用，能起到运输、保管等其他功能要素无法起到的作用。所以，流通加工的地位可以描述为：提高物流水平，促进流通向现代化发展。

(2) 流通加工是物流的重要利润来源。流通加工是一种低投入、高产出的加工方式，往往以简单的加工解决大问题。实践中，有的流通加工通过改变商品包装，使商品档次升级而充分实现其价值；有的流通加工可将产品利用率大幅提高30%，甚至更多。这些都是采取一般方法来提高利润，实践证明，流通加工提高的利润并不低于从运输和保管中挖掘的利润，因此，流通加工是物流的重要利润来源。

2. 流通加工的作用

(1) 提高原材料利用率。利用流通加工环节进行集中加工，是将生产厂商运来的简单规格产品，按照客户的时间需求进行集中下料。例如将钢板进行剪板、切裁；钢筋或圆钢裁制成毛坯；木材加工成各种长度及大小的板料、方料等。集中下料可以小材大用、合理套裁，有很好的技术经济效果。例如，北京、济南等城市对平板玻璃进行流通加工(集中裁制、开片供应)，玻璃利用率从60%左右提高到85%～95%。

(2) 进行初级加工，方便用户。用量小或临时需要的使用单位，缺乏进行高效率初级加工的能力，依靠流通加工可省去使用单位进行初级加工的投资、设备及人力。目前发展较快的初级加工有：将水泥加工成生混凝土、将原木加工成门窗、冷拉钢筋及冲制异型零件、钢板预处理、整形、打孔等加工。

(3) 提高加工效率及设备利用率。由于建立集中加工点，可以采用效率高、技术先进、加工量大的专门机器和设备，有利于提高加工效率。

3. 流通加工的形式

(1) 集中下料加工。利用在流通领域的集中下料代替分散在各使用部门的下料加工，可以大大提高物品的利用率，具有明显的经济效益，如钢材的剪裁和切割、圆钢制成毛坯以及木材加工等。集中加工可充分地合理下料、搭配套裁、减少边角余料、提高加工效率、降低加工费用。

(2) 保鲜防蛀。这种加工形式的目的是延长商品的使用时间，保持商品的使用价值，使消费者对商品保持满意，如水产品、蛋产品、肉产品等保鲜、保质的冷冻加工、防腐加工，丝、麻、棉织品的防虫、防霉加工等。

(3) 印贴标签和条码。为了迅速、准确地储运物品，需要在箱子上印贴标签和条码，以便快速阅读和传输商品信息，加快物流运转，提高物流效率。

(4) 包装。包装是指在流通过程中为保护产品、方便储运、促进销售，按一定技术方法而采用的容器、材料及辅助物的总体名称，也指为了达到上述目的而在采用容器、材料和辅助材料的过程中施加一定技术方法的操作活动。包装的目的是保护商品，便于搬运、装卸、运输与储存，易于辨认，以及提高用户的购买欲望。

10.1.3　流通加工成本的含义与构成

1. 流通加工成本的含义

流通加工成本是指在一定时期内，企业为完成货物流通加工业务而支出的全部费用。即在物流系统中，进行流通加工所消耗的物化劳动和活劳动的货币表现。

2. 流通加工成本的构成

流通加工成本具体由以下四个方面构成。

(1) 流通加工设备费用。具体指流通加工设备购置的费用。流通加工设备因流通加工形式、服务对象不同而不同，其设备购置费用也不同。物流中心常见的流通加工设备有数种设备项目，如剪板加工需要的剪板机，印贴标签条码的喷印机，拆箱需要的拆箱机等。购置这些设备所支出的费用，通过流通加工费的形式转移到被加工的产品中去。

(2) 流通加工材料费用。在流通加工过程中需要消耗一些包装材料，所消耗的这些材料所产生的费用，即流通加工材料费用。

(3) 流通加工劳务费用。在流通加工过程中从事加工活动的管理人员、工人及相关人员工资、奖金等费用的总和，即流通加工费用。

(4) 流通加工其他费用。除上述费用外，在流通加工中耗用的电力、燃料、油料等费用，也是流通加工成本的构成费用。

10.2　流通加工成本核算的范围和对象

10.2.1　流通加工成本核算范围

在核算流通加工成本时，必须要明确成本的核算范围。如果无视成本的核算范围，很难反映流通加工成本的真实成本。流通加工成本范围主要包括：物流范围、功能范围和支付形态范围。

1. 物流范围

物流范围，指的是物流的起点和终点的长短。人们通常所讲的物流有：原材料物流，即原材料从供应商转移到工厂时的物流；工厂内物流，即原材料、半成品、成品在工厂的不同车间、不同地点的转移和存储；从工厂到仓库的物流；从仓库到客户的物流等。这个范围相当广阔，所以，明确核算的起点与终点，对于流通加工成本的核算影响很大。

按物流的范围划分，物流成本可以分为：供应物流成本、企业内物流成本、销售物流成本、回收物流成本及废弃物流成本。流通加工成本的大多数属于销售物流成本范围，指的是为了进行销售，产品从成品仓库运动开始，经过流通环节的加工制造，再运输至用户的仓库或现场的物流活动。人们通常所讲的加工成本是指在生产过程中消耗的物化劳动与活劳动的货币表现。虽然流通加工属于生产过程的延伸与补充，但是产品一旦进入流通领域，其生产过程的成本范围已经终结，产品的物化形态随着商流的转移，进入销售物流成本的范围。流通加工成本的范围涉及加工过程的物流成本和加工成本，包括加工对象从供应商转移到加工单位的物流成本、加工单位内部物流成本与加工成本、从加工单位到客户的物流成本，这个范围可以说涉及该商品的整个销售过程。

流通加工成本范围应该定义为按客户要求进行加工活动的开始到交给客户手里的全过程，即按客户的要求进行的加工活动的动态范围。一方面，按照流通加工的时空范围，界定流通加工的物流成本，包括运输、储存、装卸搬运、配送等活动内容；另一方面，按照流通加工的物态范围，界定流通加工的作业成本。这种方法可以看出流通加工成本的实际耗费，比按成本形态计算成本的方法能更进一步找出影响流通加工成本的症结，为进行流通加工作业管理，设定合理化目标提供决策依据。

2. 功能范围

物流功能范围是指在运输、保管、包装、装卸、信息等诸物流功能中，把哪些功能、哪些业务、哪些活动作为流通加工成本的计算对象。流通加工是将已完成加工的各种原材料、零部件或产品及时提供给生产商或销售渠道或最终顾客，并保证产品的适用状态。从成本角度上说，产品的适用状态是以尽可能低的总物流成本及时地送交给最终顾客。流通加工的功能取决于物流系统的基本要素的构成。它包括客户服务、订单处理、加工、包装、储存、运输、物流信息等多功能的组合。组织流通加工服务，就是指从顾客下订单直至产品最终送到顾客手中为止的整个过程中，为了确保产品能在恰当的时间、恰当的地点供应并运送到顾客而采取的一系列提高顾客满意度及物流效率的活动。因此，能否很好地满足顾客要求，能否保证客户的生产顺利进行，是流通加工服务的衡量标准，也是最基本的指标。有多少符合客户要求的产品，有多少产品在客户可以接受的范围之内，不仅仅是流通加工单一功能解决的问题，它涉及产品特性、包装规格和要求、存储条件、周转量、运输环境等要素设计配套的仓库系统、装卸搬运系统及标准化的操作流程。

流通加工还涉及为客户进行企业物流流程的诊断和分析、物流策略的分析和设计、物流实施策略的规划和设计等。其中包括物流信息服务：客户实现网上下单，货物跟踪查询，网上货物库存状态查询；资金收付服务：代理客户向收货方收取运费、服务费及贷款，对长期客户及大客户，还可以在加工期间代垫资金，按月结算。总之，流通加工的功能范围是一种定制类的多功能组合，其成本大小取决于服务水平与服务成本的对应关系。

3. 支付形态范围

按物流成本支付形态划分，流通加工成本可分为材料费、人工费、维护费、一般经费和特别经费。这些费用对应的成本科目构成了成本核算对象的范畴。在核算对象中，还涉及外部运输费、保管费等物流开支。这么多开支项目，把哪些列入流通加工的成本计算对象中，对流通加工成本的大小影响很大。把流通加工成本划分为业务人员的工资福利、加工设施折旧、燃料与动力消耗、设施设备维修保养费、业务费等支付形态，容易进行流通加工成本分析。

所以，以上三方面的选择，决定着流通加工成本的大小。在确定核算范围时，绝不可盲目或大意，而应立足于本企业的实际情况，来决定自己的合理的成本核算范围。成本只有在相同的条件下进行比较时，才能得出正确的结果。

10.2.2　流通加工成本核算对象

明确流通加工成本核算对象，也就是明确物流企业在流通加工业务过程中所发生的资源耗费的承担对象，是物流企业设置流通加工成本明细账、归集和分配业务费用、计算成本的基本前提。考虑到物流企业所承接的流通加工业务运作的特点，可结合流通加工成本形态确定核算对象。

1. 按流通加工支付形态确定核算对象

把流通加工成本划分为业务人员的工资福利、加工设施年折旧、燃料与动力消耗、设施设备维修保养费、业务费等支付形态，可以从中了解物流成本总额，也可以了解什么经费项目花费最多。对认识流通加工成本合理化的重要性，以及考虑在物流成本管理应以什么为重点，十分有效。

2. 按流通加工功能形态确定核算对象

按照流通加工活动的功能，将流通加工分为：包装加工、分割加工、计量加工、分拣加工、刷标志加工、贴标签加工、组装加工等作业内容。确定流通加工的功能对象，有利于区分流通加工作业成本。这种方法可以看出哪种流通加工更耗费成本，比按形态计算成本的方法能更进一步找出影响流通加工成本的症结，而且可以计算出流通加工成本功能耗费，为进行流通加工作业管理，设定合理化目标提供决策依据。

3. 按流通加工对象形态确定核算对象

按流通加工适用对象核算成本，可以分析出流通加工成本都用在哪一种对象上，如可以分别把商品、物流中心、顾客作为适用对象来进行计算。

按商品核算流通加工成本是指按流通加工全过程计算出来的物流成本，这种方法可以用以采用不同的基准，将物流成本分配到流通加工对象。用来分析流通加工对象的盈亏，在实际运用时，要考虑进货和出货差额的毛收入与商品周转率之积的交叉比率。

按物流中心核算物流成本，就是要算出各物流中心单位流通加工成本与销售金额或毛收入的对比，用来了解各物流中心流通加工成本中存在的问题，以加强管理。

按顾客核算流通加工成本的方法，又可分为按标准单价计算和按实际单价计算两种计算方式。通过计算不同顾客的流通加工成本，可作为选定顾客、确定物流服务水平、制订顾客战略的依据。

4. 按流通加工作业成本确定核算对象

以作业为基础的成本划分，是把消耗的资源按资源动因分配到作业，以及把作业收集的作业成本按作业动因分配到成本对象的核算方法。其理论基础是：生产导致作业的发生，作业消耗资源并导致成本的发生，产品消耗作业。因此，作业成本法计算成本就是把各种资源的成本分配给各作业，再将各作业成本库的成本分配给最终产品，不仅能提供相对准确的成本信息，而且还能提供改善作业的非财务信息。以作业为纽带，能把成本信息和非财务信息很好地结合起来，即以作业为基础分配成本，同时以作业为基础进行成本分析和管理。

应用作业成本法核算物流成本并进行管理可分为如下几个步骤：

(1) 界定物流系统中涉及的各个作业。作业是工作的各个单位，作业的类型和数量会随着的不同服务水平而不同。

(2) 确认物流系统中涉及的资源。资源是成本的源泉，资源包括直接人工、直接材料、生产维持成本（如采购人员的工资成本）、间接制造费用，以及生产过程以外的成本（如广告费用）。资源的界定是在作业界定的基础上进行的，每项作业涉及相关的资源，与作业无关的资源应从物流核算中剔除。

(3) 确认资源动因，将资源分配到作业。作业决定着资源的耗用量，这种关系称作资源动因。资源动因联系若干资源和作业，把总分类账上的资源成本分配到作业。

(4) 确认成本动因，将作业成本分配到产品或服务中。作业动因反映了成本对象对作业消耗的逻辑关系，例如，计量、刷标志、贴标签、组装等作业形式，完全可以根据作业对象的成本动因(单位加工成本)，乘以业务量，计算出作业成本，再将作业成本分配到相应的产品中去。

10.3 流通加工成本的核算

前面章节已经对流通加工成本的构成进行了简述：流通加工成本具体包括流通加工设备费用、流通加工材料费用、流通加工劳务费用及流通加工其他费用。为了方便计算，对流通加工成本一般设置为直接材料、直接人工和制造费用三个成本项目。

10.3.1 流通加工直接材料费用的计算

1. 流通加工直接材料费用的内容

流通加工直接材料费用是指在流通加工过程中消耗的辅助材料、包装材料等费用，与工业企业相比，物流企业在流通加工过程中的直接材料费用占流通加工成本的比例不大。

2. 流通加工直接材料费用的归集

流通加工直接材料费用由材料消耗量和材料价格两个因素决定。

(1) 材料消耗数量的确定。为了正确计算在流通加工过程中材料的消耗量，企业应当连续并及时地记录材料的消耗数量，记录生产过程中的材料消耗的原始凭证，包括“领料单”“限额领料单”“领料登记表”等。期末，对于在生产过程中只领未用的材料，应当填制“退料单”，“退料单”也是记录材料消耗的原始凭证，只有严格管理材料发出的凭证和手续，才能正确计算和确定材料消耗的数量。

(2) 材料消耗价格的确定。在实际工作中，物流企业可以按照实际成本计价组织材料的核算，也可按计划成本计价组织材料的核算，但无论采用哪种计价方式，加工过程中消耗的材料都应当是材料的实际成本。

当采用实际成本计价组织材料核算时，由于同一材料的购入时间和地点不同，各批材料购进的实际单价可能不一致，因此物流企业必须采用一定的方法，正确计算消耗材料的实际价格。

当采用计划成本计价组织材料核算时，物流企业应当正确计算消耗材料应分摊的材料成本差异，将消耗材料计划成本调整为实际成本，其中消耗材料的实际成本可表示为以下两种方式：消耗材料的实际成本=计划成本+应分摊的材料成本超支差异；消耗材料的实际成本=计划成本-应分摊的材料成本节约差异。

直接材料费用的计算与归集是根据全部领料凭证总编制的“耗用材料汇总表”确定的。在归集直接材料费用时，凡是能分清某一成本计算对象的费用，应单独列出，以便直接计入该加工对象的产品成本计算单中；凡是属于几个加工成本对象共同耗用的直接材料费用，应当选择适当的方法，分配进入各加工成本计算对象的成本计算单中。

3. 流通加工直接材料费用的分配

需要分配计入各加工成本对象的直接材料费用，在选择分配方法时，要遵循合理简便的原则。分配方法中重要的因素是分配标准，分配方法通常是以分配标准命名的。分配方法的简单原则，主要是指分配方法的分配标准，其资料很容易取得，便于计算。分配方法可以按以下方面进行分类，如表 10.1。

表 10.1　流通加工直接材料费用分配方法表

流通加工直接材料费用的分配	方法
所消耗材料和燃料费用的分配	重量(体积、产品产量)分配法、定额耗用量比例分配法、系数分配法(标准产量分配法等)
所消耗动力费用的分配	定额耗用量比例分配法、系数分配法(标准产量分配法等)、生产工时分配法、机器工时分配法等

其中，重量分配法的计算公式为

$$费用分配率=\frac{各种产品共同耗用的材料费用}{各种产品的重量之和}\times 100\% \tag{10.1}$$

值得注意的是，重量分配法的分配标准为产品重量，当分配标准为产品产量或产品面积、体积、长度等时，可以分别称之为产量分配法、面积分配法等，其计算公式与重量分配法的计算公式类似。

【例 10-1】现有某物流企业从事物流流通加工服务，该企业本月完成产品产量为 1 000 件，期末，在产品数量为 200 件。期初，在产品成本为 2 500 元，本期发生费用共计 35 000 元。原材料在生产开始时一次投入，在产品单件材料费用定额为 20 元，单件产品工时定额为 30h，每小时直接人工费用为 0.04 元，每小时制造费用为 0.02 元。求：在产品采用定额成本法，计算完工产品成本和期末在产品定额成本。

解：期末在产品定额成本为

$$直接材料成本=200\times 20=4\ 000(元)$$

$$直接人工成本=200\times 30\times 0.04=240(元)$$

$$制造费用=200\times 30\times 0.02=120(元)$$

$$期末在产品定额成本=4\ 000+240+120=4\ 360(元)$$

$$完工产品成本=2\ 500+35\ 000-4\ 360=33\ 140(元)$$

【例 10-2】某物流企业分别对甲、乙、丙三种产品进行流通加工，2017 年 4 月三种产品共同消耗 A 材料共计 180 000 元，该月三种产品的净重分别为 4 000kg、5 000kg、9 000kg。采用重量分配法编制“A 材料费用分配表”，如表 10.2 所示。

表 10.2　A 材料费用分配表

产品名称	产品重量/kg	费用分配率/%	分配金额/元
甲产品	4 000	—	40 000
乙产品	5 000	—	50 000
丙产品	9 000	—	90 000
合计	18 000	1000%	180 000

10.3.2　流通加工直接人工费用的计算

1. 流通加工直接人工费用的内容

流通加工直接人工费用是指直接进行加工生产的生产工人的工资总额(包括计时工资、计件工资、奖金、津贴、补贴等)和按工资总额的一定比例提取的职工福利费。

2. 流通加工直接人工费用的归集

根据当期“工资结算单”按人员类别汇总编制“工资结算汇总表”和“职工福利费计算表”，确定计入产品成本的直接人工费。“工资结算汇总表”是进行工资结算和分配的原始依据。“工资结算单”应当依据职工工作卡片、考勤记录、工作量记录等原始凭证编制。“职工福利费计算表”是依据“工资结算汇总表”确定的各类人员工资总额，按照规定的提取比例计算后编制的。

3. 流通加工直接人工费用的分配

流通加工人工费用是提供流通加活动而产生的。凡是属于流通加工的活劳动消耗，都应计入人工费用；凡是不能直接归属活劳动的消耗的间接费用，也应该通过分配计入人工费用。在分配过程中，企业应根据间接费用的不同特性选择不同的分配标准，可以选用的标准有重量、体积、劳务量等。

采用支付计件工资形式的生产工人工资，一般直接计入加工的产品成本中，不再需要进行分配。计时工资形式的工资成本，如果只加工一个产品，则直接计入该产品成本，不需要分配；如果加工多个产品，则需要采用合理的方法，在各种产品之间进行分配。按工资总额的一定比例提取的职工福利费的分配方法与工资的分配方法相同。

采用计时工资形式加工的多个产品的工资分配方法包括：生产工时分配法、系数分配法等。其中，流通加工生产工时分配法的计算公式为

$$\text{费用分配率}=\frac{\text{应分配的直接人工费用}}{\text{各种产品的加工工时之和}}\times 100\% \tag{10.2}$$

$$\text{加工对象应分配的工资费用}=\text{该产品加工的实际耗用工时}\times\text{费用分配率} \tag{10.3}$$

式(10.2)中的生产加工工时，可以为产品的实际加工工时，也可以是按照单位产品加工的定额工时，也可以是实际加工量的定额总工时。

根据收入与费用配比的要求，企业在会计期末，应结转相应的人工成本，计入流通加工的运营成本。对于单一流通加工合同，企业可以按照流通加工交易的结果分别对物流成本进行计量。可以采用完工百分比法计量人工费用，按照提供的物流劳务交易的完成进度确认相应的劳务成本。不能估计劳务交易结果的，按已经发生的劳务成本金额结转劳务成本。

【例 10-3】某物流企业加工甲、乙两种产品，实际工时为：甲产品 20 000h，乙产品 32 000h。根据工资结算凭证汇总的工资费用为：基本生产车间的工人工资为 23 920 元，车间管理人员工资为 4 100 元，企业行政管理部门人员工资为 2 350 元，生活福利部门人员工资为 3 000 元，专设销售机构人员工资为 2 000 元。求：将基本车间工人工资在甲、乙产品间按实际工时分配。

解：

$$工资费用分配率=23\,920\div(20\,000+32\,000)\times100\%=46\%$$

$$甲产品负担=20\,000\times46\%=9\,200(元)$$

$$乙产品负担=32\,000\times46\%=14\,720(元)$$

【例 10-4】某物流企业有流通加工生产车间，分别生产甲、乙、丙三种产品，10 月产品生产工人的工资为 100 000 元，按生产工人工资总额提取的职工福利费用为 14 000 元。该厂采用生产工时分配法分配直接人工费用，10 月甲、乙、丙三种产品的实际生产加工工时分别为 3 000h、10 000h 和 7 000h。根据资料，编制“直接人工费用分配表”，如表 10.3 所示。

表 10.3　直接人工费用分配表

产品名称	实际生产工时/h	工资分配		福利费分配		分配金额合计/元
		分配率/%	分配金额/元	分配率/%	分配金额/元	
甲	3 000	—	15 000	—	2 100	17 100
乙	10 000	—	50 000	—	7 000	57 000
丙	7 000	—	35 000	—	4 900	39 900
合计	20 000	500%	100 000	70%	14 000	114 000

10.3.3　流通加工制造费用的计算

1. 流通加工制造费用的内容

流通加工制造费用是生产加工单位为组织和管理流通加工发生的各项间接费用，例如：流通加工单位房屋、建筑物的折旧费用，机器设备的折旧费用，以及修理费、水电费、办公费等。

在构成流通加工成本的直接材料费用、直接人工费用和制造费用等项目中，制造费用属于综合性费用，明细项目比较多，除机器设备等的折旧费和修理费外，制造费用的大部分为一般费用，尽管有些制造费用与加工产品变量的变动有关，但制造费用多为固定费用，不能按照业务量制定定额，只能按会计期间编制制造费用预算，控制制造费用总额。

2. 流通制造费用的归集

制造费用是通过设置费用明细账，按照费用发生的地点来归集的。制造费用明细账按照加工生产单位开设，并按照费用明细账目设专栏组织核算。流通加工制造费用明细账的格式可以参考工业企业的制造费用明细账的一般格式。

由于流通加工环节的折旧费用、固定资产修理费用等占用成本比例较大，其费用归集尤为重要。下面简述折旧费用和固定资产维修费用等项目的归集。

(1) 折旧费用。折旧费用和修理费从其生产工艺过程的关系属于基本费用，为了简化核算，通常视组织和管理加工生产所发生的间接费用作为制造费用的项目，折旧费是通过编制折旧费用计算费用汇总表，计算各种生产单位本期折旧费用后计入制造费用的，根据折旧费用计算汇总表得出折旧额，并计算出流通加工部门折旧费。

(2) 固定资产修理费用。一般可以直接计入当月该生产加工单位的制造费用。当修理费用发生不均衡，一次发生的费用数额较大时，也可采用分期摊销或按照计划预提计入制造费用的方法。

例如，某流通加工中心以银行存款支付固定资产修理费 2 600 元，其中一车间 1 100 元，二车间 1 300 元，配电室 200 元，应根据实际发生的修理费用计入当期各部门的制造费用。当采用预提方式计提大修理费用时，注意应正确预计每月的提取数额，且预提费用总额与实际支付费用总额的差额，期末应当调整计入流通加工成本。

(3) 租入固定资产改良支出。企业租入固定资产的改良支出摊销期一般在一年以上，发生时作为长期待摊费用处理，再按预定期限摊入制造费用。例如，某流通加工中心加工部门，以银行存款 38 000 元用于租入固定资产改良支出，计划在合同规定的租赁期两年内摊销，则每月摊销 1 583 元，加入制造费用。

3. 制造费用的分配

制造费用是各加工单位为组织和管理流通加工时发生的间接费用，制造费用的受益对象是流通加工单位本期加工的所有产品。如果加工单位只加工一种产品，则制造费用直接计入该对象的流通加工成本，不需要再进行分配；如果加工单位同时加工多种产品，则发生的制造费用需在全部受益对象之间进行分配。实际工作中，制造费用的分配方法有生产工时分配法、机器工时分配法、计划分配率分配法、系数分配法、直接人工费用比例分配法等。现分别以生产工时分配法、机器工时分配法和计划分配率分配法为例说明。

(1) 生产工时分配法，是以加工各种产品的生产工时为标准分配费用的方法。加工生产工时一般指加工产品实际总工时，也可以是按实际加工量和单位加工量的定额工时计算的定额总工时。生产工时分配率的计算公式为

$$\text{费用分配率}=\frac{\text{某流通加工应分配制造费用}}{\text{该流通加工单位各种产品加工工时之和}}\times 100\% \tag{10.4}$$

$$\text{某加工产品应分配费用}=\text{该产品的加工工时}\times\text{费用分配率} \tag{10.5}$$

【例 10-5】某物流中心第一流通加工部门，本月制造费用明细账归集的制造费用总额为 16 000 元。本月实际加工工时为 40 000h，其中：加工甲产品 18 000h；乙产品 10 000h；丙产品 12 000h。采用生产工时分配法编制制造费用分配表见表 10.4。

表 10.4　制造费用分配表

加工单位：第一流通加工部门　　　　年　月

产品名称	加工工时/h	分配率/%	分配金额/元
甲产品	18 000	—	7 200
乙产品	10 000	—	4 000
丙产品	12 000	—	4 800
合计	40 000	40%	16 000

(2) 机器工时分配法，是以各种加工产品（各受益对象）的机器工作时间为标准，来分配制造费用的方法。当制造费用中机器设备的折旧费用和修理费用比较大时，采用机器工时分配法比较合理。

必须指出，不同机器设备在同一工作时间内的折旧费用和修理费用差别较大。也就是说，同一件产品（或不同产品）在不同的机器上加工一个单位所负担的费用应当有所差别。因此，当一个加工部门内存在使用和维修费用差别较大的不同类型的机器设备时，应将机器设备合理分类，确定各类机器设备的工时系数。各类机器设备的实际工作时间，应当按照其工时系数换算成标准机器工时，将标准机器工时作为分配制造费用的依据。

【例 10-6】某物流中心第二流通加工部门，某月制造费用总额为 56 500 元。各种产品机器加工工时共计 46 000h，其中：甲产品由 A 类设备加工 10 000h，B 类设备加工 6 000h；乙产品由 A 类设备加工 5 000h，B 类设备加工 10 000h；丙产品由 A 类设备加工 10 000h，B 类设备加工 5 000h。该加工部门 A 类设备为一般设备，B 类设备为高级精密大型设备。按照设备使用和维修费用发生情况确定的 A 类设备（标准设备类）系数为 1，B 类设备系数为 1.5。根据资料采用机器工时分配法编制制造费用分配表，见表 10.5。

表 10.5　制造费用分配

加工单位：第二流通加工部门　　年　月

产品名称	机器工作时间/h				分配率/%	分配金额/元
	A 类设备（标准）	B 类设备系数(1.5)		标准工时合计		
		加工时数	折合时数			
甲产品	10 000	6 000	9 000	19 000	—	19 000
乙产品	5 000	10 000	15 000	20 000	—	20 000
丙产品	10 000	5 000	7 500	17 500	—	17 500
合计	25 000	21 000	31 500	56 500	100%	56 500

从表 10.5 的分配结果可以看到，考虑设备工时系数以后，乙、丙两种产品的实际机器工时均为 15 000h，但由于乙产品在 B 类设备的加工工时较多，因此就比丙产品多负担了 2 500 元费用，这样分配比较合理。

(3) 计划分配率分配法，是按照年初确定计划制造费用分配率分配制造费用，实际发生的制造费用与按计划分配率分配的制造费用的差异年末进行调整。

计划分配率是根据各加工单位计划年度制造费用总额和计划年度定额总工时计算的。其计算公式为

计划制造费用分配率＝年度制造费用预算总额÷年度计划完成定额总工时　　(10.6)

某加工产品当月应分配制造费用，是根据该产品实际加工量，按单位产品定额工时计算的定额总工时和计划分配率计算的。其计算公式为

某产品应分配费用＝实际加工量计算的定额总工时×计划制造费用分配率　(10.7)

【例 10-7】某物流中心流通加工部门，本年度制造费用预算总额为 420 000 元。该部门加工甲、乙、丙三种产品，本年计划加工量分别为 6 000 件、5 000 件和 3 200 件，单位产品定额加工工时分别为 140h、80h 和 50h，年度计划完成的定额总工时为 700 000h。本年 1 月份加工甲产品 400 件、乙产品 500 件、丙产品 600 件。按计划分配率分配制造费用，计算结果如下：

计划制造费用分配率=(420 000÷700 000)×100%=60%(元/h)

1 月份应分配制造费用：

甲产品：400×140×60%=33 600(元)

乙产品：500×80×60%=24 000(元)

丙产品：600×50×60%=18 000(元)

计划分配率一经确定，年度内一般不再变更，因此这种方法计算简便，各月产品成本所负担的制造费用也比较均衡。

10.4　流通加工成本分析与控制

10.4.1　流通加工成本分析

对流通加工成本的分析，可通过编制流通加工成本报表进行分析。在对流通加工成本报表进行分析的过程中，在研究各项成本指标的数量变动和指标之间的数量关系，测定各种因素变动对成本指标的影响程度时，常用以下四种分析方法。

1. 比较分析法

比较分析法是通过指标对比，从数量上确定差异的一种分析方法。主要作用在于揭示客观存在的差距，为进一步分析指出方向。

2. 比率分析法

比率分析法是指通过计算和对比经济指标的比率，进行数量分析的一种方法。采用这一方法，先要把对比的数值变成相对数，求出比率，然后再进行分析。

3. 连环替代法

连环替代法是用来计算几个相互联系的因素，对综合经济指标变动影响程度的一种分析方法。

4. 差额计算法

差额计算法是连环替代法的一种简化形式。运用这一方法时，先要确定各因素实际数与计划数之间的差异，然后按照各因素的排列顺序，依次求出各因素变动的影响程度。

10.4.2　流通加工成本控制

流通加工成本的控制具体包含以下五种方式。

1. 通过流通加工标准化，提高流通加工的效率

流通加工标准化是以物流作为一个大系统，制订物流加工设施、机械设备、专用工具等各个分系统的技术标准。制订系统内各个分领域如包装、装卸、运输等方面的工作标准，

以系统标准化为出发点，研究各分系统与分领域中技术标准与工作标准的配合性，统一整个物流系统的标准，流通加工标准化使货物在加工过程中的基本设备统一规范，如各种运输装备、装卸设备标准之间能有效衔接，大大提高了流通加工产出能力，缩短了加工的时间，也在一定程度上促进了货物运输、储存、搬运等过程的机械化和自动化水平的发展，有利于提高物流系统的运作效率，从而降低物流成本。

2. 通过实现供应链管理，降低流通加工成本

实行供应链管理不仅要求物流系统具有效率化，也需要协调供应链实体之间的关系，实现整个供应链活动的效率化。正因为如此，强调供应链管理，对流通加工提出面向流程管理的战略要求：根据客户内部流程的特殊性，设计流通加工运作流程，逐步实现与客户内部流程的无缝衔接。面向流程的成本控制，不仅仅是物流部门或生产部门要加强控制，同时采购部门等各职能部门都要加强成本控制。对现有的成本业务进行合理的规划，构建面向供应链管理的流通加工系统，形成具有分层多级的服务网络，为客户提供高质量、安全可靠、多样化、个性化的流通加工服务。

3. 通过信息化管理，构筑流通加工运作流程

实现流通加工成本的控制，必须借助信息管理系统来构筑成本控制体系，尤其是利用互联网等高科技来完成流通加工全过程的协调、控制和管理，实现从网络前端到网络终端的全过程服务。一方面通过信息的传导，使各种物流作业或业务处理正确、迅速地进行；另一方面通过信息的集成，强化了物流运作机制，实现了信息流、物流与资金流的三流合一运作流程。客户将购买流通加工的意向、数量、价格等信息在网络上进行传输，从而使生产、物流等部门实现快速整合，敏捷应对客户的个性化需求，实时调整不同客户的服务要求和计划，从整体上控制了物流成本重叠发生的可能性。同时，物流信息管理系统的全面管理，使混杂在其他业务中的物流活动的成本能精确地计算出来，而不会把成本转嫁到其他领域或部门。

4. 通过全过程管理，加强流通加工成本控制

实现流通加工全过程的成本管理，是在从接到用户订单到产品送达到最终用户整个过程中实现成本控制。流通加工设施的投资或扩建要视整个流通渠道的发展和要求而定。例如，有些厂商是直接面对批发商经营的，因此，流通加工服务要与批发商物流中心相吻合。随着零售业便民店、折扣店的迅速发展，客户要求厂商必须适应零售业这种新型的业态形式，展开直接面向零售店铺的物流活动。在这种情况下，建立新型的符合现代物流发展要求的物流加工服务，就需要增加自动化分拣设备。显然，这些投资增加了物流成本，但从整个流通过程来看，却大大提高了物流绩效。

5. 通过效率化管理，提升流通加工的服务水平

提升流通加工的服务水平，一个重要的方面在于满足用户的时间要求。时间要求涉及采购、进货方式、生产加工、送货方式等多方面的配合。随着流通加工产生的成本费用不断降低，特别是多频次率、小批量的流通加工业务的发展，更要求采取效率化的管理模式，通过构筑有效的流通加工信息系统，使采购计划与生产计划联系起来进行，同时通过信息系统也能使物流计划或送货计划相匹配，从而提高流通加工效率，降低流通加工的成本，提升流通加工的服务水平。

10.4.3　流通加工成本合理化

流通加工合理化的含义是实现流通加工的最优配置，也就是对是否设置流通加工环节、在什么地方设置、选择什么类型的加工、采用什么样的技术装备等问题做出正确抉择。这样做不仅要避免各种不合理的流通加工形式，而且要实现流通加工的最优配置。要实现流通加工的合理化，主要应从以下几个方面加以考虑：

(1) 确定合理的流通加工方式。物流部门的流通加工是以满足用户的需要而设定的。流通加工的方式很多，加工方式又与流通加工成本之间存在一定的联系。流通加工作业应根据服务对象，选择适当的加工方法和加工深度，因为不同的加工方法和加工深度的成本支出是不同的，所以在确定加工方式时必须进行经济核算和可行性研究，合理确定加工成本的支出。

(2) 确定合理的加工能力。流通加工成本与加工的批量、加工数量存在正比关系，即加工批量越大、加工数量越多，流通加工成本也相应增加。但是，加工批量是否均衡，加工数量是否稳定，会给加工带来很大的影响。当被加工的批量和数量大于加工能力时，表现为加工能力不足；反之，则表现为加工能力过剩。前者会因加工能力不足而失去获得加工利润的机会；后者会因加工能力过剩而造成加工设备、加工人员的闲置，即成本损失。因此，应根据物流需要和加工者的实际能力来确定加工批量和数量。

(3) 加强流通加工的生产管理。流通加工的生产管理与流通加工成本之间的联系十分密切。一般说来，生产管理的水平越高，其成本水平越低。流通加工生产管理的内容很多，如劳动力、设备、动力、物资等方面的管理，无一不与流通加工成本密切相关。例如，套极型流通加工，其最有特殊性的管理是出材率管理，当加工出材率高，物资利用率高时，流通加工成本相对下降，从而经济效益好。由此涉及的耗用定额管理、套裁规划设计等，都非常重要。

(4) 制定相应的经济指标。流通加工的对象是已经成为商品的产品，因而它不同于生产过程中的加工，它是对生产加工的一种辅助和补充。为了更好地反映流通加工的经济效益，应制定能反映流通加工特征的经济指标，如利用流通加工单位产品增值率、流通加工

材料出材率、利用率等指标来进行考核。

(5) 加工和配套结合。“配套”是指对使用上有联系的用品集合成套地供应给用户使用。例如，方便食品的配套。当然，配套的主体来自各个生产企业，如方便食品中的方便面，就是由其生产企业配套生产的。但是，有的配套不能由某个生产企业全部完成，如方便食品中的盘菜、汤料等。这样，在物流企业进行适当的流通加工，可以有效地促成配套，大大提高流通作为供需桥梁与纽带的能力。

(6) 加工和配送结合。就是将流通加工设置在配送点中。一方面按配送的需要进行加工；另一方面加工又是配送作业流程中分货、拣货、配货的重要一环，加工后的产品直接投入到配货作业，这就无须单独设置一个加工的中间环节，而使流通加工与中转流通巧妙地结合在一起；同时，由于配送之前有必要的加工，可以使配送服务水平大大提高，这是当前对流通加工做合理选择的重要形式，在煤炭、水泥等产品的流通中已经表现出较大的优势。

(7) 加工和合理运输结合。流通加工能有效衔接干线运输和支线运输，促进两种运输形式的合理化。利用流通加工，在支线运输转干线运输或干线运输转支线运输等这些必须停顿的环节，不进行一般的支转干或干转支，而是按干线或支线运输合理的要求进行适当加工，从而大大提高运输及运输转载水平。

(8) 加工和节约结合。节约能源、设备、人力、减少耗费是流通加工合理化重要的考虑因素，也是目前我国设置流通加工并考虑其合理化的较普遍形式。

(9) 加工和合理商流结合。流通加工也能起到促进销售的作用，从而使商流合理化，这也是流通加工合理化的方向之一。加工和配送相结合，通过流通加工提高了配送水平，促进了销售，使加工与商流合理结合。此外，通过简单地改变包装加工形成方便的购买量，通过组装加工解除用户使用前进行组装、调试的难处，都是有效促进商流的很好例证。

对于流通加工合理化的最终判断，不仅是看其是否能实现社会的和企业本身的两个效益，还要看其是否取得了最优效益。

【本章小结】

流通加工是现代物流的 7 项基本功能之一，是物流活动的重要组成部分。流通加工不但能提高企业物流系统的服务水平和效率，还扮演着现代物流活动的增值服务角色。流通加工在物流水平较为发达的国家非常普遍，形式日趋多样化。作为增值服务的流通加工受到越来越广泛的关注，作为物流环节之一的流通加工具有广阔的发展前景，必将为物流领域带来巨大的经济效益。

本章主要介绍了流通加工成本管理相关知识，在学习过程中要求大家了解流通加工的特点，掌握流通加工成本的构成及流通加工成本的核算，了解流通加工成本分析、控制的方法，了解实现流通加工合理化的途径。

【思考与练习题】

1. 简答题

(1) 流通加工的特点是什么？
(2) 流通加工成本由哪几方面构成？
(3) 如何进行流通加工成本核算？
(4) 如何实现流通加工的合理化？

2. 计算题

某物流企业某月份加工某产品，本月完成产品产量为 1 000 件，期末产品数量为 100 件，期初该产品成本为 1 500 元，本期费用共计 35 000 元。原材料在生产开始时一次投入，在产品单件材料费用定额为 20 元，单件产品工时定额为 40h，每小时直接人工费用为 0.05 元，每小时制造费用为 0.02 元。

求：该产品采用定额成本法，计算完工产品成本和期末该产品定额成本。

【案例分析】

上海联华生鲜食品加工配送中心食品加工流通案例

冷链物流，泛指冷藏冷冻类食品在生产、贮藏、运输、销售，到消费前的各个环节中始终处于规定的低温环境下，以保证食品质量，减少食品损耗的一项系统工程。它是随着科学技术的进步、制冷技术的发展而建立起来的，是以冷冻工艺学为基础、以制冷技术为手段的低温物流过程；是需要特别装置，需要注意运送过程、时间掌握、运输形态，物流成本所占成本比例非常高的特殊物流形式。

由于生鲜加工配送不同于常温干货配送，要求有相应保鲜条件并有不菲的收入，配送半径有限，相对经营风险较大，加之制成品加工管理复杂，使得多数连锁超市都没有贸然介入。

上海联华生鲜食品加工配送中心有限公司是联华超市股份有限公司的下属公司，于 1999 年 12 月在上海市闸北区合资注册成立，注册资本 500 万元。它主营生鲜食品的加工、配送和贸易，拥有资产总额近 3 亿元，是国内具有一流水平的现代化生鲜加工配送企业。公司总占地面积 22 500 m^2。其中包括生产车间、冷库、配送场地、待发库、仓库(地下室)、办公楼等。冷库 8 700t；运输车辆 46 辆(其中 24 辆为制冷保温车)，保证商品安全生产，快速流通。联华生鲜食品加工配送中心是设备较为先进、规模较大的生鲜食品加工配送中心。联华生鲜食品加工配送中心总投资 6 000 万元，建筑面积 35 000 m^2，年生产能力 20 000t，其中肉制品 15 000t，生鲜盆菜、调理半成品 3 000t，西式熟食制品 2 000t，产品结构分为 15 大类，约 1 200 种生鲜食品；在生产加工的同时，配送中心还从事水果、冷冻品以及南北货的配送任务。联华生鲜食品配送中心的配送范围覆盖联华标超、快客便利、世纪联华、华联吉卖盛、联华电子商务(联华 OK 网)等 2 000 余家门店，为企业的快递发展奠定基础。

(1) 上海联华加工配送中心的设施为加工成本起到了什么作用?

(2) 对食品进行流通加工，其作用体现在哪些方面？成本方面可采取什么措施优化?

【实训设计】

(1) **实训目的**：了解实训企业的流通加工成本的构成及核算。

(2) **实训要求**：①实训地点：当地一家流通加工类企业；②实训时间：课余时间，根据具体情况确定一个时间段；③实训内容：深入当地一家流通加工企业，了解其有关生产、经营和销售情况，并深入了解其经营的主要目的和市场环境。通过对生产流程加工环节的了解，调查其流通加工环节产生的经济效益，并结合企业特点，完成流通加工企业成本的调查报告。

(3) **实训指导**：①全班同学分成若干小组(6～8 人一组)，每组指定专人负责；②根据调查主题，按小组选择调查对象，去企业之前需要提前联系调研的流通加工企业，最好由教师带队，以确保活动顺利进行；③分小组调研，完成流通加工企业成本管理调查报告；④严守课余活动组织纪律，确保人身安全。

第 11 章　物流信息成本管理

【学习目标】

通过本章学习，了解物流信息成本、物流信息系统的概念、来源及内容，掌握物流信息成本分析的方法，掌握物流信息成本核算内容与方法，了解物流信息成本控制的方法。

【学习重点】

物流信息成本分析的方法，物流信息成本核算内容与方法。

【学习难点】

物流信息成本核算内容与方法。

11.1　物流信息系统概述

11.1.1　物流信息的内容和特征

1. 物流信息的内容

物流信息指的是在物流活动过程中产生的情报、数据和知识的集合，也就是反映物流各种活动内容的知识、资料、图像、数据和文件的总称，主要由物流活动中的商务管理过程和决策管理过程组成。商务管理过程包括接收订单、订单处理、仓库管理、末端配送以及每一环节的异常处理和进行物流内部和外部的业务结算过程，如资金结算并提供报表以及各种统计资料，最后还有质量服务信息，如质量监察、用户投诉处理、货件的跟踪查询和客户关系管理等。而在物流活动的管理与决策中，如运输工具的选择、运输路线的确定、每次运送批量的确定、在途货物的追踪、仓库的有效利用、最佳库存数量的确定、库存时间的确定、订单管理决策、配送水平的提高等，都需要详细和准确的物流信息，因为物流信息对出入库管理、流通加工、在库管理和配送管理等物流活动具有支持保证的功能。

更广泛地讲，物流信息不仅包含与物流活动相关的信息，还包括与其他流通活动相关的信息，如商品交易信息和市场信息等。商品交易信息是指与买卖双方的交易过程有关的信息，如销售和购买信息、订货和接受订货信息、发出货款和收到货款信息等；市场信息是指与市场活动有关的信息，如消费者的需求信息、竞争者或竞争性商品的信息、促销活动信息、交通通信等基础设施信息等。广泛意义上的物流信息不仅能起到整合从供应商到最终消费者的整个供应链的作用，而且在应用现代信息技术的基础上还能实现整个供应链活动的效率化。历史上信息对物流活动的重要性并没有得到充分重视，目前信息技术的发展促使物流信息的传递媒体和途径发生很大的变革，通过计算机网络传递的信息，包括文字、数据、表格、图形、影像、声音以及内容，都是物流信息的重要组成部分。

2. 物流信息的特征

围绕供应链上的企业来讲，其物流信息具有以下特殊的特征：

(1) 来源具有广泛性和多样性。企业物流信息不仅包括企业内部的物流信息，如采购信息、库存信息等，还包括企业之间的物流信息和与物流活动有关的基础运作信息。企业竞争优势的获得需要供应链各参与企业之间相互协调合作，协调合作的手段之一就是协作的各个企业之间信息的及时交换和共享。另外，物流活动还往往利用道路、港湾、机场等基础公共设施，因此，为了高效地完成物流活动，必须掌握与基础设施有关的信息，如在国际物流过程中必须掌握所需信息及港口作业信息等。同时，从宏观角度来看，国民经济计划、财政信贷等情况也是物流信息的来源。

(2) 数量具有庞大性和快变性。物流信息随着物流活动以及商品交易活动的展开而大量发生。多频度小数量的配送方式使库存、运输等物流活动的信息大量增加。零售商应用销售时点 (point of sale，POS) 系统读取销售时点的商品品种、价格、数量等即时销售信息，并对这些销售信息加工整理，通过计算机网络向相关企业传送。另外，为了使库存补充作业合理化，许多企业采用电子订购系统。随着企业间合作倾向的增强和信息技术的发展，物流信息量在今后会越来越大。同时，多频度小数量的配送、利用POS 系统的即时销售使得各种作业活动频繁发生，从而要求物流信息不断更新而且更新的速度越来越快。

(3) 多种处理性和复杂性。物流信息来源的多样化，造成物流信息不能像其他信息那样，可以直接指导实践活动。它通常需要经过反复地研究和多种技术的处理，才能成为有实用价值的信息。而在大量的多种信息面前，分析其与物流活动的相关程度，再把处理后的信息拿去指导物流活动，也是一个复杂的过程。

(4) 内外关联性和紧密性。来自物流过程的各种信息之间存在着十分密切的联系。如采购信息和库存信息之间存在一定的数量关系，订货信息和分拣配货信息、发货信息之间又存在因果关系等。物流信息与商流信息、生产信息等同样存在密切的联系。物流系统的这种联系性特征是研究物流与商流关系、物流与生产关系以及物流各系统之间关系的基础，是建立物流信息系统的基础。

11.1.2　物流信息系统

1. 物流信息系统的概念

在物流领域范畴内建立的信息收集、整理、加工、储存与服务工作的系统，称为物流信息系统。它是一个从采购到配送全过程进行控制的信息管理系统，同时也是为物流管理人员及其他企业管理人员提供战略及运作决策支持的人机系统，它是信息系统在物流管理领域应用的系统。建立物流信息系统，提供迅速、准确、及时、全面的物流信息是现代企业获得竞争优势的必要条件。

2. 物流信息系统的结构

系统结构是指系统内部各个要素之间的相互联系、相互作用或秩序，即各要素之间在时间和空间上排列与组合的具体形式。从系统的观点来看，物流信息系统主要由硬件系统、软件系统、数据信息资源、企业管理理念与规范以及相关人员构成。

物流管理信息系统结构如图 11.1 所示。

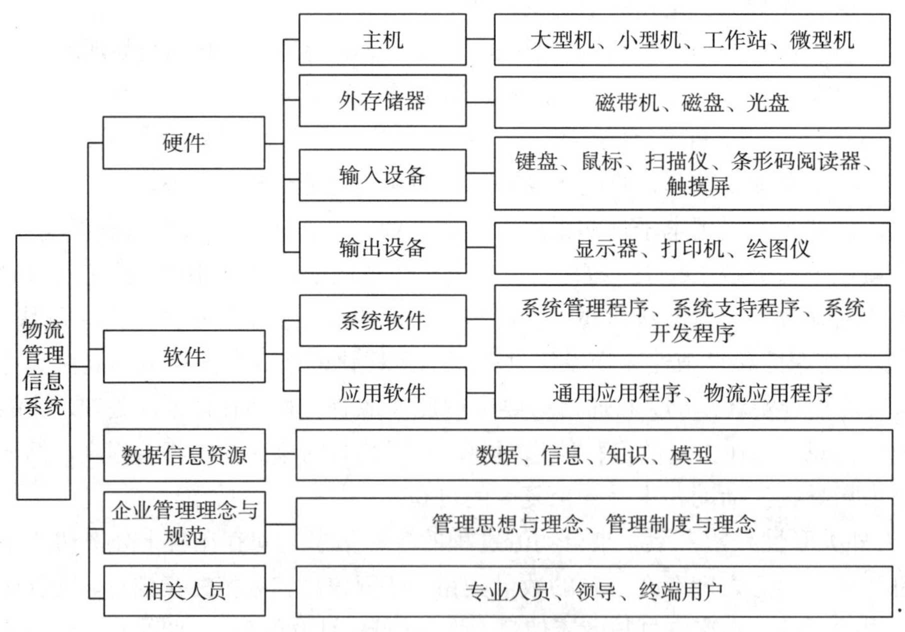

图 11.1　物流管理信息系统结构图

3. 物流信息系统的作用

物流管理的任务就是高效率地管理好企业的各种资源，创造效益。而这些物资资源的管理就需要通过反映这些资源动态变化过程的数据、图表、报告等形式记录下来，这就是物流信息。通过物流信息系统，可以把物流活动中的信息进行收集、传递、存储、处理和输出，成为决策的依据，对整个物流活动能起到指挥、协调、支持和保障的作用，具体表现为以下几个方面：

(1) 沟通联系。物流系统会涉及很多行业、部门以及企业群体，系统内部正是通过各种指令、计划、文件、数据、报表、凭证、广告、商情等物流信息，建立起各种纵向和横向的联系，沟通供应商、生产商、批发商、零售商、物流服务商和消费者，满足各方面的需要。企业内部通过办公自动化系统、物流作业信息系统、物流管理信息系统搭起沟通各方面的信息桥梁；而企业外部通过配送规划系统、电子订购系统或电子商务系统便捷地和客户进行沟通，通过外联网或EDI 系统实现和供应商的交互。可见，计算机网络系统为企业物流信息的沟通联系提供了一条高速公路。

(2) 引导和协调。在物流运作中，物流信息系统随着物资、货币及物流当事人行为活动的发生，采集生成所有物流信息，并经过网络快速把信息反馈到物流供应链上的各个环节，依靠这些物流信息及其反馈来引导物流结构的变动和物流布局的优化，协调物资流动的情况，使供需之间平衡，协调人、财、物等物流资源的配置，促进物流资源的整合和合理使用。

(3) 管理控制。通过移动通信、计算机信息网络、电子数据交换、全球定位系统等信息技术实现物流活动的电子化，如货物实时跟踪、车辆实时跟踪、库存自动补货等，用信息化代替传统的手工作业，实现物流运行、服务质量和成本等的管理控制。例如，通过仓储管理系统(warehouse management system，WMS)可以及时掌握动态真实的库存情况，包括库存数量、库存能力、配送能力、在途数量和门店需求、接发货能力、结算状况等信息，便于进行库存管理和订、发货管理。再比如在配送中心，配送规划系统采集大量物流信息，进行分析预测，合理调配运力，选定发货路线和运输车辆，制定最优发货计划并响应发出的发货指令。目标就是要缩短从接受订货到发货的时间，使接受订货和发货更为省力；配送库存适量化(压缩库存并防止脱销)，提高装卸搬运和运输的效率，调高订单处理的精度，防止配送出现差错，调整需求和供给，提供信息咨询等。

(4) 帮助压缩物流管道长度和宽度。为了应付需求变动，在物流供应链的不同节点上通常都设置有库存。物流管道越长、越宽，就包括越多的中间库存，如零部件、在制品、制成品的库存等，这些库存增加了物流流动的长度和宽度，大大提高了物流成本。通过计算机信息系统，如货物跟踪系统、车辆调度跟踪系统和物流管理系统配合，如果能够实时地掌握物流链上不同节点中的存储信息，增加这条管道的透明度(如知道在物流管道中什么时候、什么地方、多少数量的货物可以到达目的地)，就可以了解物流中间环节中的过多库存并进行缩减，以缩短物流管道中的不必要环节，提高物流服务水平。

(5) 辅助决策分析。物理信息是制定决策方案的重要基础和关键依据，物流管理决策过程本身就是对物流信息进行深加工的过程，是对物流活动的发展变化规律性认识的过程。物流信息系统通过对信息的处理、建模和分析比较，协助物流管理者鉴别、评估并比较物流战略和策略的可选方案，如车辆调度、库存管理、设施选址、资源选择、流程设计以及有关作业比较和安排的成本－收益分析等，做出科学的决策。

(6) 支持战略计划。作为决策分析的延伸，物流战略计划涉及物流活动的长期发展方向和经营方针的制定。例如，企业战略联盟的形成、以利润为基础的顾客服务分析以及能力和机会的开发和提炼，作为一种更加抽象、松散的决策，是对物流信息进一步提炼和开发的结果。战略计划的制定更多依靠决策者本身的决策风格，但物流信息系统能够快速地提供来自企业内部、外部的各种信息，并能根据要求做出各种显示的图表和比较分析，这些对高层决策者进行决策是有很大辅助作用的。

(7) 价值增值。表面上看，物流信息系统本身对物流企业不创造价值，而建设物流信息系统的成本是很高的，并且建设物流信息系统的过程中还需要对企业管理流程进行梳理和优化，需要对员工进行培训和教育，需要对所有的物流数据进行标准化等，如果其中一个环节没有做到位，失败的风险就会很大。因此，物流信息系统的建设投入是很大的。但物流信息系统建设成功后带来的显性价值（如成本降低）和隐性价值（管理规范化）都是增长性的。应用物流信息系统的时间越长，它体现出来的价值就越大。可见，物流信息系统对物流企业来说具有价值增值的特点。

11.1.3　物流信息技术

1. 物流信息技术的概念

物流信息技术是指信息技术在物流活动中的各种应用，是物流现代化的重要标志。通过信息技术，可以将物流各环节联成一个整体，按照统一的供货计划准时地实现物资的流动，压缩物流过程中原材料和成品的运输与存储时间，提高效率。如今，信息技术在物流活动中的应用已被企业更多地重视起来，是企业提高运输速度，降低成本的重要竞争力。

物流信息技术主要由自动识别和采集技术、信息存储和处理技术、信息交换技术、物流动态跟踪技术等组成，包括基于各种通信方式基础上的移动通信手段、GPS 技术、GIS 技术、计算机网络技术、条形码技术、射频识别技术和数据仓库等。

2. 物流信息技术的分类

物流信息技术主要分为四大类，即基础技术、信息识别技术、信息交换技术和地理分析与动态跟踪技术。

(1) 基础技术。基础技术主要包括计算机技术、网络技术和数据库技术。在物流信息技术中，计算机技术主要是指计算机的操作技术，数据库技术主要用于物流信息的存储、查询、提供信息支持和辅助决策。网络技术通过整合互联网分散的资源，实现资源的全面共享和有机协作，使人们能按需获取信息。在物流管理中，网络信息技术为物流供应链管理提供技术支撑，实现信息在企业间交互与共享。

(2) 信息识别技术。信息识别技术主要包括条形码技术和射频识别(RFID)技术。条形码技术又称条码技术，是在 20 世纪产生和发展起来的一种自动识别技术，是集条码理论、光电技术、计算机技术、通信技术、条码印刷技术于一体的综合性技术。在物流过程中，利用条码技术，可以实现数据的自动采集、自动识别。在商品从供应商到消费者的整个物流过程中，都可以通过条码来实现数据共享，使信息传递更加方便、快捷、准确，也使得经济效益得到极大的提高。因此，条码技术成为了物流信息管理工作的基础，被广泛应用于物流的数据采集领域。

RFID 技术是一种基于电磁理论的通信技术，它通过射频信号自动识别目标对象来获取相关数据，是一种非接触式的自动识别技术，适用于物料跟踪、运载工具和货架识别等要求非接触数据采集和交换的场合，对于要求频繁改变数据内容的场合尤为适用。射频技术是对条码技术的补充和发展，它规避了条码技术的一些局限性，为大量信息的存储、改写和远距离的识别奠定了基础。例如，射频技术在集装箱上的应用，在集装箱上安装标签，当集装箱从汽车、火车、货船到达或离开货场时，通过射频识别设备，对集装箱进行自动识别，并将识别信息通过各种网络通信设施传递到信息系统，实现集装箱的动态跟踪和管理，提高集装箱的运输效率。

(3) 信息交换技术。信息交换技术即电子数据交换技术，又称 EDI 技术，是指通过电子方式，采用标准化的格式，利用计算机网络进行结构化数据的传输和交换。EDI 技术的基础是信息，这些信息可以由人工输入计算机，也可以通过扫描条码获取。物流技术中的条码包含了物流过程中所需的多种信息，与 EDI 技术相结合，确保了物流信息的及时可得性。

(4) 地理分析与动态跟踪技术。地理分析与动态跟踪技术主要包括地理信息系统和全球卫星定位系统。

地理信息系统(GIS)是多门学科交叉的产物，它以地理空间数据为基础，在计算机软、硬件的支持下，对空间相关数据进行采集、管理、操作、分析、模拟和显示，并采用地理模型分析方法，适时地提供多种空间和动态的地理信息，是为地理研究和地理决策服务建立起来的计算机技术系统。其基本功能是将表格型数据转化为地理图形显示，然后对显示结果进行浏览、操作和分析。通过结合其他软件，地理信息系统可以建立车辆路线模型、网络物流模型、设施定位模型等，辅助进行物流决策。

全球卫星定位系统(GPS)是利用空中对地面目标进行精确导航与定位，以达到全天候、高准确度地跟踪地面目标移动轨迹的目的。该系统在物流领域主要应用于汽车自定位及跟踪调度、铁路车辆运输管理、船舶跟踪及最佳航线的确定、空中运输管理和军事物流配送等领域。

11.2 物流信息成本概述

11.2.1 物流信息成本的概念

物流信息成本是企业在收集、储存、加工、输出有用物流信息以及系统建设、维护、人员培训等过程中产生的各种费用。在物流作业和物流管理活动的过程中，会产生各种与物流信息有关的耗费，如各种单据在传送、打印等过程中的费用、各种信息技术和设备的购置或摊销费、维护费、保管费、管理费用等，将这些与物流信息活动有关的费用按一定的标准归集到相应的成本计算对象上，构成了该对象的物流信息成本。

物流信息成本与一般商品成本相比，具有四个主要特点：

(1) 物流信息成本是一种不可逆的投资成本。物流信息成本部分地表现为资本，典型地表现为一种不可逆的投资成本。既然是一种不可逆的投资，也就不免要对作为投资的信息谨慎行事，以免血本无归。

(2) 物流信息成本在不同领域和过程中各不相同。不同领域与不同过程产生的物流信息成本高低不同，也就表明物流信息成本与其存在的环境是紧密相关的，物流信息成本核算受其存在环境的影响。

(3) 物流信息成本与使用规模无关。物流信息成本与使用规模无关，体现了信息的生存规律，即信息的不灭性导致物流信息成本与物流商品数量不相关，而与物流活动项目相关。

(4) 物流信息相关人力投入也属于物流信息成本。物流信息成本将人力资源投入看作一种信息投入，必然要涉及人力资源成本的计算，而人力资源的取得、开发、离职成本以及人力资源的使用成本等的计算有较大的复杂性。

11.2.2 物流信息成本的来源与内容

1. 物流信息成本的来源

(1) 物流信息系统建设成本：即物流信息系统建设方面发生的各项费用支出。物流信息系统建设成本包括硬件建设成本、软件开发成本和人员培训费用。其中，硬件系统建设成本主要包括系统硬件的建设和终端设备的建设费用；物流信息软件开发成本主要包括软件自行开发成本和软件购置成本；人员培训费用包括培训人员的工时费、材料费、被培训人员的工时费等。

(2) 物流信息使用成本：物流信息系统使用过程中产生的各项费用支出，包括物流信息系统内部和外部信息的使用成本。物流系统的内部信息，是伴随着物流活动而产生的，包括物料流转信息、物流作业层信息、物流控制层信息和物流管理层信息。物流系统的外部信息，是在物流活动以外产生的，但提供给物流活动使用的信息，包括供应商信息、顾客信息、订货合同信息、交通运输信息、市场信息、政策信息以及来自有关企业内部生产、财务等部门与物流有关的信息。

2. 物流信息成本的内容

(1) 硬件建设成本。企业物流信息系统硬件建设成本主要包括企业物流信息中心控制系统硬件建设费用(比如进行机器购买、机房装修、线路架设等产生的费用)、终端设备的建设费用(包括终端信息采集设备费用和终端信息处理设备费用)。

(2) 物流软件成本。物流软件成本是指企业为了提高企业的信息传递速度和管理水平而购买或开发信息系统和各种管理软件(如 ERP、LMIS 等)时产生的费用。主要包括进行软件自行开发和软件购置时产生的费用、软件的使用和维护费(比如采用 POS 系统、EOS 和 EDI 时产生的费用、使用 GPS 和 GIS 产生的费用)、有关人员的培训费用等(培训人员的工时费、材料费、被培训人员的工时费等)。

(3) 网站搭建、维护和使用的费用。网站费用是指企业为了利用电子商务开展经营活动，提高企业的经营效率和服务水平而进行电子商务网站搭建所产生的耗费(包括相关的计算机设备)，以及为了使网站能够正常运行所产生的维护费、使用费和有关人员的培训费。网站的搭建费用一般分期摊入有关成本，而维护和使用费在产生的当期直接计入有关成本。有关人员的培训费用若数额较大，可分期摊入成本，数额不大可直接计入当期损益。

(4) 信息识别成本。信息识别成本是指物流企业采用先进的信息识别技术，准确、快速地获取数据所产生的相关耗费。主要包括：购买条形码识读及打印设备、射频设备及其他信息识别设备的成本和在使用这些设备的过程中所产生的材料费、人工费等。

(5) 物流信息系统使用成本。物流信息系统使用成本是指企业在使用物流信息系统时系统内部信息生产、传递、处理的成本和系统外部的信息采集成本。

物流信息系统的内部信息成本：物流信息系统的内部成本是伴随着物流活动而产生的，包括物料流转产生的信息费用、在物流作业层和控制层以及管理层运作时产生的信息成本。

物流信息系统的外部信息成本：物流信息系统的外部信息成本是在物流活动以外产生的，但提供给物流活动使用的信息，其运作时产生的成本主要包括对供应商信息、顾客信息、订货合同信息、交通运输信息、市场信息、政策信息，以及来自有关企业内部生产、财务等部门的与物流有关的信息进行一系列相关活动时产生的费用。

11.2.3　物流信息成本分析

物流信息成本的构成根据需要的不同、分析的标准和角度不同，内容就有所不同。为了便于物流信息成本的核算，物流信息成本构成可以按照企业物流环节、物流活动的功能和物流信息成本的来源三个标准来分析。

1. 按企业物流环节分析

按企业物流环节分析，物流信息成本的构成主要包括：供应物流信息成本、生产物流信息成本、销售物流信息成本、退货物流信息成本和回收物物流信息成本。按照物流环节进行分析，便于管理部门有针对性地采取降低成本的措施，提高管理水平。

(1) 供应物流信息成本。供应物流信息成本是发生在企业供应环节上的各种物流信息成本。企业在供应阶段的物流信息，主要是正确调动企业外部物资准确、及时、安全、可靠地流向企业内部，或是流向指定地点。供应职能物流信息成本分为间接信息成本和直接信息成本。间接物流信息成本主要是企业信息网建设成本分摊部分、综合信息费用剥离部分。直接物流信息成本则是企业供应环节产生的各种物流信息费和物流通信费用。

(2) 生产物流信息成本。生产物流信息成本是企业生产环节调度过程所产生的各种信息费用。生产物流信息是企业生产管理的核心。企业生产物流信息的准确性和可靠性直接关系到企业流程的顺利执行，也是直接关系到降低企业生产成本的关键所在。生产职能物流信息成本，一方面由企业内部信息网建设成本组成，另一方面由企业内部信息网使用所开支的各种人工费用、动力费用和物料消耗费用组成。

(3) 销售物流信息成本。销售物流信息成本是企业在销售环节所产生的各种物流信息成本。销售环节是企业经营的核心，是实现企业价值的中心环节。企业销售环节涉及的空间范围大，需要协调的关系多，信息数量大且质量复杂。销售物流信息包括销售物流活动前的物流准备信息、销售过程中的物流调度信息和销售活动后的售后服务信息。销售物流信息成本正是这些信息产生、传递和使用所开支的费用，如销售广告费就是销售活动前的物流准备信息成本，商品配送调度通信费用就是商品销售活动中的信息成本。

(4) 退货物流信息成本。退货物流信成本是企业在采购环节和销售环节，由于物流信息失真而产生的退货物流信息成本。企业退货不完全是由于物流信息失真而造成的，也可能是由于原料或产品质量造成的。所以退货成本不能全部计入物流信息成本，由物流信息部门来负责。但是，由于物流信息失真给企业造成的损失，一定由物流信息部门来承担。除此之外，退货物流所产生的各种信息费用，也是退货物流信息成本。

(5) 回收物物流信息成本。回收物物流信息成本是企业在收回生产废弃物和可再利用的物资时所产生的信息成本。回收物物流信息成本，主要是获得回收物信息和回收物管理信息所产生的信息支出。这一部分支出虽然不大，但是可以反映出企业的社会责任意识和资源再利用意识。

2. 按物流功能分析

按物流功能对物流信息成本进行分析，可以分为物流运输信息成本、物流仓储信息成本、物流加工信息成本和物流货运外包信息成本。从按物流功能分析的信息成本中，可以更好地掌握物流功能环节的现代化水平。

(1) 物流运输信息成本。物流运输信息成本主要是围绕物流运输环节所产生的车辆管理信息成本和车辆调度信息成本。物流运输信息是进行物流车辆管理和物流车辆调度的核心。物流运输信息的质量直接关系到物流运输总成本的高低。物流运输信息成本包括物流运输信息网建设成本、物流运输信息获取成本、物流运输信息使用成本和物流运输信息失真成本。

(2) 物流仓储信息成本。物流仓储信息成本是物流仓储环节所产生的各种信息成本。物流仓储是物流活动必不可少的环节，它连接了在时间上分离的商品生产与消费。物流仓储成本的高低，是由仓库合理储存和库房合理利用的状况所决定的。物流仓储信息就是控制和调节这两个关键的因素。物流仓储信息成本，主要包括物流仓储信息网络建设费用、物流仓储网络运行所产生的人工费用、动力费用、物料费用和其他费用。

(3) 物流加工信息成本。物流加工信息成本是在物流活动中为了方便运输、仓储、搬运所进行的分装、改装、包装等加工活动所产生的各种信息成本。物流加工信息是组织物流加工活动的神经，决定了物流加工活动的合理组织与安排。物流加工信息成本由物流信息网建设成本、物流信息网使用成本组成。

(4) 物流货运外包信息成本。物流货运外包信息成本是指组织物流货运外包活动所产生的各种信息成本。物流货运外包活动是现代物流经营的重要方式，物流货运外包可以降低企业经营成本，提高企业核心竞争力。物流货运外包信息成本，一般独立于企业物流货运外包费用之外，与企业综合信息成本混在一起，可以采用适当的方法将其分离出来。

3. 按物流信息成本来源分析

按物流信息成本来源进行分析，可以看出物流信息成本主要由物流信息生产、传递和处理过程中产生的各种费用、开支构成。这些开支包括支持物流信息活动的固定资产折旧、组织物流信息活动的物流信息软件等无形资产的摊销、直接进行物流信息活动的人工成本、从事物流信息传递的通信费用以及由于物流信息失真所造成的各种损失。

(1) 物流信息固定资产折旧成本。这部分成本是企业物流信息生产、传递、处理所占有和使用的各种房产、土地、物资设备等资产的有形损耗和无形损耗的经济价值，是企业物流信息生产、传递、处理等活动的物质基础。企业物流信息固定资产折旧在物流信息成本中所占比重很大，而且是显性成本，这类成本的归集整理并不困难，只是合理分配有一定的困难。

(2) 物流信息低值易耗品摊销成本。物流信息生产、传递和处理中所使用的物料用品很多，这些用品价值不大，又不能直接与物流信息产品相联系，不能成为物流信息产品的直接成本，如电脑设备使用的鼠标、语音传送的话筒等。

(3) 物流信息无形资产摊销成本。物流信息无形资产摊销成本是指物流信息生产、传递和处理中所应用的软件资产的开发、购置、升级、维护等支出中应由本期负担的成本。一般产品生产与销售同企业无形资产没有直接关系，无形资产一般不与某种具体的产品生产成本相联系，而是与企业的生产能力或销售能力相联系，所以一般产品生产企业的无形资产很小。物流信息领域与一般产品生产不同，信息产品生产、传递和处理必须使用一定的软件，而且软件的开发、购置、升级、维护的开支不仅数量大，还会经常发生，在物流信息成本中占有很大的比重。所以，物流信息无形资产成本摊销在物流信息成本核算中应当占有一定的地位。

(4) 物流信息人工成本。物流信息人工成本是指从事物流信息生产、传递和处理工作人员的工资。物流信息人工费用与传统产品人工费用的产生分配没有本质的区别，只是由于物流信息的数量大，人工成本如果分配到每一条物流信息中，可能由于数量太小而失去可操作性，所以，在物流信息人工成本的核算与分配上一定要依据科学的标准。

(5) 物流信息失真成本。物流信息失真成本是由于物流信息生产、传递和处理失误而产生的商品灭失损失、商品退货损失、商品迂回运输损失与合同不能正常履行的赔偿损失。对物流信息服务商而言，提供失真的物流信息比传统工业中提供废品所带来的损失更大。因为物流信息传递只能是一个单向过程。而任何信息服务商都不可能承诺所提供的信息永远都不失真，如果证明所提供的信息是失真的，信息服务商应当对由此引起的损失承担责任。这一点在物流信息的应用上也应当如此。由于物流信息失真造成的各种损失，应当记入物流信息成本，而且是物流信息成本的一个重要组成部分。

(6) 物流信息制度成本。企业必须建立自己的信息制度，但许多企业，为了降低成本，物流信息制度成本往往不会单独产生，而是由相关的部门兼职而产生，需要对信息成本进行剥离，分配到物流信息成本。

11.3　物流信息成本核算

物流信息成本的构成根据不同的需要，分析的标准和角度不同，获得的构成内容就有所不同。物流信息成本构成可以按照企业物流环节、物流活动的功能和物流信息成本的来源三个标准来分析。由于按照物流环节和物流功能来核算物流信息成本时，会与各环节所产生的成本有重复。为了便于核算，人们根据物流信息成本的来源分析建立了以物流信息系统为对象的物流信息成本核算思路。

围绕物流信息系统建设、运行和维护的三个阶段，人们将物流信息成本核算内容分为固定资产成本、软件成本、人工成本和低值易耗品成本。物流信息成本核算内容如图 11.2 所示。

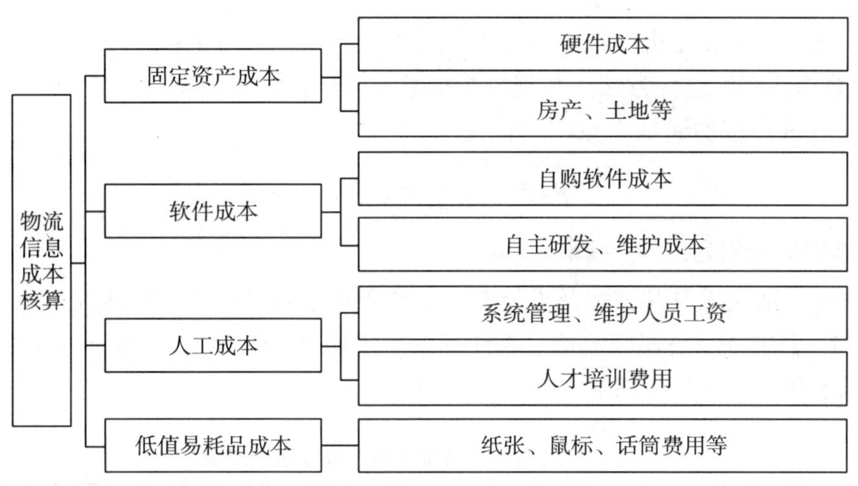

图 11.2　物流信息成本核算内容

11.3.1　固定资产折旧成本核算

使用这部分成本是企业物流信息生产、传递、处理所占有和使用的各种房产、地产、物资设备等资产的有形损耗和无形损耗的经济价值，是企业物流经济生产、传递、处理等活动的经济价值，是企业物流信息生产、传递、处理等活动的物质基础。企业物流信息固定资产折旧在物流信息成本中所占比重很大，而且是显性成本，这类成本的轨迹整理并不困难，只是合理分配有一定的难度。

按照我国财务制度规定，企业固定资产折旧方法，一般应采用平均年限法，即直线法和工作量法。经政府批准的特殊行业的企业可以采用双倍余额递减法或者年数总和法等快速折旧方法。无论采用哪种折旧方法，都要考虑固定资产原值、净产值、折旧年限三个因素。

(1) 直线折旧法。固定资产直销折旧法的计算公式为

$$D=\frac{K-S}{T} \tag{11.1}$$

式中，D 为年设备折旧额；K 为设备的原始价值；S 为设备的净残值；T 为设备最佳使用年限，在我国用规定年限代替。

直线折旧法计算简便，但折旧速度慢。如果在设备使用期内，设备负荷、开动时间和利用强度等基本相同，由设备得到的经济效益也比较均衡时，使用直线折旧法较适宜。而对某些使用期内磨损量变化较大、使用不均衡的设备，这种方法不太合理。

(2) 双倍余额递减法。这种方法，采用的折旧率按直线法残值为零时的折旧率的两倍即 $2/T$ 计算，逐年的折旧基数按设备的原值减去累计折旧额后的净值计算。计算公式为

$$D=K\left(1-\frac{2}{T}\right)^{m-1}\frac{2}{T} \tag{11.2}$$

这种方法，虽为加速折旧法，但折旧率计算较麻烦，且有余额。

(3)年数总和法。这种方法，是根据折旧总额乘以递减系数来确定折旧额。设备在最佳使用期内第 m 年度的递减系数(即当年折旧率)为

$$d_m = \frac{T+1-m}{T(T+1)/2} \tag{11.3}$$

第 m 年的折旧额为：$D_m = (K-S)d_m$

这种方法，适用于设备修理及维修费，随使用年数有规律增加的情况。

【例 11-1】某物流公司物流信息系统设备支出如表 11.1 所示，残值率为 10%，预计使用年限为 5 年，计算年折旧额。

表 11.1　物流信息系统设备支出表　　(单位：元)

设备名称	价格	设备名称	价格
大型机	120 000	条形码阅读器	1 000
微型机	60 000	触摸屏	1 200
小型机	40 000	显示器	1 400
磁带机	2 000	打印机	800
扫描仪	1 000	绘图仪	600
小计	223000		5000
总计			228 000

(1)按直线折旧法计算

$$D = \frac{K_0 - S}{T} = \frac{228\,000 - 22\,800}{5} = 41\,040$$

(2)按双倍递减余额法计算

双倍递减余额法的折旧率取直线折旧法的 2 倍，即 d=36%，改用直线折旧法的年数为 5÷2+3÷2=4。各年折旧额计算见表 11.2。

表 11.2　双倍递减余额法计算表　　(单位：元)

年数	设备净值	折旧额
1	228 000	228 000×36%=82 080
2	228 000−82 080=145 920	145 920×36%=52 531
3	145 920−52 531=93 389	93 389×36%=33 620
4	93 389−33 620=59 769	59 769×36%=21 517
5	59 769−21 517=38 252	38 252×36%=13 771

(3)按年数总和法计算

各年折旧额计算见表 11.3。

表 11.3　年数总和法计算表　　（单位：元）

年度	递减系数	折旧额
1	5/15	205 200×5÷15=68 400
2	4/15	205 200×4÷15=54 720
3	3/15	205 200×3÷15=41 040
4	2/15	205 200×2÷15=27 360
5	1/15	205 200×1÷15=13 680
合计	15/15	205 200

11.3.2　软件成本核算

软件成本是指企业开发物流信息系统所需软件成本的总和，包括系统软件成本和应用软件成本。系统软件主要包括操作系统和计算机语言系统，一般由计算机厂商免费负责提供，这时系统软件没有成本。在物流信息系统中软件可以由自身企业生产，也可以购入其他企业的软件以及对购入的软件进行加工，因而其成本核算方法也不同。

1. 自行开发软件的成本

(1) 研究开发成本。它是指从软件开发之日起至取得技术可行性之日止所产生的费用，具体包括产品计划、设计费用、详细程序设计费用、取得软件技术可行性费用、取得技术可行性之前的软件测试费用和取得技术可行性之前的软件编译费用等。

(2) 软件生产成本。它是指软件在取得技术可行性之后产生的生产费用总和，包括取得技术可行性之后发生的编译费用和调试费用。其成本的大小与软件程序量的大小、软件开发方式、软件开发投入的工作量和工期等因素有关。一般包括人工成本、材料成本和机器使用成本，其中人工成本=软件开发所需人数×系统开发时间×工资标准；材料成本可按每一阶段各种材料的耗用量与其单位成本相乘计算求得；机器使用成本=每小时机时费×计划机时总数。

(3) 软件存货成本。它是指软件产品处于待交顾客状态而发生的费用，包括复制软件主体成本、建立软件文件、编写培训资料和软件产品包装等费用。

(4) 软件使用和维护成本。它是指软件产品销售给顾客直到软件的全部过程结束期间所产生的费用，包括软件维护和支持费用。系统使用及维护成本是指使系统得以正常进行的日常开支，包括系统操作运行人员及管理人员工资、系统每项具体应用所耗用的辅助材料费用。

(5) 人才培训费。它是指对系统分析人员、设计人员、程序人员、使用与维护人员和管理人员等的培训费用，包括上述人员在培训期间的工资及支付给培训单位的培训费。

2. 购入软件成本

该部分成本由购入的软件价款、邮费及税金等组成。

3. 购入并进行加工的软件成本

其成本构成及核算方法与自行生产的软件相同。具体包括：软件使用与维护成本和人才培训费用。

11.3.3 人工成本核算

人工成本包括对系统分析人员、设计人员、程序人员、使用与维护人员和管理人员等的培训费用，包括上述人员在培训期间的工资及支付给培训单位的培训费。

11.3.4 低值易耗品成本

低值易耗品可分为低值品和易耗品，其使用期限通常在一年以内，而且单位价值比较低。从资金运动的角度来看，材料、低值易耗品、固定资产三者的区别在于：材料要构成产品实体，而低值易耗品和固定资产不构成产品实体；材料投入生产过程是一次性消耗，固定资产则是逐渐消耗，并在一年以上的时期里多次为产品生产或经营做出贡献，通过计提折旧，逐步将固定资产资金转化为制造费用或管理费用；而低值易耗品介于材料与固定资产之间，它既不是一次性消耗，也不是在很长的时期里被消耗，而是在不太长的时期内逐渐被消耗，而且价值较低，易于损坏。因此，低值易耗品的账务处理有其特点。低值易耗品的摊销方法有三种：一次摊销法、分期摊销法、五五摊销法。

一次摊销法，即在领用低值易耗品时，将其成本一次全部摊入产品成本或期间费用。其优点是会计核算简单。其缺点：首先是不符合配比原则；其次，不利于对低值易耗品实物的管理。虽然制度要求，采用一次摊销法核算的企业，应专门设置备查簿对低值易耗品进行备查登记，但笔者在审计过程中发现，绝大部分企业没有设立专门的低值易耗品备查登记簿。一次摊销法只适用于品种多、单价低、使用期短、领用频繁的低值易耗品的核算。

【例 11-2】某物流企业办公室领用打印纸 10 包，每包 30 元；另外，信息技术科领用鼠标 3 个，每个 70 元。

编制会计分录如下：

借：管理费用　　　　　510

　　贷：低值易耗品　　　　510

采用这种方法，当低值易耗品发出后，就从账面上将其价值转移，使得低值易耗品的实物变成账外财产，因此应加强其实物管理，防止丢失和浪费。该方法适用于一次领用数量少、单位价值低、使用期限短、比较容易损耗的低值易耗品。

采用这种方法，如果是生产车间一般消耗领用，将其价值计入“制造费用”科目；如果是管理部门领用，将其价值计入“管理费用”。

分期摊销法，是在领用低值易耗品时将其全部成本转入“待摊费用”或“递延资产”，在其使用期限内平均摊销计入生产成本或期间费用。分次摊销法克服了一次摊销法的缺点，但记账工作量很大，对单价低、使用期限短的低值易耗品采用此法也不符合重要性原则和成本效益原则。它适用于价值较高，使用期限较长以及各月领用不平衡的低值易耗品。

【例 11-3】某物流企业信息技术科领用低值易耗品一批，实际成本 12000 元，预计使用期限一年。

编制领用和每月摊销时的会计分录如下：

领用时，

借：待摊费用　　　　12 000

　　贷：低值易耗品　　　　12 000

每月摊销时，

借：制造费用　　　　1 000

　　贷：待摊费用　　　　1 000

这种方法的优点是各月份的费用负担比较均衡，适用于单位价值比较高、使用期限比较长的低值易耗品，其摊销期限一般不超过 12 个月。

五五摊销法，是在领用低值易耗品时摊销其成本的 50%，报废时摊销另外的 50%(要扣除收回残料的价值)。这种方法的优点：一是会计核算比较简单，记账工作量比分期摊销法要少得多；二是能在账面上保留低值易耗品的记录，有利于实物管理；三是在每月领用和报废大体均衡时，各月摊销额相差不多，有利于成本的合理负担。但在实际操作过程中，许多企业在领用时摊销一半均能及时入账，而报废时摊销的另一半，往往由于使用部门与财务部门脱节，出现账实不符，增加了管理的难度。

【例 11-4】10 月，某物流企业信息技术科领用低值易耗品一批，实际成本 10 000 元，同时报废以前月份生产领用的低值易耗品一批，其实际成本为 3 000 元，报废时的残料价值为 200 元，残料已入库。

采用五五摊销法编制本月份的有关会计分录如下：

(1)本月领用低值易耗品时：

借：低值易耗品—在用低值易耗品　　　　10 000

　　贷：低值易耗品—在库低值易耗品　　　　10 000

⑵ 摊销本月领用的低值易耗品价值的一半：

借：制造费用　　5 000
　　贷：低值易耗品—低值易耗品摊销　　5 000

⑶ 本月报以前月份领用的低值易耗品时，扣除残料价值后摊销其另一半的价值：

借：制造费用　　1 300
　　原材料　　200
　　贷：低值易耗品—低值易耗品摊销　　1 500

⑷ 注销已报废的低值易耗品的账面价值：

借：低值易耗品—低值易耗品摊销　　3 000
　　贷：低值易耗品—在用低值易耗品　　3 000

这种方法的优点是在低值易耗品报废之前账面上保持其价值的一半，不会造成账外财产，有利于加强低值易耗品的实物管理。这种方法适用于每月领用、报废比较均衡的低值易耗品。

在五五摊销法下，应在“低值易耗品”总账目下设置“在库低值易耗品”“在用低值易耗品”“低值易耗品摊销”三个明细科目进行低值易耗品的库存、领用及摊销的核算。

11.4　物流信息成本控制

11.4.1　物流信息成本控制中的相关问题

当前，由于物流信息系统设计、使用不当等原因，物流信息成本控制过程中还普遍存在以下问题：

⑴ 计划不周，前期投入太多，后续工作跟不上。物流信息系统早期的投资往往是为了实现业务自动化，达到短期节约劳动成本的效果，很少注重战略规划，一方面会导致各地重复投资与系统无法兼容的问题，造成资源浪费；一方面新系统的维护更新及其追加投资常常会因为管理、审计、培训、维护、升级等多重阻力而滞后，甚至被低估。

⑵ 实践中受到有意的抵制，导致效率低下。建立和完善物流信息系统的过程本质上要求改变传统的工作方式和组织文化，它不仅是一场技术革命，而且是一场组织革命，必然会引起现有职工和某些领导的恐惧和抵制，而有意识的保护既得利益，会阻碍甚至破坏新系统的建设，导致生产效率下降。

⑶ 开发项目太大，或者重复建设。信息系统非常复杂，而且建设期很长，但是这并

不意味着项目越大越好，越多越好。但当前企业物流信息系统的建设过程中，贪大求全的现象较为普遍，致使物流信息系统开发往往存在项目过大、相关模块重复建设的问题。

(4) 开发的物流信息系统软件的适用性较差。在物流信息系统开发过程中，客户和职工未参与到软件系统的开发与维护中来，未与技术专家进行充分交流，致使需求分析与企业实际需求有偏差，开发的物流信息系统软件的适用性较差。

11.4.2　物流信息成本控制的相关措施

根据物流信息成本控制中的相关问题，提出以下控制物流信息成本的具体措施：

(1) 在实际规划和建设过程中，应该根据整体性原则控制物流信息系统的成本结构，制定物流信息系统战略规划，尤其要重视建设维护成本的设计。这就要求组织的各个阶层理解和支持战略规划，首先改革和完善高层管理自身的选拔制度、财务制度和人事制度。

(2) 在控制物流信息系统的成本结构时，要根据灵活性原则准备充足的教育培训、化解阻力的流动费用；要充分发挥新系统的效益，跨部门重组能够节约很多步骤，缩短管理层次，以高效管理推动信息系统的成功运行。

(3) 根据优先发展和及早收益的原则控制物流信息系统的成本结构，避免重复投资，有意地把大项目分解成相对独立而又有兼容性的子项目，有重点、有秩序的逐步综合到总网络中来。这有助于减少管理风险，缩短收益周期，统一分工协作，实现标准化战略。

(4) 在物流信息系统中，必须以用户的需求和评价为根本标准，以职工培训后的真实水平为参照来选择最适合自己企业的软件系统。

(5) 在估算物流信息系统的成本过程中，充分考虑物流信息系统运行。只有明确界定物流信息系统及其外部运行的环境，才能区分基础设施费用和信息系统的维护费用，从而确定每次开发和维护活动实际引发的货币价值，以及由于信息系统决策活动所致的机会成本。这样才会更加经济有效地控制成本。

【本章小结】

在当今全球经济一体化的趋势下，物流业的竞争日趋激烈，企业管理者越来越重视信息技术在物流中的运用。随着科学技术的不断进步和网络技术的发展，管理的手段和技术正在不断创新，因此，物流信息系统正在发挥着越来越重要的作用。鉴于此，由物流信息系统等建设而带来的相关物流信息成本的界定、核算及控制等一系列问题，已经成为物流成本核算及管理领域新的重要问题。

本章主要介绍了物流信息成本管理相关知识，在学习过程中要求大家了解物流信息、物流信息系统的概念及特点，掌握物流信息成本的构成及物流信息成本的核算，了解物流信息成本控制的方法。

【思考与练习题】

(1) 如何对物流信息成本构成进行分析？
(2) 物流信息系统的概念什么？由哪些部分构成？
(3) 物流信息成本核算的具体内容包括什么？

【案例分析】

双汇集团物流信息化案例

在许多人的印象中，肉类加工是个作坊活儿。但像双汇那样，把“杀猪卖肉”做成一个大产业，达到年产值近百亿元的，在国内还是绝无仅有。

双汇集团拥有 40 多个子公司，7 个生产基地，80 多个销售分公司，上百家办事处，200 余家连锁店。随着业务的不断扩展，企业的生产、销售、库存等情况越来越难掌握。过去分支机构和连锁店的订货、退货等业务主要靠传真和电话传递信息，总部和配送中心的生产计划、备货计划、发货计划等通过手工汇总统计来完成，工作量极大。几十家分店已经有 70 多个人在忙活，如果按照双汇的计划，在“十五”期间发展到 2 000 家分店，得要多少人统计数据？而且数据缺乏准确与及时性，经常发生有的店已经没货可卖，而有的店却有余货不得不晚上拉回厂家的情况。全国各地的库存状况、费用状况及应收账款等重要数据无法及时掌握，造成整个分销渠道管理混乱，丢货、串货、账实不符等现象相当普遍。无奈之下，双汇集团向信息化求助。

1999 年，经过招投标后，双汇集团与国内一家知名的 ERP 公司签约。该 ERP 公司经过调研后，系统采用 C/S 结构，在数据同步问题上，设立 Modem 池，一天同步一次或两次。可是事实上，双汇有 100 多个办事处，几十个分公司，200 多个连锁店，如果每个门店都要装前台，要装一年才能完成，费用大不说，实际操作也是有困难的。而且，如果系统要升级，还得每个门店跑一回，万一前台出现故障，去现场调试也是不现实的。

系统设计还有一些其他的缺陷，比如物流信息系统对计算机型号有要求，致使双汇当时现有的计算机就都成了摆设，门店和数据库不能真正实现数据同步，领导不能及时掌握销售状况，无法做出快速响应。

意识到这些问题之后，该 ERP 公司试图进行修改。可是一旦真的开始修改，ERP 公司就发愁了。因为双汇的模式非常特殊，他们既是集团化运作，同时又独立核算，下属有属于工业的生产厂商，又有属于商业的直销门店，又有代销方式的批发商，因此系统复杂，还要能形成模块，可以随时升级。更重要的是，由于大部分职工对计算机的认识程度有限，还要求软件能够易操作，好管理。那家 ERP 公司不知道该怎么完成任务，只好交白卷走人了事。

双汇从第一次信息化失败中吸取了经验教训，开始了第二次信息化之旅。采用 J2EE 平台，B/S 四层结构；ERP 软件采用了“一次编码、到处运行”的纯 Java 语言编写，可以在主流硬件环境及操作系统平台上运行，实现了跨平台应用；双汇集团真正实现了内外数据共享，协同商务，工业与商业一体化。

(1) 请分析双汇集团前期实施物流信息化失败的原因？

(2) 请根据双汇集团实际情况，在控制成本方面可采取什么优化措施？

【实训设计】

(1) **实训目的**：了解实训物流企业的物流信息成本的构成及核算。

(2) **实训要求**：①实训地点：当地一家已经完成物流信息系统建设的物流企业；②实训时间：课余时间，根据具体情况确定一个时间段；③实训内容：深入当地一家物流企业，了解其物流信息系统建设相关情况，并深入了解其物流信息成本构成情况，分析其物流信息成本控制是否合理，并结合企业特点，完成物流企业信息成本的调查报告。

(3) **实训指导**：①全班同学分成若干小组(6～8 人一组)，每组指定专人负责；②根据调查主题，按小组选择调查对象，去企业之前需提前联系调研企业，最好由教师带队，以确保活动顺利进行；③分小组调研，完成物流信息成本调查报告；④严守课余活动组织纪律，确保人身安全。

第 12 章　物流成本绩效评价

【学习目标】

了解物流成本绩效评价的含义和形式；了解物流成本报告的编制；熟悉物流成本绩效评价的标准和原则；掌握物流责任中心的划分及各种考核指标；掌握物流成本绩效考核指标及计算；掌握平衡计分卡的内容。

【学习重点】

绩效评价的步骤；物流责任中心的种类；物流成本绩效考核的指标。

【学习难点】

平衡计分法的实施。

12.1　物流成本绩效评价概述

从杜邦兄弟提出用财务比率金字塔的杜邦分析法和投入产出分析法，通过考察企业投入资源与获得收益之间的关系来评价企业的绩效开始，绩效管理经历了很长的发展时期。由简单指标向综合指标发展；由注重财务指标转向财务与非财务指标相结合；由侧重绩效评价转变为侧重全面绩效管理；由关注企业内部转变为内外兼顾。企业绩效管理是一种理念，也是一套方法论，还是一类管理工具。企业绩效管理的基本模型是一个连续不断的环形，其中有三个主要的环节，分别是战略、计划和执行。这三个环节又进一步分解为六个基本步骤，分别为设置目标、建立模型、计划预算、监控运行、分析评估和结果报告。在物流成本管理中，同样也需要对其进行评价，检验和评估结果。也就是说，物流成本管理水平的高低，是需要通过物流成本绩效评价来判定的，对物流成本的绩效进行评价，可以发现问题并及时反馈和处理。

12.1.1　物流成本绩效评价的含义及形式

1. 物流成本绩效评价的含义

物流绩效可以表示成一定时间内物的流通过程所创造的实际价值，即物品、服务和信息的流动过程中一定量的劳动消耗量和劳动占用率与符合社会实际需要的劳动产量的对比。评价是指运用一定的准则和标度，采用科学的考核方法，对所管理对象的运作状况进行衡量，并将考核的结果与预先设定的目标比较，从而获得对管理对象真实状况的认知过程。

美国人力资源管理专家加里·德斯勒认为，绩效评价主要包括界定工作本身的要求，评价实际工作绩效和提供反馈两个步骤。根据上述观点，我们认为物流成本绩效评价是物流成本管理的重要内容，它是由一定的人员对企业或者员工在一个物流成本管理周期内所做出的有关物流成本管理工作进行评价并给出反馈和改进方案的过程，其最终目的是为了提高物流成本管理的整体绩效。

物流成本绩效评价可以包括对“绩”和“效”两方面的评价，而对物流成本进行绩效评价并不仅仅在于评价物流成本管理水平的高低，更重要的是通过物流成本的绩效评价，有利于制定物流成本管理的标准。

2. 物流成本绩效评价的形式

由于进行物流成本绩效评价的角度不同，如分析的主体不同、客体不同、目的不同等，因此物流企业成本绩效评价的形式也有所不同。明确不同物流成本绩效评价形式的特点及用途对于准确分析企业的财务状况、实现分析目标都有着重要意义和作用。通常，物流成本绩效评价的形式可从以下三方面进行划分。

1) 根据评价主体不同，可分为内部评价和外部评价

(1) 内部评价。内部评价亦称内部物流成本绩效评价，主要指企业内部经营者对企业物流成本状况的分析。内部分析的目的是判断和评价企业物流成本是否正常、顺利，如可通过收益性分析评价企业物流盈利能力和资本保值、增值能力；通过对企业物流经营目标完成情况的分析，可考核与评价企业物流经营业绩，及时、准确地发现企业物流的成绩与不足，为企业物流未来生产经营的顺利进行以及提高经济效益指明方向。

(2) 外部评价。外部评价亦称外部物流成本绩效评价，主要指企业外部的投资者及政府部门等，根据各自需要或分析目的，对企业物流的有关情况进行分析。投资者的分析，关心的主要是企业物流的盈利能力及发展后劲，以及资本的保值与增值状况；政府有关部门对企业物流业务的评价分析主要是看企业的经营行为是否规范，以及对社会的贡献状况。在现代企业制度下，外部物流成本绩效评价是物流成本绩效评价的重要基本形式。

应当指出，内部评价和外部评价并不是完全孤立或隔离的，要保证成本绩效评价的准确性，内部评价应站在外部评价的角度进行，而外部评价也应考虑或参考内部评价的结论，避免出现片面性。

2) 评价的内容与范围不同，分为全面评价和专题评价

(1) 全面评价。全面评价是指对企业物流业务在一定时期的生产经营各方面的情况进行系统、综合、全面的分析与评价。全面评价的目的是找出企业物流业务在生产经营中带有普遍性的问题，全面总结企业在当期的物流业务成绩与问题，为协调各部门关系，搞好下期生产经营安排奠定基础或提供依据。全面评价通常在年终进行，形成综合、全面的成本绩效分析报告，向职工代表大会或股东代表大会汇报。

(2) 专题评价。专题评价是指根据分析主体或分析目的的不同，对企业生产经营过程中物流业务某一方面的问题所进行的较深入的分析。如经营者对生产经营过程某一环节或某一方面存在的突出问题进行分析。专题评价能及时、深入地揭示企业物流业务在某方面的财务状况，为分析者提供详细的资料信息，对解决企业物流业务的关键性问题有重要作用。

在物流成本绩效评价中应将全面评价与专题评价相结合，这样才能全面、深入地揭示企业物流业务的问题，正确地评价企业物流业务的各方面状况。

3) 评价的时期和目的不同，分为趋势评价、现状评价和潜力评价

(1) 趋势评价。趋势评价是指对企业物流业务某个时期各单位时间的总体成本绩效状况或某个成本绩效评价指标的变动情况所做的分析，借以评价企业物流成本管理的发展趋势。趋势评价是物流成本绩效评价的基本形式之一，它不仅有利于评价过去，而且有利于指导现在和预测未来。趋势评价可广泛应用于不同的评价领域和评价目的。

(2) 现状评价。现状评价是物流成本绩效评价的最基本和最主要的形式，它是相对企业物流业务当期的成本活动所进行的评价，以评价企业物流业务当期的各项经营和财务活动状况。现状评价真实地反映了企业物流业务经营状况、盈利成果，为投资者、经营者及其他有关部门和人员提供了了解企业物流业务，做出决策的直接依据。通过对不同企业物流现状的评价，还可反映企业物流成本管理水平在同行业或在社会各部门中所处的地位，发现自身的差距和不足，为企业改进物流成本管理工作，制定正确的成本控制目标提供依据。

(3) 潜力评价。潜力评价是在趋势评价和现状评价的基础上，结合企业物流资源变动状况和经营目标，对企业物流未来发展能力的估价与判断。潜力评价对于经营者和投资者都是至关重要的，潜力评价的正确与否，决定着决策的正确与否。应当指出，潜力评价通常与风险分析是紧密相关的。因此根据潜力评价进行决策时必须考虑潜在的风险程度，这也就加大了潜力评价的难度和复杂性。

从上述三种形式的含义与特点可看出，趋势评价、现状评价及潜力评价是相互联系的。

进行物流成本绩效评价，不能将它们割裂开来，孤立地使用某一种形式则可能得出片面的结论。

12.1.2　物流成本绩效评价的步骤

1. 物流成本绩效评价准备阶段

物流成本绩效评价准备阶段主要由以下三个步骤组成：

(1) 明确物流成本绩效评价目的。首先必须明确为什么要进行成本绩效评价，是要评价物流成本绩效业绩，或者是要进行投资决策，还是要制定未来经营策略。只有明确了物流成本绩效评价的目的，才能正确地搜集整理资料，选择正确的分析方法，从而得出正确的结论。

(2) 确立物流成本绩效评价标准。不同的分析目的，其分析的评价标准是不同的。有的可用绝对标准，有的可用相对标准，有的可采用历史标准，有的则采用预算标准等。只有确立正确的分析评价标准，才会得出正确的评价结论。

(3) 制定物流成本绩效评价计划。在明确物流成本绩效评价目的与标准的基础上，应制定成本绩效评价的计划，包括成本绩效评价的人员组成及分工、时间进度安排，拟采用分析方法等。成本绩效评价计划是成本绩效评价顺利进行的保证。搜集整理物流成本绩效评价资料是成本绩效评价的基础，资料搜集整理的及时性、完整性对评价的正确性有着直接的影响。资料的搜集整理应根据评价的目的和计划进行。

2. 物流成本绩效评价实施阶段

物流成本绩效评价的实施阶段，即具体分析阶段，是在物流成本绩效评价准备阶段的基础上进行的，它主要包括以下三个步骤：

(1) 报表整体分析。主要运用水平分析法、垂直分析法及趋势分析法等全面分析。

(2) 成本指标分析。对成本指标进行分析，特别是进行成本费用利润率指标分析，是物流成本绩效评价的一种重要形式。

(3) 基本因素分析。物流成本绩效评价不仅要解释现象，而且应分析原因。因素分析法就是要在报表整体分析和成本效益指标分析的基础上，对一些主要指标的完成情况，从其影响因素角度，深入进行定量分析，确定各因素对其影响方向和程度，为企业正确进行物流成本评价提供最基本的依据。

3. 物流成本绩效评价报告阶段

物流成本绩效评价报告阶段是成本绩效评价实施阶段的继续，具体又可分为三个步骤：

(1) 得出物流成本绩效评价结论。物流成本绩效评价结论是在应用各种成本绩效评价方法进行分析的基础上，将定量分析结果、定性分析判断及实际调查情况结合起来得出的。物流成本绩效评价结论是物流成本绩效评价的关键步骤，结论正确与否是判断物流成本绩效评价质量的唯一标准。一个正确分析结论的得出，往往需要经过几次反复。

(2) 提出可行措施建议。分析问题是为了解决问题。因此，物流成本绩效评价不能仅满足于分析原因，得出结论，而是必须针对问题提出切实可行的措施，为解决问题提供决策依据。

(3) 编写物流成本绩效评价报告。物流成本绩效评价报告是物流成本绩效评价的最后步骤，它将物流成本绩效评价的基本问题、成本绩效分析结论以及针对问题提出措施建议以书面形式表示出来，为物流成本绩效评价主体及成本绩效评价报告的其他受益者提供决策依据。物流成本绩效评价报告作为对成本绩效评价工作的总结，还可作为历史资料，以供后来的成本绩效评价参考，保证物流成本绩效评价的连续性。

12.1.3　物流成本绩效评价的标准及原则

1. 物流成本绩效评价的标准

确立物流成本绩效评价的标准是物流成本绩效评价的一个基本步骤和重要内容。不同的物流成本绩效评价标准，会对同一分析对象得出不同的分析结论。正确确定或选择物流成本绩效分析评价标准，对于发现问题、找出差距、正确评价有着十分重要的意义与作用。通常，物流成本绩效评价标准有经验标准、历史标准、行业标准、预算标准等。

(1) 经验标准是在财务比率分析中经常采用的一种标准。所谓经验标准是指这个标准的形成依据大量的实践经验。经验标准只是对一般情况而言，并不是适用一切领域或一切情况的绝对标准。不同企业的实际情况不同，在应用经验标准时，必须仔细研究，不能生搬硬套。

(2) 历史标准是指企业过去某一时间的实际业绩标准。这种标准对于评价企业自身物流成本管理状况是否改善是非常有益的。历史标准可选择企业历史最高水平，也可选择企业正常经营条件下的物流业绩水平。应用历史标准的优点，一是比较可靠，反映了企业曾经达到的水平；二是具有较高的可比性。但历史标准也有其不足，一是历史标准比较保守，因为现实要求与历史要求可能不同；二是历史标准适用范围较窄，只能说明企业物流业务自身的发展变化，不能全面评价企业物流业务在同行业中的地位与水平。尤其对于外部评价，仅用历史标准是远远不够的。

(3) 行业标准是物流成本绩效分析中广泛采用的标准。它是按行业制定的或反映行业成本管理状况的基本水平。行业标准也可指同行业某一比较先进企业的业绩水平。企业在物流成本绩效评价中运用的行业标准，可说明企业在行业中所处的地位与水平。

应当指出，运用行业标准有三个限制条件：第一，同行业内的两个公司并不一定是可比的。例如，同是石油行业的两个企业，一个公司可能从市场购买原油生产石油产品；另一公司则从开采、生产、提炼到销售石油产品为一体。这两个公司的经营就是不可比的。第二，一些大的公司现在往往跨行业经营，公司的不同经营业务可能有着不同的盈利水平和风险程度，这时用行业统一标准进行评价，显然是不合适的。第三，应用行业标准还受企业采用的会计方法的限制，同行业企业如果采用不同的会计方法，也会影响评价的准确性。因此，在采用行业标准时，也要注意这些限制。

(4) 预算标准是指企业根据自身经营条件或经营状况所制定的目标标准。预算标准通常在一些新的行业、新建企业以及垄断性企业应用较多。对于其他行业和企业，其实运用预算标准也是有益的，因为预算标准可将行业标准与企业历史标准相结合，比较全面地反映企业的状况。尤其对于企业内部物流成本绩效评价，预算标准更有其优越性，可考核评价企业各级、各部门经营者的物流经营业绩，以及对物流企业总体目标实现的影响。但是，预算标准对于外部成本绩效评价作用不明显；另外，预算标准的确定也受人为因素影响，缺乏客观依据。

可见，各种成本绩效评价的评价标准都有其优点与不足。在成本绩效评价中不应孤立地选用某一种标准，而应综合应用各种标准，从不同角度对企业物流业务状况进行评价，这样才有利于得出正确结论。

2. 物流成本绩效评价的原则

(1) 整体性原则。随着物流活动各个流程的不断整合和发展，物流活动的绩效评价不能仅局限于对局部成本的考察和控制，还应该从整体上对物流活动的绩效进行评价。不少大型的跨国公司已经放弃了那种只局限于物流部门内部，通过对简单功能性指标进行分析来衡量物流活动绩效的评价方法。这些公司往往能够站在公司整体和供应链的角度，制定和部署物流战略，通过公司对渠道联盟的业绩来衡量物流活动的绩效。

(2) 定量与定性相结合的原则。企业在综合评价物流活动的绩效时应该充分考虑影响企业物流活动绩效的定性和定量的指标，因为物流活动的绩效评价涉及物流活动的风险和客户满意度等问题，而这两个问题往往很难进行量化，所以在进行绩效评价时除了要对物流活动的绩效进行量化外，还应当使用一些定性的指标对定量指标进行修正；同时对定性的指标要明确其含义，并按照某种标准对其赋值，使其能够合理准确地反映指标的性质。

(3) 共性和个性相结合的原则。物流活动的绩效评价体系必须具有广泛的适用性，即能反映不同类别、不同行业的企业物流活动绩效的共性。此外，还必须具备个性，即能根据具体的行业和企业做出适当的调整，从而灵活应用。

(4) 可接受性原则。物流活动的绩效评价需要企业管理者和员工的积极参与和配合，因此，企业在设计物流活动绩效评价体系和指标的时候，要充分考虑到绩效评价的过程和结果要能被管理者和员工支持和接受。如果绩效评价体系脱离企业的实际情况或者纸上谈兵、得不到管理者的支持和员工的理解，这样的绩效评价就会遭到极大的阻力。一般而言，企业在设计评价体系之前应该广泛征求员工的意见，并把工作要求详细准确地告诉员工，可大大提高评价体系的可接受性。

(5) 可比性原则。物流活动的绩效评价体系的建立不仅要考虑到数据在时间上纵向的可比性，还要考虑到与其他企业包括国外企业的物流绩效评价体系的兼容性和横向的可比性。要有利于企业与国内外竞争对手的比较，挖掘竞争潜力。因此，企业在建立物流活动的绩效评价体系时要积极参照国内外同行业的物流管理基准，提高评价的可比性。

(6) 经济性原则。物流活动的绩效评价还应该考虑到它在实际应用时的成本和收益，具体而言，建立的指标不能过多也不能过少，指标体系过少则评价结果不全面，过多则会由于需要采集的数据过多而导致成本上升和操作过程的复杂，结果得不偿失。因此，企业在进行绩效评价时要结合企业自身的实际情况，选择既能满足企业进行绩效评价又能使成本最低的评价体系。

12.2　物流责任中心

物流责任会计是物流管理制度的一个组成部分，也是物流系统成本控制的有效手段。它是根据不同级别的物流管理人员和管理部门应负的责任，收集、汇总和报告其有关的会计资料的一种会计制度。而物流责任会计首先要明确物流责任中心的划分，然后以各个物流责任中心为对象，收集和报告它们的计划数据和执行过程中的实际数据，并加以控制、分析和评估其成就，促使物流的计划和控制不断地相互作用。

12.2.1　物流责任中心的含义及特征

物流责任中心是由一个主管人员负责，承担着规定责任并具有相应权利的内部物流单位。公司作为一个整体，有其战略目标，任何一个物流责任中心的目标都是为了帮助公司实施其整体战略目标。如果物流责任中心与公司整体目标是一致的，则每个物流责任中心在实现了其目标的同时，组织的整体目标也就得以实现。物流责任中心为实现其目标都要投入各种资源，例如一定的质量和数量的原材料、各种劳动力的使用、机器设备和其他辅助设施的使用等。这些投入经过高效率的生产管理过程，将转换成各种产品和服务。为了达到物流责任中心的目标，任何责任中心必须有一位对该责任中心负全责的管理者，该管理者作为责任中心的领导者，拥有上级单位授予的一定的决策权，承担相应的经管责任。作为物流活动中心，必须有十分明确的、由其控制的物流活动范围。

作为物流责任中心的内部单位通常应具备以下三个特征：①物流责任中心必须是一个责权利结合的实体，这意味着每个物流责任中心都要对一定的财务指标承担相应的责任；②物流责任中心具有相对独立的经营业务和财务活动，能独立承担经济责任，这是责任中心得以存在的前提；③物流责任中心能够使用有关财务指标和非财务指标来衡量其业绩。

12.2.2　物流责任中心的分类

企业物流责任中心通常可分为三大类：物流成本(费用)中心、物流利润中心和物流投资中心。这里以一个物流公司为例，说明物流责任中心的确定，如图 12.1 所示。

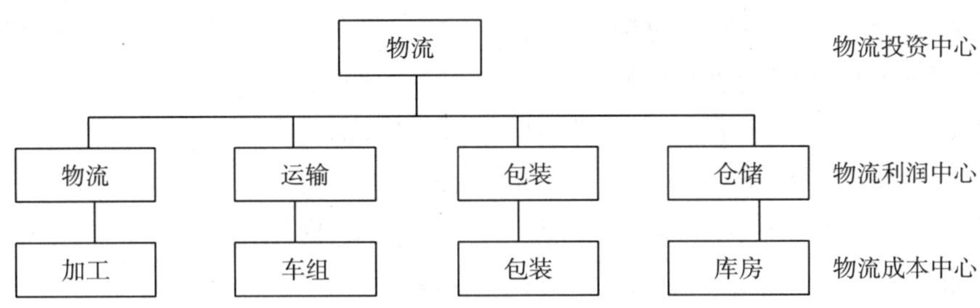

图 12.1　物流责任中心的划分

1. 物流成本(费用)中心

物流成本中心也称物流费用中心，是指对物流成本进行归集、分配，对物流成本能加以控制、考核的责任单位，亦即对物流成本具有可控性的责任单位。这里的“可控性”是与具体的责任中心相联系的，而不是某一个成本项目所固有的性质。物流成本中心的成本项目一般可分为直接成本和间接成本两种。前者是可以直接计入物流成本的成本项目，后者则是需要通过一定的方法、根据一定的标准分配后才能计入物流成本。一般来说，直接成本是变动的、可控制的，间接成本是固定的、不可控制的。但并非所有直接成本都是变动的、可控制的。例如，运输队各车组的折旧费是车组的直接成本和固定成本(在直线折旧法下)，却不是可控制成本，因为该车组及其上届运输队无权决定购入或出售车辆，无法控制车辆折旧的发生。又如，仓库保管人员的工资是直接的、可控制的，却不是变动的。

此外，要注意可控制成本与不可控制成本在一定条件下是可以互相转化的，二者的划分并不是绝对的。例如，材料仓库若将材料仓储费按比例分配给其他责任中心，那么对被分摊责任中心来说是一种不可控制成本，因为它们无法控制仓储费的多少。如果按各责任中心领用材料、按价值多少收取仓储费，那么对各责任中心来说则是可控制成本，因为多领材料、领用高档材料要多负担仓储费，反之则少负担仓储费。与此同时，也促使各责任中心努力降低材料消耗，在保证物流质量的前提下，降低物流成本。

由此可见，物流成本按可控性所进行的分类，对于控制成本中心的物流成本、考核成本中心的工作绩效是十分重要的。可控制成本对成本中心来说是相关成本，进行成本决策时必须予以考虑，不可控成本则是无关成本，可以忽略不计，这也是编制成本中心责任预算时必须注意的。

2. 物流利润中心

物流利润中心是指既负责物流收入，又负责物流支出，并负责管理一定数量资产的物流责任单位，也即对物流收入、成本的发生都能加以控制的责任单位。作为物流利润中心，其领导者必须具有控制物流服务价格、物流业务和所有相关费用的权力。物流利润中心可分为两类：一是实际物流利润中心，二是内部人为物流利润中心。前者是能直接对外产生经济往来，在银行独立开户的相对独立的责任单位，其成本和收入都是实实在在的。后者是在企业内部各部门之间提供物流服务，其收入按内部转移价格结算，物流成本按其实际产生额转移，因而其收支都是虚构的。近几年来，我国企业内部经济责任制已取得很大成绩，在企业内部和物流系统内部结算及内部利润核算上获得了许多有益的经验，并日臻完善，所有这些为物流利润中心的确定打下了坚实的基础。物流利润中心通常是以贡献边际作为业绩评价指标，其计算如式(12.1)～式(12.4)所示。

部门贡献边际=部门销售收入总额-部门变动成本总额　　(12.1)

部门经理边际=部门贡献边际-部门经理可控固定成本　　(12.2)

部门边际=部门经理边际-部门经理不可控固定成本　　(12.3)

部门税前利润=部门边际-企业分配的管理费用　　(12.4)

3. 物流投资中心

物流投资中心是指既负责收入、成本，又负责投资的物流责任单位，它不但要计算利润，还要计算投资回报率。在上例中，可以将物流公司作为投资中心，通过转让给物流加工、装卸队、包装队和仓储部门的房屋、设备、存货的价值和各自所提供的利润，考核其投资回报率。其考核指标主要有投资利润率和剩余利润两个指标，如式(12.5)和式(12.6)所示。

投资利润率=利润÷投资额×100%　　(12.5)

投资额=物流固定资产平均占用额+物流流动资产平均占用额

剩余利润=利润-(投资额×最低投资收益率)　　(12.6)

12.2.3　物流责任中心的责任预算

1. 物流责任预算的概念

物流责任预算是以物流责任中心为主体，以其可控制成本、收入、利润和投资等为对象编制的预算。通过编制物流责任预算可以明确各责任中心的责任，并通过与企业总预算的一致性，以确保其实现。通过编制物流责任预算也为控制和考核物流责任中心物流管理活动提供了依据，物流责任预算是企业总预算的补充和具体化。

物流责任预算由各种物流责任指标组成。这些指标分为主要物流责任指标和其他物流责任指标。各责任中心有关成本、利润、投资利润率的考核指标是主要指标，也是必须保证实现的指标。这些指标反映了各种不同类型的责任中心之间的责任和相应的权利区别。其他责任指标是根据企业其他总目标分解而得到的，或为保证主要责任指标完成而确定的责任指标，这些指标有劳动生产率、设备完好率、出勤率等。

2. 物流责任预算的编制

物流责任预算的编制程序与企业组织机构设置和经营管理方式有着密切的关系。在集权组织结构形式下，物流企业的总经理大权独揽，对物流企业的所有成本、收入、利润和投资负责。它既是利润中心，也是投资中心。而企业下属各物流业务部门都是成本中心，它们只对其权责范围内控制的成本负责。因此，在集权组织结构形式下，首先要按照责任中心的层次，从上至下把企业总预算逐层向下分解，形成各责任中心的责任预算；然后建立责任预算执行情况的跟踪系统，记录预算执行的实际情况，并定期由下至上把责任预算的实际执行数据逐层汇总，直到最高层的利润中心或投资中心。

在分权组织结构形式下，经营管理权分散在各物流责任中心，企业下属各物流部门可以都是利润中心、投资中心，它们既要控制成本、收入、利润，也要对所占用的全部资产负责。而在它们之下还有许多成本中心，只对它们所控制的成本负责。在分权组织结构形式下，首先也应按责任中心的层次，将公司总预算从最高层向最底层逐级分解，形成各责任单位的责任预算。然后建立责任预算的跟踪系统，记录预算实际执行情况，并定期从最基层责任中心把责任成本的实际数以及收入的实际数，通过编制业绩报告逐层向上汇总，一直达到最高的投资中心。

12.2.4　物流责任中心的成本管理

1. 物流成本(费用)中心的成本管理

对于一个物流系统来说，可以划分成几个物流成本(费用)中心。物流成本中心可以是企业的整个物流系统，可以是物流系统中的每个部门(仓储部门、运输部门、行政管理部门等)，也可以进一步划分成物流作业班组，甚至是每个作业人员。通过将物流成本总预算按照每个成本费用中心的一步步细化，并明确责任，使得每个责任中心和责任人员明确自身的成本管理职责，并对其进行相应的绩效考核。从这样的角度看，物流成本费用中心的责任会计管理又是预算管理的一部分，其不同之处在于以下两方面：

(1) 物流责任成本管理更注重于各级责任中心的预算和考核，更加强调责任人和责任中心，它是按照各级责任成本中心进行层层的预算细化管理。

(2) 物流成本费用中心管理所分析和考核的是各责任中心可控制的成本，对于责任中心不可控制的成本不进行预算和考核，或者进行单独的预算与管理。

2. 物流利润中心的成本管理

物流利润中心不仅要考核责任中心的成本，还需要考核其收入。对于物流系统内部的某个部门来说，本来可能是一个成本中心，通过内部结算价格的确定，将其确定为内部人为利润中心，这对于责任中心的成本控制来说也具有一定的促进作用。这样做可以提高每个部门的经营意识，了解物流成本的节约对自己部门绩效的重要性，从而促使他们改善自己的管理和物流技术，降低自身的物流成本。

1) 人为利润中心进行物流成本控制的过程中应注意的两个问题

(1) 对于几个责任中心共同负担的费用，应根据一定标准，按照谁受益谁负担，受益多的多负担，受益少的少负担的原则分配。一定要避免由于共同费用分配不合理而挫伤各个责任中心的积极性。

(2) 内部转移价格的制定要合理。这是合理评估各物流责任中心工作成绩，促进各单位努力提高物流效率、降低物流成本的重要保证。合理确定内部结算价格是加强物流系统内部资金、成本、利润管理的有效措施，是客观评估各利润中心工作成绩的重要手段。

2) 物流内部结算价格

物流内部结算价格是指运输、装卸、包装、仓储等人为利润中心之间相互提供物流业务的结算价格。内部结算价格一般可分为成本定价和利润定价两大类。

(1) 成本定价法是依据实际成本或标准成本来制定内部转移价格。一般可以以标准成本进行定价，因为实际成本定价下供方可能向需方转嫁不利成本差异，不利于分清责任。而按标准成本定价则可以克服这一缺陷，但它不符合利润中心要考核收益、评定利润的要求。

(2) 利润定价法是各利润中心之间结转物流业务时除成本外，还要加上一定的利润结算。其中成本加成定价是最常见的一种，它是指在标准成本基础上加上一定比例的利润确定转移价格，另外，也可以参考市场价格来制定内部转移价格。

12.3　物流成本绩效评价指标

物流成本绩效评价是利用物流成本相关数据和其他相关资料，对物流成本效益进行分析比较，以便了解物流成本相关指标变动情况及其变动的因素和原因，并分清单位与个人的责任，对单位与个人的工作绩效进行考核与评价。

绩效评价是管理学上的概念。绩效评价方法有很多，如全面总结法、目标任务法、财务指标法、综合指标法等。不同的评价方法中绩效的含义不同，有的指过程，有的指结果，而且评价的内容和指标都有所不同。

物流成本绩效评价指标有两类：一类是财务指标，另一类是非财务指标。企业作为独立的法人实体，其财务绩效如何，受到企业内部和外部相关人员的广泛关注。一般来讲，可以通过对企业公开发布的财务报表中的相关数据来分析评估企业的财务状况与经营成果。在对报表进行成本分析时，一般分析两类指标：营运能力指标和获利能力指标。其中营运能力是利润等财务目标实现的物质基础，而获利能力的提高又有助于推动营运能力的增强，两者相辅相成。对于物流成本的效益指标的分析，可以帮助企业掌握物流成本的效益状况与存在的问题，从而为进行相关物流成本决策、提升物流成本的效益提供依据。下面分别说明各类指标的含义、计算及评价标准。

12.3.1　物流成本绩效评价指标体系

1. 营运能力指标分析

物流经营的基本动机是追求利润的最大化，而物流企业的物流营运能力，正是获取利润的基础。物流的营运能力可描述为，物流基于外部市场环境的需要，通过内部人力资源和作业资源的配置组合而对实现财务目标产生作用的程度。无疑，营运能力的大小对获利能力的持续增长有着决定性的影响。具体包括以下两方面：

(1) 人力资源营运能力指标。人作为物流作业的主体和物流财富的原始创造者，其素质水平的高低对物流营运能力的形成具有决定性作用。而分析评价物流人力的着眼点首先在于如何充分调动经营管理者的积极性、能动性，从而通过物流作业经营效率的提高奠定物流营运能力持续、稳定扩展的基础。物流作业是以人为核心展开的，物流成本中有相当的支出花费在人力资源的获取之上，衡量人力资源营运能力的指标为劳动作业效率指标。

劳动效率是指物流服务营业净额与平均员工人数(可以视不同情况具体确定)的比值，如式(12.7)所示。其中，物流营业净额是物流营业额扣除物流营业折扣与转让后的余额。

$$物流劳动作业效率=物流营业净额\div物流作业的员工人数的平均值 \tag{12.7}$$

对物流劳动效率进行考核评价主要是采取比较的方法。例如，将实际劳动效率与本企业物流计划水平、历史先进水平或同行业平均先进水平等指标进行对比，进而确定实际劳动效率与计划、历史先进水平或同行业平均先进水平的差异程度，分析原因，采取适宜对策，进一步发掘物流人力资源劳动效率提高的潜能。单就劳动效率指标而言，它越高说明人力资源的利用越好。物流劳动作业效率越高，说明每一个从事物流工作的人员创造的物流营业净额越高，因而人力资源利用越好，物流人力资源的营运能力就越强。

(2) 作业资源营运能力指标。物流企业物流成本有很大部分是为了获取完成各项物流作业所需的作业资源而耗费的。物流拥有或控制的企业资源表现为各项资产的占用。因此，作业资源的营运能力实际上就是物流总资产及其各构成要素的营运能力。

①物流总资产周转率。物流总资产的营运能力集中在总资产的营运水平，即其周转方面。也就是说，物流总资产的周转率代表着物流总资产的营运能力。总资产周转率是指营

业收入净额与平均资产总额的比值，如式(12.8)所示。

物流总资产周转率=物流营业额净额÷平均物流资产总额　(12.8)

物流总资产周转率也可以用周转天数表示，其与物流总资产周转率的关系如式(12.9)所示。

物流总资产周转天数=计算期天数÷物流总资产周转率　(12.9)

在上述公式中平均物流资产总额应按不同的计算期分别确定，且公式中的平均物流资产总额与物流营业额净额应属于同一计算期，即在时间上保持一致。

年平均物流资产总额的计算如式(12.10)所示。

年平均物流资产总额=(1/2 年初+一季度+二季度+三季度+1/2 年末)÷4　(12.10)

当物流总资产所占用的资金波动比较大时，可以采取加大数据采集密度的方法来计算平均物流资产总额。式(12.10)中，由原来的以每季度末的数据进行计算，变为以每月末的数据进行计算。

当物流总资产所占用的资金相对比较稳定，波动幅度较小时，可以采取式(12.11)来计算平均物流资产总额。

平均物流资产总额=(期初物流资产占用额+期末物流资产占用额)÷2　(12.11)

物流总资产周转率全面综合地反映了全部物流资产的营运能力。一般来说，物流总资产周转率越高，即在一定的计算期内，物流总资产周转的次数越多，或周转一次的天数越短，表明周转速度越快，物流总资产的营运能力也就越高。

为了更加深入地剖析总资产的周转情况及其快慢的影响因素，必须进一步分析流动资产与固定资产的周转情况。在此，需要指出的是，营业收入的直接来源是流动资产的周转额，而固定资产作用是对流动资产有效规模的推动及对流动资产价格转换能力与转换效率(流动资产周转速度和流动资产利润率)的影响。所以，对物流流动资产的考核应着眼于营业收入实现状况，而对固定资产则侧重于其利用效率的考察。

②物流流动资产周转率。物流流动资产营运能力的大小主要体现为流动资产周转率，如式(12.12)所示。

物流流动资产周转率=物流营业额净额÷物流流动资产平均占用额　(12.12)

流动资产平均占用额与资产占用总额的方法相同(其中的应收账款应剔除坏账准备后的净额计算)。

计算流动资产周转率分析，主要在于揭示流动资产实现营业的能力、流动资产投资的节约与浪费情况等问题。流动资产体现营业的能力大小，即表现为周转额的大小。在一定时期内，流动资产周转速度越快，表明计算期内实现的周转额越多，对财务目标的贡献越大。流动资产占用额与流动资金周转速度有着密切的制约关系。在营业额既定的条件下，流动资产周转速度越快，流动资产的占用额就越少，反之则越多，计算公式为式(12.13)。

流动资产相对节约或浪费额=分析期实际销售额×(分析期流动资产实际占用率
−基期实际或分析期计划流动资产占用率)　(12.13)

结果为正值，表示浪费；结果为负值，表示节约。

其中，流动资产占用率=流动资产平均占用额÷营业收入净额=1÷流动资产周转率(次数)。

流动资产周转率也可用周转天数表示，如式(12.14)所示。

物流流动资产周转天数=计算期天数÷物流流动资产周转率(次数)　(12.14)

周转天数缩短，表明周转速度加快；反之，则表示周转速度减缓。为了对流动资产的周转状况进行更加详尽的分析，并进一步揭示影响流动资产周转速度变化的因素，在对流动资产总体周转情况进行分析的基础上，还可以对各构成要素，如应收账款、存货等的周转进行考察，以查明流动资产周转率升降的原因所在。

③应收账款周转率。应收账款周转率是指商品或产品赊销收入净额与应收账款平均余额的比值，它反映应收账款流动程度的大小，如式(12.15)所示。

应收账款周转率(次数)=赊销收入净额÷应收账款平均余额　(12.15)

其中，赊销收入净额=营业收入−现销收入−营业折扣与折让。

应收账款的平均余额确定方法同前，应收账款周转天数的计算如式(12.6)所示。

应收账款周转天数=计算期天数÷应收账款周转次数

=计算期天数×应收账款平均余额÷赊销收入净额(12.16)

应收账款周转率反映了物流应收账款变现速度的快慢及管理效率的高低，周转率高表明收账迅速，账龄期限较短，资产流动性大，短期偿债能力强；可以减少坏账损失和提高收账信用，从而相对增加物流流动资产的投资效益。

同时，借助应收账款周转天数和物流信用期限的比较，可以更好地评价客户的信用程度及物流原定信用条件的合理性。

利用上述公式计算分析应收账款周转率需要注意以下两个问题：第一，公式中的应收账款包括会计核算中的“应收账款”与“应收票据”等全部赊销账款在内；第二，应收账款余额应为扣除坏账准备后的净额，否则水分较大。如果应收账款余额波动性较大，应尽可能使用更详尽的计算资料。分子、分母的数据应注意其时间的相对性。

④存货周转率。存货周转率是指营业成本与存货平均资金占用额的比值，如式(12.17)所示。

存货周转率(次数)=营业成本÷平均存货额　(12.17)

存货周转天数=计算期天数÷存货周转数(次数)

=计算期天数×存货平均余额÷营业成本

存货周转速度的快慢不仅反映出物流采购、储存、作业、营业各环节管理工作状况的好坏，而且对物流的偿债能力及获利能力产生决定性的影响。一般来讲，存货周转率越高，表明分析期变现速度越快，周转额越大，资产占用水平越低，成本费用越节约。因此，通过存货分析，有利于找出存货管理存在的问题，尽可能降低资金占用水平，提高存货投资的变现能力和获利能力。

在计算存货周转率时应注意下列三个问题：

第一，分子采用营业成本而不是营业收入净额。这主要是为了剔除毛利对周转速度的虚假影响，因为存货是按成本计价的，分子、分母应当保持口径一致。存货周转率通常能够反映物流存货流动性的大小和存货管理效率的高低。但存货周转率过高也可能意味着物流存货不足。反之，在存货周转率过低时，应当进一步分析存货的质量结构，弄清存货中是否包含实际价格远低于账面价值的即将报废或已损坏的存货。

第二，为了进一步判别存货的内部结构，还可以分别分析各构成部分对整个存货周转率的影响。

第三，在其他条件不变的前提下，存货周转越快，所实现的周转额也就越大，利润数额、水平相应越高。所以该指标也可以衡量物流的获利能力，当然也可以作为分析偿债能力的辅助指标。

⑤固定资产周转率。严格地讲，物流服务收入并不是由固定资产的周转带来的，物流服务收入只能直接来源于流动资产的周转。而且固定资产要完成一次周转必须经过整个的折旧期间，因此，如果用营业收入除以固定资产占用额来反映固定资产周转速度具有很大的缺陷，即它并非固定资产的实际周转速度。但如果从固定资产对推动流动资产周转速度和周转额的作用来看，固定资产又与物流的营业收入有着必然的联系，即流动资产投资规模、周转额的大小及周转速度的快慢很大程度上取决于固定资产的作业经营能力及利用效率。因此，结合流动资产投资规模、周转额、周转速度来分析固定资产的营运能力还是非常有价值的。

考核固定资产营运能力主要采用固定资产周转率指标，如式(12.18)所示。

$$\begin{aligned}\text{固定资产周转率} &= \text{营业收入净额} \div \text{固定资产平均占用额} \\ &= \text{流动资产平均占用额} \div \text{固定资产平均占用额} \\ &\quad \times \text{流动资产周转率}\end{aligned} \tag{12.18}$$

式(12.18)中的固定资产平均占用额应按固定资产原值计算，否则会因为所采用的折旧方法或折旧年限的不同而产生人为的差异，导致该指标缺乏可比性。

可见，固定资产营运能力分析在于说明物流是否以相对节约的固定资产投资推动尽可能多的流动资产规模及其周转速度，最终通过流动资产投资规模的扩大和周转速度的加快为物流实现更多的营业收入。该指标越高，说明固定资产的营运能力越高；反之则低。

2. 获利能力指标分析

对效益的不断追求是物流资金运动的动力源泉和直接目的，也是物流成本控制的根本所在。因此，所谓获利能力分析实际上就是指物流的资金增值能力，它通常体现为物流收益数额的大小和水平的高低。

一般来说，物流获利能力的大小是由其经常性的经营管理业绩决定的。那些非经常性的事项以及其他特殊事项虽然也会对物流效益产生某些影响，但不能反映出物流真实水平的获利能力。在分析物流获利能力时，应尽可能剔除那些非经常性因素对物流获利能力的虚假影响，其主要分析指标如下。

(1)物流服务(作业)利润率。物流服务(作业)利润率是指利润与营业收入净额的比值。

从利润表上看，物流的利润可以分为五个层次：营业收入、毛利、营业利润、利润总额、利润净额。其中利润总额或利润净额包含非营业利润因素，所以能够更直接地反映营业获利能力的指标是毛利率、经营利润率和营业利润率。因此，经营利润和物流营业收入净额之比是营业利润率的主要指标，如式(12.19)所示。

物流服务(作业)利润率=物流利润÷物流营业净额　　(12.19)

物流服务(作业)利润率是正向指标，该指标越大，说明该项服务(作业)的获利能力越强。

(2)物流作业的成本利润率。成本利润率是指利润与成本的比值，如式(12.20)所示。

物流作业成本利润率=物流利润÷物流成本　　(12.20)

在计算物流作业的成本利润率时，必须注意物流成本与利润之间的匹配关系，因为成本同利润一样，也包含不同的层次。

经营成本=经营费用+营业税金及附加

营业成本=经营成本+管理费用+财务费用+其他业务成本

税前成本=营业成本+营业外支出

税后成本=税前成本+所得税

只有将物流成本与利润对应起来，才能有效地揭示出物流成本的获利能力。在实践当中，经营成本利润率指标的重要性最高，它能够反映出主要物流成本的利润效果。将该项指标与其他的物流作业成本利润指标配合使用，可以帮助物流企业发现物流系统中存在的问题。当各项收益及税率一定时，经营成本利润率很高而税前成本利润率却很低，就说明物流系统的管理费用、财务费用及营业外支出开支过多，应当在以后的工作中对这些成本进行控制；相反，如果经营成本利润率与税前成本利润率均很低，而且差异很小，就说明物流成本过高，是今后控制的重点；当经营成本利润率与税前成本利润率均比较高时，说明物流系统的成本管理效果较好。物流作业的成本利润率为正向指标，即该指标越高越好。

(3)物流作业的资产利润率。物流作业的资产利润率是反映物流资产获利能力的风向标。具体指标如下：

①物流总资产利润率。即利润与资产平均占用额的比值，根据利润层次的不同，可以列出三类物流总资产利润率，如式(12.21)～式(12.23)所示。

物流总资产息税前利润率=税前物流利润总额÷平均物流资产总额　　(12.21)

物流总资产利润率=物流利润总额÷平均物流资产总额　　(12.22)

物流总资产净利润率=物流利润净额÷平均物流资产总额　　(12.23)

物流总资产利润率主要是从资金来源(权益+负债)的角度出发，对物流资产的使用效益进行评价，因此所有者与债权人都十分重视该指标：对于债权人而言，只要物流总资产的息税前利润率大于负债利息率，其债务本息的偿还就能得到保证；对所有者来说，较高的物流总资产息税前利润率能降低或避免不能偿还债务本息的风险，为了确保资本得到保值增值，还需要对物流总资产利润率与物流总资产净利润率进行分析。

②物流流动资产利润率。该指标是指在一定时期内物流流动资产占用同所实现的物流利润之间的比率。该指标反映物流利润增长基础是否稳固。考核物流流动资产获利能力的

指标主要有两项公式，如式(12.24)、式(12.25)所示。

物流流动资产经营利润率=物流经营利润÷物流流动资产平均占用　　(12.24)

物流流动资产营业利润率=物流营业利润÷物流流动资产平均占用　　(12.25)

其中，物流流动资产经营利润率比物流流动资产营业利润率更为重要。

③物流固定资产利润率。由于物流固定资产是物流流动资产周转获利的物质基础，因此，还应当考察物流固定资产利润率，如式(12.26)、式(12.27)所示。

物流固定资产经营利润率=物流经营利润÷物流固定资产平均占用额　　(12.26)

物流固定资产营业利润率=物流营业利润÷物流固定资产平均占用额　　(12.27)

以上三大类指标均为正向指标。

④物流作业的净资产利润率。物流作业的净资产利润率用式(12.28)表示。

物流净资产利润率=物流利润净额÷物流净资产　　(12.28)

物流企业支出物流成本的最终目的是实现物流系统利润的最大化。要达到这一目的，首先就要最大限度地提高物流净资产利润率。因此，物流净资产利润率是物流获利能力指标的核心。净资产利润率取决于三因素：资产获利能力、产权比率和资产营运效率。

由于商品制造物流企业和商品流通物流企业的收入与利润的获得来源于多方面，很难分离出由物流作业带来的收入与利润，因此可以采取内部转移价格的形式获取与物流作业相关的收入与利润，并利用以上指标对物流企业的物流成本的效益进行分析。物流服务供应商的主要业务是向客户提供物流服务，其收入与利润主要来源于物流作业，因此，直接使用上述指标。

12.3.2　物流企业绩效综合评价

在不同的时期，由于生产经营特点以及所处的社会经济环境不同，企业绩效评估与管理方法大不相同。进入20世纪以后，单一的财务绩效评估被企业广泛应用，但财务指标存在重短期利益而轻长期利益、重局部利益而轻全局利益等诸多缺陷。传统的物流业绩评价系统也侧重于静态的财务业绩评价，面对物流活动日益复杂的内外部环境，单纯的财务指标已难以全面评价公司各物流部门的经营业绩。20世纪90年代以来，西方各大公司发现传统的财务经营业绩指标与方法越来越阻碍公司业务(包括物流业务)的发展。例如，管理层为了达到投资利润率和预算利润而故意减少研究费用、设备更新维护费用、员工培训费等，采购部门为了避免发生更不利的价格差异而购买质差价廉的原材料，生产部门为了避免不利的产量差异而增加生产使存货增加等。因此，人们尝试改用综合指标对企业绩效进行评价，但在绩效管理实施中经常会发现，在选择绩效考核方法的时候，总会遇到一些绩效指标不知道采用何种方法来建立权重；在实施绩效管理时，也不知采用什么方法最恰当等情况。虽然绩效管理的方法或者说绩效考核的方法有很多，但是总结起来主要有以下两个方面，一是在绩效管理指标体系建立时采用的绩效管理方法，最常用的有平衡计分卡(balanced score card，BSC)、关键绩效指标法(key performance indicators，KPI)、关键成功因素法(key success factors，KSF)和目标管理法等；二是在绩效管理实施中，即绩效考核时采用的绩效管理方法，最常用的有目标管理法、关键事件法、配比法、360°反馈法、等级评估法和强制分布法等。

1. 平衡计分卡

1) 平衡计分卡的内容

平衡计分卡(balanced score card，BSC)是罗伯特·S·卡普兰教授与戴维·P·诺顿教授于 1992 年提出的一种企业绩效评价方法。《哈佛商业评论》在庆祝创刊 80 周年之际的 2002 年，经评选推出了“过去 80 年来最具影响力的十大管理理念”，其中 BSC 位居第二。平衡计分卡是绩效管理中的一种新思路，适用于对部门的团队考核。

平衡计分卡打破了传统的单一使用财务指标衡量业绩的方法。而是在财务指标的基础上加入了未来驱动因素，即客户因素、内部业务流程和员工的学习成长。有数据表明，全球前 500 强企业有 80%以上都在使用 BSC，在我国也有越来越多的企业开始使用这种方法。

平衡计分卡方法的关键在于将企业战略目标逐层分解转化为财务、客户、内部业务流程、学习与创新四个方面的绩效考核指标体系，后一项指标分别是前一项指标的驱动因素，也是领先指标；前一项指标的实现必须以后一项为前提，学习与成长工作做得好，有助于内部业务流程改善。平衡计分卡反映了财务、非财务衡量方法之间的平衡、长期目标与短期目标之间的平衡、外部和内部的平衡、结果和过程平衡、管理业绩和经营业绩的平衡等多个方面。所以其能反映组织综合经营状况，使业绩评价趋于平衡和完善，利于组织长期发展。平衡计分卡最大的优点在于，它从企业的四个方面来建立衡量体系：财务、客户、内部业务流程和人员的培养与开发。这四个方面是相互联系、相互影响的，其他三类指标的实现，最终保证了财务指标的实现。同时平衡计分卡方法下设立的考核指标既包括了对过去业绩的考核，也包括了对未来业绩的考核，如图 12.2 所示。

借鉴平衡计分法的基本原理，建立与现代企业制度相适应的物流业绩评价体系，可以从股东、经营者等角度，从物流组织效率、竞争能力、盈利能力、职工工作效率等方面，全方位、综合地评价企业物流的核心竞争力，可以反映整个企业物流的运作效率，是一种多学科交叉的评价体系。

依照平衡计分法的框架，对物流业绩综合评价可以从四个方面进行。

(1) 财务指标评价。平衡计分法保留原有财务方面的内容，因为财务指标对表述可计量经济结果的已发生方案是有价值的。财务业绩指标能反映企业物流的策略、业绩对净利的提高是否具有帮助，以及物流战略及其执行对于股东利益的影响。由于物流的主要财务目标涉及盈利、股东价值的实现和增长，平衡计分法相应地将其财务目标简单地表示为生存、成功、价值增长三个方面，如表 12.1 所示。

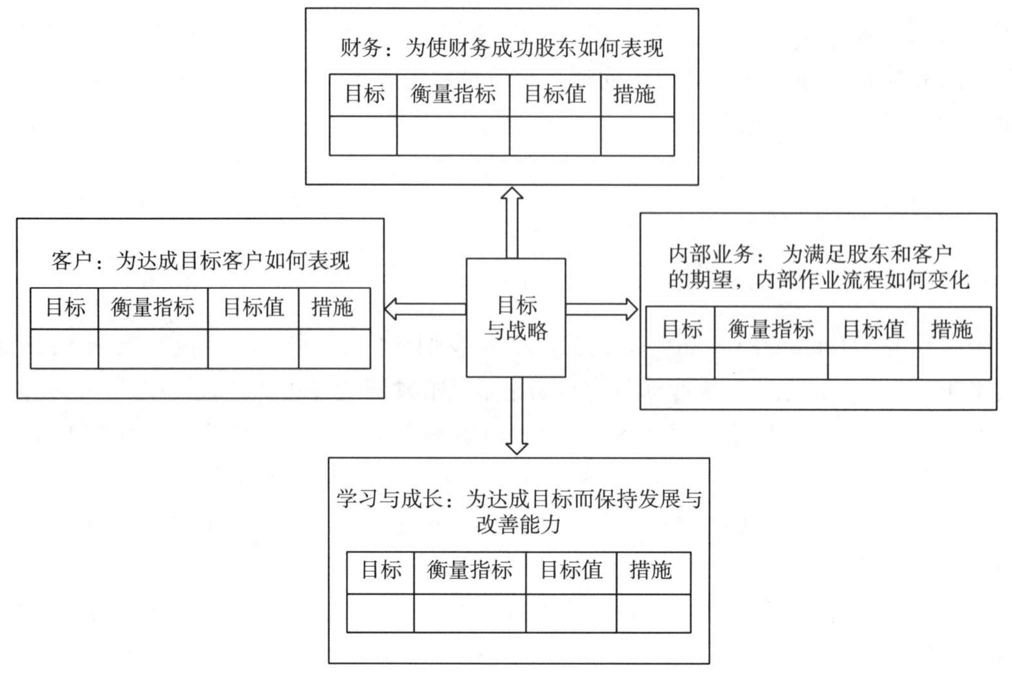

图 12.2　平衡计分卡示意图

表 12.1　财务业绩评价

目标	一般评价指标	物流业务可量化指标
生存	现金净流量、速冻比率	物流业务中的现金流入-现金流出 (流动资产-存货)/负债
成功	权益净利率	净利润/平均净资产
价值增长	相对市场份额增加额	物流业务在规定的评价期内收入增加额/在规定的评价期内同行业总收入的增加额

注：上述评价指标的设计以属于投资中心的物流部门为例。

财务层面的业绩评价涵盖了传统的业绩评价方式，但是财务层面的评价指标并非唯一的或最重要的，它只是企业整体发展战略中不可忽视的要素中的一部分。例如，现代物流的整体发展战略立足于长期发展和获取利润的能力，并非只盯着近期的利润。所以业绩评价的结果，虽然使客户、内部及创新学习各层面均有较大的进展，但是财务层面没有令人喜悦的结果，这并不是管理者不重视财务层面的相关因素，而是追求长久效益和远期发展，在财务层面上重视的是能否完成基本要求。

(2) 客户评价。企业物流经营活动的开展，不仅仅是为了获得财务上的直接收益，还要考虑战略资源的开发与保持。这种战略资源包括外部资源和内部资源两种。其中，外部资源即客户，为企业带来了物流服务产品的市场，这也是企业战略性成长的需求基础。而客户层面业绩的评价，就是对企业赖以生存的外部资源开发和利用的业绩进行衡量。具体来说是指企业进行客户开发的业绩和对从客户处的获利能力的衡量。这种评价主要考虑两个方面，一是客户对物流服务满意度的评价，二是企业的经营行为对客户开发的数量和质量的评价。为使平衡计分法有效地发挥作用，把这些目标转化成具体评价指标，如表 12.2 所示。

表 12.2　客户评价

目标	一般指标	物流业务可量化指标
市场份额	市场占有率	客户数量产品销售量
保持市场	客户保持率	保留或维持同现有客户关系的比率
拓展市场	客户获得率	新客户的数量或对新客户的销售额
客户满意	客户满意程度	客户满意率
客户获利	客户获利能力	份额最大客户的获利水平、客户平均获利水平

市场份额反映了物流企业在商品市场上所占的业务比例，市场份额可以通过客户数量、花费的金额或售出的货物量来计算，尤其是对于目标客户群来说，这个指标显示了一个企业在目标市场上的占有情况。根据目标客户所进行的业务量计算的市场份额指标在一定时期内受客户所提供的业务总量的制约，也就是说，由于客户提供给供应商较少的业务，目标客户的业务份额将会减少。企业可以针对每个客户和每个市场份额，计量他们获得多少服务。当企业想把目标客户控制在其生产范围内购买产品及服务时，这样的指标就使企业成为市场的焦点。

保持市场可以通过考察物流企业与客户的关系程度的方法来进行衡量。在目标客户群里保持或增加市场份额的理想方法是在这个范围里增加现有的客户，以此来计算保留或维持同现有客户关系的比率。

拓展市场可以用物流企业赢得新客户及业务的比率来衡量。企业在寻求扩大业务的过程中，通常是想增加其目标范围内的客户，客户获得既可以用新客户的数量来计算，也可以通过在目标范围内新客户的总销售额来计算。

保持市场和拓展市场指标都是结果指标，它们显示了物流活动是否成功地满足了客户的需要，因此客户满意度指标是这些结果指标中最为关键的，企业目前运行得怎样，或者退而言之，它与客户的关系怎样，都反馈在客户满意程度指标上。

客户获利能力的指标能揭示哪些客户是不获利的。例如，新赢得的客户很可能是不获利的，因为，企业为获得一个新的客户必须进行大量的促销活动，这笔活动经费应当从销售大量产品与服务的盈余中扣除。获利能力的生命周期成为决定是保留还是放弃目前不获利的基础。

(3) 内部业务评价。作为企业赖以生存的一个重要资源就是内部资源，即企业具有的内部业务能力，包括产品特性、业务流程、软硬件资源等。企业物流的内部业务业绩来自企业的核心竞争力，即如何保持持久的市场领先地位、较高的市场占有率的关键技术与策略、营销方针等。企业应当清楚自己具有哪些优势，如高质量的产品和服务、优越的区位、资金的来源、优质的物流管理人员等。这是物流业绩评价体系中能反映其行业特色的，需要结合物流特点和客户需求共同确定，具体评价目标和指标如表 12.3 所示。

表 12.3　内部业务评价

目标	一般评价指标	物流业务可量化指标
价格合理	单位进货价格	每单位进货量价格
可得性	存货可得性	缺货率、供应比率、订货完成率
作业业绩	速度、一致性、只活性、故障与恢复	完成订发货周期速度、按时配送率、异于合同配送需求满足时间、次数、退货更换时间
可靠性	按时交货率、对配送延迟的提前通知、延期订货发生次数	按时交货次数/总业务数 配送延迟通知次数/配送延迟次数 延期订货发生次数
硬件配置	JIT、MRP 等网络化物流管理的客户	使用网络化物流管理的客户数/所有客户数
软件配置	优秀人员(完成常规任务的时间、质量、专业教育程度)	雇员完成规定任务的时间 雇员完成规定任务的差错率 接受过专业物流教育的雇员/雇员总数

(4)创新与学习的评价。虽然客户层面和内部层面已经着眼于企业发展的战略层次，但都是将评价观点放在物流活动现有的竞争能力上，而创新与学习层面则强调了企业不断创新、并保持其竞争能力与未来的发展势头，因此无论是管理层还是基层职员都必须不断地学习，不断地推出新的物流产品和服务，并且迅速有效地占领市场。

对业务不断地学习和创新会不断地为客户提供更多价值含量高的产品和服务，减少运营成本，提高企业物流的经营效率，扩大市场，找到新增附加值的机会，从而增加股东价值。物流创新和学习的评价目标和指标如表 12.4 所示。

表 12.4　创新和学习的评价

目标	一般评价指标	物流业务可量化指标
信息系统	员工获得足够信息	成本信息及时传递给一线员工所用时间
员工能力管理	员工能力的提高， 激发员工的主观能动性的创造力	员工满意率 员工保持率 员工的培训次数
调动员工积极性	激励与能力指标	员工建议数量 员工建议被采纳成执行的数量
业务学习创新	信息化程度、研发投入	研究开发费增长率 信息系统更新投入占销售额的比率 同行业平均更新投入占销售额的比率

2) 平衡计分法的运用程序

(1)确定公司物流目标及策略。公司物流目标要简单明了，且对每个部门都有意义。

(2) 成立平衡计分委员会或小组。该组织负责解释公司物流目标及策略，负责建立四类衡量指标。

(3) 确定最重要的业绩衡量指标。根据不同时期公司物流的具体目标，灵活确定评价指标。

(4) 公司内沟通与教育。利用刊物、电子邮件、公告栏、标语、会议等多种形式，让高层管理者知道公司物流的使命、目标、策略与评价指标。

(5) 制定评价指标具体数字标准，并纳入计划、预算之中。

(6) 制定与平衡计分法相配套的奖励制度。

(7) 不断采用员工意见，修正平衡计分表并改进公司物流策略。

2. 关键成功因素法

1) 关键成功因素法的由来

关键成功因素法(key success factors，KSF)是信息系统开发规划方法之一，是由哈佛大学教授威廉·泽尼(William Zani)在 1970 年提出的。关键成功因素指的是对企业成功起关键作用的因素。关键成功因素法就是通过分析找出使得企业成功的关键因素，然后再围绕这些关键因素来确定系统的需求，并进行规划。

关键成功因素是在探讨产业特性与企业战略之间关系时常使用的观念，是结合本身的特殊能力，对应环境中重要的要求或条件，以获得良好的绩效。关键成功因素法是以关键成功因素为依据来确定系统信息需求的一种总体规划的方法。在现行系统中，总存在着多个变量影响系统目标的实现，其中若干个因素是关键的和主要的(即成功变量)。通过对关键成功因素的识别，找出实现目标所需要的关键信息集合，从而确定系统开发的优先次序。

2) 关键成功因素的来源

关键成功因素的重要性位于企业其他所有目标、策略和目的之上，若能掌握少数几项重要因素(一般关键成功因素有 5～9 个)，便能确保相当的竞争力，此时，关键成功因素便是一组能力的组合。如果企业想要持续成长，就必须对这些少数的关键因素加以管理，否则将无法达到预期的目标。即使是同一个产业中的不同企业也会存在不同的关键成功因素。关键成功因素有以下几个主要来源：

(1) 个别产业的结构。不同产业因产业本身特质及结构不同，而有不同的关键成功因素，这些因素决定于产业本身的经营特性，该产业内的每一个企业都必须注意这些因素。

(2) 产业中的地位。企业的产业地位是由过去的历史与现在的竞争策略决定的，在产业中每一企业因其竞争地位的不同，关键成功因素也会有所不同，对于由一家或两家大公司主导的产业而言，领导厂商的行动常为产业内小公司带来重大的问题，所以对小公司而言，大公司竞争者的策略，可能就是其生存竞争的关键成功因素。

(3) 环境因素。企业外在因素（总体环境）的变动，都会影响每个企业的关键成功因素。如在市场需求波动大时，存货控制可能就会被高层主管视为关键成功因素之一。

(4) 暂时因素。关键成功因素大部分是由企业内特殊的理由发展而来，这些是在某一特定时期对企业的成功产生重大影响的活动因素。

3) 关键成功因素的确认方法

(1) 环境分析法。要分析将要影响或正在影响产业或企业绩效的政治、经济和社会等外在环境的力量，换句话说，即重视外在环境的未来变化比企业或产业的总体变化重要，但实际应用到产业或企业上会产生困难。

(2) 产业结构分析法。应用迈克尔·波特（Michael Porter）所提出的产业结构“五力”模型分析架构，作为此项分析的基础。此架构由五个要素构成，每一个要素和其他要素间关系的评估可提供客观的数据，以确认及检验产业的关键成功因素。产业结构分析的另一个优点是此架构提供了一个很完整的分类，还有一个优点就是能以图形的方式找出产业结构要素及其间的主要关系。

(3) 产业和企业专家法。向产业专家、企业专家或具有知识与经验的专家请教，除可获得专家累积的智慧外，还可获得客观数据中无法获得的信息，不足之处是所获信息在实证或验证时会比较困难。

(4) 竞争分析法。分析企业在产业中应该如何竞争，以了解企业面临的竞争环境和态势，研究焦点的集中可以提供更详细的资料，且深度的分析能够有更好的验证性，但其发展受到特定的限制。

(5) 产业领导厂商分析法。产业领导厂商的行为模式，可当作产业关键成功因素重要的信息来源。因此对领导厂商进行分析，有助于确认关键成功因素，但对于其成功的解释仍会受到限制。

(6) 企业本体分析法。此项技术针对待定企业，对某些方面进行分析，如优劣势评估、资源组合及策略能力评估等。虽然通过各功能的扫描，确实有助于关键成功因素的发展，但实在耗费时间且数据相当有限。

(7) 突发因素分析法。此项技术也是针对特定企业，是通过熟悉企业的专家协助来进行的，虽然较主观，却常能揭露一些其他传统客观技术无法察觉到的关键成功因素，且不受功能的限制、甚至可以获得一些短期的关键成功因素，但难以验证这些短期的关键成功因素的作用。

(8) 市场策略对获利影响的分析法。针对特定企业，采用战略与绩效（profit impact of mark strategy，PIMS）研究报告的结果来进行分析。此技术的主要优点为其实验性基础，而缺点在于“一般性的本质”，即无法指出这些数据是否可直接应用于某一公司或某一产业，也无法得知这些因素的相对重要性。

5) 关键成功因素法的步骤

(1) 确定企业或 MIS 的战略目标。

(2) 识别所有的成功因素。主要是分析影响战略目标的各种因素和影响这些因素的子因素。

(3) 确定关键成功因素。不同行业的关键成功因素各不相同，即使是同一个行业的企业，由于各自所处的外部环境的差异和内部条件的不同，其关键成功因素也不尽相同。

(4) 明确各关键成功因素的性能指标和评估标准。

关键成功因素法的优点是能够使所开发的系统具有很强的针对性，能够较快地取得收益。应用关键成功因素法需要注意的是，当关键成功因素达到目标后，又会出现新的关键成功因素，就必须重新开发系统。

行业关键成功因素是在竞争中取胜的关键环节。可以通过判别矩阵的方法定性识别行业关键成功因素。其具体操作过程是采取集中讨论的形式对矩阵中每一个因素打分，一般采用两两比较的方法，如果 A 因素比 B 因素重要就打 2 分，同样重要就打 1 分，不重要就打 0 分。在对矩阵所有格子打分后，横向加总，以此进行科学的权重分配。一般权重最高的因素就成为行业关键成功因素。表 12.5 为运用判别矩阵方法设计的行业关键成功因素分析表。

表 12.5　行业关键成功因素分析表

得分矩阵	权重
A 因素得分矩阵=(1，1，2，0)	0.25
B 因素得分矩阵=(1，1，2，0)	0.25
C 因素得分矩阵=(0，0，1，0)	0.0625
D 因素得分矩阵=(2，2，2，1)	0.4375 (因素 D 为关键成功因素)

3. 目标管理法

相对于平衡计分法等物流指标体系构建方法，目标管理法既属于物流指标体系的构建方法，也属于物流绩效评价实施方法的范畴。

1) 目标管理的由来

目标管理(management by objectives，MBO)在 20 世纪 50 年代中期出现于美国，以泰勒(Taylor)的科学管理和行为科学理论(特别是其中的参与管理)为基础形成的一套管理制度。凭借这种制度，可以使企业的成员亲自参加工作目标的制定，实现“自我控制”，并努力完成工作目标。而对于员工的工作成果，由于有明确的目标作为考核指标，对员工的评价和奖励也就更客观、更合理，因而可以大大激发员工完成企业目标的积极性。

彼得·德鲁克(Peter F·Drucker)对目标管理的发展和使之成为一个体系做出了重大

贡献。1954 年，德鲁克在《管理的实践》一书中，首先提出了“目标管理和自我控制”的主张。他认为，企业的目的和任务必须化为目标，企业的各级主管必须通过这些目标对下级进行领导，以此来达到企业的总目标。如果一个范围没有特定的目标，则这个范围必定被忽视。如果没有方向一致的分目标来指导各级主管人员的工作，则企业规模越大、人员越多时，产生冲突和浪费的可能性就越大。

第二次世界大战后，西方经济由恢复转向迅速发展的时期，企业亟须采用新的方法调动员工积极性以提高竞争能力，目标管理的出现可谓应运而生，逐渐被广泛应用，并很快被日本、西欧国家的企业所仿效，在世界管理界大行其道。

2) 目标管理的基本过程

由于各个企业活动的性质不同，目标管理的步骤可以不完全一样，但一般来说，可以分为以下四步：

(1) 建立一套完整的目标体系。实行目标管理，首先要建立一套完整的目标体系。这项工作总是从企业的最高主管部门开始，然后由上而下地逐级确定目标。上下级的目标之间通常是一种“目的－手段”的关系，某一级的目标，需要用一定的手段来实现。这些手段就成为下一级的次目标，按级顺推下去，直到作业层的作业目标，从而构成一种锁链式的目标体系。

(2) 制定目标。制定目标的工作如同所有计划工作一样，需要事先拟订和宣传。这是指导方针，如果指导方针不明确，就不可能希望下级主管人员制定合理的目标。此外，制定目标应当采取协商的方式，应当鼓励下级主管人员根据基本方针拟定自己的目标，然后由上级批准。

(3) 企业实施。目标既定，主管人员就应放手把权力交给下级成员，而自己去抓重点的综合性管理。目标的完成主要靠执行者的自我控制。如果在明确了目标之后，作为上级主管人员还像从前那样事必躬亲，便违背了目标管理的主旨，不能取得目标管理的效果。当然，这并不是说，上级在确定目标后就可以撒手不管了。上级的管理应主要表现在指导、协助、提出问题、提供情报以及创造良好的工作环境方面。

(4) 检查和评价。对各级目标的完成情况，要事先规定出期限，定期进行检查，检查的方法可灵活地采用自检、互检和责成专门的部门进行检查。检查的依据就是事先确定的目标。对于最终结果，应当根据目标进行评价，并根据评价结果进行奖罚。经过评价，使得目标管理进入下一轮循环过程。

3) 目标管理实施过程中应注意的问题

随着其他管理理论的发展以及企业实践的日益创新，目标管理在企业实践应用过程中的“有效性”得到了许多企业的质疑，特别是在大力倡导以客户为导向的流程化管理和以价值创造为核心的价值管理为主题的企业管理主流环境中，目标管理的应用无论是在观念层面还是在技术层面都给企业管理者带来了问题，通过分析，发现问题集中体现在目标体系的建立与控制上，而目标体系的建立与控制是目标管理的关键。

(1) 目标体系横向流程化构建。目标体系的横向流程化构建体现在其内在的合理性上。流程产生结果，基于此种假设，以体现在流程上的价值增值过程为目标构建路径和目标标识，这就是确保目标体系合理性的依据之一。另外横向流程化的构建目标体系的合理性还体现在“公平”上，目标管理的横向公平就是说在同级员工中目标的制定必须公平、合理(指员工的心智模式范畴)。在企业同一个部门，甚至在同一个企业内，员工往往最容易把离自己最近的人作为参照，如果员工发现工作的分配有失公平，员工的积极性就会受到极大的影响。如果员工的积极性因此而受到影响，就完全违背了目标管理的初衷。因此，从员工的心智模式上让员工认同部门或职位目标，避免员工由于横向的比较而关注于目标本身的大小、难易，其最佳的解决方案就是让员工知晓和理解部门或职位目标的价值所在以及在整个价值创造过程中的目标位置和意义。员工都愿意承担被企业认为有价值的事，这是由存在于员工心中的成就取向决定的，横向的流程化构建目标体系最容易、清楚地使员工感受到目标的价值。

(2) 目标体系纵向逻辑化构建。目标体系的纵向合理性体现在层级目标的逻辑化构建上。企业层与层的结合所组成的立体结构构成企业的整体。企业作为整体的存在，加上企业的核心竞争力，才是企业在激烈的市场竞争环境中生存的基础。一个层下面有几个分层，目标的这种纵向的结合，构成企业的目标体系。企业目标的实现，依托于各层目标的实现。但是如果企业的目标体系在逻辑关系上支离破碎，它可能不会直接影响企业的结构，但最大的直接影响是企业无法形成“核心能力”，因而谈不上企业的竞争优势。因为，核心能力的建立从形式上来说，是企业在追逐目标的过程中形成的，可本质上却是在目标的方向、路径以及目标的逻辑关系等内在因素的作用下达成的，这些因素恰恰是目标逻辑性的关键所在。所以，建立目标体系时一定要注意纵向逻辑的合理性。

(3) 企业目标与员工个人目标在目标体系中的关系处理。企业在制定目标体系时应注意与员工个人目标相协调。员工不仅是实现企业目标的载体，而且他们也会有自己需要完成的个人目标。只有当企业的目标与员工个人的目标达到完美重合的时候，迸发出来的创造力才犹如排山倒海一般，这正是企业创造价值的源泉。如果员工忠于事业，他会尽量地调整自己的个人目标；如果员工更忠于自己，其个人目标与企业目标偏离得越远，工作的完成情况可能会更差，甚至可能导致员工离开企业，从而造成企业的损失。忠于企业的员工，有永不疲惫的工作动力，这是企业开动“引擎”所需要的“导火索”。所以，目标制定的同时也要考虑员工自身的需求。当然，企业毕竟处于主导地位，不应该也不可能过度考虑员工的个人目标。企业任何个体行为都是为企业这个整体服务的。

(4) 如何设立目标。管理者首先应关注如何设立目标，对员工而言，参与目标的设立过程要比简单地知晓目标重要得多，实际上让员工参与目标的设立过程就是让员工了解价值创造的过程，就是让员工明晰目标方向的过程，就是管理者与员工相互承诺的过程。

另外，员工可能不了解市场，不了解企业的任务，不了解需求。但员工一定要了解自己，了解自己所处的环境，因为他处于企业的最前线。目标的制定者并不一定比员工更了解这些。让员工参与进来，可以提高员工在企业中的地位，还能使目标的制定更为合理，从而更容易实现。员工的主人翁意识对员工的积极性影响重大，这是目标实现的保证。

管理者制定目标体系后，目标执行过程中必须适时地进行适量的指导与调控。目标管理具有松散目标实现过程的重要特征。但是这一特征并不等于放任，目标制定后，落实下放到具体的人员后，并不是说上级的指导就不再需要了。适量的指导对某些员工的工作所起的作用是非常明显的。近乎完美地完成任务的员工毕竟是少数。而员工面对的问题，常常是自己不能解决的，有经验方面的原因，也可能有个人能力方面的原因。但是企业和员工有一个共同的目标，那就是实现企业的整体目标与任务。不要以为目标管理只管结果，过程就可以完全放弃。这是对目标管理的误解，目标管理更为重要的是对过程的管理。

12.3.3　物流企业绩效评价报告

绩效评价报告是物流企业成本管理与控制过程的重要工具。它既是公司组织内部沟通的工具，又是评价主体对评价客体实行奖惩的重要依据。因此，为了系统、扼要地反映物流成本经营绩效，在计算完物流成本后要编制物流成本报告。

1. 编制物流绩效评价报告的目的

成本管理与控制的绩效评价报告不同于其他的业绩报告，它具有灵活性。如在报告时期上，它可以定期报告，如按月、按旬等，也可以不定期报告。成本报告是企业整体或部门成本管理与控制业绩的体现，有助于各级管理者了解下属工作的概况和成果，也使各评价客体了解本身的工作概况及成果。业绩评价报告是企业内部组织上下实现沟通的工具，因而它必须满足以下几个方面的需求：

(1) 最高管理层了解整体成本管理和控制状况，所使用的报告应包括所有部门的汇总业绩及其详细附表，并标示重大特殊事项。

(2) 中层管理者、较高层管理者更注重例行性成本事项的控制，故其所需报告除包含汇总信息外，另应提供例行性成本方面的详细信息。

(3) 基层管理者以日常成本管理与控制为主要任务，所用报告应详尽、易懂，且范围仅限于该管理者的负责项目，即要具有可控性。

2. 物流绩效评价报告的设计与编制原则

绩效评价报告的目标在于传达各评价客体业绩的信息。绩效评价报告必须根据物流企业的环境、组织、管理需要等方面的特点来设计。我们认为，有效的绩效评价报告在设计和应用方面必须遵循以下七个原则。

(1) 与组织结构相匹配。绩效评价报告的设计应与物流企业的组织架构相匹配。每个管理层级的主管都可获得一份成本绩效报告，列示其责任范围内所有下属单位的业绩信息。每个主管都可定期收到成本绩效报告，上下层报告具有连续性。当上级管理人员在报告上发现重大差异时，可迅速通过这种报告体系或组织架构追查责任人。

(2) 着重例外报告。物流企业由于规模相对较小，资金量又受到限制，各部门经营者经常需要采取一些适应市场急速变化的特殊事项，以确保订单或服务的完成。为此，有时提供的一些成本资料不易理解，更难以观察出其中所隐藏的重大问题。为了避免物流企业的高层管理者浪费时间，成本管理和控制的绩效报告内容应以有用的信息为限。内部报告的设计应能引导管理者的注意力，使其注意力集中于少数重大例外事件上。所谓“例外”，是指与原定计划不同的事项。绩效报告中揭示实际数与业绩标准间的差异，就属于例外报告的一种形式。绩效报告中提供管理者所有的差异项目，管理者可自行判断差异的重大性，然后就所选定的重大项目查验附表，追查发生原因。管理者判断何种差异为“重大”，可事先制定成本控制界限。成本控制界限可用金额或比率表示，凡差异超过此限额或差异幅度超过此比率者，均视为重大，应予追查；否则视为随机误差，免予追查。成本管理绩效报告的设计也可将这些重大差异特别标明，以便加速管理者的反映行动。

(3) 内容力求简明相关。报告使用者通常并非财务会计人员，在不损害报表完整性的前提下，各项数据应尽量列表汇总并多用文字加以说明。此外，报表还应注意其相关性，即其内容要对管理决策有用。

(4) 划分可控制与不可控制项目。提供给各级管理者的成本管理绩效报告，应将报告项目划分为可控制及不可控制两大类。可控制项目是指该管理者的决策行动可直接影响的项目。管理者不应对不可控制项目负责，否则将使其认为考核不公平。同时，对于可控制与不可控制项目的划分方法及原则，应力求合理一致。

(5) 报表格式设计适当。报表格式设计，应考虑报表的性质与可读性；根据使用者的层级决定所列金额的详细程度；将实际发生数与评价标准并列比较，并显示其差异额和差异率；区别报表的用途或紧急程度；用图示法以增进数字的传达能力。

(6) 适时提供。由于管理决策对于经营结果具有立即及持续性影响，故应尽量缩短决策与报告之间的时间差。这是因为不利情况的发生最能引起管理者追查与更正的兴趣，在此时间过后，管理者将较多注意新发生的事件，而忽视过去的问题。不利情况持续越久，公司所受的损失越大。因此，必须结合成本效益原则，适时向各级管理者提供绩效报告。一般情况下，应按月或按旬编制成本绩效报告，有特殊问题时，还可就涉及的部门或单位编制，以满足及时控制的要求。

(7) 协助而非批评。绩效报告除传达信息外，还具有激励功能。成本管理和控制绩效报告应尽可能用建设性的表达方式，以表扬为主，目的是引导管理者改善自身的工作，最理想的是使报告阅读人能将其视为协助执行任务的有用工具，在这方面构建一个学习型的成本管理和控制组织是十分重要的。

3. 物流成本绩效报告的编制

1) 成本一服务报告

根据物流成本评价的成本一服务原则，需明确物流成本与服务之间的关系，为此应编制成本一服务报告。编制成本一服务报告应从以下三方面着手：

(1) 分拨物流成本。分拨物流成本包括销售运输成本、产品的仓储成本、装卸搬运成本、订单处理成本等。其中，运输成本通常包括产品的入库和出库运输费、退货运费和延期交货运费。产品的仓储成本包括产品持有成本、在途产品成本和存货过期成本等。根据需要，仓库里的装卸搬运成本和工厂里的装卸搬运成本可分开计算。订单处理成本往往包括客户订单、库存订单处理成本和延期交货订单处理成本。

(2) 采购物流成本。采购物流成本的构成与分拨物流成本类似，也由运输成本、仓储成本、订单处理成本等组成。不过采购系统往往比分拨系统简单，成本种类也少些。

(3) 客户服务水平。由于不能了解特定物流系统影响收入的过程，对客户服务水平只能以某些物理性的度量方法来代替经济上的度量。分拨服务衡量指标通常包括平均现货比率、正常条件下订单周转时间和延期交货订单周转时间等。采购服务衡量超标可能是原材料缺货导致停工占可用生产时间的百分比等。

成本一服务报告显示了某一时期内总实物采购和实物分拨成本及所达到的相应客户服务水平，提供了为广泛进行物流控制所需要的某种类型的整体数据。

2) 趋势报告

成本一服务报告不能反映物流活动效率和变化趋势，而物流管理层需要了解这方面的重要内容。因此需要编制趋势报告，编制趋势报告的步骤如下：

(1) 选择用于反映物流活动成本绩效的指标，如运输活动指标、仓储活动指标等。

(2) 根据需要，收集本期、上期或往年同期的数据。

(3) 设计报表形式，填写报表。

趋势报告还可与同行业或其他行业平均水平比较，这样能够更清楚地评价企业的物流趋势。

3) 特别报告

对于物流活动进行了分析和评价后，针对成本一服务报告和趋势报告中反映出的问题，进一步调查、研究，为改进工作提出特别报告。特别报告分为以下三类：

(1) 为某个特定的运作态势提供详情的诊断报告。

(2) 对现今或预期的问题，提供一个概括选择性行动计划及相应结果的报告。常由部门经理提出，供决策层经理使用。

(3) 关于政策修正的特别报告。一般由公司首席执行官指导或发起，内容包括超出物流领域的活动。

特别报告针对问题，选择系统中的某些数据编制，能使管理层对内外部产生的变化，做出快速和有效的反应。

【本章小结】

物流成本绩效评价是指将物流作为整个系统，由专门的机构和人员依据大量的客观事实和数据，按照专门的规范、程序、遵循统一的标准和特定的指标体系，通过定量定性对比分析，运用科学的方法，对物流系统的投入和产效(产出和效益)所进行的客观、公正和准确的评判。

物流成本绩效评价有内部评价、外部评价、全面评价、专题评价、趋势评价、现状评价、潜力评价；物流成本绩效评价的六个原则分别是：整体性原则、定量与定性相结合的原则、共性和个性相结合的原则、可接受性原则、可比性原则、经济性原则；物流成本绩效评价的步骤有三个阶段：准备阶段、实施阶段和报告阶段。

物流责任中心是由一个主管人员负责，承担着规定责任并具有相应权利的内部物流单位。物流责任中心按照责任内容的不同可以分为物流成本中心、物流利润中心和物流投资中心。不同的责任中心，其物流绩效考核的内容也不同。

物流成本绩效评价指标有两类：一类是财务指标，另一类是非财务指标。在对报表进行成本分析时，一般分析两类指标：营运能力指标和获利能力指标。物流成本绩效综合评价方法有平衡计分卡(BSC)、关键绩效指标法(KPI)、关键成功因素法(KSF)和目标管理法等。

绩效评价报告是物流企业成本管理与控制过程中的重要工具。高管理层通过报告了解所有部门的汇总业绩及其详细附表，重大特殊事项；中层管理者、较高层管理者需要例行性成本方面的详细信息；基层管理者需要的报告应详尽、易懂，要具有可控性。

【思考与练习题】

(1) 物流绩效评价的标准是什么？

(2) 企业应怎样开展绩效评价工作？

(3) 物流成本绩效评价方法有哪些？

(4) 物流成本绩效评价指标有几类？分别是什么？

(5) 物流责任中心有哪些种类？如何对其绩效进行考核？

(6) 平衡计分法从哪些方面设计绩效评价指标？

【案例分析】

某公司物流配送中心绩效评价

2017 年的某天，公司配送中心办公楼的会议室内，物流中心经理和储配部、送货部、综合部的经理召开绩效考核实施情况反馈工作会议。综合部经理反映由于个别岗位的绩效评价指标要求太高，该岗位 60%的员工无法达到指标的要求，员工工作的积极性不高，考核达不到预期效果；其次，考核过程中，个别部门不够重视，定性部分的考核分数没有差异，分数普遍过高；最后，个别部门对考核中存在的问题，缺乏整改措施。针对以上问题，物流中心经理要求各部门从绩效评价系统设计、实施、检查与分析系统改进等方面，各抒己见，充分讨论，怎么改进，如何提高绩效。

在该公司物流配送中，仓储、分拣虽然岗位较多，但绩效考核相对较简单，主要以量为主进行衡量，而送货就比较复杂，由于涉及送货里程、客户数、送货量等因素。但是，送货线路规划后，每天的订单一结束，每条送货线路的量、客户数和送货里程就基本确定了，不是司机和送货员能决定的，都是被动执行的，并且各地由于客户分布、道路交通等条件不一样，客户订货量有区别，从某些方面来说，各地存在不可比性。因此决定建立适合自身的绩效评价模型。

绩效评价主要由评价对象、评价周期、评价指标和评价方式四方面组成。对司机和送货员的评价周期为一个月，评价指标为：里程、户数、送货量作为主要绩效指标，其余的油耗、破损率、送货差错率、客户满意度、故障发生率作为达标指标，不达标则扣分。

在送货(司机和送货员)的主要绩效评价模型设计上，首先采用了历史平均值作为基准，并将工资分为基准工资和绩效工资两个部分。基本工资参考当地最低基本工资和当地生活水平，确定为 2 200 元，其余部分为绩效工资。

司机主要绩效指标权重：绩效工资的总额分别由送货里程(配送中心到第一户以 1/2 里程计算)、送货客户数、送货量进行计算，其三者的比例为 4:3:3，经过实际送货数据的验证，基本一致。因此，基本确定每里程、每客户和每单位产品送货绩效单价。

送货员的绩效指标，同上算法一致，绩效工资中，送货里程、送货客户数、送货量的权重比例为 3:4:3。

为保证送货在分配上的公平合理性，司机和送货员以季度为单位进行轮换交替。同时，为保证送货线路道路和客户熟悉的需要，司机和送货员的轮换时间有 1 个月的时间差，保证送货的高效。

在绩效评价体系下，经过一段时间的运行，司机和送货员的积极性有所提高，更主要是对更多的道路和客户熟悉了。此时，公司继续进行以提高效率为目的的持续改进，以省内最高的产品送货绩效为标杆，对配送区域和线路重新规划。规划后，送货线路减少了 25%，即送货线路的配送量、客户数和里程的平均值都提高了。其运行还是参照以前的绩效考核标准，结果是送货员和司机的收入提高了 20%，而公司相应减少了 25%的与车辆相关的费用。

(1) 结合本案例，谈谈绩效评价指标设计的依据是什么？
(2) 绩效评价指标各级指标权重设计的依据是什么？
(3) 你认为如何处理绩效考核与薪酬之间的关系？
(4) 试对本案例中的绩效考核系统进行评价。

【实训设计】

选择一家物流企业，采用平衡计分卡的原理设立一套定性与定量相结合的综合评价标准体系，实现对物流配送中心整体运行的多层次、多方位的绩效评价。具体到物流部门，把组织战略转化为财务、客户、内部业务和学习与成长四个方面，进行指标设置和计分方法的确立。

主要参考文献

鲍新中，2016. 物流成本管理与控制[M]. 4 版. 北京：电子工业出版社.

鲍新中，2017. 物流成本管理[M]. 北京：人民邮电出版社.

陈文，2017. 物流成本管理[M]. 3 版. 北京：北京理工大学出版社.

董永茂，2011. 物流成本管理[M]. 杭州：浙江大学出版社.

冯耕中，李雪燕，汪寿阳，2017. 物流成本管理[M]. 2 版. 北京：中国人民大学出版社.

傅桂林，2004. 物流成本管理[M]. 北京：中国物资出版社.

顾煜，2010. 物流成本管理研究[D]. 成都：西南财经大学.

淮建军，山红梅，2004. 邮政物流信息系统的体系规划和成本控制[J]. 西安邮电大学学报，(4)：9-13.

李波，王谦，2008. 物流信息系统[M]. 北京：清华大学出版社.

李丰斓，赵弘志，2012. 物流信息管理[M]. 北京：机械工业出版社.

李永利，2016. 物流成本管理[M]. 西安：西北工业大学出版社.

邵瑞庆，2006. 关于物流企业物流成本核算方法的探讨[J]. 交通财会，(6)：4-17.

孙定兰，2009. 物流成本管理[M]. 武汉：华中科技大学出版社.

孙瑛，韩杨，刘娜，2011. 物流运输管理实务[M]. 北京：清华大学出版社.

王欣兰，2009. 物流成本管理[M]. 北京：清华大学出版社，北京交通大学出版社.

王之泰，2002. 现代物流学[M]. 北京：中国物资出版社.

王道平，2014. 物流管理信息系统[M]. 北京：机械工业出版社.

中国物流与采购网，2007. 我国物流信息化发展现状与趋势调查报告. http://www.chinawuliu.com.cn/zixun/200706/30/73860.shtml.

谢合明，2007. 企业物流管理会计若干问题研究[D]. 成都：西南交通大学.

易华，李伊松，2016. 物流成本管理[M]. 3 版. 北京：机械工业出版社.

张庆英，2010. 物流案例分析与实践[M]. 北京：电子工业出版社.

赵奕凌，梁戈荣，2016. 物流成本管理[M]. 成都：西南交通大学出版社.

郑秀恋，温卫娟，2013. 物流成本管理[M]. 北京：清华大学出版社.

钟新周，2010. 运输成本的影响因素及对策[J]. 人民论坛，290(14)：160-161.

朱伟生，2017. 物流成本管理[M]. 4 版. 北京：机械工业出版社.